高等院校公共管理类专业规划教材

社会调查研究方法（第2版）

谭祖雪　周炎炎　编著

Social Survey and
Research Methods

清华大学出版社
北　京

内 容 简 介

本书注重理论与实践相结合，全面、直观地介绍了社会调查的基本概念、内容和方法，通过列举丰富的案例，对社会调查的选题、方案设计、抽样、测量以及资料收集、整理和分析直至最终调查研究报告的撰写等内容做出通俗易懂的说明和阐释，向读者简明扼要地呈现社会调查过程中的各种操作方法、技巧和经验。

本书适合作为高等院校公共管理类、社会学类及相关专业本科生、专科生的教材及研究生教学参考书，同时也可作为调查研究行业相关人员及广大期望从事社会调查实践人员的自学和参考工具书。

本书封面贴有清华大学出版社防伪标签，无标签者不得销售。
版权所有，侵权必究。举报: 010-62782989，beiqinquan@tup.tsinghua.edu.cn。

图书在版编目(CIP)数据

社会调查研究方法 / 谭祖雪，周炎炎 编著 . —2 版 . —北京：清华大学出版社，2020.2（2025.1 重印）
高等院校公共管理类专业规划教材
ISBN 978-7-302-54914-7

Ⅰ. ①社… Ⅱ. ①谭… ②周… Ⅲ. ①社会调查—调查方法—高等学校—教材 Ⅳ. ①C915

中国版本图书馆 CIP 数据核字 (2020) 第 025368 号

责任编辑：施　猛
封面设计：常雪影
版式设计：方加青
责任校对：牛艳敏
责任印制：杨　艳

出版发行：清华大学出版社
    网　　址：https://www.tup.com.cn，https://www.wqxuetang.com
    地　　址：北京清华大学学研大厦 A 座 邮　编：100084
    社 总 机：010-83470000 邮　购：010-62786544
    投稿与读者服务：010-62776969，c-service@tup.tsinghua.edu.cn
    质 量 反 馈：010-62772015，zhiliang@tup.tsinghua.edu.cn
印 装 者：三河市科茂嘉荣印务有限公司
经　　销：全国新华书店
开　　本：185mm×260mm 印　张：19.5 字　数：492 千字
版　　次：2013 年 8 月第 1 版 2020 年 4 月第 2 版 印　次：2025 年 1 月第 10 次印刷
定　　价：59.00 元

产品编号：084512-04

前言(第2版)

调查研究是我们党的传家宝,是做好各项工作的基本功。党的二十大报告指出:"弘扬党的光荣传统和优良作风,促进党员干部特别是领导干部带头深入调查研究,扑下身子干实事、谋实招、求实效。"当前,世界百年未有之大变局加速演进,在以中国式现代化推进中华民族伟大复兴的进程中,国内发展稳定面临不少深层次矛盾,躲不开、绕不过,各种风险挑战、困难问题比以往更加严峻复杂,迫切需要通过调查研究把握事物的本质和规律,找到破解难题的办法和路径。

本书遵循习近平新时代中国特色社会主义思想的世界观和方法论,紧扣中国实际、坚持问题导向、注重理论与实践相结合,全面、直观地介绍了调查研究的基本概念、内容和方法,通过列举丰富的案例,对调查研究的选题、方案设计、抽样、测量以及资料收集、整理和分析直至最终调查研究报告的撰写等内容做出通俗易懂的说明和阐释,向读者简明扼要地呈现调查研究过程中的各种操作方法、技巧和经验。

本书自2013年出版以来,深受广大读者和社会科学学科同行的好评和欢迎,被国内180多所高校选用为本科生社会调查研究方法课程的教材,10年中17次印刷,总印数31 000多册,所有这些无疑是对笔者多年在社会调查研究方法领域从事教学和科研的最好回报。

10年中,许多热心的读者,尤其是使用本书的教师和学生,多次给笔者致电或发电子邮件,他们在肯定本书的同时,也指出了书中存在的一些不足,并提出了宝贵的意见和建议。借本书再版的机会,笔者向喜爱本书的广大读者、对本书提过建议的教师和学生、对本书给予批评指正的有关专家等致以诚挚的谢意!

笔者在本书每次印刷前均会对书中的一些错误和不足进行修改和完善。在第2版中,我们主要修订了如下内容:

1. 再次对全书文字、数据、符号等进行了勘误。
2. 对全书各章节中表述不准确之处进行了修改。
3. 第5章、第6章、第8章、第10章新增了名人名言,使各章格式更为统一。
4. 对第5章的复习思考题进行了调整。
5. 根据SPSS统计分析软件的版本更新情况,对第9章"资料的整理和分析"中的"9.1定量资料的整理和分析"进行了修改和更新,进一步规范了相应的统计公式和统计说明;对"9.3 SPSS统计应用基础"进行了全面更新,全部示例均依据SPSS 20.0版本,以中文版图例和说明的方式向读者更为直观地呈现社会统计应用过程。

  本书再版的目的是为广大读者提供更为规范和通俗易懂的社会调查技术、方法和技巧，将统计分析基础技术和操作过程以更为直观和简洁的方式呈现，以便于使用本书的广大学生和社会调查爱好者掌握社会调查研究的知识和应用技能。

  最后，希望广大读者一如既往地对本书提出批评和建议，以便笔者继续完善其内容，反馈邮箱：wkservice@vip.163.com。

编　者

2023年6月27日

前言(第1版)

随着我国改革开放的日渐深入及诸多社会问题的呈现，社会科学的重要性日益突显。社会研究方法以其独特的学科范式和实践情怀，在社会研究中发挥着日益重要的作用。

公共管理、社会工作等专业要求学生具备较强的社会管理和社会服务技能，社会调查研究方法也日渐成为学生开展学习和研究的基础工具性知识和能力。同时，"社会调查研究方法"课程也是文科学生的重要课程，是高等院校学生的通识课程，它为学生提供了发现问题、分析问题和解决问题的方法及技能，提供了了解社会的科学研究工具。

开设本门课程的目的，是通过系统、全面地介绍社会调查的原理和方法，帮助学生掌握与社会调查研究相关的理论知识，培养学生从事社会调查的操作运用能力，使学生在掌握现代社会调查研究的基本规律、基本理论和基本知识技能的同时，逐渐树立认真、合作、严谨、求实等与社会调查有关的职业道德观念，培养学生从事社会调查研究所必需的尊重科学的思想方法、勤奋务实的作风精神、善于并勤于观察和思考的探究素质。

早在20世纪90年代，我院教师就应高职院文秘专业的要求，为学生开设了本课程。2001年3月，我校成立人文社会科学学院后，设有社会工作、公共管理两个本科专业。专业招生初始，我院就按教育部专业目录的要求，将"社会调查研究方法"这门专业主干课程设定为必修的专业大类基础课程，重点打造。2009年，本课程被评为校级精品课程。近年来，我院教师先后承担了中华人民共和国科学技术部课题——四川省经济社会动态监测研究、联合国儿基会儿童保护状况调查研究的子课题、民政部2008—2011年招标课题以及四川省社科规划重点课题等多项大型调查研究项目，标志着我校师生社会调查研究的能力和水平得到了专家和社会的肯定，同时也进一步扩大了本课程的影响。基于此，我们应清华大学出版社的邀请，撰写了本书。

本书注重理论与实践相结合，全面、直观地介绍了社会调查的基本概念、内容和方法，通过列举丰富的案例，对社会调查的选题、方案设计、抽样、测量以及资料收集、整理和分析直至最终调查研究报告的撰写等内容做出通俗易懂的说明和阐释，向读者简明扼要地呈现社会调查过程中的各种操作方法、技巧和经验。

编者在编写本书过程中侧重应用性，重点讲解社会调查过程中的各种操作方法和技巧，在对原理进行必要阐释的基础上配以丰富的案例，并基于长期的教学和科研实践经验，向读者直观呈现社会调查的全部过程和方法。此外，本书以图示的形式，对SPSS统计分析软件的一般应用进行必要和恰当的讲解和说明，有助于学习者在对调查资料进行统计分析的过程中，直接上手应用SPSS统计分析软件。同时，本书在社会调查研究方法的一般逻辑框架下补充了文献法和观察法等资料收集方法，用以补充社会调查准备阶段的资料准备，丰富调查过程中的资料收集内容，有利于加深读者对社会调查的全面认识。

编　者
2013年5月1日

目 录

| 第1章 | 导论 | 001 |

1.1 社会研究概述 001
    1.1.1 社会研究的概念及特征 001
    1.1.2 社会研究的方式 002
1.2 社会调查概述 004
    1.2.1 社会调查的定义 004
    1.2.2 社会调查的特征 006
    1.2.3 社会调查发展简介 006
1.3 社会调查的类型和题材 009
    1.3.1 社会调查的类型 009
    1.3.2 社会调查的题材 013
1.4 社会调查的作用 013
1.5 社会调查的一般程序 014

第2章 社会调查的选题 017

2.1 选题的来源与意义 017
    2.1.1 选题的来源 017
    2.1.2 选题的意义 018
2.2 选题的类型和标准 021
    2.2.1 选题的类型 021
    2.2.2 选题的标准 023
2.3 选题的途径和方法 026
2.4 基础资料的收集分析与课题的明确化 028
    2.4.1 基础资料的收集分析 029
    2.4.2 课题的明确化 030

第3章 社会调查方案的设计 032

3.1 调查目的、性质与调查方式的选择 032
    3.1.1 调查目的与调查方式的选择 032
    3.1.2 调查性质与调查方式的选择 035
3.2 分析单位及调查内容的确定 037
    3.2.1 分析单位 037
    3.2.2 调查内容的确定 041
3.3 抽样方案设计 042
3.4 资料收集工具和方法 044
3.5 调查方案的制定与完善 044

第4章 社会调查的抽样 048

4.1 抽样的概念和意义 048
    4.1.1 抽样的概念 048
    4.1.2 抽样的意义 050
4.2 概率抽样的原理与方法 053
    4.2.1 概率抽样的原理 053
    4.2.2 概率抽样的方法 053
4.3 非概率抽样的方法和应用 068
4.4 样本规模与抽样误差 071
    4.4.1 样本规模与抽样误差概述 071
    4.4.2 影响样本规模确定的因素 072

第5章 社会现象的测量 076

5.1 测量概述 076

5.1.1 测量的概念 076
5.1.2 测量的要素 077
5.1.3 社会现象测量的特征 078
5.2 测量层次 079
5.3 概念的操作化 082
5.3.1 概念与变量 082
5.3.2 维度与指标 084
5.3.3 操作化 085
5.4 指数与量表 090
5.4.1 指数和量表的含义 090
5.4.2 常见类型 090
5.4.3 缺失值的处理 096
5.5 测量的信度与效度 097
5.5.1 信度 097
5.5.2 效度 099
5.5.3 信度与效度的关系 101

第6章 资料收集——问卷法 103
6.1 问卷法及其特点 103
6.1.1 问卷及问卷法 103
6.1.2 问卷法的特点 103
6.2 问卷的类型与结构 105
6.2.1 问卷的类型 105
6.2.2 问卷的结构 107
6.3 问卷设计的流程 114
6.3.1 问卷设计的原则与标准 114
6.3.2 问卷设计的步骤 119
6.4 问题及答案的设计 124
6.4.1 问题设计的原则 124
6.4.2 主要题型 127
6.4.3 答案的设计 132
6.4.4 常见错误 134
6.5 问卷的发放与回收 137
6.5.1 资料收集方法 137
6.5.2 组织与实施 141

第7章 资料收集——访谈法 145
7.1 访谈法概述 145
7.1.1 访谈法的含义 145
7.1.2 访谈法的特点 146
7.1.3 访谈法的类型 148
7.2 结构式访谈 149
7.2.1 结构式访谈问卷的内容 150
7.2.2 结构式访谈的原则 150
7.2.3 结构式访谈的类型 151
7.3 访谈的程序与技巧 155
7.3.1 准备访谈 155
7.3.2 进入访谈现场 156
7.3.3 实施访谈 157
7.3.4 结束访谈 160

第8章 资料收集——观察法和文献法 162
8.1 观察法 162
8.1.1 观察法的含义和特征 162
8.1.2 观察法的分类 164
8.1.3 观察法的原则及实施 168
8.2 文献法 170
8.2.1 文献和文献法 170
8.2.2 文献资料的收集 172

第9章 资料的整理和分析 178
9.1 定性资料的整理和分析 178
9.1.1 定性资料的整理 178
9.1.2 定性资料的分析 181
9.2 定量资料的整理和分析 184
9.2.1 定量资料的整理 184
9.2.2 定量资料分析技术——统计分析基础 190
9.3 SPSS统计应用基础 217
9.3.1 SPSS软件操作界面和菜单 218
9.3.2 数据准备 220
9.3.3 单变量描述统计 233
9.3.4 双变量描述统计和推论 237
9.3.5 统计图表制作 246

第10章 调查研究报告的撰写 252
10.1 调查研究报告的特点及类型 252
10.1.1 调查研究报告的特点 252
10.1.2 调查研究报告的类型 253

10.2 调查研究报告的结构和撰写步骤 ·············· 255
    10.2.1 调查研究报告的一般结构 ···· 255
    10.2.2 调查研究报告的撰写步骤 ···· 256
10.3 调查研究报告的一般格式 ········ 257
    10.3.1 标题 ························· 257
    10.3.2 导言部分 ···················· 258
    10.3.3 主体部分 ···················· 259
    10.3.4 结尾部分 ···················· 260
10.4 学术性调查研究报告的撰写 ····· 261
    10.4.1 标题部分 ···················· 261
    10.4.2 导言部分 ···················· 262
    10.4.3 方法部分 ···················· 263
    10.4.4 结果部分 ···················· 264
    10.4.5 讨论部分 ···················· 265
    10.4.6 参考文献 ···················· 265
10.5 调查研究报告撰写的注意事项 ·· 265
    10.5.1 行文要则 ···················· 265
    10.5.2 结论的注意事项 ············· 266

参考文献 ·· 268

附录A 随机数表 ································· 271

附录B 正态曲线各部分面积 ············· 276

附录C Z检验：常用的显著度(p)与否定域($|Z|\geq$) ································· 277

附录D r值化为Z值 ························ 278

附录E t分布 ································· 281

附录F χ^2(Chi-square)分布 ············· 283

附录G F分布 ································ 284

附录H 调查问卷 ································· 288

附录I 调查报告 ································· 293

后记 ··· 299

第1章 导论

不做调查没有发言权。

不做正确的调查同样没有发言权。

——毛泽东

"我们必须坚持解放思想、实事求是、与时俱进、求真务实,一切从实际出发,着眼解决新时代改革开放和社会主义现代化建设的实际问题,不断回答中国之问、世界之问、人民之问、时代之问,作出符合中国实际和时代要求的正确回答,得出符合客观规律的科学认识,形成与时俱进的理论成果,更好指导中国实践。"调查研究是我们认识世界、把握现实、获得真知的重要途径,是联系实践创新和理论创新的桥梁。在本章,我们首先对调查研究相关的基本知识点做简要介绍。

1.1 社会研究概述

1.1.1 社会研究的概念及特征

所谓研究,一般是指运用有计划和有系统的收集、分析与解释资料的方法,探求问题答案的过程。与自然科学研究有所区别,社会研究是由社会科学家使用的探求人类社会中各种问题合理解释的一种研究类型。我们可以把社会研究(Social Research)定义为一种以经验方式对社会世界中人们的行为、态度、关系,以及由此所形成的各种社会现象、社会产物、社会规律所进行的科学探究活动。而社会研究方法(Social Research Methods),就是在从事这种科学探究活动过程中所用的方法。

社会研究的目的,总体来说是形成和产生有关社会的系统知识。这种知识或理论能够增加人类对自身所处环境的理解并有效指导其社会行动。尽管它所产生的知识的权威性、稳定性可能不如自然科学研究,但相较于常识、传统、经验等一些知识来源而言,无疑要可靠得多。

社会研究作为一种社会科学研究的类型,具有以下三个方面的特征。

1. 研究的主题是社会的,而非自然的

顾名思义,研究的主题是指研究的主要问题,是研究涉及的领域或范围。社会研究的主题必须和社会有关,涉及人、人的社会行为、人的社会心理,涉及由人构成的各种各样的社会群体、社会组织、社区,涉及人与人、人与群体、人与组织、人与社会、群体与社会之间的社会关系,等等。社会研究的主题十分广泛,可以选择的主题不胜枚举。在社会研究过程中,部分研究主题可能会涉及一些自然现象和自然问题。但需要注意的是,即使涉及一些自然类的问题，社会研究的中心和目的也不会改变，仍然是紧紧围绕社会，这与自然科学研究有着显著的区别。而询问这些和自然有关的问题，常常是为了更好地了解某些自然现象与社会世界的关系。

例如，在研究区域文化差异的课题中，我们可能会考察该区域的地理环境、气候条件等自然现象，从事这方面的资料收集与分析工作。但本课题研究的最终目的，不是明确地理差异、气候差异，而是分析这些差异是否对区域内的文化造成了影响。在这项研究中，虽然涉及一些自然问题，但研究的中心和目的始终是针对社会的。

2. 研究的方式是经验的，而非思辨的

这里讲到的"经验"，和人们口头所说的"经验"有很大区别，它更类似"实证"。所谓经验，即可感知，是与思辨相对应的一个概念。所谓思辨，是指运用逻辑推导而进行的纯理论、纯概念的研究方式；而经验，是通过收集可以看到、听到、触摸的直接资料开展研究的方式。"可观察的人的行为、人所创造的东西，以及以语言为中介的意见和关于态度、价值判断、意愿等，都属于经验上可感知的社会事实。"在社会研究中，研究者收集大量可感知的经验资料，将这些资料整合起来，可以更为客观、经验性地认识某一社会现象或社会问题的整体。

例如，要了解西安市的社会分层情况，我们可以通过收集人们的住房面积、住宅区域、职业、收入水平等能够观察到、触摸到的"经验性"资料，来考察人们所处的社会阶层。想要知道某地人们为什么信仰宗教，我们可以观察人们开展宗教活动的频率和内容，询问他们的职业、生活基本状况、宗教对他们的生活或心理产生的具体影响等，并在此基础上对它们之间的关系做出合理的解释，从而"经验性"地了解人们信仰宗教的原因。

3. 研究的问题是科学的，而非判断的

社会研究的问题应该是科学的，或者是用科学可以回答的，而不应该是判断的、用科学无法解答的问题。科学虽然是反映自然、社会、思维等的客观规律的知识体系，能够对人类社会实践起到巨大的指导作用，但它本身不是万能的，科学无法解释的问题也很多。社会研究也是如此，它不能解释一切有关人类社会的现象和问题。因此，某些科学无法解释的问题，就不应该成为社会研究的主题，也就是说，社会研究的问题，必须是科学可以回答的，而不是科学无法回答的。在实际研究中，社会研究不应该去回答某个现象"是否应该存在""是否应该如此"等这类判断性的问题，而应该解答类似某个现象"是什么样""为什么如此"等问题。

例如，在了解和宗教有关的问题时，社会科学家可以选择"宗教信仰的地区差异""某地宗教信仰的特征""哪种人群的宗教信仰程度更高""为什么某地居民更容易信仰基督教""宗教和法律在社会控制上的差异"等作为社会研究的问题，而应该尽量避免选择"是否应该相信有神仙的存在""宗教是否是愚昧的""宗教是否比法律更神圣"等这类判断性的问题，后者超出了科学的范畴，以目前现有的科学水平，我们无法做出经验的观察和确切的解答。

1.1.2 社会研究的方式

社会研究的方式是指对人类社会和人类行为加以解释和预测的科学方式和手段，可具体分为方法论、研究方式、具体方法与技术三个层面。方法论位于最高层次，是进行社会研究的基本原则和指导思想；具体方法与技术位于最低层面，主要包括在资料准备、资料收集和分析过程中所使用的各种技术；研究方式居于中间层，是指研究所采取的具体形式或研究的具体类型。三者之间存在密切的内在联系。这里我们主要介绍社会研究方式(Social Research Mode)，即社会研究的具体类型，大致可以划分为4类。

1. 实验研究

实验研究(Experimental Research)是一种受控制的研究方法，通过一个或多个变量的变化来评估它对一个或多个变量产生的效应。它的主要目的是建立变量之间的因果关系。它的一般做法是研究者事先提出一种因果关系尝试性假设，在实验室对相关变量进行控制和操纵的条件下，观察其变化和后果，对假设进行检验。

按不同标准，实验研究可划分为标准实验与准实验、实验室实验与自然实验，等等。基本要素是自变量和因变量、前测和后测、实验组和控制组。实验研究特别适合于范围有限、界定明确的概念与假设，可以用来进行假设检验，因而更适用于解释，而不适用于描述，也可用来研究小群体互动，并且相当成功，常用于心理学和社会心理学相关课题的研究。

例如，假定我们试图研究大城市(市民)对农民工的偏见，并想找出解决办法。我们假设市民了解农民工对城市的贡献后会减少对他们的偏见，我们就能通过实验来验证。首先，我们可以测出一组实验对象对农民工的偏见程度；其次，我们可以放映一部讲述农民工对该城市的经济和社会发展所做出的重要贡献的纪录片；最后，我们重新测量他们的偏见水平，看看这部影片是否产生效果。

2. 实地研究

实地研究(Field Research)是一种研究者预先不带入理论假设，深入研究对象的社会生活环境中，对他们的行为、态度、情感等状况进行参与观察和无结构访谈，从而系统地收集资料和分析资料，进而理解和阐释研究对象的研究方式。实地研究是一种在社会事实发生或展开的自然过程中去把握社会事实的一种研究方式，在此过程中，研究者要在研究对象的社会环境中生活很长一段时间，且收集的是第一手资料，常需要理解、领悟、诠释研究对象，这有利于对研究对象进行全面、细致、深入的考察，从而发现事物的多样性和规律，但常常遭遇来自信度、效度、客观性与伦理方面的问题。

例如，威廉·怀特(Willian F.Y Whyte)的著作《街角社会》(*Street Corner Society*)就是实地研究的成果。威廉·怀特是美国社会学家，在1936—1940年，怀特深入位于波士顿的一个意大利贫民窟，一个他称之为"科纳维尔"(Cornerville)的地方，并以这里的"街角帮"(Street Gangs)为研究群体。他通过努力被街角帮接纳为群体一员，生活在研究对象的环境和活动中，观察闲荡在街头巷尾的意裔青年的生活状况、非正式组织的内部结构及活动方式，以及他们与周围社会(主要是非法团伙成员和政治组织)的关系，并及时对这一观察过程、所获资料做出翔实而生动的记录和分析，最后从中引出关于该社区社会结构及相互作用方式的重要结论。怀特的研究是深入当地生活数年，在真实的场景下，细致、生动地描绘真实的人及其生活典范，也是实地研究的经典案例之一。

3. 文献研究

文献研究(Document Study)是一种通过收集、鉴别、整理和分析现存的，以文字、符号、图画等信息形式出现的文献资料，来科学认识社会现实的研究方式。

根据研究的具体方法和所用文献类型的不同，可将文献研究划分成不同的类型，其中常用的有内容分析、二次分析和现存统计资料分析三类。文献研究收集的资料并非第一手资料，无须直接接触研究对象，也不会对他们造成影响，且超越了时间、空间的限制，是一种方便、安全、节约的研究方式，同时具有许多文献质量难以保证或者资料难以获得、缺乏标准化形式、受到信度和效度的制约等弊端。但无论如何，文献研究是被使用得较为广泛的社会研究方式之一。

例如，法国社会学家涂尔干对人类自杀行为的研究，使用的就是文献研究中的现存统计资料分析方法。涂尔干于1897年出版的《自杀论》中，对自杀现象做了经典的研究，试图探索与人类自杀行为有关的因素，他选择通过收集现存统计资料并对其分析的方式来研究自杀的原因和类型。在研究温度与自杀的关系的过程中，他首先仔细查阅和比较欧洲各国关于自杀的统计资料，然后细心比照各个统计结果之间的一致性和差异性，提出了温度与自杀有关的假设，按这种逻辑思路，应该可以得出南欧国家的自杀率比北欧国家高的结论，据此他进一步分类查阅相关统计资料去检验这种假设，结果并没有证实这一假设，一些中纬度国家的自杀率反而最高，因此，最后得出温度不是自杀的原因的结论。

4. 调查研究

调查研究(Survey Research)又称社会调查，是指人们为了了解社会现象和解决社会问题而有目的、有意识地运用自填式问卷或结构式访问的方式，系统、直接地收集信息资料，并通过分析和综合来认识社会现象及其发展规律的一种研究方式。调查研究能够迅速地获得资料数据，对于在短期内了解总体的基本情况十分有效，兼有解释、预测等功能，也是当前被应用得较为广泛的社会研究方式之一，具体内容将在后文中详细介绍。

实验研究、实地研究、文献研究、调查研究都是社会研究的主要方式，彼此之间是并列而非包含的关系，它们有不同的性质和特点，分别适用于不同的现象、问题和领域，都能够贯穿社会研究全过程。因此，无论是认为调查研究比其他研究方式更为优越，还是将这四者混为一谈，都是错误的认识。

1.2 社会调查概述

1.2.1 社会调查的定义

何谓调查？《辞海》的释义为："调"是计算、统计的意思；"查"是指查究、查核、考查。在《现代汉语大辞典》中，"调查"是指"为了了解情况而进行的考察(多指到现场)"。

何谓社会调查(Social Survey)？许多教材对它下了定义。

水延凯在《社会调查教程》中指出："调查研究是一种有目的、有意识的自觉认识活动。其中，调查主要是通过对客观事物的查核和计算来了解客观事实真相的一种感性认识活动，研究则主要是通过对感性材料进行审查、追究和思维加工，以求得认识社会现象本质及其发展规律的一种理性认识活动。"

范伟达在《社会调查研究方法》中指出："调查研究就是人们有目的、有意识地在系统地、直接地收集有关社会现象的经验材料的基础上，通过对资料的分析、研究，从而科学地阐明社会现象状况及其规律的一种认识活动。"

黄奇杰在《社会调查方法概论》中指出:"所谓社会调查,是指人们运用特定的方法和手段,从现实社会中收集有关社会事实的信息资料,并对其作出描述和解释的一种自觉的社会认识活动。"

风笑天在《社会研究方法》中指出:"调查研究是指一种利用合理的抽样和标准化的问卷直接从社会成员中收集第一手资料,并主要通过定量的统计分析来认识社会现象及其规律的社会研究方法。"

李松柏在《社会调查方法》中指出:"社会调查是指用一定的资料收集方法,系统地、直接地从调查对象那里收集资料,并通过分析这些资料来认识社会现象及其规律的实践活动和社会行为。"

上述概念有些许差别,但都包含以下4层内容。

(1) 社会调查是一种有目的、自觉的认识活动。它与日常所进行的观察和思考活动有区别,后者没有明确的目标,只是盲目地收集资料以获取认识,而社会调查则是带有强烈目的性的、有意识的认识活动。

(2) 社会调查是一种系统的认识活动。社会调查从选题直至撰写研究报告,在整个过程中具有很强的系统性,需要运用规范的抽样方法、问卷设计方法、资料收集方法、资料分析方法等,具有特定的结构和程序,因此是一种系统而并非零散的认识活动。

(3) 通过社会调查所获得的资料是第一手资料。在社会调查活动中,研究者从现实生活中直接收集信息资料,在第一手资料的基础上进行整理分析并得出结论,所获资料并非从他人那里获得的间接资料。

(4) 社会调查的目的是透过现象揭示事物本质,考查事物发展变化的规律。调查的目的在于透过现象看本质,找出社会事物之间的关系、规律或存在的问题,并力图正确地认识、解释社会,为更好地改造社会奠定基础。

在此基础上,我们给社会调查下个定义。所谓社会调查,是指人们为了了解社会现象、解决社会问题,有目的、有意识地运用自填式问卷或结构式访问的方式,系统、直接地收集信息资料,并通过综合和分析这些资料来认识社会现象及其发展规律的一种研究方式。

另外需要指出的是,社会调查和调查研究这两个概念在国外著作中的区分是十分明确的,两者之间的关系也很清晰。但在国内,这两个概念在理论上和实践中常常混淆,彼此之间的区别不够清楚,一些学者对两者之间的概念和相关关系有一定的争执,我们这里采用的是多数大众所接受的一种观点,即社会调查和调查研究是一回事,只是所用的名称不同而已。

案例

西南石油大学本科生择业倾向的社会调查

如果我们对西南石油大学本科生的择业倾向很感兴趣,希望通过社会调查来了解他们在择业倾向方面的基本状况和分布特征。那么,首先,我们可以采取特定的概率抽样方法,从全校三万多名学生中抽取1000名(可根据实际情况增减样本)本科生作为调查样本。其次,我们应设计一份符合实际情况且与关注主题高度相关的标准化问卷。这份问卷由若干可以直接对调查对象进行询问和测量的具体问题构成(主要涉及学生的个人背景特征、择业认识、态度与意愿等问题)。将问卷印制好,由调查员使用个别发放法(亦可使用其他资料收集方式)发放问卷并回收。再次,将收集到的资料进行编码和录入,形成数据库,使用专门的统计分析软件(通常是SPSS)进行数据整理和分析。然后,将1000名学生的择业倾向调查结果推广到由三万多名学生构成的总体中去,来描述全校本科生在择业倾向方面的现状,描述不同专业、不同地区、不同年级、不同家庭背景的学生在择业意愿上所具有的不同特征,并分析它们之间的关系。最后,将调查结果汇总为调查报告,也可进一步在公共刊物上发表或者在会议上交流,在理论或实践方面为人们正确认识和处理这一现象提供可靠的材料和观点。

1.2.2 社会调查的特征

1. 社会调查的优点

社会调查作为一种系统的、有目的地认识社会现象的活动,带有强烈的客观性和实践性的特点,从而使其脱颖而出,成为主流的社会研究方式之一,它主要有以下两个优点。

(1) 能够迅速了解总体情况。与其他研究方式相比较,社会调查从选题到撰写调查报告这一过程所花费的时间不长,可以在较短的时间内,收集到相关资料并用以描述总体的概况、特征,分析变量间的关系,使人们及时获得正确的认识,这是它较为突出的优势。

(2) 结论的准确性较高。由于在资料收集与分析过程中,采用系统的方法和规范的操作程序,并可以运用定量统计分析技术,使得其研究结果的信度、效度较高,可重复性较强,且较为准确。

2. 社会调查的缺点

当然,我们不能因为社会调查在当前比较流行,就把它视为较之其他研究方式更为优越的一种社会研究方式。事实上,社会调查也存在明显的不足,主要有以下两点。

(1) 真实性缺陷。社会调查的资料主要是依靠调查对象的自我报告而获得的,一个基本的前提就是被调查者提供给研究者的是能够反映真实情况的真实信息,否则社会调查就不具有科学意义。虽然规范、严谨的现代调查会采用有效的方法来降低或缩小这种真实性缺陷的发生概率或范围,但也不能肯定在每次调查中都没有类似情况的发生。

(2) 解释力有限。社会调查常常在一个相对较短的时间段内收集资料,这种方式虽然有助于迅速获得资料并反映总体情况和变量间的相关关系,但对于描述事物之间的因果关系则有所不足。虽然现代社会调查方法提供了分析变量间因果关系的具体技术,且传统调查也可以依靠丰富、生动、深入的研究有逻辑地分析变量间的因果关系,但总体而言,其解释力往往不如实验研究。

1.2.3 社会调查发展简介

社会调查是一项非常古老的研究技术,作为一种实践活动,可以追溯到数千年前。人类进入奴隶制社会之后,随着阶级、国家、战争等一系列新的社会现象的出现,统治者为了更好地控制与管理其领土及子民,开始进行以征兵和征税为目的的调查,在全国范围内或领地内对人口、土地、劳动工具等社会基本情况进行调查。古埃及和古代中国都不乏类似的文献记载,例如，在古埃及第一、第二王朝时期，国家为确定课税，每两年左右就要清查一次全国的人口、土地、牲畜等状况；中国《后汉书》中记载，早在大禹治水时期，我国就有了人口、土地调查。当然，当时所使用的调查方法与技术与现在相比有很大区别，不具有科学性和规范性，但可视为社会调查的雏形。

总体而言，古代的社会调查虽然经历了由奴隶社会初期到封建社会末期的漫长发展过程，但仍处于社会调查的初级阶段。虽然这种由国家主持的大型行政统计类调查在封建社会时期已经比较常见，它们对社会现象也有了一些比较精辟的论述和独到的见解，但其性质和应用方法并没有获得重大发展。这个时期的社会调查没有系统的理论做指导，不能揭示社会现象的本质及其发展规律，所使用的方法也十分简单，多为行政统计类调查，因而社会作用十分有限。现代意义上的社会调查，始于西方资本主义社会。

1. 国外社会调查发展简介

社会调查作为一种科学的方法，主要还是近代的产物，是伴随近代资本主义的产生而形成和发展起来的。这个时期是社会调查快速发展的时期，可分为两个发展阶段。

第一个阶段是从19世纪开始至20世纪初，是社会调查的初步发展阶段，突出表现在社会调查的范围和领域的拓展方面。随着资本主义社会的迅速发展，主要资本主义国家出现了大量的社会问题，社会贫富差距悬殊、城市人口急剧膨胀、犯罪现象层出不穷等。严重的社会问题更激化了本来就较为尖锐的阶级矛盾，对社会的稳定构成了较大的威胁。因此，一些社会改良主义者为了缓解阶级矛盾，围绕各种社会问题特别是人们的生活状况问题开展了许多专门调查。同时，一些从事新闻行业的媒体人敏锐地注意到了这一情况，便在新闻报道中对这类社会现象和社会问题进行揭露、批判并分析成因以期促成社会变革。例如，英国学者查尔斯·布恩从1886年开始，苦心奋斗18年，对英国伦敦的市民生活和社会概况进行了深入的实地调查，写成了17卷本的《伦敦居民的生活和劳动》；1890年，美国社会学家芮斯对美国纽约的贫民窟做了大量的调查，写出了《其他一半如何生活》一书，接着又出版了《向贫民窟开战》，反映了美国工人阶级生活条件的恶劣情况；1909年，美国的施特文斯对美国7个大城市的公务员的腐败行为进行了调查，出版了《城市的耻辱》一书，引发了美国社会调查和揭发可耻行为的运动，等等。在这个时期，社会调查所关注的现象逐渐从以往的行政统计调查领域扩大到现实社会中人们的生活条件、生活状况等社会生活领域，以及诸如贫困问题、犯罪问题等社会问题领域中来。

知识链接

马克思的一次鲜为人知的社会调查尝试

1880年，马克思深入法国工人群体进行过一次鲜为人知的调查，他邮寄了大约25 000份问卷给工人，目的是测定他们受雇主的剥削程度。问卷中包含以下问题：你们的雇主或他的代理人是否会以狡诈的手段诈取你们的部分酬劳？如果按件计酬，产品质量会不会成为雇主诈取你们工作报酬的一个托辞？等等。但是，尽管这个问卷发出25 000多份，却没有任何返回记录。

资料来源：艾尔·巴比. 社会研究方法[M]. 8版. 邱泽奇, 译. 北京：华夏出版社, 2000.

第二个阶段是从20世纪二三十年代开始至今，社会调查进入了迅猛发展的阶段。这种发展一方面体现在社会调查所涉及的领域进一步扩大，另一方面体现为新的调查方法和技术的出现及运用。首先，随着资本主义社会的迅猛发展，社会结构迅速复杂化，可研究的内容越来越多，研究的范围和领域也逐步扩大，社会调查在原有的基础上又进一步向民意调查、市场调查和研究性调查等领域扩展和渗透。其次，随着数学、物理学、计算机科学等自然科学技术的长足进步，一些学者逐渐将针对自然科学的研究方法运用到调查研究中来。在这个时期，无论是抽样技术、测量技术、问卷设计技术、量表制作技术，还是统计分析技术、计算机应用技术等，都越来越科学化、精密化，社会调查方法不断地得以更新、完善，逐渐走向成熟。社会调查方法的规范性、程序性、标准性，使其逐渐成为一门被广为应用的专门性的科学研究方法，一些专业的社会调查机构和部门也纷纷发展起来，承担了种类繁多的调查研究任务。

2. 中国社会调查发展简介

在我国，社会调查经历了一个由传统社会调查到现代社会调查的发展过程。

19世纪末20世纪初，西方传教士和学者开始在中国开展调查研究活动。1878年，美国传教士史密斯对山东省农村生活进行了调查，并著有《中国农村生活》一书；1914年，美国传教士伯吉斯主持了"北平305名洋车夫生活状况调查"，并发表了英文调查报告。

自20世纪20年代开始，我国社会调查走向本土化，出现了两个重要的从事社会调查的机构，一个机构是北京的中华教育文化基金董事会社会调查部，后改为社会调查所；另一个机构是南京的中央研究院社会科学研究所社会学组。后者以中国学者为主体，进行了许多社会调查。其中，影响较大的调查项目主要有：陶孟和的《北平生活费用之分析》(1930年)；李景汉的《北京郊外乡村家庭》(1929年)及《实地调查方法》；费孝通的《江村经济》(1939年)；陈翰笙于1927年7月至1930年8月主持的对无锡、广东、保定的三次大规模农村调查，并出版了《农村地主和农民》一书。因此可以说，1926—1937年是旧中国学术界社会调查最活跃、调查成果最丰富的时期。

值得关注的是，除了学术界进行的社会调查活动，这个时期的中国还有另一类社会调查来源——以毛泽东、张闻天等为代表的中国共产党人在革命斗争中所做的社会调查，尤其是毛泽东对发展马克思主义社会调查的实践和理论做出了杰出的贡献。毛泽东非常重视实地考察，1917年夏—1918年夏，他曾三次以"游学"的方式考察了长沙附近和洞庭湖滨的广大农村，1918年冬—1919年春，又曾两次到北京近郊的长辛店铁路工厂进行调查。毛泽东在从事革命活动的过程中，对中国社会各阶级特别是工人的情况及其相互关系进行了广泛、深入的社会调查，撰写了一大批调查报告，其中较为著名的有《中国社会各阶级的分析》(1926年)、《湖南农民运动考察报告》(1927年)等，并提出了"没有调查，就没有发言权""不做正确的调查研究，同样没有发言权"的观点。

无论是学术界所进行的社会调查，还是中国共产党人所进行的社会调查，都具有一些共同的特点。从内容上看，两类调查都紧紧围绕我国社会现实状况；从方法上看，两者都以深入实地进行访问和观察为主，并且两类调查者还都从各自的实践中，总结出比较系统同时符合中国国情的调查研究方法。

中华人民共和国成立后不久，随着高等学校院系的调整和社会学学科被取消，学术界的社会调查基本中断,为各级政府制定政策提供依据和材料的社会调查则在原来的框架中继续进行,直到1979年社会学学科得到恢复和重建,学术界的社会调查才逐渐恢复并发展起来,并汲取当时西方社会调查中已有的知识和技术。

自20世纪80年代以来,我国的社会调查进入了一个崭新的发展阶段,主要表现为调查手段日益多样化、调查方法日益科学化、调查人员日益专业化、调查内容日益广泛化。当前国内的社会调查研究者所采用的调查方式,事实上受到两个不同来源的影响:一个来源是毛泽东进行的农村社会调查和国内老一辈学者进行的传统的社会调查,另一个来源则是现代的西方社会调查研究方法及技术。

1.3 社会调查的类型和题材

1.3.1 社会调查的类型

根据不同的标准,社会调查可以划分为不同的类型。例如,根据调查对象的范围,可以分为普遍调查、抽样调查和典型调查;根据调查的目的,可以分为探索性调查、描述性调查和解释性调查;根据资料的收集方式,可以分为问卷调查与访问调查;根据调查应用的侧重点,可以分为研究性(理论性)调查和应用性调查;根据调查的内容领域,可以分为行政统计调查、生活状况调查、社会问题调查、市场调查、民意调查;根据研究的性质,可以分为定量调查和定性调查;根据调查者与调查对象的接触情况,可以分为直接调查和间接调查;根据来源的不同,可以分为传统社会调查与现代社会调查,等等。这里主要介绍以下6类。

1. 按调查对象的范围分类

根据调查对象的范围,社会调查可分为普遍调查和抽样调查两类。

1) 普遍调查

普遍调查又称为普查,指的是对调查总体中的所有个体毫无遗漏地逐个进行调查。普查必须符合两个条件:一是必须规定调查总体的范围,只有在此基础上,才能开展普查,否则普查工作无法顺利进行,其结论也缺乏可靠性;二是必须对总体中的每一个个体无一例外地进行调查,确保调查对象没有遗漏。普查具有以下4个方面的特点。

(1) 范围广、对象多、客观障碍大。普遍调查要对总体中的所有对象进行调查,涉及的范围往往较广,即使在一个较小的区域内进行普遍调查,例如在我国某县或某高校,因其人数较多,很难保证在调查时间段人人都有条件及时接受普查,会遭遇重重客观障碍,这也是个体研究者很少通过普查收集资料的主要原因之一。

(2) 工作量大,代价高。由于调查对象众多,且地域分布广泛,因此,普查的工作量往往很大,很难在短期内收集资料进行分析并得出结论。另外,普查所需的人力、物力、资金也常常比其他调查方式要多得多。由于普查的代价太大,因此不能频繁进行,一般有一定的周期间隔。例如,美国等西方国家的人口普查就定为10年一次。

(3) 需要高度集中的组织和高度统一的安排。由于普查的地域范围广、调查时间相对较长、参与人员多、工作量大,因此,需要一个高度集中的组织和高度统一的安排,以进行规划指导，对调查的每一个环节都能够做出明确的指挥，及时处理突发事件，保证调查过程的条理性和通畅性，从而保证普查的质量。

(4) 调查的内容和项目比较简单。调查范围的大小、调查对象多少与调查项目的数量通常成反比关系。普查的涉及面广、对象众多，所以调查的内容和项目不能太多、太复杂，对调查对象不能进行十分深入、十分全面的了解，只能考察某一总体必不可少的基本情况。

我国的人口普查

人口普查是比较具有代表性的普查。我国第三次人口普查，从1979年年底成立国务院人口普查领导小组开始，到1985年11月正式结束，历时约6年，所了解的项目有19项，主要包括姓名、性别、年龄、民族、文化程度、行业、职业、婚姻状况、妇女生育状况、不在业人口状况、住址、家庭人口等。共投入518万名普查员、109万名普查指导员、13万名编码员、5000多名电子计算机工作人员，并得到1000多万名基层干部、群众的配合。此次人口普查共花费人民币4亿元，包括联合国资助的1560万美元(参加普查工作人员的工资、劳务费等尚未计入其中)。由于人口普查所耗的代价太大，一般个人和单位无法实施，因此常作为一项重要的政府工作由相关权威部门来主持，组织专门的普查领导小组，划拨专项经费，开展社会动员，还需各方通力合作。我国人口普查通常有一定的周期，基本上保持10年左右进行一次，如我国分别于1953年、1964年、1982年、1990年、2000年、2010年进行了6次人口普查，通过前后资料的对比，发现人口运行发展规律。

资料来源：http://baike.baidu.com/view/46884.htm。

2) 抽样调查

抽样调查是指系统地、直接地，从取自总体的样本中收集资料的社会调查。当前绝大多数社会调查都是用抽样调查的方法来进行的，本书中各知识点及其逻辑顺序也主要是根据抽样调查的内容和操作顺序来撰写的。和普遍调查相比，抽样调查有以下4点突出的优势。

(1) 工作量小、代价小。抽样调查所涉及的调查对象数量和地域范围远远小于普遍调查，因此整个调查的工作量也要小得多，人力、物力、资金等投入相应较少，这是抽样调查的突出优势。

(2) 获取资料的迅速性。由于工作量小，调查准备、资料收集、资料分析、展现结果这一过程所花费的时间也可以大大缩短。在很多情况下，及时掌握情况对于决策者来说十分重要。而如果使用普遍调查，需要花费很长的时间获得资料数据，但事物常随时间的推移发生变化，普查的调查结果可能就不适用于当前情况了。因此，获取资料的迅速性是抽样调查的重要优势。

(3) 资料的丰富性。普遍调查的内容简单、项目少，这样所获得的资料数据信息少、不深入。例如，我国在1953年进行的第一次人口普查只有6个项目，第四次人口普查也只有23个项目。而抽样调查因为工作量小、代价小，因此可以设置较多的问题和较为复杂的内容，并能够集中时间与精力进行深入分析，获得详细、丰富的资料。

(4) 准确性高。调查结果的准确性，指的是它与实际之间差距的大小。从理论上讲，普遍调查由于对总体内所有个体进行了调查,因而它本身就是反映总体情况的;抽样调查是抽取总体中的一部分个体,由个体的情况来推测总体,因而在准确性方面不如普遍调查。但是,在实际调查过程中,普遍调查的准确性常常不如抽样调查。普遍调查在开展过程中,受到主客观条件的限制,有非常大的非抽样误差,这种非抽样误差要远高于抽样误差中的人为误差与抽样误差之和。因此,实际上,抽样调查的准确性反而更高。

2. 按调查双方的接触情况分类

根据在调查实施过程中调查者与调查对象的接触情况,社会调查可分为直接调查和间接调查。

1) 直接调查

直接调查是指调查者直接深入调查现场,在与调查对象直接接触的过程中收集资料的一种调查类型。直接调查收集的是第一手资料。直接调查的特点有以下4个。

(1) 直接、概括力强,可以在同一时间段内收集事物和人的实际表现资料。

(2) 具有较强的时效性,其反映的内容多为一定时期内人们特定的行为、观点或社会现象。

(3) 在直接调查过程中即可对收集资料的真实性做出判断,也有可能产生由互动而导致的资料偏差。

(4) 应用形式多样,很适合与其他类型的调查方法结合在一起使用。

2) 间接调查

间接调查是指在调查过程中,调查者没有与调查对象直接接触,而是通过某种中介或第三方对被调查者进行调查的一种调查类型。在间接调查中,调查者通过某种中介来收集调查对象的材料,从而间接地把握调查对象的客观情况。间接调查的特点有以下3点。

(1) 具有匿名性和无反应性,调查者和调查对象不直接接触,不存在介入性问题,因此匿名性较强,调查结果不会受到调查双方互动的影响。

(2) 和直接调查相比,间接调查常可以不受地域空间的限制,因此应用范围较广。

(3) 经济节约,可以花费较少的费用与较短的时间来收集资料。

3. 按调查的目的分类

根据调查目的的不同,社会调查可分为探索性调查、描述性调查和解释性调查。

(1) 探索性调查是一种对所研究的现象或问题进行初步了解,以获得初步印象和感性认识,为今后更周密、更深入的研究奠定基础和明确方向的社会调查类型。探索性调查的主要目的是对某一现象或问题进行考察,以便大致了解情况,并不需要十分明确所研究的现象或问题的全面情况、基本特征和影响因素等。

(2) 描述性调查是一种系统地了解社会现象、社会问题,通过准确、全面地描述现状,来反映总体特征及其分布情况的社会调查类型。描述性调查关注的焦点不在于为什么会存在这样的分布、如何改变这样的情况,而在于回答这种分布是什么样的。也就是说,描述性调查的主要目的,是了解某一社会现象或社会问题"是什么样的"。

(3) 解释性调查是一种要说明社会现象、社会问题发生的原因,探索它们的发展趋势或规律,推测社会现象之间的相关关系和因果关系的社会调查类型。和描述性调查相反,解释性调查不关心某种社会现象、社会问题的总体分布特征,而关注为什么会存在这样的现象或问题。

也就是说，解释性调查的主要目的，是了解某一社会现象或社会问题"为什么会这样"。

关于探索性调查、描述性调查和解释性调查的具体内容，将会在第3章进行详细介绍。

4. 按调查的内容领域分类

根据调查内容领域的不同，社会调查可分为行政统计调查、生活状况调查、社会问题调查、市场调查、民意调查等。

行政统计调查主要包括由国家和各级政府部门所进行的人口调查、资源调查、行业调查、社会概况调查等，大多为宏观的、概况性的调查，行政色彩强，调查指标有限，它对于了解某一区域、某一行业的基本情况有重要作用。例如，人口普查就是典型的行政统计类调查。

生活状况调查主要是针对某一时期、某一地区或某一群体的社会生活情况所进行的调查。它致力于了解人们日常生活各个方面的基本情况，以便综合反映一个时期、一个地区或一个群体总的社会生活状况。生活状况的构成因素很多，人们常说"开门七件事，柴米油盐酱醋茶；关门五件事，吃喝拉撒睡"，再结合个人背景特征，生活状况调查的内容十分丰富。

社会问题调查主要针对社会中存在的各种问题，系统地进行调查、了解，找出问题的症结，为解决社会问题提供参考意见，就像医生给病人看病一样，对各种社会问题进行"社会诊断"。例如，农民工工资拖欠问题调查、青少年犯罪问题调查、教育公平问题调查等，都属于社会问题调查。社会问题调查是一种常见的、重要的社会调查类型。

市场调查是指为了分析市场情况，了解市场的现状及其发展趋势，为市场预测和营销决策提供客观、正确的资料而进行的调查。例如，市场环境调查、市场状况调查、消费需求调查、销售渠道调查等。随着经济的发展，当前我国这类社会调查也逐渐增多，普遍受到经济发达地区和大中型企业的重视。

民意调查也称为舆论调查，是针对公众对某一社会现象或社会问题所持的意见、态度、看法等主观意向进行的调查。它的特点是时效性强、调查指标少、调查成本相对较低。民意调查是当前相当流行的一类社会调查，在政治、经济以及社会管理等领域发挥着重要作用。

5. 按研究的侧重点分类

根据研究侧重点的不同，可以将社会调查划分为研究性调查和应用性调查两类。

研究性调查是以某类社会现象的本质和规律为主要关注点的社会调查。它的关注点不在于对某一具体的社会现象和社会问题进行探讨，而在于对某种存在于现象中的普遍法则进行探索，广泛应用于社会学、心理学、政治学、人类学等各类学科研究领域中。

应用性调查是指那些以探索、了解和描述某种具体的社会现象或社会问题为主要关注点的社会调查。与研究性调查相反，这类调查不强调探索本质与规律，而关注某种具体的社会现实，以期能够正确描述其现状特征，为相关部门制定对策提供可靠信息，具有很强的现实意义和指导作用。这类社会调查应用得十分广泛。

值得注意的是，这个标准并不是绝对的，一项研究性调查可以兼有应用性的内容，一项应用性调查也可以对某种理论的构建与发展有所建树。因此，两者的区分不是泾渭分明的，主要看其侧重于理论还是应用，在哪个方面更有贡献。

6. 按调查的来源分类

根据调查来源的不同，社会调查可分为传统社会调查与现代社会调查两类。

传统社会调查主要受到我国社会调查历史的影响，从资料收集方式来看，以深入实地的观察和访谈为主；从调查对象的选择来看，往往是研究者依据自身经验与主观判断，选取典型的个案进行研究；从分析方法来看，也是以主观的、思辨的、领悟的方式来进行，具有定性分析的典型特点；从方法论倾向来看，体现了人文主义方法论的倾向。

现代社会调查的渊源是西方社会近现代所发展的调查方法技术，从资料收集方式来看，主要依靠随机抽取；从资料的收集方法来看，主要采用以封闭式问题为主的自填式问卷法和结构式访问法；从资料的分析方式来看，主要进行定量的统计分析，用实证的、客观的、统计的、演绎的方法得出分析结果；从方法论渊源来看，具有明显的实证主义方法论倾向。

1.3.2 社会调查的题材

人类社会丰富多彩，人们的行为复杂多样，这就决定了社会调查的题材也是丰富多样的，无数题材都可以作为社会研究的主题，但总体来讲，可以将它们划归为三大类。

第一类，某一人群的社会背景，即有关人们各种社会特征和部分自然特征的资料。例如，性别、年龄、文化程度、婚姻状况、宗教信仰、职业、家庭成员、居住特点、社区类型，等等。这类题材客观性很强，人们对其熟悉程度较高，且大多不具有敏感性，因此收集起来往往比较容易，较少出现问题。几乎所有的社会调查都或多或少地包括这一类内容。

第二类，某一人群的社会行为和活动，即有关人们"做了些什么"以及他们"怎样做"等方面的资料。例如，是否经常找邻居聊天，几点钟起床，上班路上花费的平均时间，是否做家务，每年在奢侈品上的平均消费，等等。这类题材也是客观的、事实性的，它通常构成大部分社会调查的主体内容，除了部分需要回忆和计算的问题，多数资料在社会调查中也是相对比较容易获得的。

第三类，某一人群的态度和意见，即有关人们"想些什么""怎么想的"或"有什么看法""持什么态度"等方面的资料。例如，人们对我国目前房价的态度，学生对自己专业的满意度，人们对自己职业的满意度，人们对公共交通的意见，学生择偶态度，人们对艾滋病人的态度，等等。这类题材属于主观性的、意识性的资料，是构成各种民意测验、舆论调查、社会心理调查的主要内容，在其他一些类型的社会调查中也十分常见。在收集此类资料的过程中，有时要向调查对象询问一些敏感或隐私类问题，因此调查时阻力相对较大。

1.4 社会调查的作用

社会调查的作用有很多，概括起来主要体现在4个方面：描述状况，解释原因，预测趋势，评估政策。

1. 描述状况

了解和描述社会现象的状况是人们深入认识这一现象的基础，社会调查为我们提供了有效的方式。例如，要深入考察未成年人犯罪问题，就必须首先全面、客观地了解我国未成年人犯罪的总体情况。我们可以通过调查，较为准确地描述未成年人犯罪数量的多少、程度的高低，描述它在不同时间的普遍程度、在城乡之间的差异程度，等等。通过这种客观、全面、精确的描述，能够帮助我们较好地了解未成年人犯罪问题的基本现状及其特征，为进一步深入考察该问题奠定基础。描述状况，是社会调查主要、基本的作用。

2. 解释原因

人们在认识事物时，不会满足于了解现状。在了解现状及其特征后，人们常常会进一步问"为什么会这样"。社会调查的第二个作用，就是解释社会现象发生的原因，即解答社会现象"为什么如此"这类问题。例如，在上述未成年人犯罪问题的例子中，我们可以进一步分析年龄、性别、文化程度、家庭背景、同辈群体、学校、社区等对未成年人犯罪行为或犯罪心理有没有影响或影响力大小，从而解释它们之间的相关关系和因果关系，找出影响未成年人犯罪的主要原因，进而达到在更深入的层次上认识和理解未成年人犯罪现象的目的。

3. 预测趋势

除了对过去和现在的社会现象进行解释，社会调查还可以对未来的社会现象(即社会现象的发展趋势)做出一定的预测，这种预测是建立在正确描述和合理解释基础之上的。以未成年人犯罪问题为例，当研究者对未成年人犯罪现象的现状、特征、原因等有了比较清楚明确的认识后，他就能依据社会环境中各种要素或条件发展变化的趋势，对未来社会中的青少年犯罪现象做出一定的预测。假设已有研究发现，经济发展水平、社会流动情况、家庭稳定性是影响青少年犯罪的重要因素，那么我们就可以做出这样的预测：在当前的一段时间内，随着经济的发展、家庭结构的不稳定性增强、社会流动的日益频繁，未成年人犯罪的数量还会上升。

4. 评估政策

社会调查还可以了解和检验社会政策或社会干预方案实施的实际效果，考查是否实现了预期目标。所谓社会干预，是指在特定社会背景下为制造某种预期效果而采取的行动。例如，在上面的例子中，某社区采取了一些干预活动来增加家庭成员之间的沟通与互动，一段时间后可以通过调查来了解这种措施对促进家庭结构稳定的效果，评估预期目标的达成情况。在现代社会中，社会调查是评估社会政策或社会干预的一种常用方法。

1.5 社会调查的一般程序

社会调查是一种系统的、科学的认知活动，遵循一套比较固定的程序规则，这套程序本身就是社会调查自身所具有的内在逻辑结构的一种表现。整体而言，我们可以将社会调查的程序分为5个阶段：选题阶段，准备阶段，实施阶段，分析阶段，总结阶段。

1. 选题阶段

有的人可能会认为，选择题目十分简单，这种看法是对选题及其重要性认识不足的表现。事实上，选择一个好的、合适的题目不是一件容易的事。选择调查课题，是整个社会调查的第一步，也是关键的一步。题目确定了，研究的目标和方向也就确定了。调查问题选择得合适与否，在一定程度上决定了整个调查工作的成败，决定了调查成果的优劣。选题阶段的主要工作有两方面：一是从大量的社会现实中，选择一个有新意的、感兴趣的、可行的主题；二是将这个题目明确化，将最初比较含糊的调查主题转变为更为明确和具体的研究问题。我们将在第2章介绍调查选题方面的具体内容。

2. 准备阶段

在确定了题目之后，研究的目标与方向也随之确定下来。接下来，是围绕这个目标和方向做各种准备工作，选择工作路径。要保证调查工作的顺利进行、保证调查目标的圆满实现，就必须进行周密的调查准备工作，这个工作做得如何，直接决定了整个调查的质量。在这个阶段，我们要做的工作有制定详细的调查方案(其中包括抽样方案)、收集前期资料、设计问卷、准备工具等。有关准备阶段各工作的具体内容和方法技巧，我们将在第3章至第5章、第6章部分内容中详细介绍。

3. 实施阶段

调查的实施阶段也称为收集资料阶段或调查方案的实施阶段。这个阶段的主要任务就是具体贯彻调查设计中所确定的思路、策略、方法和技术，在准备阶段所做工作的基础上进行资料收集工作。在这个阶段，调查者往往要奔赴实地，投入的人力、物力最多，遇到的实际问题也最多，常会出现"计划赶不上变化"的情况。因此，需要研究者充分发挥自身的能动性，根据现实情况来调整已有的调查设计。我们将在第6章、第7章、第8章中详细介绍各种资料收集方式。

4. 分析阶段

分析阶段也称为研究阶段。在资料收集完成之后，需要对原始资料进行系统的录入、审核、整理、纠错，然后进行统计、分析。正如一件精美的工艺品要经过多道工序才能制作出来，社会调查资料也要经过多次处理，才能最终提炼出主要的调查结论。在现代社会，可以使用特定的技术与方法来帮助我们进行调查资料分析。我们将在第9章具体介绍资料整理与分析方法。

5. 总结阶段

做完上述工作后，社会调查并没有结束，我们还要将结论或成果展示出来。因此，撰写调查报告、评估调查质量和应用调查成果是总结阶段要做的主要工作。调查报告是一种通过文字和图表将整个调查工作所得到的结果系统、集中、规范地展示出来的形式，是对整个社会调查工作的全面总结。在有条件的情况下，还要将社会调查成果以不同的形式应用到社会实践中去，真正发挥社会调查在认识社会规律和指导实践中的作用。我们将在第10章详细介绍调查报告的撰写规范。

为了更好地、更感性地认识社会调查的各阶段及其关键技术环节，我们用一个例子进行说明。例如，某校社会学专业的某些学生对本校本科生的消费问题很感兴趣，希望通过调查来了解该问题的现状和特征。首先，他们结成调查小组，经过查阅相关资料和讨论确定了题目为"某校本科生消费行为的调查"。其次，他们围绕题目制定了调查方案，根据这个方案，从全校两万多名本科生中，按抽样方案抽取1000名学生作为调查样本。在对消费行为进行操作化后，他们设计制作了调查问卷。这份问卷由若干封闭式问题组成，包括性别、年龄、专业、政治面貌等个人背景特征问题和学生的基本消费行为、拓展消费行为、奢侈消费行为等问题。将问卷定稿印刷后，调查小组找到抽取的样本，让他们自行阅读和填答，并约定时间地点回收资料。这样，就收集到有关学生个人背景特征和消费行为等方面的问卷资料。此后，调查小组将每个学生的答案进行编码，并按统一的格式录入计算机，形成这次调查的数据库文件。在专门的统计分析软件(通常是SPSS)的帮助下，对数据进行清理、纠错和统计分析。于是，这些来自1000名学生的各种调查结果就可以一一推论到由两万多名本科生所构成的总体中，从而描述某校本科生在消费行为方面的总体表现，描述不同专业、不同年级、不同性别学生在基本消费、拓展消费和奢侈消费方面的分布特点，也可以进一步解释家庭背景、专业与学生消费行为之间的关系。最后，他们对所有的结论加以总结和概括，撰写调查报告，并在有关刊物上发表了论文，从理论或实践方面为人们正确认识这一现象和相关部门正确引导这一问题提供了材料和观点方面的支持。

本章小结

在本章中，我们首先介绍了社会研究的含义及特征、4种基本研究方式，并指出社会调查是其中常用的一种。其次，指出社会调查的定义，是人们为了了解社会现象、解决社会问题而有目的、有意识地运用自填式问卷或结构式访问的方式，系统、直接地收集信息资料，并通过分析和综合来认识社会现象及其发展规律的一种研究方式。它有优点也有缺点，有特定的发展历史。我们根据不同的标准，可以将社会调查划分为传统社会调查、现代社会调查、典型调查、普遍调查、抽样调查等不同的类型。它的题材主要有三类，在实践中发挥了重要的作用。最后，我们简要说明了完成一次社会调查的一般程序。

复习思考题

1. 社会研究的基本方式有哪些？彼此之间的关系如何？
2. 当前我国社会调查受哪两个信息来源的影响？这两者之间体现的方法论背景主要有什么差别？
3. 找几篇发表在学术刊物上的社会调查报告进行阅读，并分析它们分别属于哪类社会调查。
4. 什么是抽样调查？为什么当前抽样调查比普遍调查运用得更为广泛？
5. 现代社会调查的主要特征是什么？与传统社会调查有哪些区别？
6. 举例说明社会调查的主要作用。
7. 简述社会调查的一般程序。

扫码自测

第2章 社会调查的选题

大兴调查研究，走好群众路线，问需、问计于民，尊重基层和群众首创精神，注重从老百姓急难愁盼中找准改革发力点和突破口，增强群众获得感、认同度。

——习近平

选择题目，是开展社会调查需面对的第一项工作。有人认为，"选题是一件容易的事，可供选择的题目范围实在太大了"。诚然，人类社会中的各种现象都能作为社会调查的题目，但从众多现象中选择一个高质量的题目，并不是一件容易的事。在本章，我们将介绍社会调查选题的具体内容。

2.1 选题的来源与意义

2.1.1 选题的来源

在人类社会中存在各种各样的人群、社会关系、社会现象、社会产物、社会心理等，彼此之间相互交织，表现形式丰富多样，可供选择的调查题目非常多。有的选题来自研究者自身的生活经历，有的选题是研究者留心观察周围的发现，有的选题甚至来自研究者的灵光一现。对于每个调查者来说，确定调查题目时应综合考量各方面因素。社会调查选题的来源，主要有以下4种途径。

1. 社会生活

人们生活在社会中，社会是人类生存的基础。千姿百态、形形色色的社会现实，是调查选题最主要、最丰富、最常见的来源。社会中存在各种各样的社会问题、文化现象、人群行为、群体心理、社会关系等，现实社会生活中的种种热点现象和焦点问题，都可以作为社会调查的主体内容。

2. 现实需要

人类为了生存与发展在不断地进行社会实践，社会实践是人们在社会中进行的一切自觉自我的行为，是人们参与社会生活的一种记录。在长期的实践过程中，人们会产生各种需要，这种需要包括研究需要、工作需要、社会发展需要和心理需要等诸多需要类型。我们可以根据这些需要在实践基础上提出现实需求，再进行选择、提炼、明确，形成高质量的社会调查题目，这也是社会调查题目的重要来源。

3. 个人经历

在现实生活中，每个人总是生活在社会中的特定角落，走的往往是自己特定的人生道路，即使生长环境完全一样，不同的人也不可能有同样的经历和体验。因此，不同的人对不同的社会现实的认识和感受也不一样，从而形成了个体观察社会事物、理解社会现象的基本视角和出发点。这种不同的经历、体验、观察、感受，常常是社会调查课题的最初来源，许多有价值、有创造性、切实可行的课题，都源于研究者某种特定的人生体验。

4. 现有文献

人们在阅读相关的学术著作、教科书、报刊文章等文献的时候，会遇到一些感兴趣的内容，可以激发人们研究某种问题的"灵感火花"。现在国内有大量的社会科学期刊，如《中国社会科学》《社会学研究》《经济研究》《人口研究》《青年研究》《政治学研究》等，阅读这些刊物，甚至仅是浏览题目，都可以帮助我们找到可待挖掘的、有价值的社会调查课题。虽然选题依靠灵感听起来并不靠谱，但事实上十分有用，许多社会调查课题正是在此基础上得以形成的。

2.1.2 选题的意义

一项具体的社会调查始于对课题的选择，选题是整个社会调查的开始。常言道，"好的开始是成功的一半""选好了问题也就解决了问题的一半"。爱因斯坦也曾经说过"提出一个问题往往比解决一个问题更重要"。这些说法都形象、生动地展现了提出问题和解决问题之间的关系，阐明了提出问题对解决问题的重要性。

在自然科学研究中，从伽利略三大定律、牛顿万有引力定律和运动定律一直到爱因斯坦的相对论等重要理论，在极大地促进科学理论发展的同时，还发挥了巨大的实践指导作用，给自然科学技术的发展带来了质的飞跃，这些成就的取得，是以提出问题开始的。

在社会科学研究中，马克思继承并发展了唯物主义和辩证法，建立了自己的辩证唯物主义和历史唯物主义，并用这种方法撰写出许多具有代表性的著作，不仅对社会主义国家的发展方向起到了指导作用，其撰写的《资本论》在客观上也促进了资本主义在自身范围内的进一步发展，而这一切都是在提出问题后开始的。当然，并不是所有的研究课题都能产生如此大的影响，但"不积跬步无以至千里，不积小流无以成江海"，将无数个小问题加以解决，一点点推动理论的发展与社会的进步，终将会有质的突破。

社会调查也不例外，充分发挥社会调查在实践中的作用，离不开提出问题，甚至可以说，选择确定一个调查课题，是整个调查研究中的关键环节。如果从社会调查自身的角度来看，选题的重要意义主要有以下4点。

1. 决定调查的目标和方向

社会调查作为人们认识社会现象的一种自觉活动，这种自觉性首先体现在活动总是为了认识或回答特定的问题，服从于一定的研究目的。现实生活中的每一项社会调查，都是针对特定生活领域中的特定社会现象或社会问题。一项社会调查要达到什么目的、实现什么任务、以什么事物或问题作为研究对象，都是由调查的题目所限定的，即一旦调查题目限定下来，调查范围、调查内容、调查对象其实也就确定了，从而决定了整个调查的方向。例如，如果选择以"清华大学在校本科生就业倾向"为题目展开调查，在决定了采用这个选题后，研究范围就确定下来了，不是针对企业或政府部门的，也不是针对全国范围或省市范围的，而是非常具体的一个被限定的高校——清华大学；调查对象也被规范了，不针对研究生、大专生，也不针对已经离校的学生，而是针对在校本科生这一特定群体；调查的内容是了解调查对象的择业倾向，而不是了解他们的学习情况、就业好坏、恋爱观念等。也就是说，选择了调查的题目，其实就明确了整个调查活动的基本方向。

社会调查的选题来源十分丰富，众多领域内的现象和问题都有许多值得调查的内容，其研究方向有较大区别。因而，对研究者而言，选择一个具体的社会调查题目实际上就是选择调查的研究目标和方向。例如，一个成都的居民要去旅游，可以选择去北京看故宫、去九寨沟看风景、去泰山登山等，可供他游玩的地方很多，但他需要结合自己的主客观情况来选择和确定其中一个地点。当这个旅游地点确定下来，其实这次旅游的目的地和方向也就确定了，假如他打算去爬泰山，那么，泰山就是这次旅游的目的地，而旅游的方向则是由成都出发向东北方行进直至到达目的地。选择调查课题正是一项社会调查活动的出发点，从这一点出发，可以通向社会生活的不同领域，到达不同的目的地，具体朝哪儿走、到哪儿去，是由调查课题决定的。

2. 体现调查的水平

调查问题提得是否合适、选题是否得当，在一定程度上反映了研究者的理论想象力、社会见解深度、观察能力等。因此，调查课题的选择能够从一定程度上体现该调查和研究者的水平。事实上，在我国现有的众多社会调查中，有的调查能够在比较深入的层次上揭示社会现象的内在联系，而有的调查则只能在比较浅显的层次上描述社会现象的表面特征；有的调查能够在比较高的层次上概括社会现象的整体状况、发展规律，而有的调查则只能在比较低的层次上简单列举社会现象的个别状况和具体表现；有的调查能够及时回答人们新遇到的、普遍关心的焦点问题，而有的调查则只能重复人们早已明了的事实、状况和结论。所有这些差别的形成，虽然有着多方面的原因，但是，课题选择得恰当与否，是其中一个关键因素。例如，同样是对大学生在高校中的收获感兴趣，有的人确定的题目是"某校大学生在校期间的发展问题调查"，而有的人确定的题目是"某校大学生在校期间的社会化问题调查"，这两个选题的关注点相似，可体现的知识水平有明显差别，相比较而言，后者更能体现一个研究者的功底和调查水平。

社会调查的课题选择之所以能够体现调查水平，主要是因为在选择和确定调查课题的过程中，既需要研究者掌握专业的理论知识、熟悉调查的具体方法和操作技术，又需要研究者具有比较开阔的视野、比较敏锐的洞察力、比较强的判断能力，同时，还需要研究者具有丰富的社会生活经验。研究者在上述哪一个方面有所欠缺，都会反映在他所选择的课题上，从而影响调查的质量和水平。如果缺乏专业理论知识，所选择的课题在内涵上就可能不够深入或不够有专业性；如果缺乏比较开阔的视野，对这一领域已有的研究成果和存在的不足缺乏必要的认识，无法正确预测其发展的方向与趋势，那么所选的课题可能只是对前人已有的研究成果进行简单重复，或者无法在更深层次上揭示其发展规律；如果缺乏比较敏锐的洞察力和较强的判断力，就可能要么对社会生活中值得调查的现象视而不见，要么感觉可选择的课题太多、无从下手。

3. 制约调查的过程

社会调查的课题不同，则其目的不同、内容不同、对象和范围不同，那么其实现目标的途径、方法、技巧也有很大区别。社会调查的课题一经提出和确定，便约束社会调查的所有环节及具体工作，包括调查方案设计、抽样、问卷设计、资料收集与资料分析等。还以上文的成都居民为例，当他决定在十一长假到泰山去游玩时，这个目的就影响了他对旅游道路的选择，在现有常见的交通工具中，选择乘坐火车、飞机较为合适，开汽车是一种中庸的选择，但决不能选择骑自行车，这是由他选择游玩的地点离成都较远的情况决定的。如果他选择成都周边地区为旅游目的地，就可以选择骑自行车或者踏青的方式。社会调查也是如此，在选择了调查课题后，调查目标和方向即确立，同时达成这一目标的途径实际上也确定下来了。

例如，对于下面4个不同的社会调查课题，如何达成研究目标与其具体的研究道路和研究方法有关，4者之间存在较大的区别。

课题一：当前我国城市居民的生活状况调查。对于这个调查题目，我们经过分析得到如下信息，该调查的调查对象是我国所有城市居民，总体大、分布范围广，它要求的抽样程序比较复杂，样本的规模也相当大，而且生活状况所涉及的内容也比较多，因而调查问卷的设计也相对复杂一些。所采用的资料收集方法可能既包括自填问卷，也包括结构式访问。这样，开展这项调查所需要的经费、人员、时间等也就相对比较多，管理任务繁重，它走的是一条"大规模、多内容、高投入"的道路。

课题二：西南石油大学本科生就业状况调查。从这个调查题目中可以看出，它涉及的对象范围不大、分布不广，只是一所大学中的学生。所以，该项调查在抽样方面，不一定需要很大的样本数量，抽样程序也相对简单；在内容方面，由于就业状况的涵盖面不大、抽象层次也不高，因此涉及的内容不多；在资料收集方式方面，采用自填问卷即可。因此，该项调查所需要的经费、人员少，所花费的时间不多，在短期内就能完成，管理任务也不重，它走的是一条"小而精"的道路。

课题三：成都市农村居民的幸福感调查。从这个调查题目来看，该项调查在规模、范围、内容复杂程度等方面介于前两者之间，所采用的方式方法也与前两者有较大的区别。由于调查对象是农村地区的老年人，受老年人自身特点的影响，如文化程度、阅读能力普遍较低，因此，在调查时最好不要采用自填问卷的方法，改用访谈法更为合适。这就意味着需要比较多的调查人员、比较长的调查时间、比较多的调查经费投入和比较复杂的组织管理。

课题四：北京市"房奴"现象的调查。这个调查题目和课题三有相似的地方，都要求在一定范围内进行。这个课题从规模、范围等方面来看介于课题一、课题二之间，但同时与课题三有很大差别。"房奴"现象主要产生于中青年这个群体中，北京的中青年群体受教育程度不低，因此，可以采用自填问卷的资料收集方法，样本规模也可以比课题三大一些。在调查内容方面，由于要反映"房奴"现象的基本表现和特点，所以应该注意问题设计的全面性而非针对性；在调查需要的经费、人员、时间等方面，课题四介于课题一和课题二之间。

4. 影响调查的质量

在现实生活中，一些社会调查的质量不高，可能是由调查课题本身的层次比较低，调查人员的素质、技能比较差，或者调查工作过程比较粗糙等原因造成的，也可能是由研究者所选择的调查课题本身就不恰当、不可行、不合适导致的。例如，在多年前，我国各地展开了大量有关农村基层民主制度改革问题的调查，取得了不少研究成果，但也有很多农村基层民主制度调查的结果是重复的，基本上呈现描述性调查较多、解释性调查较少、定量分析技术比较简单等特点,如果再选择类似的问题进行研究,除非调查者有把握能够在前人研究的基础上有所突破,或者这个领域出现了一些改变、出现了一些新现象和新问题,否则现在还选择这类课题,调查质量往往不高。再如,一个在校大学生对我们国家现在的社会问题比较感兴趣,于是他选择了"某地区青少年犯罪问题调查"这个题目,可是在他平时的生活中,没有相关资源能够帮助他找到调查对象这一人群,更不要说让他们接受调查了,因此这个调查不能较好地完成。又如,一个在校大学生关注婚姻家庭类问题,于是他选择了"南京市离异妇女的生活状况问题调查"这一题目,可是他所处的年龄段决定了他对婚姻生活、离异者的生活及心理等方面的知识体验太少,这一人群背景和他自身的背景差别太大,因此,这类调查的完成也有很大困难。作为一个在校大学生,最了解、最熟悉、最容易收集到资料的地方无疑就是大学本身,因此,他们在大学生活中所遭遇的种种现象和问题,如大学生的消费问题、大学生的恋爱观问题、大学生的择业问题、大学生的专业认同感问题、大学生的学习态度问题,甚至大学校园的文化建设问题、大学图书馆管理问题、大学生对食堂的满意度问题等,无论是在体验方面、知识方面,还是在资源条件方面,都比前两个课题要好得多。在同等条件下,一个大学生即使勉强完成了"南京市离异妇女的生活状况问题调查"等类似课题,其质量也往往不及"南京大学本科生的消费问题调查"等类似课题,因为后类课题在合适性、可行性上远高于前类课题。

毫无疑问,调查课题的选择直接影响调查质量和研究结果。一个高质量的选题,虽然不能够保证社会调查一定成功,但它是取得社会调查成功的一个前提和必要条件;一个质量不高的选题,不管其研究方案设计得如何周密、调查工作进行得如何认真,都从一开始就埋下了失败的种子,不可能取得预期的理论成果和现实效益。调查的选题之所以能够影响调查质量,就在于选题本身能够限定调查的目标、内容、方法、路径等,规定课题所需的各种条件,其中有一个问题处理不好或者某些条件不能满足,调查课题的进行必然会遇到较大的障碍,难免会对结果造成影响,调查成果的质量自然得不到保证。

2.2 选题的类型和标准

2.2.1 选题的类型

明确选题类型之前,我们有必要了解调查主题和调查课题之间的联系和区别。

调查主题,是社会调查所在学术领域内的某一主要问题。这里的"领域",是指认识和系统化对象的特定化,它和学科既有联系又有区别。一个对象领域可以由几个不同的学科从多方面进行研究,一个学科也可以研究不同的对象领域。所谓的"经济""政治""社会"都是领域,经济学、政治学、社会学都是学科。由此可见,"领域"实际上是一种"对象范围"。调查主题是在某一学术领域内的某个主要问题,其对象范围要小于且被包含于所在领域。例如,"某城市居民消费问题"就是一个调查主题,其中"消费"属于经济领域、社会领域或综合领域,它还可以划分成很多层次维度,涵盖面比较广。调查主题的内容范围领域,是相对比较宽泛、笼统的,抽象层次也比较高。

调查课题,是社会调查针对特定领域经过精心选择的、所要说明和解决的具体问题。例如,在上例中,"某城市居民消费问题"是一个调查主题,我们可以将其具体化为研究某一城市居民的消费行为、消费需求、消费心理、消费观念等调查课题。可见，调查课题是它所属主题内众多具体问题之一，和调查主题相比，调查课题的涵盖面比较窄，是比较明确、比较具体的，抽象层次也比较低。

了解了调查课题后，我们来看看它的几种主要类型。

贝弗里奇在他所著的《科学研究的艺术》一书中，探讨过不同类型的研究，按照他的观点，所有科学研究可以这样分类："科学研究一般分为'应用'研究和'纯理论'研究两种……通常，应用研究是指对具体实际意义的问题进行有目的的研究，而纯理论研究则完全是为了取得知识而取得知识……有一个基本的方法，可以用来大体区分应用研究和纯理论研究，即前者是先有目标而后寻找实现目标的方法，而后者是先发现，然后寻求途径。"根据贝弗里奇的观点，社会调查课题也可以分为应用性课题和理论性课题两大类。

事实上，当前社会调查的分类更多，主要类型有理论性课题、应用性课题、委派课题、自选课题、招标课题。这5种课题类型是相互交叉的，理论性课题和应用性课题可能是委派的，也可能是自选的，或者是招标的。同样，委派课题和自选课题也可能是理论性课题或应用性课题。之所以出现这种情况，主要是源于分类标准的不同，按照不同的标准，社会调查的课题可以划分为不同的类型。

1. 理论性课题与应用性课题

根据社会调查课题关注的侧重点，可以将其划分为理论性课题和应用性课题两大类。

理论性课题(Theoretical Problem)，指的是那些侧重于发展有关整个社会的基本知识，特别是侧重于建立某种理论或检验某个理论假设的课题。这类课题力图理解和解释社会的某一方面或者某一方面的某个具体部分是如何运转和相互联系的，某一类社会事物或社会现象又是如何发生、发展和变化的。这类课题往往表现出明显的理论倾向，其关注点主要在于探索现象之间的关系，在于增加对具体社会现象的内在规律的认识。这类课题调查研究的最终目的都是探索或建立理论知识及体系，或者说，其主要目标是增加人们对社会现象、社会事物的内在规律的理解和认识。

应用性课题(Applied Problem)，指的是那些侧重了解、描述和探讨某种社会现实问题或者针对某类具体社会现象的课题。这类课题集中体现在迅速了解现实状况，分析现象或社会问题形成的原因、特点、规律及各种现象之间的关系等方面，并力图在此基础上有针对性地提供政策、措施或建议，以帮助人们分析和解决社会或自然中的各种现象和问题，从而评估社会或自然发展的后果，指导制定社会或自然科学发展的政策或措施等。概括地说，这一类课题侧重于通过调查来解决实际应用的问题。在现实社会生活中，各级政府机构和实际工作部门所做的各种调查，还有各种类型的市场调查，基本上属于应用调查课题范畴。

事实上，对于同一种社会现象，或者说同一种研究题材，往往既可以找到理论性课题，也可以找到应用性课题，但两类课题的关注点不同。例如，同样是研究女大学生的就业现象，理论性课题可能关注的是"女大学生择业时的社会资本""人力资本对女大学生择业的影响""社会角色与女大学生职业地位的关系""女大学生的社会地位与职业流动"等诸如此类的问题；而应用性课题则可能更加关注"女大学生择业时的基本特点""提高女大学生就业率的途径""如何有效地解决女大学生就业时所面临的性别歧视问题"等诸如此类的问题。也就是说，理论性课题更关注如何发展某种一般性的社会认知，而应用性课题则更关注如何有效地解决现实社会问题。需要指出的是，现实生活中的社会调查课题大多在这方面没有十分严格的界限区分，一个理论性社会调查可以兼有解决实际问题的能力，而一个应用性社会调查也可能有助于某种理论的建构，只是侧重点不同。

2. 自选性课题、委派性课题和招标性课题

根据社会调查课题的来源，可以将其划分为自选性课题、委派性课题和招标性课题三大类。

自选性课题，指的是研究者根据自己从事的实际工作的情况和需要，或者根据自己的专业领域、研究方向或研究兴趣，结合社会的某种需要，由自己选定的课题。例如，有的教师为摸清学生的心理情况、了解学生心理的特点和意向、顺利完成心理健康教育工作而进行的有目的的调查，有的学生为撰写自选的毕业论文而进行的社会调查，研究人员为验证某种理论而进行的相应调查，政府部门的调研人员为解决某一社会问题而进行的社会调查，等等。这类课题的确定，主要取决于调查研究者本人要调查研究什么、要在什么地方调查、什么时候开展调查、如何开展调查等，完全根据自己的需要决定。

委派性课题，指的是由有关的机构、部门、单位，根据社会发展需要或工作需要委派给相关单位或个人的调查研究课题，或者是个人根据某项工作需要而确定的，并得到上级机构、部门、单位认可的，进而指派给研究者进行调查研究的课题。这种课题一般为各级政府机构以及涉及社会各个具体领域的工作部门所使用，例如，人口管理、劳动就业、城市建设、公共交通、环境保护、区域发展、社会治安、文化教育、社会保障、公共卫生等，而课题研究的成果也主要应用于这些部门和领域。对于研究者来说，这类课题的确定基本上不存在自己选择的问题，调查者只需按照这些机构、部门、单位的要求完成调查即可。

招标性课题，指的是某些组织机构面向社会或专业人员广泛征求申请者，择优录取并提供资助的课题。这类课题既有一定的指导性和规定性，又有一定的自主性和灵活性，对于研究者来说，具体课题的确定，也有一定的自主性。这种课题在课题指导中并不一定要求以调查的形式完成，但研究者可以选择以社会调查的方式完成研究工作。例如，国家社会科学基金课题，省、市和科技部门的基金课题，以及一些基金会的基金课题等，都属于这类课题。科研单位或个人可以根据课题指南，自行选择、调整题目、进行申报，以争取研究资金的支持。

2.2.2 选题的标准

社会调查的课题是对特定领域经过精心选择的、所要说明和解决的问题。从这个角度来讲，并非所有的课题都可以，或者说都适合被选为社会调查的课题，它包含一定的求解目标和范围。一个社会调查课题的提出，也并非盲目地从社会中随便找一个题目，这个题目能否成为社会调查的课题，有来自主观和客观各方面的考量。在评价一个选题是否是一个高质量的调查题目时，除了题目自身的内容，还要结合研究者的研究需要以及研究条件、研究能力、偏好、社会现实需求等因素综合考虑，所以标准并非恒定不变，对一个研究者而言的优质选题，对另外一个研究者而言可能就是失败的选题。因此，在评价选题标准的时候，不同的人可能会有不同的看法，标准也会有所差别。当然，这并不表明，在社会调查中完全没有评价选题质量的标

准。为了能够选择一个恰当的题目，人们在实践中总结发展了4点准则作为选择调查课题时应该遵循的主要依据或者判断标准，即重要性、创新性、可行性、合适性。

1. 重要性

重要性是指社会调查课题所具有的意义和价值。选择的调查课题应具有某种程度的价值和作用，否则就失去了开展社会调查的意义。当然，不同的调查课题，其意义或价值会有大小之分，这种意义既可以是理论方面的，也可以是实践方面的，或者理论与实践兼而有之。社会调查课题在理论方面的意义或价值，主要体现为它对一门学科的发展、对某种理论的形成或检验、对社会规律的认识、对社会现象的解释等所能做出的理论贡献；而社会调查课题在实践方面的意义或价值，则主要体现为调查课题对现实社会生活中的各种问题能否进行科学的回答和能否提供合理有效的建议和对策。例如，"关于某地区社会资本与社会分层关系的调查"，这个课题更具有理论意义，其理论意义在于研究社会资本在社会分层中有没有影响、产生何种影响、影响力大小等，通过探索来了解中国社会结构的一些特点；而"大学生择业难的影响因素调查"，这个课题更具有实践意义，其实践意义在于通过对导致大学生择业难的因素的考察，找寻问题产生的主要原因，为相关部门制定对策提供参考性资料。当然，这种理论意义和实践意义的划分，也不是绝对的。上文中已经介绍，一个理论性社会调查可能兼顾实践应用，而一个应用性社会调查也可能有助于某种理论建构。因此，调查的理论意义和实际意义的划分，也仅仅是指其实际效果的一种倾向，即是更侧重于建构发展理论还是解决现实问题，现实生活中的绝大多数社会调查课题并没有在这个方面做出严格的界限区分。

另外，社会调查的重要性还体现在一个较为特殊的层面上。例如，我们国家在过去的几十年中，都不乏社会生活类调查。这类调查可能没有什么特别的理论意义，在当时也没有针对提高人民生活水平提出相应的对策建议，即其实际意义也不算大。但它形象地反映了我国这些年来人民生活情况的变迁，就像以社会调查的方式拍摄的一系列特殊的"照片"，这种记录本身就具有很大的意义，或者说，这类社会调查更具有社会历史意义。

社会调查选题的重要性标准是基础标准。我们在面对众多题目时，首先要考虑的就是一个课题所具有的重要性，即考虑"有没有用""有多大用""有什么用"等问题，一个调查课题的用处越大越好、越多越好。

2. 创新性

创新性也可以称为创造性或独特性，它指的是社会调查的课题应能增加所在研究领域内的知识，无论是在内容上还是在方法上，应该具有某种新的、与众不同的特点。我们都知道，科学知识的发展本身就是一个积累的过程、一个从量变到质变的过程，但在这个过程中，应该通过科学活动不断地增加新知识，而不是简单复制前人已有的工作和重复前人已得出的结论，应该在前人成果的基础上，有新的突破，哪怕是一个微小的突破。因此，社会调查作为一项科学的认识活动和实践活动，也应该有所突破。一次具体的社会调查，必须能够在某些方面增加人们对现实世界的认识，能够为人们了解、理解、熟悉和掌握现实社会生活中的各种现象、各种问题、各种规律提供新的东西，而不能总是在同一领域、同一范围、同一层次上重复别人的研究，重提已有的结论。一切重复他人研究的调查课题，即便调查设计做得再周密、资料收集和资料分析做得再规范，它所获得的结果仍然是无价值的，也是不会被他人认可的。

社会调查课题的创新性可以体现在两个方面。

第一，可以表现为调查课题所研究的问题在现有的知识存库中还无法找到，具有填补空白、开创性的意义。这类课题所具有的创新性无疑是最高的，它广泛存在于社会发生巨变的时期和社会转型的过程中。当一种社会结构被另一种社会结构取代时，会产生很多新现象和新问题，都是十分值得调查、具有开创性的问题。例如，我国在转型过程中出现的"三农"问题，在当时就具有开创性调查的特点。当然，在社会发展比较平稳的时期，也存在开创性的问题，因为随着社会的发展，事物自身及人的行为、态度、观念等也会相应地发生变化，不断地出现新现象、新问题，其中有的问题还会产生十分重要的影响，只不过这类课题相对较少而已。

第二，可以表现为通过新理论对一个已经被大量研究的问题做出新的诠释，或者采用一个新方法对一个旧问题进行调查。例如，一个大学生对婚姻家庭方面的问题十分感兴趣，他看到前人对这个问题做了很多研究，于是阅读了大量的相关文章，详细地研究了大学生的婚恋观，在此基础上，他转而调查大学生的恋爱消费问题，这就在研究内容上有了创新；或者研究某地区城市居民的婚恋观，这就在研究对象上有了创新。假如他发现已有的研究距今已有一段时间，大学生的婚恋观在此期间已经发生了变化，虽然是同一内容、同一对象，但在不同的时期进行调查，由于对象的表现不一样，这个调查课题仍然具有创新性。

3. 可行性

可行性是指研究者是否具备进行或完成某一项社会调查的主观条件和客观条件。一次具体的社会调查，可能遇到很多特定的主观条件限制和客观条件限制。研究者应明确这种限制，并判断自己能不能突破这些困难最终完成调查。这并非说研究者突破困难的决心越大、调查课题就越可行，事实上这是一种唯心主义论调，有的社会调查课题对于一些研究者来说是根本不可行的。而且，在现实社会中，越是具有重要性和创新性的课题，其可行性往往就越差，而且同时具有创造性、重要性的调查课题，也很容易被其他研究者"捷足先登"。

评价调查课题的可行性，要明确课题的主观限制和客观限制。

所谓主观限制，是指来自研究者自身条件方面的限制，包括来自调查者的调查技术、社会资源、知识结构、研究能力、组织能力、生活经验等方面的限制，甚至在某种程度上，还包括调查者的性别、年龄、语言等一些个人心理和生理特征要素。例如，一个年轻的男性大学生研究者选择"某省社保基金管理问题"这样的调查课题，或者一个在北京土生土长的、对少数民族地区情况一无所知的大学生，选择"某民族地区农村社区参与问题"作为调查课题，在这两种情况下，对这两个研究者来说，两个课题都不具有可行性，因为无论是从研究者的年龄、性别、社会生活经历等个体因素来看，还是从研究者对这一领域的相关知识尤其是实际知识的熟悉程度来看，都与这一调查课题的特点和要求相差较大，很难圆满地完成这一课题。

所谓客观限制，是指进行一项社会调查时受到的来自外在环境或条件的限制。例如，调查时间紧，调查经费不足，相关文献资料无法获得，调查涉及的对象、部门和机构不能给予必要的支持和合作，调查课题违反国家有关政策法令、违反社会伦理道德，或者与被调查者的生活习俗、宗教信仰相违背等，都是导致一项调查课题无法进行的客观障碍。例如，"导致家庭暴力的原因"这一调查课题既有现实意义，也有创新性，是值得去做的课题。然而，如果研究者不能取得相关部门的支持和配合，就无法接触调查对象群体，自然无法收集资料，调查也就难以进行了。再如,某研究者想做"医院解决医患纠纷的途径"的调查,这个课题也是很有新意的,而且结合了社会热点问题,但如果他不认识医院相关的人员,尤其是负责人员,那么往往难以收集到真实详尽的资料,调查仍然无法顺利进行。

因此,评价一个调查课题,不能仅仅依据其重要性和创新性,有些调查课题尽管具有重要意义和创新点,但如果调查主体的主观条件不能胜任且客观条件不允许,或者调查客体的条件不成熟,也不能认为这是一个恰当的选题。

4. 合适性

合适性指的是选择的调查课题最适合研究者的个人特点。这种个人特点主要包括研究者对该调查课题的兴趣、研究者对与调查课题相关的社会生活领域的熟悉程度、研究者与调查对象之间的相似程度,以及研究者具有的各种资源、条件与该课题的要求相符合的程度,等等。合适性与可行性不同,一个具有可行性的课题不一定是合适的课题,而合适的课题首先必须是可行的课题;可行性解决的是有关课题"能否完成"的问题,而合适性涉及的则是有关课题"是不是最好"的问题。对于特定的研究者来说,可以选择的、具有可行性的调查课题也许不止一个,甚至有很多,但合适的课题往往只有一个。

在选择合适的调查课题的过程中,个人兴趣可以作为重要考量因素。虽然个人兴趣在众多考量因素中所占分量很低,但是在优中择优的课题中,当以合适性为标准进行筛选时,个人兴趣十分有参考意义,在其他条件相同的情况下,研究者应该首先选择自己最感兴趣的课题。同样,研究者对与这些可供选择课题相关的社会生活领域的熟悉程度,也是评估课题合适性的一个重要因素。在可能的条件下,研究者应该尽量选择与自己熟悉的社会生活领域相关的调查课题,而不要选择自己比较陌生的领域中的课题。

此外,对于个人研究者和初学者而言,选题的标准还应该加上一个"具体性标准"。也就是说,课题的选题应该更小、更明确、更具体。一般情况下,人们倾向于认为过于具体的课题价值不够高,因此常常没有给予足够的重视。但选择一个大而宽泛的课题,又很可能会在时间、精力、经费方面超出研究者的承受范围,个人力量常常不够用,因此,强行选择的结果就是完成质量不高,有时甚至会出现用主观推论来补充或取代客观调查的情况。与其这样,还不如选择一个范围小且具体的课题,严谨、规范地完成它,得出一个符合实际情况的结论,虽然此项调查的作用可能不大,但无论如何,往前一小步也是进步,距离真知也更近了一步,比照前者毫无科学论断的情况要好得多。

在上述4项标准中,重要性是基本标准,创造性是在重要性的基础上提出的更深一层次的标准,可行性是决定性标准,合适性则是一个附加性标准。这4项标准从不同的层面,对选择调查课题做出不同的规定,在实际选题过程中,研究者要将它们综合起来进行衡量。

2.3 选题的途径和方法

俗话说"万事开头难",选题作为社会调查的起点也是如此。正如美国学者奇斯克所说:"依靠丰富的想象创立并发展一个科学的研究问题是研究工作中最为困难的一部分。"对某一特定研究者来说,社会生活、现实需要、个人经验、现有文献虽然能为其在选择社会调查课题时提供丰富的资料来源,但并不意味有了这些资料来源,他就一定能够做好。事实上,很多人在选题的时候常常会有无从下手的感觉。那么,如何才能选择一个高质量的社会调查课题呢?其实并没有一个固定的参考模式,但我们可以依据课题的几个主要来源,找到一些有迹可循的途径和方法。

1. 借鉴专业理论

社会科学中的各学科都有十分丰富的理论成果,它们可以帮助研究者来确立自己的调查题目。例如,一个学习社会学专业的学生,在选择调查课题时,可以回顾、借鉴自己已经学习过的专业理论知识。涂尔干提出过有关社会事实的观点,他对社会事实的界定是任何对个人施以外在强制作用的、固定或不固定的行为方式,或在社会总体中普遍出现的、不依赖于个人而独立存在的任何行为方式,社会事实具有外在性、强制性、普遍性和独立性的特征,要区分两类事实,并以社会事实来解释社会事实。这一理论提示学生应该选择相对较为普遍的社会性现象,而非较为特殊的个体性现象来作为社会调查的课题。再如,米尔斯提出了"社会学想象力",他认识到个人经历与广阔社会之间联系的心理素质,也就是说,个人只有将他们自己的经历放入社会中,才能更清楚地认识自己的机遇,才能更好地把握自己的命运。这一理论提示学生,有些现象虽然看似特殊,但实际上它有其产生的深刻社会背景,是值得去做研究的。同时,在选题过程中,应该更好地区分什么是局部环境下的个人困扰、什么是社会环境中的公众问题。"社会事实"和"社会学想象力"都可以为学生提供思考问题的方法。

以专业理论为指导,人们就可能在选题的来源中寻找到适合自己的、有价值的题目。例如,大学生在教室上自习的时候,可能会有这样一种情绪体验:如果教室非常空,而这时来了一个你不认识的人,选择在你旁边的位置坐下,那么你可能会感觉很不舒服,因为在这样的情况下,绝大多数人都会选择距离陌生人更远的座位。对于这个现象,一般人可能觉得没什么值得研究的,而社会学专业的学生就可以凭借专业的理论敏感度捕捉到其中的信息,从而选择与"大学生社会交往距离"相关的调查课题。

2. 强化问题意识

现实中,选题的来源十分丰富,但有价值的课题又难以被人直接发现。我们都能看到苹果落地,但又有几人能提出地球引力的问题?形形色色的社会现象、社会问题、社会事件等每天都会在我们的周围出现,之所以难以被发现,主要是因为我们缺乏问题意识这双"慧眼"。例如,在很多大城市中,人们生活在住宅楼中,关门闭户,邻居之间的交流十分有限,如果我们以问题意识去观察和思考这个问题,多问几个为什么,可能就能得到类似"城市居民社区交往方式调查"的课题。

人们之所以会对生活中的很多现象熟视无睹,有一部分原因是这些现象本身就是常见的、是人们习以为常的风俗或习惯。那么,是不是这些见怪不怪的现象,就不值得我们去做调查了?我们来看看下面这个案例。

在第二次世界大战期间,社会科学家史托佛(S. Stouffer)在美军中组织了一个研究小组,进行了一连串关于战争后勤的研究,其中很多研究是关于军人士气的。史托佛及其同事发现,关于军队士气,有很多众人皆知的常识,而研究主要侧重于测试这些不言自明的事。例如,长久以来人们认为晋升会影响军中士气,当有人获得晋升而且晋升制度看起来也公平时,军中士气就会上升。而且，获得晋升的人通常会认为晋升制度公平，但是和晋升擦肩而过的人，则会认为制度不太公平。由此拓展，现役军人如果晋升速度缓慢，就会认为制度不公平；而那些晋升迅速的人，则比较容易认为制度公平。但事实果真如此吗？史托佛及其同事的研究集中在两个单位：一是宪兵，美军中晋升缓慢的单位；另一个是空军特种部队，美军中晋升最快的单位。根据一般人的想法，宪兵应该认为晋升制度不公平，而空军特种部队成员应该认为晋升制度公平。不过，史托佛等人通过研究却得到了相反的答案。他主要通过莫顿的参照群体理论来说明，一般人评判自己生活的好坏，并不是根据客观的条件，而是和周围的人相比较，周围的人就构成所谓的参照群体。史托佛把这个理论运用到他所研究的军人身上后发现，如果某个宪兵很久都没有晋升，那么，他所认识的、比他差的宪兵也不可能比他晋升得更快。换句话说，在宪兵当中，没有任何人获得晋升。如果是在空军特种部队，即使他已经在短时间内获得多次晋升，他也会因为随便就能找到一个比他差的反而晋升得更快的人而感到不公平。宪兵的参照群体是宪兵，空军特种部队成员则和其队友相互比较。

这件事告诉我们，许多不言自明的现象也是值得作为调查课题的。为了在生活中更好地观察和发现有价值的课题，我们有必要培养和加强问题意识，多怀疑、多思考。当然，这种怀疑和思考，应该是建立在科学理论基础之上的怀疑和思考，而不是无端怀疑或滥加怀疑，这样才能够更加理性地提出问题。

3. 进行广泛联想

在现实生活中、个人经历中和文献中去寻找调查课题的时候，还有一种方法可以帮助我们，即联想。例如，我们在刊物上读到一篇文章，写的是当前的市场经济对大学生的择偶观念产生了很大影响，那么我们就可以针对这个现象进一步展开广泛的联想：既然市场经济对大学生的择偶观产生了影响，那么对大学生的学习观念、消费观念、消费行为、就业观念、价值观念等是不是也产生了影响？影响力的大小如何呢？或者也可以这样联想：既然市场经济对大学生的择偶观有影响，那么对其他人群呢？它对工人、军人、农民工、科研人员是不是也产生了影响？这种影响的表现特征有哪些？通过广泛的联想，我们可以从中选择和确定一个有价值的调查课题。

因此，在选择调查课题的过程中，我们可以进行广泛的联想，在纵向与横向、形式与内容、对象与方法、时间与空间等方面，从不同的角度、不同的侧面、不同的层次对某一现象展开广泛的联想，由此及彼、由表及里、由内到外。换个角度和立场，也许就可以发现一些新的内容和问题，从而开启一些新的思路，并在这个基础上进一步提炼出有价值的调查课题。

2.4 基础资料的收集分析与课题的明确化

在实际选择课题的时候，研究者最初浮现在脑海中的灵感，常常是比较宽泛、笼统、模糊的研究范围或研究领域，或者是某一类社会现象、社会问题、社会产物，而不是具体明确的某个问题。在有了最初的灵感后，研究者接下来要做的工作，就是通过基础资料的收集与分析，达到将这种含糊的主题转变为可观测的、切实可行的、具体的社会调查课题的目标。

2.4.1 基础资料的收集分析

在收集分析相关基础资料的过程中，调查者的主要工作是进行文献回顾。文献回顾也称文献考察，是对与问题相关的各种文献系统地进行查阅分析，以了解该领域研究的基本情况的过程。对于社会调查而言，文献回顾也是选题这个阶段的重要工作之一，它能帮助研究者熟悉和了解本领域中已有的研究成果，便于确立自己的调查在该领域中的位置，知道自己对发展理论和解决现实问题所做的贡献；也可以为研究者提供一些可供参考的调查思路和调查方法以及其他作者研究问题的角度、策略、具体的方法等；还可以帮助研究者确定自己的研究框架，为解释调查结果提供背景资料。

文献回顾主要包括以下三个步骤。

1. 查找相关文献

相关文献一般包括相关著作、相关论文、统计资料和档案材料，就目前来说，相关论文是主要的文献资料。在现代社会中，除了一些私人档案资料，绝大部分的文献都集中在图书馆、档案馆和网络上。研究者可以运用不同的检索工具，到图书馆、档案馆、网络上寻找自己需要的文献。

学术论文和调查报告是社会调查研究中被查阅次数较多的文献资料。研究者可以通过各种检索工具来进行查阅。英文论文检索工具主要有SSI(Social Science Index，社会科学索引)、SSCI(Social Science Citation Index，社会科学引文索引)；中文论文可以从学术期刊网上建立的论文检索系统以及每月出版的《全国报刊资料索引》(哲学社会科学版) 中查找。此外，《新华文摘》《中国社会科学文摘》《高等学校文科学报文摘》等都是我们进行文献检索时常用的工具。有关文献检索的具体内容，在专门的文献检索课程中会详细介绍，这里不再赘述。

2. 对文献进行选择

在众多的文献资料中，如何选择和研究相关的、质量比较高的、具有参考价值的文献呢？一般来说，可以用以下几个标准来进行衡量和筛选：一是研究的相关性，即所选择的文献和研究者调查课题的相关度。二是发表时间，相对而言，相关文献发表或出版的时间越近，其参考性价值就越高，尤其应用性调查更是如此。三是作者的学术地位，相对而言，作者的学术地位越高，文献的影响力越大，权威性更高，可信度也更高。四是刊物的级别，虽然我国学术界对学术刊物的等级评定有不同的认识，在不同时期也会发生变化，但学术界对此有一个约定俗成的标准，即发表在国家级刊物(如《中国社会科学》、中国社会科学院各研究所办的学术刊物)、各省社会科学院刊物、国内一流大学的社会科学学报上的论文或调查报告，质量一般较高；相比较而言，发表在一般刊物和因特网上的论文或调查报告，质量则参差不齐、难以保证。

但是，上述衡量标准也不是绝对的。一篇优秀的论文，也有可能发表在一般刊物上或由一个不知名的学者撰写，反过来也是如此。因此，这些标准只是一般标准，并不是万能模式，实际判别一篇论文或报告时，还是应该自行阅读和评价。

3. 实际阅读和分析文献

在选择和确定对自己实施调查有参考价值的文献后，需要通过浏览、泛读、精读等方式了解参考文献的主要观点、研究方法、研究思路、研究内容等，在此基础上总结前人的工作及得出的结论，并指出存在的局限或不足。例如，已有文献对这个课题有没有做过研究或相关的研究？与课题有关的理论背景、研究框架是什么？有什么不足和局限？文献所使用的研究方式、研究方法有哪些？具体的调查对象、抽样设计、样本规模、资料收集与分析方式是什么？存在哪些不足和局限？文献中已有的研究成果或结论有哪些？这些成果的水平如何？文献所使用的研究工具、所得出的结论等是否具有时效性？等等。然后，在弥补前人缺陷或填补空白的基础上，提出自己调查的问题。因此，文献回顾并非简单的文献摘要，不仅要有"述"，而且要有"评"，"评""述"结合，才是文献回顾之要义，才能更好地帮助研究者实施调查选题。

2.4.2 课题的明确化

在实际选择一项调查课题时，初学者或缺乏经验的研究者经常犯的一个错误，就是只选择一个比较宽泛的或者比较笼统的课题领域，甚至是某一类社会现象或社会问题，而不是一个明确的、具体的调查课题。例如，下文中提到的三个课题就存在上述问题。

学生甲选择的调查课题：我国社会中的大学生价值观问题调查研究；

学生乙选择的调查课题：当前农民工的困境问题调查研究；

学生丙选择的调查课题：城市中的婚姻家庭问题调查研究。

用本章前文介绍的一些内容来对这些调查课题进行分析，可以发现这三个学生的选题都具有理论意义或实践意义，但同时也都存在很大的问题，即他们选择的调查课题的复杂度很高而课题的可行性很差。造成这种情况的一个重要原因，在于他们选择的题目在内涵上、范围上过于一般和广泛，调查的课题不够明确，焦点不够集中，因此，从学生角度而言，很难在一次调查中把这些问题了解透彻。例如，学生乙应该进一步仔细想想，究竟是想了解农民工的家庭结构问题、子女教育问题、工资拖欠问题，还是社会融入问题？究竟是想了解我们国家整体农民工的问题，还是仅想考察某一地区农民工的问题？多问几个为什么，才能使最初比较宽泛的调查主题或调查范围明确化。

所谓调查课题的明确化，是指通过对调查课题进行某种界定，给予明确的陈述，从而使最初头脑中比较含糊的想法，变成某一领域的调查主题，然后将这种比较笼统、宽泛的调查主题，变成特定领域、特定现象中的特定问题。从这个意义上讲，调查课题的明确化是从一个宽泛、笼统的调查主题到一个具体、明确的调查课题的过程，是一个逐渐"收敛"的过程。

从操作的角度而言，调查课题明确化的具体方法实际上就是清楚地界定调查范围、确定调查对象、明确调查内容。界定调查范围，就是把一个很大的调查范围缩小为一个省、市、县、区甚至一个单位。例如，对于上文中学生甲的选题，我们可以把它缩小为"四川大学大学生的价值观问题调查"；对于学生乙的题目，我们可以把它缩小为"广州市农民工的困境调查"；对于学生丙的题目，我们可以把它缩小为"成都市的婚姻家庭问题调查"。这样，课题在调查范围方面较其初始题目要小得多，对于学生而言，可行性也相对更强。

确定调查对象，是指要具体规定资料收集的对象，一般而言，研究者和调查对象的特征越相似越好，研究者对调查对象越熟悉越好。例如，在上文三个例子中，研究者都是大学生，那么从这个角度讲，去调查了解与大学生相关的内容或大学生熟悉的情况更合适，因此，选择大学生或青少年作为调查对象更合适。明确调查的内容，是指把原有抽象的主题变成经验调查中可以操作的具体问题，甚至可以把一个内涵比较广的课题，分解成若干子课题。例如，在学生甲的题目中,"价值观"这个概念的内涵非常广、抽象层次很高,一次具体的社会调查很难了解透彻,我们可以对它进行分解,划分为人生观、集体观、利益观、劳动观、幸福观……选择其中的一个作为调查的题目,或者将其列为不同的子课题纳入整个调查课题中,当然后者的规模比较大,需要研究者拥有一定的资金、人力、经费等,不太适合作为学生的选题。对于学生乙的题目,可以把它明确为"广州农民工工资拖欠问题调查",在调查中暂时不去了解他们的婚姻家庭、子女教育、社会融入等其他困难;对于学生丙的题目,可以把它明确为"成都市青年的结婚消费问题调查",只集中了解婚姻家庭问题中具体的结婚消费问题。

总之,我们要清楚,在尚未进行文献回顾和课题明确化之前,就急切地开始进行调查准备阶段的其他工作,虽然是可行的,却不是高效的,常常会做一些重复劳动。因此,在进行社会调查时,研究者应该养成明确问题内涵这一良好习惯。这样,社会调查的质量和水平从开始阶段就能得到基本的保证。

本章小结

在本章中,首先,我们介绍了选题的来源主要有社会生活、现实需求、个人经历和现有文献。其次,指出选题的重要性和意义,这对于社会调查本身而言,是至关重要的一个关键环节。再次,介绍了社会调查的课题类型和评判标准,指出重要性、创造性、可行性、合适性标准的内容和它们之间的关系。然后,按照前述基本知识点,提出了怎样选择一个好的、合适的调查课题,并介绍了选题的途径与方法。最后,我们指出了从调查领域或调查主题中提炼一个调查课题所应该做的具体工作,即文献回顾和课题的明确化。

复习思考题

1. 有人说:"选择调查课题是社会调查工作中最重要的决策",你是否同意这种说法?试说明理由。
2. 从期刊中寻找一些社会调查类的文章,依据本章介绍的一些选题标准来对这些文章题目进行评价。
3. 选题的标准有哪些?这些标准之间的关系如何?
4. 举例说明如何根据选题的来源、途径和方法,来寻找和确定一个适当的社会调查题目。
5. 什么是调查课题的明确化?举例说明调查课题明确化的过程。
6. 党的二十大报告指出:"在新中国成立特别是改革开放以来长期探索和实践基础上,经过十八大以来在理论和实践上的创新突破,我们党成功推进和拓展了中国式现代化。中国式现代化,是中国共产党领导的社会主义现代化,既有各国现代化的共同特征,更有基于自己国情的中国特色。"

请结合本章所学知识,尝试选择一个与中国式现代化相关的调查课题。

扫码自测

第3章 社会调查方案的设计

> 要坚持一切从实际出发，深入调查研究，加强科学论证，防止拍脑袋决策、拍胸脯蛮干。
>
> ——习近平

做任何工作都应该有准备、有计划，避免盲目开展，使整个工作循序渐进、有条不紊，社会调查也不例外，一项成功的社会调查，有赖于前期制订严谨的调查计划。在缺乏计划的社会调查中，研究人员要么天天忙碌但成果不明显，要么感觉有很多事情要做但又不知从何下手，导致调查过程中头绪繁多、磕磕绊绊。对于具体的社会调查，在确定了选题之后，就应该着手方案设计工作，就像建筑师要对建筑物进行设计一样，在调查题目确定之后，应围绕这一目标，认真、周密地规划和设计。在本章，我们将详细介绍与调查方案设计相关的知识内容。

3.1 调查目的、性质与调查方式的选择

3.1.1 调查目的与调查方式的选择

在具体实施调查之前，在观察、收集资料时，在撰写报告得出调查结论时，我们需要制订一个计划，需要判断将要观察什么、分析什么及如何进行，这是计划的主要内容。在此之前，我们还需要判断这个计划能够帮助我们实现什么样的调查目的，可以说，明确调查目的是设计调查方案的第一步工作。

当然，社会调查可以实现不同的目的，每一项具体的社会调查的目的也可能有很大区别，但总体来说，社会调查有三种基本目的，即探索、描述和解释。多数调查只有一个调查目的，但有的调查的调查目的可能不止一个。这三个目的所涵盖的内容，可以说影响着调查方案设计的每一个方面。为此，有必要了解这三个调查目的的内容及其对调查方式选择的影响。

1. 探索

人们对某个社会现象的探讨，始于对这个现象的初步认识。社会调查最初在某一领域展开研究的时候，多数被作为一种探索性的调查活动。对于那些研究内容新、研究领域前沿或者研究者本人感到比较陌生的议题，尤其适合以这个目的开展调查。下面，我们以三个例子来说明探索这一调查目的。

例3-1　某企业有很多员工对该企业产生了不满情绪，这种情况的持续恶化导致群体性事件频繁爆发，甚至有人为此动员大家罢工。对于这种情况，研究者本人不太了解，他想知道更多情况，具体包括：此次群体性事件波及的范围有多广？社会舆论的支持度如何？群体性事件是怎么发生的？罢工是怎么组织起来的？哪些人最为活跃？他们为什么这么活跃？为了大致了

解这些问题，研究者可以进行探索性调查。

例3-2 同性恋现象虽然存在相当长的一段时间，但由于受历史因素、文化因素、伦理因素等的限制，不仅大众对他们的了解很少，国内研究者也很少以他们为研究对象，对他们的了解也很少。因此，这个问题对于学术界而言是个较新的问题。在这种情况下，如果研究者要对他们展开调查，那么首先要知道这个群体的大致情况，具体包括：分布范围如何？活动场所在哪？他们与家人的关系如何？遇到的困难有哪些？研究者为了达到初步了解这些基本情况的目的，也可以采用探索性调查。

例3-3 研究者对某大学的毕业要求很不满意，并想有所改变，那么就要了解这种要求的历史发展，并访问学校的行政人员，了解他们采用这个标准的原因；研究者也可以和学生、教师谈谈，了解他们对这个问题的粗略想法。尽管通过这种方法未必能收集到十分准确的信息资料，但它可以为进一步的研究提供基础，如作为历史现象研究的基础。

由上面的例子可知，探索性调查通常用于满足三类目的：第一，满足研究者的好奇心和想要深入了解某事物的欲望；第二，探讨对某问题进行更加细致研究的可行性；第三，发展在后续研究中需要使用的方法。

例如，研究者对某地农村居民的闲暇生活十分感兴趣，但又不太了解当地的情况，于是他来到这个地区，深入农村，随意找几位居民交谈，并观察他们的闲暇生活情形。通过这种方式，研究者初步了解了该地农村居民闲暇生活的大致状况，同时还可能发现某些值得深入研究的问题，为今后深入展开大规模的抽样调查、设计结构式问卷和访谈提纲，奠定了先行基础，并能够评估可行的方法和手段。

探索性调查对方法的要求比较简单宽松，通常可以采用参与观察、无结构式访问、兴趣群体访谈等方式来收集资料，它的调查对象数量较少，抽取规则也十分简单随意，主要使用定性的分析方法，所得结果无须推广到总体中去，也不必进行某种理论假设检验，只用来初步考察某现象或问题的大致轮廓。因为调查对象的样本性问题，它很难或很少圆满地回答调查问题，多数情况下，它提供线索的作用更为突出。但无论如何，在社会科学研究中，探索性调查是很有价值和必要的，尤其是当研究者要开发新的研究领域时，常常借助这种方式来获得新观点。

2. 描述

在第1章中，我们对描述性调查下了定义，即系统地了解社会问题、社会现象的状况及其发展过程，通过准确、全面地描述现状，反映总体的特征及分布情况。这一定义反映了社会调查中描述的焦点及特征。许多社会调查的主要目的是描述社会现象及社会事物。研究者通过调查，把收集到的有关事物或现象的情况描述出来。由于在此过程中，研究者通常十分谨慎而仔细，采取的方法也更为规范和科学，因此，它所进行的描述比一般性描述要准确得多。

描述性调查的焦点不在于某现象的大致轮廓，也不去解答某种分布为什么会存在这样或那样的特征，而在于回答这种情况是什么样的。它通过收集资料、分析资料，根据大量的社会现象，描述主要的规律及其表现。例如，我们国家的人口普查，就是为了准确描述我国各地人口的基本数量情况、个人特征情况，而不在于考察"人口很多"这样的大致状况，或者解释"为什么会出现人口老龄化的趋势"这样的问题，它是以描述为目的的社会调查的典型案例。另外，许多定性研究的基本目的就是描述，例如为建立某县的"县志"而展开的调查，目的是详细描述该地在社会历史发展中所呈现的特殊文化。

由于描述性调查的焦点在于描述总体状况，为了达到这一目标，在方法上和探索性社会调查有较大区别。描述性调查要有十分周密的前期准备工作，要采取严格的随机抽样方法来抽取样本，样本规模通常较大，资料收集方式也比较规范，通常以结构式问卷、结构式访问为主，所得的资料一般需要进行定量统计分析，并将调查结果推广到总体中去。也就是说，描述性调查用来自样本的资料去描述总体，因此，它具有系统性、结构性、全面性的特征。

以描述为目的的社会调查，其作用无疑比探索性调查要大很多。如果说探索性调查只是对现象的一个初步了解，那么描述性调查则是对现象全方位的综合了解和系统反映，在当前的应用也是较为广泛的。不过，社会调查所进行的研究活动并不限于描述，研究者通常还会探讨事物之间的关系及产生某一现象的理由。

3. 解释

在了解社会现象或社会问题的现状及特征后，人们通常不会满足于已经知道的情况，还会有更深入地进行了解、探究的欲望。社会调查的第三个目的就是解释。以描述为主要目的的调查通常描述事物"是什么、在哪里、什么时间、如何进行"等说明性问题；而以解释为目的的调查则更关注"为什么会如此"等问题。也就是说，社会调查经常被用来说明社会现象发生的原因，探索社会现象的发展趋势，揭示不同社会现象之间的相互关系，进而了解不同社会现象之间的因果联系。

例如，在美国总统大选前，有许多民意测验机构都开展了诸多调查，来预测谁将当选美国总统。这些民意测验可对候选人的支持率情况进行描述，有助于候选人了解支持率的现状，及不同性别、地区、种族等人群的支持情况。但这些候选人通常不会满足于了解到的这些基本情况，他们还会对其中的现象发出很多疑问，比如："为什么某候选人的支持率更高？为什么某候选人在黑人中的支持率更高？哪项政策主张能够提升某个候选人的支持率？哪次演讲中的内容使某候选人的形象受挫？"如果某次民意测验的目的在于了解总统候选人的支持情况及其趋势，那么这是一次描述性调查；如果某次民意测验的目的在于说明为什么有些人准备支持候选人甲，而有些人准备支持候选人乙，那么这是一次解释性社会调查。

解释性社会调查的目的在于回答"为什么"，即解释产生某种现象的原因，它涉及的变量相对要更多、更复杂，因而理论色彩更为浓厚，常常需要对变量之间的关系做理论假设。它通常在某种理论框架下，根据需要按照随机原则抽取样本，样本规模介于描述性调查和探索性调查所要求的样本数之间，可以使用结构式问卷或通过结构式访谈收集资料，并用更为复杂的分析方法分析资料，常常需要运用双变量和多变量的统计分析，得到的结果也要推广到总体中去。

从方法上看，解释性调查和探索性调查使用的方法区别很大，而和描述性调查使用的方法则有相似之处。例如，在系统性、结构性方面，两者都有十分严格的要求，都需要应用概率抽样的方法，都需要使用规范的资料收集方式，大多需要应用定量的统计分析技术，结果都需要推论到总体中去。但两者也存在一定的区别：在有无理论假设方面，描述现状及特征一般不需要进行理论假设，而解释原因常常需要进行理论假设；描述状况与解释原因所使用的具体分析方法有很大区别，后者的方法更为复杂；描述性调查和解释性调查对样本规模的要求不同，描述性调查要了解总体的全面情况,因而需要一个大样本,而解释性调查常常只针对总体中某一方面的具体特征进行深入探讨,因而对样本规模的要求没有前者高,它所进行的研究更具有深入性、针对性,而不是全面性。

例如,要针对某地居民男孩偏好做解释性调查,在内容上就无须像描述性调查一样面面俱到,不用描述男孩偏好的概况,以及不同年龄、性别、职业的人在这个方面的表现有什么区别,也不用对男孩偏好的类型做全面描述,只需要将研究焦点放在男孩偏好产生的原因上,集中探讨各种可能的影响因素即可。例如,说明习俗、制度、文化、收入等因素和这种偏好之间的关系,对产生男孩偏好的原因进行检验、分析和探讨。对于各种可能导致这个问题的原因,应该尽可能多、尽可能详细地收集资料;而对于与此关系不大的内容,则应尽量精简。那么,这是不是说,解释性调查就不需要描述的内容?答案是否定的,解释性调查中当然可以有描述的内容,但描述的内容不能过多,因为描述不是研究的主要目的,但有关解释原因的内容,则一定不能少。

通过上例可知,对调查目的所做的划分是相对的,在现实的调查中,描述性调查可以有解释某种现象的目的,解释性调查也可以用于描述状况,但在目的上更侧重于解释。两者在现实中都是十分常见的,具有重要的认识社会、解释社会的功能。

如表3-1所示,是对以上三种不同目的的调查类型的特征的总结。

表3-1 三种不同目的的调查类型的特征

项目	探索性调查	描述性调查	解释性调查
对象规模	小样本	大样本	中样本
抽样方法	非随机抽样	随机抽样	随机抽样
资料收集方式	参与观察、无结构访问	问卷调查、结构式访问	问卷调查、结构式访问等
分析方法	主观的、定性的	定量的、描述统计	定量的、推论统计
主要目的	形成概念和初步印象	描述总体状况和特征	解释现象间的因果关系
基本特征	设计简单、形式自由	内容广泛、规模很大	设计复杂、理论性强

3.1.2 调查性质与调查方式的选择

社会研究中存在定性研究和定量研究两类性质截然不同的研究,与其相对应,社会调查按照性质也可以划分为定性调查和定量调查两大类。这两类调查的差别实际上是如何运用社会调查的差别,是方法和技术的差别。研究者在明确调查目的后,接下来就要确定调查的性质,这将影响后续的方案设计内容。

在这两类调查中,所使用的资料收集、资料分析方法及调查过程等方面都有十分显著的区别。

1. 定量调查

所谓定量,是指确定一种成分(某种物质)的确切数值量,即确定事物的"量"。定量调查就是针对一定数量的有代表性的样本,进行封闭式(结构式)问卷访问,然后将调查数据录入计算机进行整理和分析,并撰写报告的调查方法。

定量社会调查的优势是所得结果可以量化且精度高,受调查人员主观影响小;缺点是在细节的描述和深度的挖掘上不够,且费用通常较高。但由于它所具有的突出优势,大众对其认可度很高，是当前非常流行的社会调查类型。

以定量为主的社会调查，在具体方法的使用上有较为规范的要求；在调查对象的选取上，主要依靠随机抽取，即从总体中抽取一部分个体组成有代表性的样本；在资料收集方式上，采用以封闭式问题为主的自填式问卷法和结构式访问法；在资料分析方式上，主要结合Foxpro、SPSS等软件进行录入和统计分析，使用实证的、客观的、统计的、演绎的方法得出分析结果。从思路上看，它主要强调样本的代表性问题，即在由调查方案、抽样方案、测量方案、资料收集方式、资料分析方式到撰写报告的过程中，一系列规则所保证的样本对总体的代表性问题。

例如，研究者对青少年初次犯罪的现状问题进行定量调查，在抽样阶段，应该严格按照概率抽样方法和程序来进行，抽取具有代表性的样本；然后精心设计问卷，采用个别发放法进行资料收集工作；在进行资料分析时，可以使用描述性的统计分析方法，来描述青少年初次犯罪的年龄、性别、家庭背景、犯罪类型等，从而得出结论，并将这个结论推广到总体中去。

2. 定性调查

所谓定性，是指确定某种事物的组成因素有什么或者某种物质是什么，即确定事物的"质"。定性调查是指从事物属性的角度，对研究对象进行科学抽象、理论分析、概念认识等，而不对研究对象进行量的测定。定性调查的主要优点是能够深入体会调查对象的感觉、动机、态度和反应等不易由数量表达的现象和问题，且时间短、成本也不高；缺点是样本的代表性差，所得结果不能反映总体情况，且调查双方的互动容易影响调查质量。

以定性为主的社会调查，在具体方法的使用上有较为宽松的要求；在调查对象的选取上，往往是研究者依据自身经验与主观判断，选取典型的少数个案进行研究；在资料收集方式上，以深入实地的观察和访谈为主；在分析方法上，主要通过主观的、思辨的、领悟的方式来分析结果；从思路上看，它主要强调样本的典型性，没有必须遵守的固定模式，使用起来比较随意。

例如，研究者想针对医患关系问题做一个定性调查，于是他根据自己对相关现象的认识，选择和确定了一家医院，以这家医院为典型进行调查。调查对象的人数不多（和问卷调查相比较），研究者选择了医生、病人、医院负责人来进行深入访谈，并开了座谈会，通过这种方式收集资料并记录下来。经过归纳、整理与体验式分析，得出医患关系的结论。这个结论不适合推广到所有医院中去，但具有典型性，可以深入、形象地反映这家医院医患关系的具体情况。

值得一提的是，定性调查与定量调查是相辅相成的，这不仅表现为调查内容侧重的方面有所不同，也表现为两者在功能上的互补关系。一方面，定量调查的结果依赖于统计，希望通过对相对较多的个体进行测量，推测由大量个体构成的总体的情况；定性调查的旨趣则不在此，它更多地侧重问题的选项而非变量的分布。另一方面，定性调查与定量调查通常前后相继。例如，问卷是定量调查的工具，但在问卷设计过程中，为了完善问卷的内容、措辞乃至结构，普遍做法是进行数次试访，显然试访的结论不是用来推断总体的，因而属于定性调查。与此相对应，社会调查的划分也不是绝对的，一个定量的社会调查可以兼有定性的研究成分，一个定性的社会调查也可以使用定量的分析与表述方法。对于何为主体的问题，则可根据定量、定性在调查中所占的分量对其性质进行相对区分。如表3-2所示，为两种不同性质的调查类型的特征。

表3-2　两种不同性质的调查类型的特征

项目	定量调查	定性调查
对象规模	大样本、中样本	个案或典型
抽样方法	客观随机抽样	主观选取典型
资料收集方式	问卷调查、结构式访问	参与观察、深度访谈
分析方法	描述统计、推论统计	主观的、思辨的、领悟的
基本特征	数量化、结构化	形象、深入、非结构化

3.2　分析单位及调查内容的确定

3.2.1　分析单位

在制定调查方案时，我们还需要明确本次调查的分析单位(Unit of Analysis)，从而明确观察什么、观察谁，否则不能急于开展后面的工作。分析单位是一项社会调查中的研究对象，是将被分析和描述的对象。分析单位类型主要有个体、群体、组织、社区、社会产品。分析单位是用来考察和总结同类事物特征、解释其中差异的单位。从表面上看，分析单位似乎是难以捉摸的，因为社会调查通常研究人或事的大集合，所以在分析单位和总体之间做出区分是很重要的。例如，我们可能会调查一群人，研究大学生、育龄妇女、农民工或者其他集合，这些是社会调查中常见的以个体为分析单位的类型。有的人看到这里可能会发出疑问，难道这些人不是一群人吗？社会调查分析单位中的个体、群体、组织、社区、社会产品指代什么内容？在实际研究中如何进行区分？接下来我们就来了解这5种分析单位的类型。

1.分析单位的类型

1) 个体

在社会调查中，个体可以说是较为常见的分析单位类型，我们通常通过个体来描述和解释社会群体及社会关系。在社会调查中，任何个体都可以成为分析单位，但在实践中，研究者很少去研究所有人群，而是以针对某一地区、某一类人群的研究为主。我们经常会看到大学生、育龄妇女、青少年、老人、工人、农民工、男人、军人、城市居民等人群的集合，当研究者以他们为研究对象，试图探索、描述或解释不同群体中的个体行为如何发生时，那么分析单位就是个人(非群体)。研究者常常先了解一些个体特征，如性别、年龄、态度、行为等，然后把这些描述个体的特征结合起来，组成一个社会群体的整体印象，对于这种研究者使用个体信息来概括个体的集合，其分析单位始终还是个体。

例3-4　研究者想做一个有关某地育龄妇女生育选择情况的调查，那么这个地区中每一个处于育龄期(理论上是15~49岁)的妇女都是他的分析单位，我们可以通过描述抽样所抽取的每一个育龄妇女的年龄、职业、文化程度等来描述她们每个人的特征，通过描述其生育孩子的数量、生育孩子的性别、生育孩子的意愿等方面来描述她们每个人的状况，然后，将这些对单个育龄妇女的描述结果聚合起来，用以描述这个地区所有育龄妇女的生育选择情况，甚至还可以从年龄、职业、文化程度等不同角度，去分析和解释这种生育选择情况产生的原因。

例3-5　研究者了解到某校社会学专业300名学生的年龄和性别，作为一个群体，其中男性占53%，女性占47%，平均年龄为20.6岁，这是对他们的基本情况的描述，尽管最终还是要将全班作为一个整体来描述，但其描述基础是班里每一个人的特征，基于这种个体特征还可以描述更大的群体。在了解个体特征的基础上，研究者想要了解学业平均总成绩高的学生，其社会学专业成绩是否优于平均总成绩低的学生，必须计算每一个学生的专业课成绩，然后将学业平均总成绩高的学生分为一组，将学业平均总成绩低的学生分为一组，比较看看哪组学生的专业课成绩更好。这类调查的目的是解释分析，并考察一些学生的成绩总是好过另一些学生的原因。在这里，每一个学生仍是调查的分析单位。

由此可见，在描述性调查中，将个体作为分析单位的目的是描述由个体组成的群体，而解释性社会调查的目的是发现群体运动的社会动力。作为分析单位，个体被赋予了社会群体成员的特性。因此，一个人可以被描述为出身富有家庭的人或者出身贫穷家庭的人，也可以被描述为母亲受过高等教育的人或者母亲没有受过高等教育的人。在一项社会调查中，我们可以考察：一个出身富有家庭的高中毕业生是否比一个出身贫穷家庭的高中毕业生更有可能上大学，或者一个母亲受过高等教育的人是否比母亲没有受过高等教育的人更有可能上大学。在这两个例子中，分析单位都是个人，而不是群体，我们只是汇总了这些个体，并对个体所属的总体进行了概括化。

2) 群体

在社会调查中，社会群体本身也会成为分析单位。常见的以群体为分析单位的类型有家庭、帮派、社团、邻里、班级等。所谓群体，是指人们按一定关系所结成的有共同生活活动的稳定集体。在群体中，成员有持续的交往，对群体有明确的认同并具有较为稳定的群体结构。从群体的定义中可以体会，以社会群体作为分析单位进行研究和以群体中的个体作为分析单位进行研究是有区别的。例如，如果通过盗窃团伙的成员去研究盗窃动机，那么，分析单位是个体；但是如果通过研究整个城市盗窃团伙之间的差别，如大盗窃团伙和小盗窃团伙的差别、市区盗窃团伙与非市区盗窃团伙之间的差别等，来研究盗窃动机，那么，分析单位就是盗窃团伙，即社会群体。再如，要通过独生子女家庭去研究独生子女的社会适应问题，这时的分析单位是独生子女，是个体；但如果要通过考察独生子女与非独生子女在行为、态度等方面的差异来了解独生子女家庭和非独生子女家庭的差异，例如教育上的差异、消费上的差异等，那么，分析单位则不再是家庭中的个人，而是家庭本身。

和个体作为分析单位类似，以群体作为分析单位时，我们可以根据群体中的个体属性来划分群体属性，群体特征有时和个人特征有关。例如，我们可以根据年龄、民族、家庭收入、家长受教育程度等来描述一个家庭，如一个平均年收入高的家庭、一个苗族家庭、一个拥有电脑的家庭、一个有高学历家长的家庭，等等。如果以家庭为分析单位进行描述性调查，我们可以了解有多少比例的家庭拥有高学历的家长；如果以家庭为分析单位进行解释性调查，我们可以考察这些有高学历家长的家庭比那些没有高学历家长的家庭拥有更多还是更少的孩子。在这两个例子中，分析单位都是家庭。但是在更多的情况下，这种群体的特征和个人的特征有很大的不同。例如，我们可以用家庭规模、结构、代际关系、高档家电拥有量等特征来描述家庭，却不能用同样的特征去描述家庭中的个人。

3) 组织

正式社会组织也是社会调查的分析单位，社会组织是人们有意识地建构起来的以完成特定目标的社会群体，它具有以下4点特征：组织目标具有特定性而非综合性；组织内的社会关系具有功利性而非情感性；组织内的互动形式具有规范性而非随意性；组织结构具有合理性而非非理性。企业、机关、学校、超市、医院等，都是常见的以组织为分析单位的类型。例如，以企业为分析单位进行调查，也许在了解企业特征(员工数量、年纯利润、总资产、合同总额等内容)后，我们可以说明大型企业与小型企业在发展模式方面的区别。

在这里，我们通过一个例子来说明个体、组织、群体作为分析单位的区别。例如，我们想对全国高校的管理学院开展一项调查，那么可以通过调查"教师和学生的数量比例""教师的学源结构""高职称教师所占的比例""发表高水平学术论文的数量""每年招收研究生的人数""每年毕业本科生的人数"等，来综合描述管理学院的情况，并可以比较不同的管理学院，也许会发现，规模大的管理学院发表论文的数量要多于规模小的管理学院，规模大的管理学院的招生人数要多于规模小的管理学院，等等。因而，在这样的调查中，研究者应注意，比较、描述、分析的对象，始终是管理学院，即使提出一些涉及大学生的问题，也是为了反映管理学院的情况。如果研究者在发现"规模大的管理学院发表论文的数量要多于规模小的管理学院，规模大的管理学院发表论文的质量要高于规模小的管理学院"这个情况后，进一步分析原因，是由于规模大的管理学院的教授多因而发表文章多，而教授发表文章多是由于带的研究生多，此时研究者还可以转而关注"带研究生多的教师是否比带研究生少的教师更有可能发表高质量的论文"这个问题，那么，此时研究者的研究焦点、分析对象就发生了变化，已经不再是"管理学院"而是"教授"了，因而，此时的分析单位为个体。

4) 社区

社区作为一定地域内的人们的生活共同体，也可以作为调查中的分析单位。无论是乡村、城市，还是街道、集镇，我们都可以用社区人口、社区地域、社区文化、社区管理机构等特征对它们进行描述；也可以通过分析社区不同特征之间的关系，来解释和说明某些社会现象。例如，我们可以探讨社区规模与社区流动人口之间的关系，或者探讨社区流动人口的多少对社区异质性程度的影响等。对于社区，既可以进行单独研究，也可以进行比较研究，都是通过社区的构成因素来分析研究内容的。以社区为分析单位时，研究者可以从社区内的个体中收集资料，但这些资料的集合不是为了说明个体，而是为了研究社区现象。

5) 社会产品

除上述4个分析单位之外，社会调查的分析单位还可以是各种类型的社会产品。例如，社会制度、社会关系、社会行为等。我们用"社会产品"一词来概括前述几种分析单位类型无法涵盖的一些分析单位的形式，包括人类行为或人类行为的产物，如书本、汽车、绘画作品、建筑物、歌曲、笑话、诗集、科技发明等；也包括一些很宏观的、抽象的社会产物，如社会制度、文化传统等；还包括一些社会互动，如打电话、接吻、跳舞、聊天等。在这些情况下，虽然研究者也可能寻找个体收集资料，因为在通常情况下，个体是很多社会产品的直接参与者，但是这些个体并不是研究对象。例如，研究者想比较通过相同的Internet服务商提供的服务在聊天室里讨论的时间长短是否有区别，那么此时的分析单位就是社会产品。

2.确定分析单位时常见的错误

任何调查方案都是事前的设想和安排，它与客观现实之间总会存在或大或小的差异。在实际调查过程中，往往会遇到一些意想不到的新情况、新问题，特别是在社会调查的现场实施阶段，许多社会环境因素是调查者自身无法预见和控制的。因此，在设计调查方案时，对于调查工作的安排就应预留一定的调整幅度，应保持一定的弹性。只有这种具有一定弹性的调查方案，才是真正实用的调查方案。虽然绝大多数社会调查都只有一个分析单位，但也存在在一次社会调查中同时使用两个或多个分析单位的现象。在研究中需要注意，尤其是对于不止使用一个分析单位的调查而言，做研究时的分析单位和做结论时的分析单位应该保持一致，否则就会导致分析单位的错误推理，即区群谬误或简化论。

1) 区群谬误

区群谬误(Ecological Fallacy)，又称为层次谬误、区位谬误或体系错误，它指的是在社会调查中，研究者用一种高层次的分析单位收集资料而用低层次的分析单位下结论的现象。例如，研究者以学校为单位收集各种信息，结果由此资料得到的结论并非针对学校而是针对个体。这是一种常见的错误，可用以下两例具体说明。

例3-6 研究者在收集深圳市和韶关市犯罪问题的资料的时候，发现了这样一个情况：深圳市的犯罪率较高，同时深圳市的流动人口很多；韶关市的犯罪率比深圳市低，同时韶关市的流动人口也比深圳市少，呈现"流动人口越多，城市的犯罪率越高"这一趋势。于是，研究者得出了"这是由于流动人口的犯罪率高"的结论，这就是区群谬误。因为他在收集资料、做研究的时候，是以城市为单位进行的，而在做结论的时候，却是以非区群的分析单位——流动人口为单位进行的，这样自然不可能得到正确的结论。

例3-7 研究者要调查了解美国最近在市内选举中选民对某位候选人的支持程度，假设研究者有各选区的选民名册，这样可以通过候选人在各区的得票数来判断哪一个选区对候选人的支持程度最高、哪一些选区的支持程度比较低。通过人口普查资料，研究者还了解到各选区选民的特征。对这些资料的分析表明，选民平均年龄比较小的选区比选民平均年龄比较大的选区更支持这个候选人。由此，研究者得出了"年轻选民比年长选民更支持该候选人，也就是说年龄影响了选民对这个候选人的支持程度"的结论。这个结论也存在区群谬误的情况，因为可能也有不少年长的选民在选民平均年龄比较小的选区中投票支持了这位候选人。造成这种问题的原因在于，研究者把选区作为分析单位，却针对选民下结论。

在社会调查中，类似例子还有不少。例如，研究者了解到上海市居民收入高于成都市居民，同时上海的旅游率高于成都，不能因此得出"收入高的居民更喜欢旅游"的结论；研究发现，越穷的村庄生育率越高，但不能认定村庄的贫穷是由村里穷人生孩子多造成的，因为村里相对较富裕的人也许生了更多的孩子。

2) 简化论

与区群谬误相对应，在社会调查中，另一种常见的有关分析单位的推理错误是简化论(Reductionism)，它指的是研究者用个体层次的资料来解释宏观层次的现象。在这种情况下，研究者通常用一组特别的、狭窄的概念来看待和解释所有事物。这样，尽管事实很复杂，研究者也将它"简化"为简单的解释。

"简化论"下的解释不一定是完全错误的，只是很狭窄、很片面。例如，当研究者试图预测今年中国职业足球联赛中的胜败者时，他把注意力完全放在了每个队员的个人能力上，当然，这样的解释并非完全不对，也非无关紧要，但每个球队的胜败不仅仅取决于队员的能力和状态，还涉及教练、团队合作、战略战术、资金筹集、资源设备等其他因素，因此，以队员能力定球队输赢无疑是十分"简化"且片面的。

任何类型的简化论都倾向于认定某一分析单位或者变量比其他因素更重要或更相关。例如，一个研究者认为，人的个性是社会发展的原因，如果一个国家中的个人普遍具有注重个人成就的个性，那么国家就会发展。于是他走访了世界一些国家并了解了少数人的个性，然后宣布他找到了国家贫穷或富强的原因。实际上，他在收集资料的时候，得到的是十分微观的个体层面的资料，而在下结论的时候，又上升到宏观的国家层面，这样得到的结论，无疑是十分片面的，国家的发展不仅和个人的个性有关，还和历史情况、资源环境、地理位置、教育、制度等许多其他方面有很大关系。可想而知，用任何一种单一的分析单位都无法对某个问题做出全面的解析。

由此可知，研究者在做研究的时候，甚至在研究之前，应该针对具体课题确定分析单位，以避免出现区群谬误或者简化论的情况。

3.2.2 调查内容的确定

调查内容是收集资料的依据，是为实现调查目标服务的，调查内容是对调查目的的具体分解和细化。在调查设计中，说明调查内容，是落实调查目标十分重要的一环。调查内容要全面、具体、条理清晰、简练，避免面面俱到、内容过多、过于烦琐，避免把与调查目的无关的内容列入其中。例如，我们确定调查课题是"成都市交通状况及问题调查"，那么，在设计调查方案时，就可以将城区的交通状况分解为交通车辆状况、道路建设状况、交通管理状况及人员流量状况等几个大的方面，然后根据题目的要求和现有的条件，对调查内容进一步细化，为今后设计操作化指标和调查问卷奠定良好的基础。

在有些调查中，尤其是在以解释为主要目的的社会调查中，常常需要在此基础上进一步提出研究的理论假设，否则不可能设计出科学的调查方案。当然，理论假设的提出并不容易，它是创造性思维的产物，其形成是一个复杂的系统思维过程。它一般具有以下特点：第一，假设是针对调查课题做出的尝试性理论解释，体现社会调查目的，不同于一般的理论解释。第二，假设是在调查研究之前提出来的，它仅仅是假设，不是结论，有待调查结果来验证。第三，假设必须是可检验的，不能提出不可验证的假设，例如上帝是否存在，这是完全无法验证的，不属于社会调查研究假设的范畴。第四，假设或许被调查结果证实，成为科学结论；或许被调查结果证伪，部分或全部被推翻；或许被修改、补充、完善，这都是有意义的。

提出一个合理的理论假设，有赖于丰富的实践经验、科学的理论知识、客观的实际情况和一定的想象能力，它们是社会调查中形成理论假设的必要条件。

1. 依据丰富的实践经验

经验是从实践中得来的知识，是人们亲身经历或体验过的东西。尽管经验在上升为理性认识之前，往往带有感性认识的成分，但它在内容上是客观的，也可能在一定程度上反映事物的本质及其发展规律。因此，只要我们客观地认识形成经验的具体历史条件，掌握研究对象的内在矛盾和外部条件的新情况、新变化，就有可能从过去的经验中推断出具有一定客观性的研究假设。事实上，当人们遇到需要解答的问题时，常常首先从过去的经验中寻求答案，很自然地把过去的经验当作第一参照系。人们的实践经验越丰富，可对比的参照系越广泛，提出研究假设的能力就越强。因此，丰富的实践经验是形成研究假设的一个必要条件。

2. 依据科学的理论知识

任何经验都是具体的、过去的知识，因此无论经验多么丰富，它都带有一定的局限性。要形成科学的研究假设，不能仅仅依靠过去的经验，而必须参考科学理论。科学理论是客观事物的本质及其发展规律的正确反映，它对于我们正确认识问题和处理问题具有普遍指导意义。因此，人们在社会调查过程中，应该自觉地以科学理论知识为指导，深入研究有关调查课题的各种情况、问题，并努力把理论与实践结合起来，就有可能从现有的科学原理中推导出具有一定科学性的研究假设来。因此，和调查课题有关的科学基础理论知识是形成科学假设的另一个必要条件。

3. 结合客观情况

要形成科学的研究假设，还必须把实践经验、现有理论与当前的实际情况结合起来。这是因为，调查课题之所以成为需要调查研究的课题，就在于它本身是经验和理论不能完全解答的问题，是在一定时间、地点、条件下带有某种特殊性的问题。因此，我们不能仅仅依靠经验和理论去解决这类问题，而必须参考现实情况，掌握研究对象的特殊情况和最新信息。要善于把过去的经验、现有的理论与客观情况结合起来，才有可能概括出具有一定理论价值或应用价值的研究假设。可见，结合情况，是形成科学假设的又一必要条件。

4. 依靠一定的想象能力

形成科学假设还需要一个必要条件，即一定的想象能力。想象是一种特殊的创造性思维活动，它是人的主观能动性的突出表现。人的意识不仅能反映客观世界，并且可以能动地改造客观世界。当然，这种想象并非脱离现实情况的"胡思乱想"或者"空想"，而是以过去经验、现有理论和客观事实为基础的、合乎逻辑的联想和推测。科学想象在形成具有创造性的研究假设中，特别是在寻求从未接触过的调查课题时，具有特别重要的作用。

在掌握研究假设提出的几个必要条件后，我们就可以开始根据调查内容和调查目的，提出有创造性、有研究价值的理论假设了。

3.3 抽样方案设计

抽样涉及的是调查对象的选取问题，这是社会调查中一项十分重要的工作，在描述性调查和解释性调查中，抽样甚至是决定调查质量的关键性工作。从总体中抽取的个体是否具有代表性，或者有多大的代表性，与我们制定的抽样方案和实际抽样过程息息相关。即使是依靠研究者的主观判断来抽取调查对象的典型调查，典型样本的抽取也是至关重要的。因此，社会调查抽样方案的设计，应该十分详细和具体，决不能含糊带过。

在不同的社会调查中，调查对象的总体、样本规模、精确度、总体结构和分布等因素可能各不相同，要选择和确定一个高质量的样本，必须综合各方条件。例如，总体规模与结构，精确度或典型度要求，以及抽取人数、经费、研究者自身的主客观条件等，据此制定一个符合各方条件要求的、合理的抽样方案。抽样方案当然是越精确越好，但应该是结合实际情况下的精确度最大化，而非罔顾客观现实、盲目追求抽样的精确度。事实上，抽取样本的代表性越强，各方面的要求越严格,研究者达到这些要求的条件越苛刻,抽样的可行性就不高,或者受到的阻力就越大;样本的典型性越强,越有赖于研究者自身对调查情况和调查对象的了解以及他的主观判断。

美国著名抽样专家科什教授提出了一个优秀的抽样设计应该满足的4项标准:第一,目的性原则,即在设计抽样方案时,要以课题研究的总体方案和研究目标为依据,以研究的问题为出发点,从最有利于研究资料的获取以及最符合研究目的等角度来考虑抽样方案和抽样方法的设计;第二,可测性原则,即抽样设计能够通过样本自身计算出有效的估计值或者抽样变动的近似值,这是统计推断的基础,通常只有概率样本才能符合这一原则,但概率抽样并不自动保证可测性;第三,可行性原则,即研究者设计的抽样方案必须切实可行,它意味着研究者设计的方案能够预料在实际抽样过程中可能出现的各种问题,并给出处理这些问题的方法;第四,经济性原则,即抽样方案的设计要与研究的可得资源相适应,这种资源主要包括研究的经费、时间、人力等。抽样方案设计应该在优先考虑可行性、目的性原则的基础上,进一步增强方案的可测性,同时减少所需资源。

结合上述标准,研究者可以着手选择和制定合理的抽样方案,在制订调查计划的过程中,研究者需要明确以下具体内容。

(1) 调查总体是什么,即对调查对象取自的总体进行界定。

(2) 采用什么样的抽样方法和程序进行抽样,即确定是单独采用某种抽样方法,还是综合采用多种方法,抽样的具体步骤又是如何,抽样过程中的抽样单位和抽样框是什么,等等。

(3) 样本规模的大小及样本准确程度的要求等。这里涉及的一些概念和知识点,将在第4章详细介绍。

我国居民幸福感调查的抽样方案设计

(前略)问卷调查采取多级整群抽样和偶遇抽样相结合的方法。首先,收集我国所有省份的名单,按照简单随机抽样方法,选取陕西、黑龙江、广东、湖北、北京、四川6个省(或直辖市)。其次,按机械抽样的方法在每个省(或直辖市)中抽取两个市(或区),在每个市(或区)选择两个街道和两个乡镇,在每个街道选取4个城市社区,在每个乡镇选取4个农村社区(行政村)。最后,在所抽中的每一个城乡社区中,按照偶遇抽样的方法各选取30个调查对象,一共抽取5 760人,组成本次调查的样本。各抽样阶段及样本数(具体抽样过程略)情况如下所述。

第一阶段,在全国所有省份中抽取6个省(或直辖市);

第二阶段,在每个省份中抽取2个市(或区),共2×6=12个市(区);

第三阶段,在每个市(区)中抽取2个街道,即2×12=24个,同时抽取2个乡镇,即2×12=24个,共48个街道和乡镇;

第四阶段,在每个街道中抽取4个社区,即4×24=96个,同时在每个乡镇中抽取4个社区,即4×24=96个,共192个城乡社区;

第五阶段,在每个社区中抽取30个人,即城市社区居民样本数为30×96=2880,农村社区居民样本数为30×96=2880,共计5760人。

3.4 资料收集工具和方法

在社会调查中，资料收集工具和方法有很多，每一种特定的资料收集方法都需要一些特定的工具，都有其特定的优点和不足，它们分别适用于不同的条件和场合。研究者的任务，就是根据自己所从事的调查课题的具体情况，从中选择，以达到更好的研究效果。一般来讲，资料收集方法主要有问卷法、访谈法、观察法等，要根据总体性质、样本规模的大小、研究的目标和重点、课题自身的时间经费等要求、研究者的人力和物力等条件来确定。根据调查资料收集方式的不同，资料的分析方式也有很大差别。例如，定性资料要依靠主观的、定性的分析方法，定量资料要依靠客观的、定量的统计分析方法。在设计调查方案时，要全面地分析和考虑各项因素，做出恰当的安排。

在收集调查资料的过程中，要用到各种装备和工具，应根据调查课题的要求、调查时间的长短、调查地点的现实条件、调查队伍的数量等来选择，一般应该包括以下6类。

(1) 相关的书籍、文具。例如，与调查课题相关的文献、书籍、笔、笔记本等。

(2) 仪器设备。例如，调查研究工作者常用的温度计，有时可以配备指南针等。

(3) 生活用品。在初步了解调查点后，要准备一些当地缺乏的生活必需品，或特殊的生活用品，如牙刷、牙膏、毛巾等；为了有效降低调查时的拒答率，也可以准备一些烟、糖果、书本等小礼品；必要时，要自带居住设备、照明用具、药品等。

(4) 地图。要准备调查所在地点的较为详细的地图。

(5) 调研设备。例如，照相机、录音笔、录像机、手提电脑、U盘等，这些都是在社会调查中非常有用的辅助调研设备。

(6) 调查表。事先自制各种调查表，如当地人口表、产业结构表、人均收入表、教育情况表、亲属称谓表、劳动力结构表等。各种调查表是根据课题需要设计的，在调查前要精心设计，以方便调查时使用。

3.5 调查方案的制定与完善

在设计调查方案时，除了要做好策略、思想方面的工作，还应做好一些更为具体的工作，如对调查工作的步骤、时间、对象、经费、行程等的选择、规划和安排，从而形成一份完整的、周密的、可行的调查实施方案。调查方案是详细、全面地考虑社会调查的程序和实施过程中的各种问题后，制订的一套科学严谨、切实可行的调查计划。它是指导社会调查的纲领性计划书。要保证社会调查的科学性，就必须制定详细、周密的调查方案。

1. 调查方案设计原则

在设计调查方案时，应遵循以下4项基本原则。

1) 可行性原则

设计调查方案必须着眼于实际，只有具备可行性的调查方案才能真正成为调查工作的行动纲领，否则只是一个理想或空想。要贯彻可行性原则，就必须从调查课题的客观需要和调查者的实际条件出发，慎重设计调查方案。例如，调查目标的确定在很高程度上取决于调查人员的素质，如果大部分调查人员是缺乏专业知识的社会招聘人员，那么调查目标就不能定得太高；如果调查人员的数量较少，那么调查范围和样本规模就不能设计得太大；如果调查经费不足，那么调查内容的涵盖面就不能太大。反之，如果调查人员中的大部分是具有专业理论知识和实际经验的调查员，那么调查目标可以设计得高一些；如果调查人员数量足够，那么调查范围和样本规模可以适当扩大；如果调查经费充足，那么调查内容可以深入一些，等等。总之，对于调查方案各项内容的设计都必须从实际出发。可行性是评价调查方案优劣的首要标准。

2) 时效性原则

设计调查方案时必须充分考虑时效性，特别是一些应用性调查课题。例如，市场需求调查就必须赶在市场需求发生重大变化之前拿出调查成果来，否则就无法对其进行有效预测。社会问题类调查应具有时效性，否则事物发展得较快，会大大降低调查成果的价值。当然，强调时效性原则，并不是说越快越好，许多基础性、学术性课题往往需要深入、持久、反复的调查，因此调查工作周期应适当长一些，但是，研究者在进行此类调查时，也应有时效性观念，否则很难适应瞬息万变的现代社会发展的客观需要。

3) 经济性原则

设计调查方案必须尽可能地节约时间、人力、物力和经费，力争用最少的时间、人力、物力和经费，取得最大的调查成果。在设计调查的抽样、资料收集、资料整理与分析各环节时，都需要遵循这一原则。

4) 灵活性原则

任何调查方案都是事前的设想和安排，它与客观现实之间总会存在或大或小的差异。常言道："计划赶不上变化。"在实际调查过程中，往往会遇到一些意想不到的新情况、新问题，特别是在社会调查的实际实施阶段，许多社会环境因素是调查者无法预见和控制的。因此，设计调查方案时，应灵活安排调查工作，不能把各个环节限定得非常死板，应该留有余地，保证一定的调整幅度和弹性。这种具有灵活性的社会调查方案，才是真正符合实际情况的、可行的调查方案。

2. 具体方案的制定与完善

一份具体的社会调查方案，通常涵盖从调查课题的确定到资料收集、资料分析、撰写报告为止的全过程。因而，在设计具体方案时，应该将它与整个调查过程的各个阶段、各个方面联系起来综合考虑，既要使各个阶段相互衔接，又要使各阶段、各方面的具体内容都紧紧围绕调查目的的达成。正是依靠这样一份系统的、切实可行的调查方案，社会调查工作进程才会处于一种有序的状态，社会调查目标才能圆满地实现。具体来说，社会调查方案应该包括以下7方面内容。

1) 说明调查课题的目的和意义

在设计调查方案时，应该简要说明开展这项调查研究的原因，以及从事这项调查研究在理论上或在实践上的价值。当然，要说明这些方面的前提条件是，调查研究者对自己的调查有一个清楚明确的认识。如果研究者本人都说不清楚调查的目的和意义，那么，这一课题是否值得去做、是否能够做好，显然是令人怀疑的。

2) 说明调查内容

调查内容是对调查目的的分解和细化。在设计调查方案时，需要较为详细地说明调查内容，这是一项十分重要的工作。调查题目的确定，指出了调查的目的和基本方向，而具体应该从哪几个方面展开研究，具体要解决什么问题、完成什么任务，这都需要在调查内容中体现出来。例如，研究者确定的题目是"北京大学女大学生的择业观念调查"，那么，在设计方案时，就应该将北京大学女大学生在就业方面存在的主要问题分解为择业的认识、择业的态度、择业的行为倾向三大方面，然后在这三个大方面或层次下，结合研究者具备的主客观条件及课题要求，对调查内容进行细化。例如，在择业认识方面，可以进一步细化为对就业市场的认识、对本专业择业现状的认识、对自己择业条件的认识等。

对于必须有理论假设的调查课题，还需要在此说明研究的理论假设。例如，在调查影响人们生育意愿的因素时，可以凭借以往的实际经验或有关研究经验，提出下列假设：文化水平越高的人，生育意愿越低；受传统价值观念影响越大的人，生育意愿越高；不同职业会影响人们的生育意愿。又如，要调查青少年犯罪的家庭原因，也可以依据家庭社会学关于家庭的教育功能的理论，提出"残缺家庭或不和谐家庭的子女犯罪率更高"的假设。

3) 说明调查对象和分析单位

调查对象的确定事实上界定了调查范围，有助于明确调查结果推论的总体和选择合适的调查方法和测量工具。明确调查课题的分析单位，可以帮助研究者有针对性地收集研究所需的资料，同时可以使研究者避免出现层次谬误或简化论的情况。例如，对上海大学20 000名本科生的学习情况进行调查，就必须弄清楚这20 000名本科生的构成、分布，确定其分析单位是个体，这有助于明确结论所推广的总体范围与层次。

4) 说明抽样方案

说明抽样方案是调查方案中十分重要的一个环节。具体的社会调查抽样方案是结合课题自身的目的和要求、调查者的主客观条件、现实状况等方面，综合选择并制定出来的。上文中已经介绍了制定抽样方案的方法，这里不再赘述。

5) 说明资料的收集方式与分析方式

在社会调查中，常用的资料收集方法有问卷调查法、访谈法、观察法等。对于资料的分析方法，在探索性调查中一般采用定性分析法，在描述性调查中一般采用描述性统计分析法，在解释性调查中一般采用双变量或多变量的统计分析法。研究者要根据对这些资料收集方式、分析方式的应用情况、优缺点、操作技巧等的熟悉程度，以及对调查地点、调查对象的了解程度，结合调查的目的与要求，选择制定一种或几种资料收集方式和分析方式。一些相关的事项在上文中也介绍过，这里不再重复。

6) 说明调查人员的组成、管理和培训安排

规模较大的调查课题，往往需要很多研究者共同努力才能完成，同时涉及挑选、管理、培训调查员的问题。因此，在设计调查方案时，还应对调查课题的组成人员进行说明，介绍他们在调查中承担的主要任务，并制定合理的组织管理规定办法，规划调查员的挑选、培训工作，通过制定切实可行的管理、培训方案，来保证调查参与者各司其职、分工合作，进而保证调查工作顺利进行。

7) 说明调查的时间进度和经费使用计划

一般来说，调查方案还应该设计一个调查时间表，以说明调查的不同阶段如何进行、时间如何安排。对每个阶段分配的时间要合适，还要留有一点余地。需注意的是，应给调查研究的资料收集阶段多安排一些时间，因为这个阶段最容易出现意料之外的问题。

此外，调查方案还应该设计一个经费计划。大型调查涉及的经费项目通常有器材、通信、车旅交通、住宿饮食、礼品、办公用品、打印复印、计算机及上网等。需要注意的是，在任何完备的经费计划中，都应该安排"其他开支"这一项目，来应付突发情况。

总之，对于调查课题的时间进度与经费使用要统筹安排，以保证调查各个阶段的工作都能顺利进行。

本章小结

在这一章中，首先介绍了调查的三个目的——探索、描述和解释，以及调查的性质——定量和定性，然后指出调查的目的和性质将对调查各阶段选择具体方法和工具产生影响，因此应十分重视，并在调查方案中体现出来。

分析单位是研究者试图观察、描述和解释的人或事物，一般来说，社会调查的分析单位是人，但也可能是群体、组织、社区和社会产品。在社会调查中，被用于研究的分析单位必须和结论中的分析单位保持一致，否则就容易出现区群谬误和简化论的情况。在调查方案中，也应该明确分析单位。

设计抽样方案是设计调查方案的重要环节，应详细指出调查的总体、抽样方法和程序、样本规模的大小及样本准确性程度要求等，并根据研究者自身的主客观条件、调查要求和客观现实，选择适当的资料收集方式和分析方式。

一项具体的社会调查方案，应该包括以下主要内容：说明调查课题的目的和意义，说明调查的内容(和理论假设)，说明调查的对象和分析单位，说明抽样方案，说明资料的收集方式与分析方式，说明调查人员的组成、管理和培训安排，说明调查的时间进度和经费使用计划。

复习思考题

1. 在学术刊物上找几篇社会调查的论文或报告，指出它的调查目的。
2. 试说明定量调查与定性调查的联系和区别。
3. 有人说"探索性调查不是科学的调查"，你是否同意这一说法？试说明理由。
4. 指出下列例题中的分析单位。

例1 女人在家中承担的家务劳动比男人多，是因为女人在家庭之外工作的时间比男人短。

例2 在独生子女家庭中，子女的平均教育投入较高；相比较之下，在非独生子女家庭中，子女的平均教育投入较低。

例3 1960年，在人口高于10万人的130个城市中，有126个城市至少有两家短期非私有的、得到美国医院协会认可的综合性医院。

5. "调查100名来自甲市的游客和100名来自乙市的游客，发现甲市游客的平均收入明显高于乙市游客，于是认为甲市比乙市更发达"。这段论述有无错误？如果有，请具体说明。
6. 抽样方案应包括哪些内容？
7. 根据你在前一章确定的社会调查课题，运用本章的知识点为它设计一套具体的调查方案。

扫码自测

第4章 社会调查的抽样

> 到基层调查，要一下到底，亲自摸情况，直接听反映，寻求"源头活水"。
>
> ——习近平

在日常生活中，我们可能会看到这样一些现象：厨师在做菜的时候，常常会从锅中取出一点尝尝味道；顾客在买米的时候，常常会捧起一把米来判断整袋大米的质量；检验奶粉质量的时候，常常选取几袋来判定这一批次奶粉的质量。这些案例就是抽样原理在生活中的应用。现代社会调查的抽样方法已经发展得较为严谨和精确了，概率抽样方法也许是整个社会调查所有议题中最接近自然科学的部分，是一个非常关键的技术环节。在本章，我们将详细介绍抽样的基本知识和具体方法。

4.1 抽样的概念和意义

4.1.1 抽样的概念

在社会调查过程中，研究者经常从一个规模很大的研究对象中，选出一部分个体的集合作为调查对象，这个选取的过程就是抽样。如果要规范地界定和深入地理解抽样，则涉及一些专业术语，因此有必要对相关概念进行介绍。

1. 总体

总体(Population)是指构成它的所有元素的集合，而元素是指社会调查中每一个具体的研究对象，全体研究对象被统称为总体。例如，我们要对山东省农村居民的养老观念进行调查，那么山东省所有农村居民就是这次调查的总体，而每一个具体的山东省农村居民则是本次调查的一个元素；又如，我们想对河南省留守儿童的教育问题进行调查，那么河南省所有留守儿童就是这次调查的总体，而每一个具体的河南省留守儿童则构成了其中的一个元素。

2. 样本

样本(Sample)是从总体中按一定规则抽取的一部分元素的集合。例如，我们要从四川省城市居民中抽取3000人进行有关社会保障政策满意度的调查，那么四川省的所有城市居民(按户籍人口)就是这次调查的总体，而按一定规则抽取的这3000名城市居民，就构成了本次调查的样本。

3. 抽样

抽样(Sampling)是指从总体中，按一定方式选择和抽取一部分元素的过程，即从构成总体的所有元素的集合中，按一定方式选择和抽取一个个子集的过程。例如，某企业想了解员工对企业改制的态度，于是从这个企业所有员工的总体中，按一定方式选择300人组成样本，这个按某种方式抽取的过程，称为抽样。

4. 抽样单位

抽样单位(Sampling Unit)是指一次直接抽样时所使用的基本单位。抽样单位和抽样方案的联系十分紧密，在一次具体的社会调查中，可以只有一个抽样单位，也可以有两个及以上的抽样单位，这是由抽样方案来决定的。例如，研究者对西南石油大学本科生消费观进行调查，设计了如下两套抽样方案。

第一套方案：直接从西南石油大学30 000名本科生中按机械抽样的方法抽取1000人组成样本。在这套方案中，抽样单位只有一个，就是本科生。

第二套方案：先在西南石油大学所有学院中抽取5个学院，然后在这5个学院中分别抽取两个班级，每个班级抽10人，组成了1000人的样本。在这个方案中，第一个阶段的抽样单位是学院，第二个阶段的抽样单位是班级，第三个阶段的抽样单位是本科生。

5. 抽样框

抽样框(Sampling Frame)也称为抽样范围，指的是一次直接抽样时总体中所有抽样单位的名单。在知晓抽样单位之后，就可以深入了解抽样框的概念。在一次具体的社会调查中，可以只有一个抽样框，也可以有两个及以上的抽样框，这也是和抽样方案密切联系的。在前述"西南石油大学本科生消费观调查"的例子中，我们可以进一步分析它的抽样框。

第一套方案：抽样单位只有一个，就是本科生；抽样框也只有一个，是西南石油大学所有本科生的名单。

第二套方案：第一个阶段的抽样单位是学院，抽样框是西南石油大学所有学院的名单；第二个阶段的抽样单位是班级，抽样框是被抽中的5个学院中所有班级的名单；第三个阶段的抽样单位是本科生，抽样框是被抽中的这10个班级中所有学生的名单。

6. 总体值

总体值也称为参数值(Parameter)，是指关于总体某种特征的综合数量表现。通过总体值，可以得出总体的情况。例如，调查我国城镇居民的平均年收入和平均年消费时，通过收集总体中所有个体的相关信息，能够得到我国城镇居民总体在收入和消费方面的综合数量表现。总体值要通过收集总体中所有个体的信息才能够获得。

7. 样本值

样本值也称为统计值(Statistic)，是指关于样本某种特征的综合数量表现。例如，要了解我国城镇在职人员的平均年龄、平均收入等，也可以通过收集样本中个体的相关信息，得到我国城镇在职人员样本在年龄、收入方面的综合数量表现，并由这个样本值去推论和估计总体值。因此，样本值是通过收集样本中个体的信息而获得的，它的目的是估计和判断各种总体值，这也是抽样的重要目的之一。

因此，社会调查中的抽样，应该尽可能地保证抽取的样本的估计值接近总体值。

当前，社会调查的抽样方法大致可以分为两种：一种是非概率抽样(non-Probability Sampling)，主要依据研究者具备的便利条件、主观意愿或主观判断来选取对象，常见的有偶遇抽样、判断抽样、配额抽样、雪球抽样；另一种是概率抽样(Probability Sampling)，主要按照随机原则来选取对象，完全不带研究者的主观因素。如图4-1所示，为社会调查中常见的几种抽样方法。

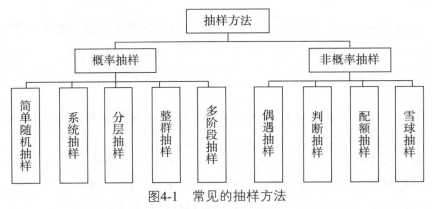

图4-1 常见的抽样方法

4.1.2 抽样的意义

在许多情况下，社会调查的目的是对某一现象或问题进行整体反映，但对调查总体中的每一个个体进行研究不太现实，所以需要选择能够代表总体的个体，这是社会调查必须面对和解决的问题。经过长期的探索和实践，在现代社会统计学和概率论的基础上发展起来的现代抽样理论和技术，能够有效解决这个问题。抽样实际上是研究者选择对象的方法，与其他社会调查中的其他议题相比较，有关抽样的知识、技术更为严谨和精确。

从抽样的定义中不难看出，抽样主要涉及和处理有关总体与部分之间的关系问题。抽样作为人们通过部分认识整体这一过程的关键环节，其基本作用是向人们提供一种实现"由部分认识总体"这一目标的途径和手段。在社会调查中，我们的研究对象常常是社会中的人，人是非常复杂且异质性强的个体，如果想要了解总体的情况，普查无疑是很好的选择，但实际上绝大多数研究者在时间、经费、人力等方面存在困难，从而不得不在庞大的总体与有限的时间、人力、经费之间寻求平衡。可以说，抽样方法是架在研究者十分有限的条件与庞杂、纷繁、多变的社会现象之间的一座桥梁。有了它的帮助，研究者可以方便地通过较小的部分了解很大的整体。这是抽样的首要意义。

抽样的第二个意义，就是解决了对象的选取问题，即如何从总体中选出一部分对象作为总体的代表的问题。例如，有的人在逛商场时遇到过诸如对某化妆品的态度、对某电子产品的意见等的调查，在这类调查中，抽样选取的对象是否具有代表性呢？答案是否定的。因为如果按照这种抽样方式，当时没有逛那家商场的人是不可能被抽中的，或者说特定调查对象被抽中只是一种非常偶然的情况，因此抽取的样本也不能很好地构成总体的缩影。

我们本章所介绍的抽样方法，主要指的是概率抽样，其核心就是"随机抽取"，不是随便抽取、随时抽取。对象的选取标准在抽样的过程中至关重要，这是一种精确而科学的过程。按照这种原则抽取的样本，才能很好地保证其对总体的代表性，使样本成为总体的缩影。

为了更好地了解抽样的意义和作用，我们先来了解抽样的历史。

在社会调查研究中，现代意义的抽样源于美国，与大选民意测验的发展齐头并进，抽样的发展历史可以大致划分为三个阶段。

1. 第一阶段，产生时期(19世纪末至20世纪初)

这个时期比较有名的是新闻杂志《文摘》与美国大选民意调查之间的关系。1890年至1938年，《文摘》在美国颇为流行，它是最早使用抽样方法在美国开展民意测验的机构之一。1920年，《文摘》的编辑向6个州的选民邮寄了明信片，询问他们在即将来临的总统大选中，会投华伦·哈丁的票还是投詹姆斯·考克斯的票。参加这个民意测验的人是从电话簿和车牌登记名单中选出的。根据反馈的明信片，《文摘》准确地预测了哈丁将在选举中获胜。在此之后的1924年、1928年与1932年的大选中，《文摘》扩大了调查数量，并做出了准确的预测。在这个时期，《文摘》声名大噪，发行量也大增。

有了前面的成功作为基础，1936年，《文摘》进行了一次最具规模的民意测验活动：将选票寄给了从电话簿与车牌登记名单中挑选的1000万人，并收到了200万人的回应，结果显示，有57%的人支持共和党候选人阿尔夫·兰登，而当时在任的总统富兰克林·罗斯福的支持率为43%。《文摘》的编辑把这个结果发表出来，结果两个星期之后，投票结果显示，罗斯福以史上最大优势——61%的得票率获得了连任。《文摘》的编辑对于这次的失败深感困惑，并进行了思考，编辑问道："为什么整个芝加哥地区，仅有1/5的选民愿意将我们寄出的选票寄回？为什么大部分回函都来自共和党党员？"可见他们将失利的原因归结为回收率。但事实上，问题的关键在于《文摘》所采用的抽样框——电话用户和汽车拥有者。这种设计只选择了不成比例的富人样本，尤其当时美国还处在最严重的经济萧条后期，这一抽样框的设定基本排除了穷人，而几乎所有的穷人都支持罗斯福的新经济政策。自此事件后，《文摘》声誉扫地，不久就关门了，同时也宣告了这种抽样方法的失败。

2. 第二阶段，发展时期(20世纪初至20世纪中叶)

1936年的总统大选，将《文摘》拉下神坛，同时造就了另一位年轻的调查者——乔治·盖洛普。与《文摘》相反，乔治·盖洛普准确地预测了罗斯福将会击败兰登。盖洛普的成功，归因于他采用了配额抽样的方法，这种方法以对抽样总体特征的把握为基础，根据总体的特征来选择各类样本。例如，选择和总体同比例的富人、黑人、都市女性等，这些配额是按照与研究最为相关的变量设定的。通过充分了解全国各收入阶层的民众总数，盖洛普就能保证从各个收入阶层中选择的样本人数具有正确的比例分布。当然，这种对总体特征的把握是以全国人口普查数据资料为基础的。

此后，配额抽样方法开始流行，成为各种调查机构开展抽样调查的首选方法。盖洛普和美国民意测验中心利用配额抽样方法，在1936年、1940年与1944年成功地预测了当年的总统当选人。到了1948年，事情发生了转折，盖洛普与其他许多大选民意测验机构一样，预测纽约市长杜威能击败当时在位的哈利·杜鲁门而当选总统。显然，现在我们都知道这是个错误的预测。1948年的预测失败包含多种因素，例如，许多预测者在10月初就停止了民意测验工作，而这时杜鲁门获得的支持率仍呈稳定上升趋势，有不少选民在竞选阶段保持尚未决定的态度，他们大部分是在竞选结束前才决定投杜鲁门的票。更重要的是，配额抽样的样本不具代表性。

配额抽样技术要求研究者必须对总体的情况有所了解。对于全国性大选的民意调查而言，这类信息主要来自人口普查资料。然而，到1948年，第二次世界大战促成了大量农村人口涌入城市，在很高程度上改变了1940年人口普查资料显示的人口特征，而这一资料正是当时民意测验机构依据的基础资料。因此，选出来的样本自然不具有代表性。

3. 第三阶段，成熟时期(20世纪中叶至今)

从1948年开始，由于配额抽样法的失败，许多学者试图发展新的抽样方法，他们将概率论引入抽样基础，发展出多种多样的概率抽样方法。目前，概率抽样仍然是社会科学研选取大型和具有代表性样本的主要方式，这种方法的抽样结果比配额抽样要精确得多，它被广泛地应用于各个领域，发挥了重要作用，下面，我们以一个典型案例来证明。如表4-1所示，为2004年美国总统大选前夕的民意调查结果。

表4-1 2004年美国总统大选前夕的民意调查结果

主办机构	日期	布什/%	克里/%
Fox/OpinDynamics	10月28日	50	50
TIPP	10月28日	53	47
CBS/NYT	10月28日	52	48
ABC	10月28日	51	49
Fox/OpinDynamics	10月29日	49	51
Gullup/CNN/USA	10月29日	49	51
NBC/WSJ	10月29日	51	49
TIPP	10月29日	51	49
Harris	10月29日	52	48
Democracy Corps	10月29日	49	51
CBS	10月29日	51	49
Fox/OpinDynamics	10月30日	49	52
TIPP	10月30日	51	49
Marist	10月31日	50	50
GWUBattleground2004	10月31日	52	48
选举结果	11月2日	52	48

资料来源：the Roper Center，Election2004.

2004年美国总统大选的现场选举结果如此接近，以致参加大选的官员也无法清楚地说出结果，不得不将选举结果提交到最高法庭，出现了近几届以来难得的紧张刺激的局面。事实上，各民意测验机构在事前对这一情况做出预测，尽管在具体数字上存在差异，但都一致认为双方势均力敌，难以预料输赢。事实上，抽样调查结果的准确性，常常使美国大选提前失去了悬念。那么，这些民意调查专家从大约1.5亿选民中选取了多少人，使得他们对选民行为预测的误差不超过两个百分点？答案是不超过2000人！这就是抽样的神奇之处。

4.2 概率抽样的原理与方法

4.2.1 概率抽样的原理

概率理论是数学的一个分支,它为研究者提供了设置抽样技术和分析样本结果的工具,为在社会调查中通过样本统计值估计总体参数值打下了基础,使其不仅能够对总体参数值进行推论,而且能够判断这种估测在多高程度上代表了总体的实际参数(虽然"代表性"一词并不具有十分科学和精确的含义,但对社会调查而言,人们的共识是:当选出的样本的各个集合特征接近总体的集合特征时,样本就具有代表性)。美国大选前的各种民意测验机构能够通过2000人左右的样本来推测1.5亿人的投票行为,对这个估计的可能边际误差十分明确,其理论基础也在于此。

概率抽样是如何完成这一个看似不可能完成的任务呢?其中一个关键知识点在于随机抽取,即按随机原则抽取样本。所谓随机抽取(Random Selection),就是保证总体中的每一个个体都有同等的机会入选样本,而且任何一个个体是否入选,与其他个体毫不相干,个体之间是彼此独立的。进一步理解,它实际上包含两个相互联系的含义:首先是机会的均等性,每个个体入选样本的概率是相等的,即它是一种随机现象;其次是独立性,要保证机会的均等性,每个元素彼此之间应该是独立的,也就是说,任何个体的入选与否,都不影响其他个体入选样本的概率。

随机现象是概率论研究的主要对象,它并非表示随便、随时、随地等诸如此类的含义,相反,随机现象的背后往往存在深刻的内在规律。例如,把一个硬币扔到天空,谁也不知道它落下来时是正面朝上还是反面朝上,这就是一种随机现象。尽管一次投抛只会出现正面朝上或反面朝上一种结果,但是如果投抛的次数非常多,那么出现正面朝上、反面朝上的概率则各为50%左右。再如,人们走到某十字路口时,可能正好是红灯,也可能正好是绿灯,从相当长的一个时期来看,人们碰到红灯和绿灯的概率也应该是差不多的。也就是说,随机事件虽然看似偶然,但其实背后蕴藏着某种规律性。而概率抽样之所以能够保证个体对总体的代表性,就在于它能够很好地按照总体内在结构中所蕴含的各种随机事件发生的概率来构成样本。

随机抽取要保证个体入选样本机会的均等性和独立性,而独立性要求在实际抽取样本时应采取"放回"原则,如果不将被抽中的样本放回总体中去,那么从严格意义上讲,后面抽取的个体入选的概率要大于前面的个体。但是,社会调查的总体常常是非常大的,实施不放回抽样对其他元素被抽中的影响非常微小,基本可以忽略不计。因此,在实施抽样的时候,很多研究者考虑到经济性、操作性和实效性,大多采用不放回抽样。

4.2.2 概率抽样的方法

概率抽样虽然还是无法完美地代表总体,但相较于其他抽样方法更具有代表性,也能够顾及样本的精确度及代表性。因此,我们将详细地介绍6种主要的概率抽样方法。

1. 简单随机抽样

简单随机抽样(Simple Random Sampling)也称为纯随机抽样,是指严格按照随机原则从含有N个元素的总体中抽取n个元素($N>n$)。在抽样的过程中,总体中的每一个元素都有同等的机会入选样本，而且每个元素的抽取都是相互独立的。简单随机抽样是一种基本的概率抽样方法，其他抽样方法的应用都需要以此为基础。常见的简单随机抽样有抽签法和随机数法。

1) 抽签法

当总体数目较少时，可以使用抽签法进行简单随机抽样。具体操作步骤是：先将每个元素编上号码，用均质材料制作 N 个签，将这些号码写在签上，然后放进容器中，充分搅匀，抽取 n 个号码(可以将抽取的号码再放回，充分搅匀后再次抽取；也可以抽取后不放回，一次直接抽取)。这样，抽取的号码所对应的个体就是此次使用抽签法抽取的样本。

例4-1 某企业共350名员工，老总打算从中抽取60人进行一次对企业管理满意度的调查，抽样采用抽签法。首先，他拿到了这350名员工的名单，并一一编号，随后将均质的纸张裁成大小相同的纸条，将号码写在这些纸条上，放进一个纸盒中，打乱顺序后，他抽取了60个不同的号码，最后找到这些号码所对应的60名员工，组成了这次调查的样本。

2) 随机数法

当总体中的个体数目较多时，使用抽签法就十分不方便了，我们通常采用随机数法，即利用随机数表、随机数骰子、计算机产生的随机数等进行抽样。在这几种操作方式中，较常运用的是随机数表。随机数表是由00001～99999之间的5位数的随机数按行列排列构成的(见附录A)。随机数表允许从一个规模小于10万的总体中，按简单随机抽样的方法抽取样本，步骤如下所述。

第一步，获得总体中所有元素的名单(即抽样框)。

第二步，将总体中的所有元素按顺序一一编号。

第三步，使用随机数表抽取数量足够的数码。

第四步，将上述步骤抽取的元素集合在一起，就构成了使用随机数表抽出的样本。

在这个过程中的第三步，有个关键的技术环节，即使用随机数表抽取数码。随机数表的使用规则是什么呢？选择抽取数码的衡量标准又是什么？这主要涉及以下5个问题。

(1) 随机数表的起点。在随机数表中，没有固定不变的起点，你可以从随机数表中的任一行、任一列开始，可以选取左边也可以选取右边，任何方法都行，甚至可以闭上眼睛，然后用铅笔在表格上随意戳一下来决定起始数字。虽然这听起来过于随意，但十分具有实用意义。

(2) 随机数表中选取的数码位数。在随机数表中，要根据总体规模是几位数来选择抽取数码的位数。

(3) 选取数字的顺序。在随机数表中选取数字的顺序也没有明确规定，你可以随意选择：依纵列的方向往下选取，依纵列的方向往上选取，由右到左或由左到右，或者依对角线的方式选取都可以。和规定起点问题相似，确定随机数表的选取顺序时，关键在于要先建立一个原则，然后从头到尾都依照这个原则去做。

(4) 数码的筛选。要以总体规模为标准，对随机数表中的数字逐一衡量并取舍。

(5) 数码个数。要根据样本规模的要求选择足够的数码。

下面，我们用一个例题来详细说明。

例4-2 如例4-1所述，如果在350名员工中抽取60人进行企业管理满意度调查，不采用抽签法，而使用随机数表进行简单随机抽样，那么具体的抽取步骤如下所述。

第一步，获得总体350名员工的名单。

第二步，把这些员工姓名按顺序一一编号。

第三步，使用随机数表抽取足够的数码。

首先，可以从任一行、任一列开始，假如我们选择第5行、第2列的数字"9"作为随机抽取的起点，可以按任意顺序选取，假如按照从上到下的方法，从随机数表中选取一个三位数；(在本例中，总人数有350个，要保证所有人都有被选中的机会，需要选择三位数；如果总数是3500人，则需要选择四位数)。

其次，筛选数码。按总体规模进行衡量和取舍，如果选取的数字大于350，那么忽略它，当选取随机数时碰到超过总体范围的数字，跳过这个数字然后继续选下一个即可。例如，第一个数码为901，不选用；第二个数码为280，选用；第三个数码为606，不选用；第四个数码为106，选用……选完一列后，从右边的一列继续自上而下选取；选完一页后，从下一页的第一列开始继续自上而下选取。

然后，选出足够的数码。在这个例子中，需要选择60个数码。这里需要说明，选出的数码如果和前面选中的数码相同，应该舍去被重复选中的数字。例如，两次选中280这个数，应该跳过第二次选中的数，最后入选样本的应该是60个不同的数码。

最后，在已经编好的员工名单中，找到这60个不同数码所对应的员工姓名，这60个人就构成了通过使用随机数表进行简单随机抽样而抽取的样本。

除了随机数表，随机数骰子也是一种产生随机数的工具，它是由均匀材料制成的正二十面体，各面刻有0~9的数字各两个。根据总体规模的位数需要选用相应数量的骰子，并规定不同颜色所代表的位数。例如，总体为350人，样本60人，那么可选用3个骰子，规定红色骰子出现的数字表示百位数，黄色骰子出现的数字表示十位数，蓝色骰子出现的数字表示个位数。将骰子放在一个容器盒里，水平地摇动盒子，使骰子充分旋转，然后打开盒子，读取各骰子朝上面显示的数字，即可获得一个随机数。不断重复这一步骤，直到抽取60个不同的随机数为止，从而构成使用随机骰子进行简单随机抽样而抽取的样本。

另外，随着计算机技术的发展，现在很多统计软件都开发了可产生随机数的程序，利用计算机产生随机数是一种方便又快捷的方法。但需要指出的是，由于统计软件产生的随机数在通常情况下有一定的循环周期，因而无法保证随机性。尽管一些统计软件产生的伪随机数有着较长的循环周期，但为了更好地保证抽样的代表性，还是应该尽量避免使用这种方法来抽取样本。

简单随机抽样是基本的概率抽样方法，也是重要的概率抽样方法之一，但它也存在很大的不足。首先，它需要总体的抽样框，只有在总体规模较小且抽样框容易获得的情况下才可以使用简单随机抽样，对于绝大多数的社会调查而言，获得总体的抽样框并不现实。而且在实际抽样中，简单随机抽样可能并不是最精确的概率抽样，也就是说它并不是最有效率的方法。如果以人工的方式抽取，过程十分烦琐，这导致了它在现实中很少被独立使用。

2. 系统抽样

系统抽样(Systematic Sampling)又称为机械抽样或等距抽样，是一种系统化地选择完整名单中的每第K个要素组成样本的抽样方法。具体实施时，将N个总体元素按一定的顺序排列，然后在前面K个个体中，先随机抽取一个起始元素，再间隔K个距离，按照固定的抽样间隔K抽取其他$n-1$个元素。系统抽样直接从总体中抽取样本，也是一种基础的概率抽样方法。

在进行系统抽样时，为了避免使用这个方法所造成的人为误差，必须以随机的方式确定第一个元素(即随机的起点)，即"以随机的方式开始系统抽样(Systematic Sample with a Random Start)"。它有两个常用的术语：抽样间隔和抽样比率。抽样间隔(Sampling Interval)是指两个被选择的要素之间的标准距离，抽样比率(Sampling Ratio)则是指被选择的要素数量与所有总体要素数量的比率，两者的计算公式为

$$抽样间距 = \frac{总体规模}{样本规模} = \frac{N}{n} \qquad 抽样比率 = \frac{样本规模}{总体规模} = \frac{n}{N}$$

在实际应用中，系统抽样方法的操作比简单随机抽样方法要简便很多，具体步骤如下所述。

第一步，获得总体中所有元素的名单(即抽样框)。

第二步，将总体中的所有元素按顺序一一编号。

第三步，计算抽样间距，计算方法是用总体规模除以样本规模，抽样间距通常可以用K来表示。

第四步，在前面K个元素中，采用简单随机抽样的方法抽取1个元素，记下这个元素的编号，假设为元素A，那么元素A就是随机的起点。

第五步，再返回编好号码的总体抽样框中，自A开始，每隔K个元素抽取1个元素，即抽取的元素分别是：A，A+K，A+2K，A+3K，…，A+(n−1)K。将这些元素集合起来，就构成了通过使用系统抽样抽取的样本。

例4-3 在某企业20 000名职工中，使用系统抽样的方法抽取2000人组成样本，具体步骤如下所述。

第一步，获得总体中全部20 000名职工的名单。

第二步，将这20 000名职工按顺序编号。

第三步，计算抽样间距$K=10$。

$$抽样间距 K = \frac{总体规模}{样本规模} = \frac{N}{n} = \frac{20\,000}{2\,000} = 10$$

第四步，在前面10个元素中，按简单随机抽样的方法抽取1个元素，即在1~10的数码中，采用简单随机抽样的方法抽取1个数码，假如抽到的是02，那么元素2就是随机的起点。

第五步，返回总体抽样框，抽取数字2，2+10=12，2+2×10=22，2+3×10=32…，2+(2000−1)×10=19 992，共2000个数字，然后找到它们对应的职工姓名，就构成了这次系统抽样的样本。

在系统抽样中，虽然使用的是抽样间距而不是随机数，但仍有人称系统抽样是一种准随机(Quasi-Random)抽样。事实上，系统抽样方法与简单随机抽样方法在本质上几乎是一样的，抽样效果也很接近，但在某些情况下，它能稍微精确一些。到目前为止，关于系统抽样和简单随机抽样孰优孰劣的争论在很大程度上已有定论，系统抽样方法由于操作性的优势更受调查者的青睐。

但系统抽样也有其固有的不足，有两种情况需要研究者格外注意：一是非整数抽样间距，二是总体元素的排列次序。

1) 非整数抽样间距

当总体不是样本的整数倍,即抽样间距K不是整数时,用上述方法来抽取样本就会存在问题,因为调查对象人数是不存在小数的。为了保证每个总体元素仍以相等的概率入选样本,可以使用循环等距抽样法进行抽样。

循环等距抽样法,就是先将N个总体元素首尾相连排成一个封闭圈,然后将抽样间距K取值为最接近N/n的整数,再从1~N中随机抽取一个元素作为随机的起点,每隔K个个体抽取一个元素,一直到抽满n个元素为止。由于随机的起点发生了变化,是从1~N中抽取的任一个元素,所以总体中每个元素入选样本的概率仍然可以保证是相等的。

2) 总体元素的排序

系统抽样方法潜藏了一个危机,如果名单中的元素排列自身就有和调查关键变量相关的顺序排列或周期排列,那么就有可能抽取一个有重大偏差的样本,我们用两个例子加以说明。

例4-4 在一个有关第二次世界大战士兵的经典研究中,研究人员从名册中每隔10个士兵抽取1个来进行研究。然而,士兵的名册是按组织方式排序的:首先是中士,接着是下士,再后面是二等兵,按班的顺序,一个班一个班挨着排列,每个班是10人。因此,如果采用系统抽样的方法,确定随机的起点A,A如果靠前,选中了一个中士,那么第10+A个人仍然是中士,以后亦然,也就是说,会选出一个全是由中士组成的样本。同理,也有可能抽取一个全是由下士或者二等兵组成的样本。在这种情况下,样本的代表性就不强。

例4-5 要在成都市某高中三年级学生中做一个有关学习状况的调查,抽样框来自学校提供的总体名单,总体名单是按高三学生的学习成绩由高到低进行排列的。这时,假如有两个研究者同时使用系统抽样的方法抽取样本,研究者甲抽取的随机起点A十分靠前,而研究者乙抽取的随机起点A十分靠后,那么,在甲抽取的样本中,学生的平均成绩要明显好于乙。尽管他们用了同一种方法,对同一对象在同一时期内展开同内容的调查,结果也可能大相径庭。显然,这两个样本都存在很大的偏差。

因此,在进行系统抽样的时候,要首先检查一下总体元素的排列情况。如果总体元素的排序是随机的,或者排序的标准和调查的主要变量关系不大,那么这个时候采用的系统抽样可称为无序系统抽样,其效果等价于简单随机抽样。

如果在总体的排序中,排序的标准和研究的主要变量密切相关,或者有和抽样间距相对应的某种周期性分布,那么样本的代表性就无法保证,甚至会抽取误差很大的样本。在这种情况下,最好先对总体中的元素重新排序,打乱它们的顺序(如果总体排序中不存在上述两种情况则无须打乱重排),否则就不能采用系统抽样的方法。总体来说,如果不考虑其他因素,就便利性而言,系统抽样比简单随机抽样要简便,即使存在由元素的特殊排序所带来的问题,通常也很容易解决。

3. 分层抽样

分层抽样(Stratified Sampling)也叫类型抽样,具体实施时,先将总体的N个单位,按某种特征划分为若干个层次或子类型,然后在每个层次或子类型中分别独立进行简单随机抽样或系统抽样,最后将抽取的子样本集合成总体的样本。

前文介绍的两种概率抽样方法,都具有一定程度的代表性,并可以估计抽样误差。分层抽样并不是它们的替代方法,而是一种具有修正作用的抽样方法。分层抽样可以在前两者的基础上,提高代表性,同时减少抽样误差。为了更好地理解这一说法,我们先来看看社会群体的异质性问题。异质性是和同质性相对应的,如果社会现象或社会问题的表现及人们的态度、行为、观点都差不多,那么可视为同质性比较强。而在现实社会中,社会现象纷繁多样,人们的行为、态度、观点也有很大区别,以异质性为主要特征。对于同质性较强的现象,我们可以通过抽取较小规模的样本达到了解问题的目的;而对于异质性较强的现象,则需要根据其异质性的内在结构,抽取一定规模的样本,才能清楚地考察事物。分层抽样实际上就是根据异质性中所蕴含的层级关系来抽取样本,使得每个重要的层级都有一定数量的元素入选,而并非不考虑总体的异质性或同质性,直接从中抽取样本的一种抽样方法。

例4-6 如果要从某大学的2000名教职工中抽取一个200人的样本,来调查他们对学校发展的意见,可以使用分层抽样方法,先将所有教职工进行分类,然后分别从各个类别中抽取适当数量的元素组成样本,可以将职称设为分层的变量,抽样结果如表4-2所示。

表4-2 某大学教职工分层抽样结果

职称	人数	百分比/%	等比例分层样本数
教授	378	18.9	38
副教授	603	30.1	60
讲师	561	28.1	56
助教	230	11.5	23
教辅工作人员	228	11.4	23
合计	2 000	100.0	200

我们可以进行更为复杂的分层抽样,除了按教职工的职称进行分类外,还可按照教职工所在的院系等变量进行分类,通过分层抽样,按总体结构中的异质性情况将其划分为不同的次级集合,从而使每个次级集合中都有一定的样本量。

分层抽样的最终功能,也就是按照总体内在结构所蕴含的异质性要求,将总体划分为不同的类型或层次,这些次级层次内部元素之间的同质性较强,而层次与层次之间的异质性较强。例如,教授职称者对学校的发展可能有很多相同或相似的看法,讲师职称者也对这个问题有许多相同或相似的看法,而教授和讲师之间对学校发展意见的分歧则较大。因此,在同等条件下,与从总体中按随机原则直接抽取样本的简单随机抽样和系统抽样相比较,通过按职称划分的分层抽样抽取的样本,在这个问题上能够体现更好的代表性。

在应用分层抽样方法时,如何确定分层标准是一个值得思考的问题。在实施分层抽样时,应选用哪个变量作为层次划分依据?我们常用的分层标准有:一是以调查要分析和研究的主要变量或相关的变量作为分层标准。例如,要调查人们的生活质量问题,可以家庭人均月收入为标准,这个变量和人们的生活质量息息相关;要了解武汉市的社会分层情况,可以将职业作为划分标准,职业本身就是社会分层的一大要素。二是以保证各层内部同质性强、各层之间异质性强、突出总体内在结构的变量作为分层标准。例如,要调查高校教职工对学校发展的意见,就可以教职工的职称为分层标准,将教职工分为教授、副教授、讲师、助教、教辅工作人员5大类;要调查企业人员对企业上市的看法,可以将岗位性质作为分层标准,将企业员工划分为管理人员、技术人员、工人和其他人员4大类。三是以现有的常用分层变量为标准,由于性别、年龄、民族、职业、收入、文化程度、城乡社区等与社会调查所关注的很多现象都有直接的联系，同时也相当容易获得，因此它们都是常用的分层变量。

作为一种概率抽样方法，分层抽样应该实行等比例的分层抽样，但这并不代表不等比例的分层抽样就不可取。实际上，不等比例的分层抽样也是有其特定应用范围的。当分层中的某些子层次内的元素数量很少，同时研究者又希望从它们之中抽取足够的个数，以便进行单独研究或比较研究时，就可以使用不等比例的分层抽样。例如，在某高校数学系中，男生为450人，女生为50人，研究者想对他们做一个有关学生对专业学习兴趣的调查，如果按照等比例分层抽样抽取一个100人的样本，那么男生应该是90人，女生应为10人。但研究者很想同时单独研究女生的专业学习兴趣或者和男生做比较，看看不同性别者尤其是女生在数学学习中的兴趣特点，那么如果按照等比例抽样抽取的子样本仅包括10人，对于研究者而言显然数量太少了，这个时候，为了更好地实现研究目的，就可以采用不等比例的分层抽样，扩大女生的样本规模(需要注意的是，若要使用通过不等比例分层抽样所得的样本资料去推论总体，还需要先对各层的数据资料进行加权处理，即通过调整样本中各层的比例，使数据资料结构符合总体中各层实际的比例结构)。虽然在实际分层抽样案例中，等比例的分层抽样应用得较多，而且代表性更强，但应该采用哪种方法，还是要结合实际情况和研究需要来决定。

4. 整群抽样

整群抽样(Cluster Sampling)又称为聚类抽样，是将总体中的各单位归并成若干个互不交叉、互不重复的集合，称之为群，然后以群为抽样单位，用简单随机抽样、系统抽样或分层抽样的方法抽取样本的一种抽样方式。它抽取的样本不是一个个个体或元素，而是一个个小群体、一个个子群。

整群抽样的做法是：先将总体(N)划分成若干个(i)子群(可视为初级单位)，每个子群包含若干个次级单位，然后以一定的方式从总体中抽取一部分子群，并由中选群中的所有次级单位的集合构成总体的样本，具体步骤如下所述。

第一步，确定分群标准。

第二步，将总体N按一定标准划分为互不重叠的部分，每个部分为一个子群。

第三步，根据每个子群的样本量，确定应该抽取的群数。

第四步，采用简单随机抽样或系统抽样的方法，从i个群中抽取若干个群，在被抽中的群中抽取所有元素，构成整群抽样的样本。

例4-7　某高校共有学生30 000名，分布在700个班级中，每个班级学生人数都是30人左右。现在要使用整群抽样的方法抽取一个3000人的样本，可以班级为单位，从全校700个班级中，使用简单随机抽样或者系统抽样的方法，抽取100个班级，这100个班级的所有学生，就构成了总体样本。

在前文介绍的几种抽样方法中，简单随机抽样、系统抽样是直接从总体中抽取个体，分层抽样最后抽取的也是一个个元素，如果社会调查都能够应用这些概率抽样方法，当然是十分理想的。但可惜的是，在实践中，很多调查需要的样本都要从一个难以获得的抽样框中抽取，例如城市、区县、社区、某市的农民工、某省的大学生等，抽样设计常常十分复杂，而且不方便或根本不可能编制成一个完整的抽样框。这个时候，整群抽样可以帮助我们，它大大简化了抽样程序，把原来的不可能变为可能。

例4-8　某调查的目的是了解都江堰非政府组织(NGO)工作人员的职业发展情况，但是都江堰所有非政府组织成员的名单是很难获得或者很难完整获得的，因此，研究者采取了整群抽样的方法，从相关部门那里拿到了都江堰所有非政府组织的名单，在对其进行标注后，按简单随机抽样的方法抽取若干个NGO组织，由抽中的NGO工作人员构成这次整群抽样的样本。这样，研究者就不需要拿到都江堰所有非政府组织工作者的名单，只需要拿到NGO的名单即可，和前者相比较，后者无疑要简单很多。

因此，整群抽样的优点是十分明显的，它可以简化抽样过程，降低调查费用，同时可以相对地扩大抽样应用范围。由于它具有这些突出的优势，一些大规模的社会调查往往从节约经费、人力，同时降低抽样难度、提高抽样可行性的角度出发，采用整群抽样的方法。20世纪80年代中期，中国社会科学院社会学所等单位组织了一次"五城市婚姻家庭调查"，就采用了这种方法，从调查地点所在的5个城市中，随机抽取了8个居民点，以这8个居民点的所有家庭户为调查样本。

但是，我们应该看到，整群抽样的优点突出，缺点也同样突出。由于整群抽样抽取的是一个个子群，由于子群往往具有一定的规模，所以进入总体的子群数量比较有限，这样一来，样本中的个体相对比较集中、涉及面较窄。和简单随机抽样、系统抽样、分层抽样相比较，整群抽样抽取样本的代表性相对较低，因而调查结果的误差相对较大。

在整群抽样中，涉及子群问题，那么子群和分层抽样有什么区别？在什么情况下应该使用分层抽样？在什么情况下应该使用整群抽样呢？答案是，当调查总体是由若干个有着自然界限或区分的子群所组成，且不同子群之间差别很大、子群内部差别不大时，适合使用分层抽样的方法；而当不同子群之间差别不大、子群内部差别很大时，则适合使用整群抽样的方法。这种区分并非固定不变，要和调查的内容相联系。

5. 多阶段抽样

多阶段抽样主要包括多段抽样、分层多阶段等概率抽样、多阶段PPS抽样三种方法。

1) 多段抽样

多段抽样(Multistage Sampling)又称为多级抽样、分段抽样或多阶段抽样，是指按总体内的层级关系，把抽样分为几个阶段，在每一个阶段都使用简单随机抽样、系统抽样、分层抽样的方法。

在社会调查中，我们常需要面对一个规模较大的总体，无法获得抽样所需要的总体元素的名单，即抽样框，并且简单随机抽样、系统抽样、分层抽样的代表性虽高，但样本分布较广，实施调查的费用非常高。例如，研究者要做一个全国性调查，通过简单随机抽样、系统抽样、分层抽样的方法抽取的样本可能分散在全国不同的地区，调查费用极其昂贵且抽样框难以获得。在这种情况下，就需要采用多段抽样方法。也就是说，当总体规模特别大，或分布特别广的时候，比较适合采用多段抽样的方法。

多段抽样是在整群抽样的基础上发展起来的，它是比整群抽样更为复杂的一种方法。它的具体做法是：先从总体中按随机原则抽取若干个大群，再从这几个大群中抽取若干个小群，这样一层层抽取下来，直至抽取到基本的元素为止。

例4-9　要在我国范围内做一场调查，可以先收集我国所有省份的名单，从中抽取若干个省份；然后收集抽中的省份中所有城市的名单，从中分别抽取若干个城市；再在抽中的城市中，收集所有社区的名单，从中分别抽取若干个社区；最后在抽中的社区中，收集所有住户的名单，从中分别抽取符合样本规模要求的住户数量。在每个阶段中，都需要使用简单随机抽样或系统抽样的方法来抽取样本。这样，就构成了通过使用多段抽样抽取的最终样本。

由此我们可以看到，多段抽样方法其实一直在重复两个基本步骤：获得抽样框，抽样。先编制初级抽样单位的名册或将它分层，然后对这个名册进行抽样；根据选出的初级抽样单位编制其要素名册或分层，得到次级抽样单位名单并进行抽样，如此一直重复下去。当然，在最后一个阶段中，收集住户的名册其实也不是一件容易的事，但无论如何，比直接抽取简单易行多了。

尽管多段抽样方法的效率很高，但效率的代价是样本的精确度降低。对总体名单进行简单随机抽样会产生一次抽样误差，两个阶段的抽样就会产生两次抽样误差，多段抽样的每个阶段都会产生抽样误差，相较于简单随机抽样、系统抽样和分层抽样，它的误差是较大的。

在应用多段抽样方法时，如何保持子群和个体抽取的数目的平衡，或者说保持一定的比例，是十分重要的，不同的选择可以带来不同的结果。

例4-10　某市有10所高校，共20万名大学生，研究者想通过多段抽样的方法，从中抽取2000人组成样本，可有多种不同的组合方式，如表4-3所示。

表4-3　某市大学生多段抽样的结果

具体方案	第一阶段	第二阶段	第三阶段
方案一	抽取2所高校	每所高校抽取5个学院(系/所)	每个学院抽取200名学生
方案二	抽取2所高校	每所高校抽取10个学院(系/所)	每个学院抽取100名学生
方案三	抽取4所高校	每所高校抽取5个学院(系/所)	每个学院抽取100名学生
方案四	抽取5所高校	每所高校抽取2个学院(系/所)	每个学院抽取200名学生
方案五	抽取5所高校	每所高校抽取4个学院(系/所)	每个学院抽取100名学生
方案六	抽取5所高校	每所高校抽取10个学院(系/所)	每个学院抽取40名学生
方案七	抽取8所高校	每所高校抽取5个学院(系/所)	每个学院抽取50名学生
方案八	抽取10所高校	每所高校抽取2个学院(系/所)	每个学院抽取100名学生
方案九	抽取10所高校	每所高校抽取10个学院(系/所)	每个学院抽取20名学生

在以上9种方案中，都可以通过多段抽样的方法从20万名大学生中抽取2000人组成样本，究竟该如何选择各阶段的样本数呢？可参照以下4个主要标准：一是各抽样阶段中子总体的异质性程度；二是各层子总体的规模；三是研究者拥有的时间、经费与人力；四是研究者对抽样误差的要求。从异质性程度考虑，如果子总体中的异质性程度比较高，例如学校间的异质性程度比较高，那么要尽量增加这个阶段的子群数目，则方案七、方案八、方案九比较合适；如果同时学院间的异质性程度也比较高，那么方案八就不太合适；如果学校之间的同质性比较高，那么可以减少这个阶段的样本数，方案一、方案二都比较合适；如果同时学院间的异质性较高，那么方案二比方案一更合适。如果从抽样误差的角度考虑，可以通过两种方式降低抽样误差：增加样本容量，提高样本要素的同质性。从这个角度出发，增加前面阶段的样本数，显然会使样本的覆盖面更广，从而降低误差；但同时，随着抽取群的数量的增加，在样本规模一定的前提下，必然会减少每个群内被抽中的元素的数量，也就是说要牺牲元素的抽样代表性，反之亦然。当然，同质性因素可以缓和这种两难的局面。如果从研究者拥有的时间、经费与人力的角度思考，方案七、方案八、方案九无疑要花费较多的时间、经费与人力，而方案一、方案

二则具有经济性。因此，我们可以看到，各标准之间既有联系，同时又相互制约，而各方案也没有绝对的好坏优劣之分，在实际调查时，需要研究者综合这些情况选择并确定一个可行、适合的方案。

在上述多段抽样过程中，暗含了一个假定，即在实施每个阶段的抽样时，子群元素的规模是相同的。例如，在上面的案例中，暗含了每个学校的规模是相同的、每个院系的规模也是相同的假定。在这个假定下，采取上述多段抽样方法，则每个元素入选样本的概率是相等的。而在现实生活中，这种各子群规模完全一致的情况非常少，在绝大多数的多段抽样中，同层级的子群规模是不一致的。因而，按照上述多段抽样方法抽取样本，学生们入选样本的概率其实不完全相同。为了更好地理解这一说法，我们来看看下面这个例子。

例4-11 成都市某区共有10万人(户籍人口)，分别归属于20个社区居委会。如果从总体中按多段抽样的方法抽取1000人组成样本，按上述方法，第一个阶段抽取了10个社区(暗含了每个社区规模一样大的假定)，然后在抽取的10个社区中，分别抽取100人，组成一个1000人的样本。

但是，当研究者去了解情况后，发现实际并非如此。例如，他在第一个阶段抽中了两个社区：甲和乙。甲社区有10 000户居民，而乙社区只有2000户居民。此时，甲社区中的居民户被抽中的概率是10/20×100/10 000＝1/200，而乙社区居民户被抽中的概率则是10/20×100/2000＝1/40。可见，乙居委会的规模小，其居民户被抽中的概率更高，是甲居委会居民户的5倍。

样本中元素的入选概率是不同的，这不符合随机抽取的原则。事实上，多段抽样在实施过程中，经常面临类似的问题。对于研究者而言有两种选择，要么保持样本规模不变，放弃样本的等概率条件；要么保持样本的等概率条件，接受一个规模不确定的样本。由于后者需要进行较为复杂的加权处理，所以现实中还是前者应用得较多。而如果研究者希望能够保持样本的等概率条件，可采取其他两种多阶段抽样处理方法：分层多阶段等概率抽样和多阶段PPS抽样。

2) 分层多阶段等概率抽样

在分层多阶段等概率抽样中，要先将总体中规模不等的子群按规模或重要性进行分层，然后在不同阶段针对不同的层使用不同的抽样比。以两阶段抽样为例，假如将总体分为大群、中群、小群三个层。在第一个阶段中，大群、中群、小群三个层的抽样比 f_a 依次递减；在第二个阶段中，大群、中群、小群三个层的抽样比 f_b 依次递增。为了保证样本元素等概率入选，即总的抽样比 f 保持不变，可以使 $f=f_a f_b$ 保持不变。假如 $f=1/400$，可以进行以下样本设计，如表4-4所示。

表4-4 按规模分层多阶段等概率抽样举例

层	f_a	f_b	f
大群	1	1/400	1/400
中群	1/20	1/20	1/400
小群	1/400	1	1/400

这里 $f_a=1$ 指的是该层中的所有群都入选。例如，在全国抽样中可以将北京、上海、天津、重庆这4个直辖市构成一个层，设定抽样比为1，即让这几个城市直接入选。同理，$f_b=1$ 指的是这个群内的所有单位都入选。因此，应保持各阶段抽样比的积是常数，各阶段抽样比有较大的变动余地，而且可以推广到三阶段以上的抽样中去。

3) 多阶段PPS抽样

当多段抽样中存在不等概率问题时，我们举了一个例子"从成都市某区的10万人中，按多段抽样方法抽取1 000组成样本"，并具体介绍了按上述方法抽取样本的原因，以及样本中的元素没有保持等概率的理由。接下来，我们还将通过这个案例，来说明在社会调查中一种常见的不等概率抽样法，称为"概率与元素的规模大小成比例的抽样(Sampling with Probability Proportional to Size)"，英文缩写简称为PPS抽样。PPS抽样是为了解决这类问题而设计的一种概率抽样方法，是对多段抽样的一种修正。它的基本原理在于以阶段性的不等概率换取最终总体的等概率。下面，我们以两个阶段的抽样为例来解释它的具体做法：在第一个阶段，每个群按照它自身规模被赋予了大小不等的抽取概率，群的规模越大，被抽中的概率越大，群的规模越小，被抽中的概率越小；在第二个阶段，从每个被抽中的群中抽取同规模的元素。通过这两个阶段的不等概率抽样，最终达到总体中的每一个元素都有同等概率入选样本的目的。它体现的本质是：在第一个阶段中，规模大的群体入选概率就大；在第二个阶段中，规模大的群体内的元素入选概率小。通过这"一大一小"，可实现整体的平衡，对于规模小的群体也是如此。

PPS抽样的原理可以用公式表示为

$$每个元素入选概率 = 抽取群数 \times \frac{群的规模}{总体规模} \times \frac{平均每个群中要抽的元素}{群的规模}$$

在成都市某区的例子中，我们可以使用PPS抽样来确定甲社区和乙社区被选中的概率。

第一阶段：甲社区的规模相对较大，包含800户居民，那么这个阶段被抽中的概率是800/100 000=1/125；乙社区包含200户居民，规模较小，因而这个阶段被抽中的概率是200/100 000=1/500。在这个阶段，甲社区和乙社区中的居民户被抽中的概率是不同的，甲社区的入选概率更大。

第二阶段：甲社区中每一个居民户被抽中的概率是100/800=1/8，而乙社区中每一个居民户被抽中的概率则是100/200=1/2。在这个阶段，两个社区居民户被抽中的概率仍然是不一样的，甲社区居民户被抽中的概率更小。

那么，两个社区中每个居民户最终被抽中的概率分别是：甲社区中居民户被抽中的概率=10×1/125×1/8=1/100；乙社区中居民户被抽中的概率=10×1/500×1/2=1/100。可见，使用PPS抽样，无论社区规模大小，每户居民最终被抽中的概率是相等的。

PPS抽样的方法可以扩展应用到多阶段的情况，只要在中间的每一个阶段都同样依据概率与元素规模成比例的原则(最后一个阶段例外)即可。

在了解了基本原理之后，我们再通过一个例子来熟悉它的具体操作方法。

例4-12 从全市100家企业、总共20万名职工中，抽取1000名职工进行调查。采取多段抽样的方法，先从100家企业中随机抽取20家企业，然后从这20家企业中分别抽取50名职工，构成了一个1000人的样本。但是，这100家企业的规模是不同的，最大的企业有16 000名职工，而最小的企业只有200名职工。于是研究者对多段抽样进行了修正，采用PPS抽样的方法，先将各个企业排列起来，然后列出规模，并计算它们的规模在总体规模中所占的比例，接下来把它们的比例累加起来，根据累计比例数依次写出每一个元素所对应的选择号码范围(该范围的大小等于元素规模所占的比例)，然后用随机数表的方法选择号码，号码所对应的元素即入选第一阶段样本，具体过程见表4-5。然后，再从所选企业(即企业2、企业4、企业6、企业100等)中进行第二阶段抽样，在这些选中的企业中分别抽取50名职工(企业2、企业4都被抽取2次，在第二个阶段应该分别抽取50×2=100人)组成此次PPS抽样的样本。

由于规模大的企业所对应的号码选择范围也大，而号码选择范围大时，被抽中的概率也大，规模特别大的企业可能不止一次被抽中，例如企业2、企业4分别被抽中了2次。由于规模大的企业在第一阶段抽样时被抽中的概率大于规模小的企业，而在第二阶段抽样时被抽中的概率又小于规模小的企业，通过这样的补偿，使得无论企业规模大小，每个职工最终入样的总概率是相等的。这样，抽取的样本能够更好地保证对总体的代表性。

表4-5 使用PPS抽样所抽取的第一阶段样本示例(1)

企业	规模	所占比例/‰	累计/‰	选择号码范围	所选号码	入样元素
企业1	600	3	3	0～2		
企业2	16 000	80	83	3～82	020、076	元素1、元素2
企业3	2 000	10	93	83～92		
企业4	6 000	30	123	93～122	098、112	元素3、元素4
企业5	200	1	124	123		
企业6	1 800	9	133	124～132	130	元素5
企业7	1 000	5	138	133～137		
…	…	…	…	…		
企业99	800	4	994	990～993		
企业100	1 200	6	1 000	994～999	997	元素20

如果在上述案例中，不使用累计频率和简单随机抽样的方法确定第一阶段的样本，而采用累计频数和系统抽样的方法抽取样本，一样可以达成目标。具体步骤：先将各个企业排列起来，列出其规模，再把它们的频数累加起来，然后使用系统抽样的方法选择号码，号码所对应的企业即入选第一阶段的样本。在系统抽样过程中，首先计算抽样间隔$K=200\ 000/20=10\ 000$，然后在1～10 000内确定一个随机起点，假设抽取了数字1000，那么由于企业2在601～16 600之间，所以企业2入选；第二个被抽取的数字为1000+10 000=11 000，仍然落入企业2中，因此企业2再度入选；第三个被抽中的数字为1000+10 000×2=21 000，而企业4在18 601～24 600之间，故而入选。重复这个过程，就可以抽选20个元素作为第一个阶段的样本，具体操作过程见表4-6，而后的操作程序与前者并无太大区别。这种两个阶段的PPS抽样方法，也可以进一步推广到三个阶段及更多的抽样阶段中，除了最后一个阶段，其他阶段都可采用PPS抽样，只有在最后阶段的抽样才抽取固定数量的调查对象。这样抽取的样本，仍然可以保证其代表性。

表4-6 使用PPS抽样所抽取的第一阶段样本示例(2)

规模	频数	累计频数	所选号码	入样元素
企业1	600	600		
企业2	16 000	16 600	1000、11 000	元素1、元素2
企业3	2000	18 600		
企业4	6000	24 600	21 000	元素3、元素4
企业5	200	24 800		
企业6	1800	26 600		元素5

(续表)

规模	频数	累计频数	所选号码	入样元素
企业7	1000	27 600		
…	…	…	…	
企业99	800	198 800		
企业100	1200	200 000		元素20

但是，PPS抽样也存在不足。从上面的例子可知，它有一个非常重要的前提条件是需要知道每一个群的规模，而现实中的调查要做到这一点又十分困难。如果我们无法获知每一个群的规模的相关数据，那么就无法使用PPS抽样方法。

6. 户内抽样

一般情况下，多阶段抽样设计的最后一级抽样单位常常是居民住户，但事实上，居民住户大多是由多名成员组成的。因此，在实际调查中，仍需要依据随机原则从这些成员里按一定的规则抽取一位成年人作为调查对象，户内抽样(Sampling Within Household)可以帮助我们达成这个目的。户内抽样可采用的具体方法有多种，这里介绍三种方法，其中较为常用的是Kish选择法。此外，还有掷骰子法和生日法。

1) Kish选择法

Kish选择法是利用Kish表来选择入户后的调查对象的一种概率抽样方法，根据这种方法，每户家庭中的所有成年人(我国一般为18岁及以上者)都具有同等的被选入样本的概率。

Kish选择法是通过一份抽样页(有时可附在问卷后)来进行的，抽样页内容包括被调查住户的地址、住户家庭成员情况和抽样表等。调查员在经过住户同意后，可以通过以下步骤来抽取调查对象。

(1) 填写住户家庭成员的信息。调查员要先向住户询问其家庭成员的基本情况，包括性别、年龄(该信息不要求十分确切)、与住户的关系。然后，将符合条件的家庭成员挑出来，按照某种规则进行排序和编号，并将其记录在住户家庭成员信息表中。这里所说的"某种规则"指的是排序和编号的规则，它应该遵循的方法是：男性在前，女性在后；年长者在前，年幼者在后。也就是说，要把年龄最大的男性排在第一位，年龄次长的男性排在第二位，依此类推；年龄最大的女性排在年龄最小的男性之后，其他女性再按年龄顺序从大到小进行排列，如表4-7所示。

表4-7　家庭成年成员排序表

序号	年龄和性别特征
1	最年长的男性
2	次年长的男性
…	…
n	最年幼的男性
$n+1$	最年长的女性
$n+1$	次年长的女性
…	…
$n+m$	最年幼的女性

例4-13 某次调查将被调查者的年龄范围定在18～60岁，调查员进入一户家庭后，经过访问，了解到该家庭成员的基本情况为：一共有6口人，包括一个户主、户主的母亲、户主的配偶、户主的儿子、户主的两个女儿；其中，户主的大女儿20岁、儿子19岁、小女儿15岁。于是，调查者首先筛选了调查对象，排除了户主的小女儿(未成年，不作为本次调查的对象)，然后按照上述规则对这户家庭成员进行排序并编号，由1到5分别是户主、户主的儿子、户主的母亲、户主的配偶、户主的大女儿，具体情况如表4-8所示。

表4-8　住户家庭成员情况登录表

性别	年龄	与户主关系	编号	被调查者
男	47	户主	1	
男	19	户主的儿子	2	
女	68	户主的母亲	3	
女	45	户主的配偶	4	
女	20	户主的大女儿	5	√
女	15	户主的小女儿	—	

(2) 根据Kish表抽取被调查者。抽样表中主要包括抽样表的编号、住户中成年成员的数目和抽取成年住户成员的号码这几个方面的内容。抽样表的编号分别为A、B1、B2、C、D、E1、E2、F，每种抽样表的数量占抽样表总数的比例分别是1/6、1/12、1/12、1/6、1/6、1/12、1/12、1/6(如果将抽样表都附在问卷的首页，那么问卷也应该相应地分为8类)。同时，将印制的若干套(1套8种)"选择表"发放给调查员，每人一套。"选择表"的样式如表4-9～表4-16所示。

表4-9　Kish选择表(A式)

如果家庭户中18岁以上人口数为	被抽中人的序号为
1	1
2	1
3	1
4	1
5	1
6人或以上	1

表4-10　Kish选择表(B1式)

如果家庭户中18岁以上人口数为	被抽中人的序号为
1	1
2	1
3	1
4	1
5	2
6人或以上	2

表4-11　Kish选择表(B2式)

如果家庭户中18岁以上人口数为	被抽中人的序号为
1	1
2	1
3	1
4	2
5	2
6人或以上	2

表4-12　Kish选择表(C式)

如果家庭户中18岁以上人口数为	被抽中人的序号为
1	1
2	1
3	2
4	2
5	3
6人或以上	3

表4-13　Kish选择表(D式)	
如果家庭户中18岁以上人口数为	被抽中人的序号为
1	1
2	2
3	2
4	3
5	4
6人或以上	4

表4-14　Kish选择表(E1式)	
如果家庭户中18岁以上人口数为	被抽中人的序号为
1	1
2	2
3	3
4	3
5	3
6人或以上	5

表4-15　Kish选择表(E2式)	
如果家庭户中18岁以上人口数为	被抽中人的序号为
1	1
2	2
3	2
4	4
5	5
6人或以上	5

表4-16　Kish选择表(F式)	
如果家庭户中18岁以上人口数为	被抽中人的序号为
1	1
2	2
3	3
4	4
5	5
6人或以上	6

调查员实施调查时，就是根据Kish表进行抽样的。首先，调查员随机选择一种调查问卷，并找出编号相同的"选择卡"(如果抽样表附在调查问卷首页，那么抽取调查问卷的同时也选定了抽样表)；其次，根据家庭人口的数目从"选择卡"中查出应选个体的序号；最后，对这一序号所对应的家庭成员进行调查。例如，在上述一家6口人的案例中，我们已经对家庭成员进行了编号排序，那么在实际入户调查的时候，假如调查员随机抽取的是E2式选择表，我们可以查找到在"家庭户中18岁以上人口数为5人"一行中，被抽中的人的序号为5，即户主的大女儿入选样本，成为此次入户调查的对象。

需要说明的是，郝大海教授在《社会调查研究方法》一书中指出，使用Kish表进行抽样的时候，要注意可以事先将调查地址和抽样表种类分配给问卷，尽量不要让调查员根据地址决定抽样表的种类，否则很容易产生误差。如果事先无法确定调查地址，可以把抽样表密封起来，等调查员入户后排列好住户成员的顺序再打开。另外，从Kish表中可以看出，A、B、C类抽样表中一般比较容易抽中比较小的编号，而在家庭成员中，被分配以较小编号的常常是男性成员，因此，趁他们晚上有空的时候进行调查比较合适，特别是在农村地区更是如此。与此相反，对于使用D、E、F类抽样表的家庭户，可在白天进行调查。

使用这种方法抽取调查对象还有一些优势，它不仅可以帮助研究者收集样本家庭的资料，而且可以收集到由这些被调查者构成的个人样本的资料，这种资料可以很方便地描述抽取区域所有成年人构成的总体情况。因为按这种方法抽取的样本，在年龄、性别、文化程度等方面的分布与总体分布往往十分接近。

当然，这种方法也存在一定的局限性。第一，从整体来考虑，在对家庭按等概率抽样的情况下，由于家庭成员人数不同，家庭成年人被抽中的概率也存在区别。也就是说，在家庭成年成员数量较少的情况下成人被抽中的概率较大，在家庭成年成员数量较多的情况下成人被抽中的概率相对较小。虽然Kish Grid抽样设计存在抽样偏差，不过，在家庭规模相对集中的情况下，这一偏差非常小，常常被忽略不计。第二，对于成人数为5人的家庭，每个家庭成员被抽中的概率也是不相等的，排序为3和5的人被抽中的概率要大些。第三，对于成人数多于6人的家庭，即成人数为7人、8人、9人或以上的家庭，第7个、第8个、第9个及排序更靠后的人不可能被抽到，而这些人主要是年轻的女性，当然，考虑到家庭规模的实际情况，这个偏误也不明显。因此，户内抽样还是被视为一种有效的概率抽样方法。

2) 掷骰子法

在实际抽样过程中，研究者在入户选择调查对象的时候，还可以使用掷骰子法，应用这种方法有一个前提条件，就是家庭中合乎调查条件的被调查者的数目一般不能多于6人。它的具体程序和利用Kish表进行抽样有些类似，也需要调查员首先将合格的被调查对象进行编号排序，然后通过掷骰子，并根据骰子朝上一面所显示的数字来决定被调查对象。例如，在Kish表抽样案例中，如果采用掷骰子法，那么首先仍然需要了解家庭成员的基本情况，将合乎调查要求的成员进行编号排序，1~5号依次是户主、户主的儿子、户主的母亲、户主的配偶、户主的大女儿，然后再投掷骰子，如果朝上一面所显示的数字是2，那么户主的儿子就是这次的调查对象。

3) 生日法

生日法也是一种简便、易用的方法。这种方法的具体操作过程如下：第一步，调查员在入户前，要随机确定一年中的某一天为标准日期，为了方便后面的计算，通常确定为某个月的第一天，例如1月1日、3月1日等。第二步，需要了解入户家庭中18岁以上的成员，以及成员的生日。第三步，计算出每个成员的生日距离选定的标准日期之间的天数差。第四步，从中选出天数差最小的那个人(即生日距标准日期最近的那个人)，作为调查对象。例如，调查员在入户前，先随机确定标准日期为10月1日；然后，调查员进入家庭，了解家庭成员的数量和生日的具体信息，了解到家庭成年成员为5口人，生日情况为：户主为2月12日，户主的大女儿为3月6日，户主的配偶为8月16日，户主的儿子为10月20日，户主的母亲为12月5日；接下来，计算生日和标准日期之间的天数差，可知，10月20日这天距离标准日期最近；由于户主的儿子是10月20日出生的，因此，他就是这次入户调查的调查对象。由于每一户家庭中的成员的出生日期是随机分布的，标准日期也是按随机原则确定的，因此，按这种方法确定的调查对象也具有随机性，是一种概率抽样方法。

4.3 非概率抽样的方法和应用

前文介绍了几种主要的概率抽样方法，概率抽样方法能够较好地保证对总体的代表性，在社会调查中得到普遍推广和应用。但同时我们也要注意到，这些概率抽样方法要求比较严格，有各自的应用条件和适用范围，而在实际的部分社会调查中，可能无法克服困难满足这些条件，如无法获得概率抽样所要求的总体抽样框。此外，在社会调查中经常会遇到无法选择概率样本的情况，很多研究情境经常使得概率抽样变得不可能或不适合，而非概率抽样技术可以帮助研究者解决这个问题，因此，对于非概率抽样方法的学习和了解，也是十分必要的。

在这一节中，我们将主要学习4种常见的非概率抽样方法，即偶遇抽样、判断抽样、配额抽样和雪球抽样。

1. 偶遇抽样

偶遇抽样(Convenience Sampling)又称为方便抽样或就近抽样，指的是研究者使用对自己来说较为方便的抽样形式来抽取样本。在这种情况下，研究者常常就近抽样，例如，在街道拐角处、小区大门口、商场门口等地方，拦住路过的行人开展调查工作。目前，电视台、报社记者经常使用的"街头拦人"调查，大多就是这种方式。

这种以方便研究者为原则，"碰到谁就选谁、谁同意配合就选谁"的抽样方法，虽然看似随机，但事实上是随时、随地进行的，并没有遵守随机抽取所要求的等概率原则和独立性原则。虽然它在抽取样本的过程中，没有加入研究者或调查员的主观因素，排除了主观干扰，但它并没有通过随机抽取的过程，使得总体中每一个个体都有同等的机会入选样本。我们可以设想一下，总体中的很大一部分个体在那个时间没有出现在研究者做调查的地点，他们是绝对不会被"偶遇"的，因此没有入选的可能；而那些住得近的、最先被碰到的、方便被找到的人的入选概率比其他个体要大得多。同一时间出现在调查现场的人，那些看似匆匆忙忙的、年龄大的、不善言辞的人，比照其他个体更不容易入选样本。但这并不意味着偶遇抽样没有包含一点理性的成分，只有在研究目的是要了解在某特定时间内通过抽样地点的路人的一些特征，或采用冒险性更低的抽样方案时，这种抽样方法才具有一定的合理性。即使在这种情况下，对采用偶遇抽样方法获得的样本，在进行推论的时候仍然要非常小心。

偶遇抽样是一种常见的非概率抽样方法。虽然它被应用得较多，但并不是说它更为合理，事实上，它是一种极冒险的抽样方法，在使用时要特别小心。尤其是在总体情况很复杂的时候，使用偶遇抽样的效果常常会很差。

例4-14 某份抽样设计的研究目的是探讨医学院学生和医生对于营养和癌症的认识与观点。报告中写道："这次的研究总体是某医学院的四年级学生，而医生总体则是由参加某医学院进修班课程的所有医生组成的。"从这里我们可以知道，研究者选取的调查对象主要是他容易找到的群体，而这个群体能不能反映这个市、省，甚至我们国家医学院学生和医生对营养和癌症的认识与观点，我们无法肯定。虽然这样一份调查的结论可能提供了一些有益的知识点，但我们要注意不要对结论进行过度推论。

2. 判断抽样

判断抽样(Purposive Sampling)又称为立意抽样或目标式抽样，是研究者根据对总体的认知，结合自身对研究目的的判断或专家的判断来选择适当调查对象的一种抽样方法。在应用这种抽样方法时，样本是否能满足研究目的，是否能够正确地反映总体情况，在很大程度上依赖于研究者的主观判断，因此，判断抽样对研究者自身的研究能力和认识有较高的要求。

判断抽样经常被用于以下三种研究场景中。

第一种情况，作为研究的前测。例如，在问卷设计还没有定稿的阶段，研究者可以尽量选择多元化的总体作为抽样的基准对象，对问卷中的题目进行检测。虽然研究结果常常不能代表总体，但这种情况下的判断抽样主要是作为检验问卷问题的一种手段，是研究的前测，所得的结论也并非最终的研究结论。

第二种情况,在某些时候,研究者也许需要对较大总体之中的某个次级集合进行研究,这种次级集合的组成要素很容易辨认,然而如果要把这些次级集合全部列举出来,几乎是不可能的事。在这种情况下,为了更好地达成研究目的,研究者也可以使用判断抽样的方法来抽取样本。例如,要对学生社团领袖进行调查,许多学生社团领袖是很容易找到的,但不太可能获得所有学生社团领袖的抽样框或从中进行概率抽样。为了对所有或大多数样本进行更好的研究,就必须依据研究目的来收集资料。

第三种情况,研究者也可以运用判断抽样来选择典型调查中的个案类型,以便进行深入的探究。例如,研究者想通过调查了解一些已经致富的农民,通过对这群人的深入分析,来探寻他们的致富之路。这种研究的目的是对调查对象进行深入了解,它的作用是发现问题和提出假设,而不是了解和推论总体情况。再如,研究者想调查在某个学校开展培育学生学习精神的活动中,为什么有的人在这些活动中没有受到大众情绪的影响,或者有的人根本没有响应号召参与活动。通过研究典型案例或异常案例,也可以加深对态度和行为规律的理解。在这些情况下,都可以使用判断抽样方法来选取调查对象。

3. 配额抽样

配额抽样(Quota Sampling)也称为定额抽样,是按总体的某种特征,确定不同总体类别中的样本单位数额,然后按比例在各类别中进行抽样的抽样方法。配额抽样往往从建立描述目标总体特征的矩阵或表格开始,研究者事先必须知道某些与总体相关的参数值。它常用的分配指标是能够反映个人特征差异的变量,如年龄、性别、教育程度、婚姻状况、职业、收入等。

例4-15 研究者想通过配额抽样的方法,抽取一个100人的样本,他决定用性别变量和年龄变量作为决定样本配额的参数值。通过查阅相关资料,他了解到总体中的男性、女性分别占60%、40%,35岁及以下、35~65岁、65岁以上者分别占40%、40%、20%。于是,针对总体的情况,他将样本中的性别、年龄比分配得与总体结构特征完全一样,据此建立了样本配额的矩阵或表格,如表4-17所示,然后按矩阵或表格中的配额进行方便抽样。

表4-17 100人样本按性别和年龄的配额矩阵

项目	年龄	性别		合计
		男	女	
年龄	35岁及以下	24	16	40
	35~65岁	24	16	40
	65岁以上	12	8	20
合计		60	40	100

这个矩阵建立起来后,矩阵中的每一个单元格对应相应的人数比例,研究者可以根据研究目的从不同的单元格中选择样本并收集资料,而代表每个单元格出现的人,则按照其相对于总体的比例,给予加权。当所有的样本要素都被加权后,这样的资料对总体而言就具有一定的代表性。我们可以看到,配额抽样的逻辑是通过样本配额,使样本的结构在某些方面尽可能地与总体结构保持一致,因此,配额所依据的总体参数值越大,样本的分类也会随之越细,样本与总体的结构就越接近。但同样,随着参数值的增加,配额中样本的分布也会越来越复杂,抽取到符合条件的对象也会越来越困难。

配额抽样在本质上是一种非概率抽样，它抽取参数值的标准并非客观依据，而是研究者的主观判断，因此，即使它和分层抽样在某些表现上类似，但两者的本质截然不同。在最后阶段对于调查对象的选取，仍然以方便为原则。使用配额抽样获得的样本带有主观性和随意性，研究者无法对样本的代表性有所把握。它在研究者对总体结构的把握十分准确的时候，可能会有较明显的作用，例如，盖洛普在1936年的成功就验证了这一点；而当研究者对总体的参数值了解得不准确时，就有可能抽取偏差很大的样本，盖洛普之所以没有预测出杜鲁门会当选总统，很大一部分原因就在于此。

4.雪球抽样

雪球抽样(Snowball Sampling)是一种根据已有调查对象的介绍，不断地辨识和寻找其他符合条件的调查对象的累积抽样方法。它的抽样过程类似滚雪球，从比较小的个体或群体着手，向他们询问是否能找到其他符合条件的人，这样一层层积累下去，随着人员的增加及人际关系网络的不断扩大，样本越来越多，就像滚雪球一样越滚越大。例如，研究者想要调查同性恋问题，于是他找到一位同性恋者，并向他收集资料，然后询问他是否认识其他符合条件的人，再找到下一个人向他调查和询问，用这种方式抽取调查对象。

雪球抽样的理想结果当然是通过"雪球的滚动"抽取足够规模的样本，但中途也可能出现"雪球停止滚动"的现象。也就是说，在雪球抽样中，当样本达到一定数量但未满足要求时，人们相互介绍的关系网络有限，他们大都处于同一个圈子里，当特定圈子的成员被介绍完了，抽样也就进行不下去了。这个时候需要"另起炉灶"，换另一个圈子，找到符合调查需要的人继续"滚雪球"，直到满足样本规模的要求为止。

雪球抽样通常不是一次能够完成，属于多阶段抽样技术。在难以找到特定总体的成员的情况下，雪球抽样也许是最适合的一种抽样方法，例如对城市中的吸毒人员、流动人口的调查等。通过这种方法产生的样本的代表性无法保证，因此，它常常被用于探索性调查中。

4.4 样本规模与抽样误差

4.4.1 样本规模与抽样误差概述

样本规模(Sample Size)也称为样本容量，指的是样本中所含元素的数量。样本规模一方面影响样本的代表性，另一方面直接影响调查成本的高低。因此，确定样本规模是每一项具体的社会调查所必须解决的问题之一。在统计学中，常常以30为界，将包含30个及以上元素的样本称为大样本，而当样本规模不足30时则为小样本。之所以这样区分，是因为当样本规模达到30个时，无论总体如何分布，其平均数的抽样分布都接近于正态分布。正态分布具有单峰性和对称性的特征，更重要的是，正态曲线与横轴上一定区间的面积能够反映该区间的例数占总例数的百分比，或变量值落在该区间的概率(概率分布)，不同范围内的正态曲线下的面积可用公式计算。因此，可以应用统计学中的很多公式，也可以使用样本的统计值对总体参数值进行推论。但需要注意的是，在统计学中，包含30个元素的大样本对于社会调查而言是远远不够的。

有社会调查的专家学者认为,社会调查中的样本规模不能少于100个元素。这是因为,在问卷调查中,研究者不仅以样本整体为单位来进行各种统计计算,而且要将样本按不同的特征划分为不同的类别,较为简单、常见的案例就是对样本按"性别"特征划分,可分为"男性"和"女性",要保证每个类型的样本都有相当数量的元素规模,进而分析不同类别之间的现状与差异,分析不同变量之间的关系。因此,30个元素远远不能满足社会调查对于样本规模的要求。

以简单随机抽样为例,在推论总体平均数和百分比时,其样本规模的计算公式分别为

$$n = \frac{t^2\sigma^2}{e^2} \qquad n = \frac{t^2p(1-p)}{e^2}$$

式中:t为置信水平所对应的临界值;

e为容许的抽样误差;

σ为总体的标准差;

p为总体的百分比。

在实际抽样时,影响样本代表性的误差有两类:一类是非抽样误差,另一类是抽样误差(Sampling Error)。所谓抽样误差,是指样本统计值与总体参数值之间的误差。这是一种由抽样本身的随机性而引起的误差,无论抽样方案设计得如何精致,都不可避免这类误差。不过,在概率抽样中,抽样误差是可以估算出来的。

在实际调查中,e可根据研究需要事先确定,置信水平也可以通过查表得知,但总体的标准差和总体的百分比往往难以获知。因此,在实际抽样中直接应用这两个公式有较大困难,只能采取一些变通的方法,例如将上述公式转换为$n = \frac{t^2}{4e^2}$,来保证足够的样本规模,根据这个公式可计算出在95%的置信水平($t=1.96$,为计算方便取$t=2$)条件下的最小样本规模,如表4-18所示。

表4-18 95%置信水平下不同抽样误差要求的样本规模

容许的抽样误差比例/%	样本规模	容许的抽样误差比例/%	样本规模
1.0	10 000	6.0	277
1.5	4500	6.5	237
2.0	2500	7.0	204
2.5	1600	7.5	178
3.0	1100	8.0	156
3.5	816	8.5	138
4.0	625	9.0	123
4.5	494	9.5	110
5.0	400	10.0	100
5.5	330		

资料来源:D. A. de Vaus. Surveys in Social Research. George Allen & Unwin Ltd,1989:63.

4.4.2 影响样本规模确定的因素

从前文中可以看出,影响样本规模的因素首先是抽样误差的要求,而总体的异质性程度、

总体大小及研究者拥有的时间、经费与人力等,也会对样本规模产生影响。

1. 抽样的精度

一般来说,对抽样精度要求越高,那么所需的样本规模就越大。抽样精度是指在抽样中希望达到的精确度,也就是能容忍的抽样误差。抽样误差是统计值与总体值之间的偏差,偏差越小,对样本规模的要求就越高;反之,偏差越大,对样本规模的要求就越低。

按照这个逻辑,似乎可以得到这样一个推论:在精度相同的情况下,样本规模越大越好。当然,这个推论总体上没有错,但同时我们应该注意到,在样本规模达到一定程度的情况下,存在增加样本规模的"投入"和降低抽样误差的"产出"效益的问题。以表4-18为例,当样本规模较小的时候,只需增加38个样本,就可以使抽样误差由10.0%降至8.5%,这个效果非常明显;而当样本规模达到2500时,要增加2000个样本,才能使抽样误差降低0.5%,其作用并不明显。

考虑抽样误差与样本规模的关系,还应该考虑抽样方案的设计问题。在社会调查中,给定的计算公式往往是以简单随机抽样为例的。而在调查方案的设计中,应考虑实际使用抽样设计的效率,并根据需要对它进行调整。如果使用的是分层抽样,一方面,当分层的变量与调查指标相关时,在样本量相同的情况下,所得的估计值通常比简单随机抽样更精确,或者至少一样精确;另一方面,如果使用的是整群抽样或者多段抽样,在样本规模及估计量相同的情况下,估计的精度通常低于简单随机抽样的估计值的精度。因此,当我们在实际中使用了更复杂的抽样方式时,为达到同样的抽样精度而确定的样本规模,应该在简单随机抽样要求的规模的基础上乘以一个设计效应因子。简单随机抽样设计的设计效应因子等于1;分层抽样设计的设计效应因子一般小于1;整群抽样设计的设计效应因子一般大于1;多段抽样设计的设计效应因子一般为1.8或2。当然,也可以参考过去主题相同或相似的调查所用的抽样设计,从而确定本次调查的抽样设计效应的估计值,或者从试调查中得到设计效应的估计值。

2. 总体的规模

在确定样本规模的过程中,总体所起的作用因它的大小而有所差异。按照一般的想法,总体规模越大,所需要的样本规模也越大,这样才能保证一定的精确度。这种想法在一定情况下是正确的,但是,当总体规模达到一定程度时,样本规模的增加速度将大大低于总体规模的增加速度,即增加总体规模对样本规模量的改变是很小的。

3. 总体的异质性程度

在社会调查中,总体的异质性程度不尽相同,其大小会影响一定精度水平下的必需样本规模。事实上,在计算抽样误差时使用的总体标准差(σ)就是反映总体元素间异质性程度的指标。一般来说,在给定抽样精度后,总体的异质性程度越低,总体的参数越集中,波动性越小,则所需样本规模也越小;反之,总体的异质性程度越高,总体的参数越分散,波动性越大,则所需的样本规模也越大。例如,对一个异质性程度很低的某农村社区进行调查,由于人们的日常行为、态度等方面趋同,所以调查少数人就可以知晓该社区人们的日常行为与态度。

4. 研究者拥有的时间、经费与人力

从样本的代表性和抽样的精度方面来考虑,样本规模当然是越大越好。但样本规模的扩大,意味着研究者需要投入更多的时间、经费和人力,意味着调查所遇到的障碍和限制也更

多。再结合前文的介绍，当样本规模达到一定程度时，这种投入是有作用的，但作用并不明显，这种"投入"与"产出"不成比例。因而，在实际社会调查中，还需要研究者考虑这个现实问题，选择和确定合适的样本规模。

可见，样本规模的确定需要研究者综合考虑多方因素。结合社会调查的实践经验，进行一项具体的社会调查时，样本规模不能少于100人；样本规模如果在1000人左右，就基本可以满足普通的调查需求；而大型的、全国性的社会调查，其样本规模一般也不用超过3000人。当然，这种划分只是一种经验性的划分，并不是绝对的。

本章小结

1. 抽样是指从总体中，按一定方式选择和抽取一部分元素的过程。在抽样中要注意抽样单位和抽样框的问题。

2. 概率抽样的基本原则是随机抽取，就是保证总体中的每一个个体都有同等的机会入选样本，而且，任何一个个体是否入选，与其他个体毫不相干，彼此间是独立的。为了保证样本对总体的代表性，应该使用概率抽样的方法。

3. 简单随机抽样是严格按照随机原则从含有N个元素的总体中抽取n个元素($N>n$)，是一种基本的概率抽样方法。

4. 系统抽样是系统化地选择完整名单中的每第K个要素组成样本，它是一种基础的概率抽样方法。

5. 分层抽样是先将总体N个单位，按某种特征划分为若干个层次或子类型，然后在每个层次或子类型中分别独立地进行简单随机抽样或系统抽样，最后，将抽取的子样本集合成总体样本。

6. 整群抽样是将总体中各单位归并成若干个互不交叉、互不重复的集合，称之为群，然后以群为抽样单位，通过使用简单随机抽样、系统抽样或分层抽样的方法抽取样本的一种抽样方式。它抽取的不是一个个个体或元素，而是一个个小群体、一个个子群。

7. 多段抽样是指按总体内的层级关系，将抽样过程分为几个阶段，在每一个阶段都使用简单随机抽样、系统抽样、分层抽样的方法。它的修正方式主要是分层多阶段等概率抽样和PPS抽样。

8. 户内抽样是当多阶段抽样设计的最后一级抽样单位是居民户时，按随机原则从家庭成员里抽取一位成年人作为调查对象的抽样方法。常用的户内抽样法是利用Kish表选择法，还有掷骰子法和生日法。

9. 在社会调查中经常会遇到无法选择概率样本的情况，很多研究情境经常使概率抽样变得不可能或不适合，而非概率抽样技术常常可以帮助研究者解决这个问题。常见的4种非概率抽样方法是偶遇抽样、判断抽样、配额抽样和雪球抽样。

10. 在实际抽样中，影响样本代表性的主要有抽样误差和非抽样误差，抽样误差是由样本范围与总体范围的差异而引起的误差。样本规模主要受到总体规模、抽样精度、总体的异质性程度以及研究者的时间、经费、人力等因素的影响。样本规模与抽样误差有关，一般情况下，随着样本规模的扩大，抽样误差会减小，但样本规模并非越大越好。

 复习思考题

1. 何谓随机抽取？其内涵是什么？
2. 举例说明分层抽样和整群抽样的适用情况。
3. 在一个由900人构成的总体中，按简单随机抽样的方法抽取一个30人的样本，请列出具体步骤。
4. 在某大学30 000名学生中，使用系统抽样的方法直接抽取一个容量为1000的大学生样本，请列出具体步骤。
5. 简单随机抽样、系统抽样是怎样保证其随机性的？
6. 有人说使用分层抽样法抽取的样本最具有代表性，你是否同意这个说法？请说明理由。
7. 通过户内抽样的方法，在一个由祖父、祖母、父亲、母亲、儿子(＞18岁)的五口之家中选择访谈对象(假设给定的Kish表为B1式或E1式)，并说明理由。
8. 如果条件允许，多段抽样应该尽可能扩大哪一级的样本规模？为什么？
9. 影响样本规模的因素主要有哪些？
10. 从社会科学期刊中选择几篇调查报告，分析并评价这些调查研究中所采用的抽样方法。
11. 为什么说"街头拦人"不是随机抽样？
12. 判断抽样在哪些场合下比较适用？
13. 分层抽样和配额抽样的主要区别在哪里？
14. 在PPS抽样中，如何保证规模不等的群中的元素有同等概率入选样本？
15. 系统抽样能否自动保证可测性？为什么？

扫码自测

第5章 社会现象的测量

> 调查研究是一门致力于求真的学问,一种见诸实践的科学,也是一项讲求方法的艺术。
>
> ——习近平

"观察"是自然科学研究的基础,也是社会科学研究的支柱之一。在科学研究中,科学家用"测量"这个词来代表对现实世界小心、仔细、慎重的观察,并凭借变量的属性来描述事物。正如自然界一样,社会中存在的事物都是可以测量的,如爱情、偏见、疏离、价值观等,当然,与对自然现象的测量相比较,对社会现象的测量具有独特之处。在本章,我们将详细介绍社会现象测量的基本知识点。

5.1 测量概述

5.1.1 测量的概念

测量是应用极广泛的一种技术,并不局限于某一领域,也不能明确是从哪个行业发展而来的。人类自古就会测量,他们用眼睛观察天象从而判断方位与天气,用鼻子去闻食物气味从而判断是否可口,用手去触摸水从而判断冷热等。测量是人类探知自然界和社会的主要手段之一,现代社会也不例外。

在日常生活中,人们随时随地都在进行测量,如用眼睛测量物体的大小、形状、颜色等,用鼻子测量气味,用耳朵测量声音等。为了更好地进行测量,人们还发明了许多测量工具,例如用尺子测量物体长度,用磅秤测量物体重量,用温度计测量人体或大气的温度,用望远镜来测量天体,用显微镜来测量肉眼无法观测的事物等,这些测量工具极大地提高了人们的测量水平。

当然,社会中还存在另一种形式的测量,这种测量的对象并非自然界或物质,而是人类社会。例如,用人口普查的方法来测量国家的人口数量与人口结构,用电话调查法测量美国人对某总统候选人的态度,用问卷法测量人们的社会地位,用结构式访问法测量农村居民生活方式的变迁,等等。这类测量主要针对人的社会行为、态度、观点或社会现象、社会问题、社会产物等,虽然这与对自然现象及物质的测量有一些区别,但究其本质而言是一致的。它们都是通过对现实世界小心、仔细和慎重的观察,并凭借变量的属性来描述事物。

对于测量的定义,有的人认为测量是按照某种规律,用数据来描述观察到的现象,即对事物做出量化描述。有的人认为测量是利用合适的工具,确定某个给定对象在某个给定属性上的量的程序或过程。美国学者史蒂文斯(S. S. Stevens)认为测量就是依据某种法则给物体安排数字,这是一个被社会科学家广为接受的定义。本书中则采用了我国学者风笑天的定义:测量就是根据一定的法则，将某种物体或现象所具有的属性或特征用数字或符号表示出来的过程。这一定义能够指出测量的主要作用在于确定一个特定分析单位的特定属性的水平或类别，同时指出，测量不仅可以对事物的属性作定量的描述，也可以对事物的属性作定性的说明，涵盖了社会调查中测量的特点。

5.1.2 测量的要素

现实中的测量包含5个要素，分别是测量的客体、测量的内容、测量的法则、数字或符号、测量的准确度。为了更好地理解测量的含义，有必要详细了解一下这5个要素的内容。

1. 测量的客体

测量的客体是指测量的对象，是客观世界中存在的一切事物或现象。它是我们要用数字、符号进行表达和描述的对象，主要针对的是"测量谁"的问题。例如，我们要测量某新型列车的行进最高时速，那么新型列车就是测量的客体或对象；我们要测量一个衣柜的高度和形状，那么这个衣柜就是测量的客体或对象；我们要测量人们的社会地位，那么社会中的人就是测量的客体或对象。在社会调查中，较为常见的测量客体有个人、群体、组织、社区、社会关系、社会产物等。

2. 测量的内容

测量的内容是指测量客体所具有的某种属性或特征，它主要针对的是"测量什么"的问题。在现实中，测量对象虽然是客观存在的事物或现象，但这些事物或现象自身并非测量的内容，对它们进行的各种测量都是在测量其所具有的属性或特征。例如，我们测量的客体虽然是某新型列车，但测量的内容是新型列车的最高时速这一属性；我们测量衣柜，是要测量它的高度和形状等属性；我们测量人的社会地位，是要测量他们的职业、收入、社会背景等特征。在社会调查中，常见的测量客体有个人、群体、组织、社区、社会关系、社会产物等，但我们测量的具体内容则是这些客体具有的属性或特征，例如个人的行为、态度、意见，群体、组织的规模、结构、互动，社区的范围、管理，人们的社会互动、人际关系等，这才是社会调查的测量内容。

3. 测量的法则

测量的法则是指用数字和符号表达事物各种属性或特征的操作规则或逻辑次序。它是某种具体的操作程序和区分事物不同属性或特征的标准，主要针对的是"怎么测"的问题。例如，对某新型列车最高时速的测量法则，应该是行驶中的新型列车在某一方向上一小时内所经过的最大距离；对衣柜高度的测量法则，应该是将衣柜水平放置在地面上，用直尺从地面垂直地靠近柜顶的边缘，此时直尺所对应的刻度即为衣柜的高度；对人们社会地位的测量法则，应该是结合人们的经济地位、政治地位与声望地位，再具体到对人们经济地位中的主要指标"收入"的测量，即综合考虑工资、奖金和其他收入来源。

4. 数字或符号

数字或符号是指用来表示测量结果的工具，它主要针对的是"如何表示测量结果"的问题。例如，对某新型列车最高时速的测量结果是380.2公里/小时；对衣柜高度的测量结果是2.35

米；对人们月收入的测量结果是2000元/月、3000元/月、5000元/月等。这些数字就是用来表示测量结果的。在社会调查中，许多测量结果都可以量化并表示出来。例如，人们每天上班的时间、每天看电视的时间、月收入、家庭人口数、每月的家庭消费额以及社会群体的人数等。但是，还有许多测量不能用数字表述。例如，人们的性别(男性、女性)，人们的政治面貌(中共党员、群众、民主党派等)，人们在某方面的心理健康程度(非常健康、比较健康、一般、不太健康、很不健康)，人们对限购住房的态度(赞成、不赞成)等。这些用文字表述的测量结果，在定量社会调查中通常都转化成符号或数字。需要注意的是，这里的数字常常是一种代码，表示指代关系的，而不具有算数中数字的计算功能(即数字本身不能进行加、减、乘、除的运算)，最多只能作为不同类别的代号进行频数统计或百分比计算。

5.测量的准确度

测量的准确度是指测量结果与真值的一致程度。任何测量在其进行过程中总不可避免地会出现测量误差，误差大说明测量结果离真值远，准确度低。由此可见，准确度和误差是两个相对的概念。由于存在测量误差，任何测量结果都是以近似值来表示的。自然科学存在测量的准确度问题，社会科学更是如此。

5.1.3 社会现象测量的特征

测量在自然科学中的应用十分广泛，也十分成熟。人们往往对自然现象的测量结果抱有很大的信心，例如测量火车的时速、测量人的身高体重、测量地球体积的大小等。相较而言，社会科学中的测量就没有那么精确，当我们用测量的方法来描述人类社会的时候，有一些人会对此抱有疑惑。例如，测量一个人的心理是否健康，有一套心理测评量表，但仅凭量表中的数据就能够百分之百地反映一个人的心理健康程度吗？在测量人的宗教信仰的时候，我们常常用去拜佛或者去教堂做礼拜的次数来反映人的虔诚程度，但也有的人对此持保留意见。在测量人们对某项政策的评价的时候，我们常常询问他们的满意度，但满意度是否可以准确衡量政策的实行效果？或者有可能在我们调查的时候人们是不满意的，但过了一段时间后他们的满意度越来越高。这些情况都突出地反映一个事实，即社会调查或者是社会研究中的测量涉及的绝大多数变量，不是固定不变的，甚至不是像泥土一样存在于这个世界中，而且它们几乎没有单一的、清楚的、不变的意义。社会调查测量的对象是社会中的人、人的行为及其活动的产物，因而，它所进行的测量与自然科学相较有显著的区别，有其自身的特点。

(1) 社会现象测量中的主客观矛盾。在社会调查中，测量的实施者是人，人是测量的主体；同时，研究者测量的是由人构成的人类社会，因而人又是社会调查测量中的客体。在社会现象测量中，常常会出现这种由人一方面作为主体、另一方面作为客体而产生的主客观矛盾。无论是作为测量主体的人，还是作为测量客体的人，都是有思想、有感情、有意识、有自觉、有价值观念的社会中的人，都会对测量的过程和方式等做出反应，都会在测量过程中体现复杂的社会互动和社会关系，因此，社会现象的测量在很高程度上受人们的认识水平和价值观念的影响，从而带有明显的主观色彩。社会调查的一个基本原则就是中立性原则，人们在认识和考察社会现象的过程中应强调客观性，尽量避免主观性的影响。由此，就使社会调查带有明显的主客观矛盾。这点与自然现象的测量有很大区别，自然现象测量的对象是自然界中的物体，因而其客观性较强，也很少产生主客观矛盾。

(2) 社会现象测量对测量结果的影响。在社会调查中，社会现象测量的对象通常是人们的态度、行为、观念，人们的社会关系、社会互动等。同时，人们进行社会现象测量本身也是一种社会活动或社会行为，这种社会活动或社会行为可能对测量对象产生影响，使测量结果产生偏差，给实际的测量工作带来很多困难。例如，学生在上课的时候，如果有人进来测量他们的上课态度，学生的表现可能比平时更好。而对自然现象的测量，这种相互作用的影响度要低得多。

(3) 在社会现象测量中，不仅涉及人的自然属性，如年龄、性别等，更多地涉及人的社会属性，如意识、行为、态度等。由于测量的对象和内容十分复杂，因此，测量的量化程度比较低，可重复性也比较差。很多测量的对象，例如社会参与、社区意识、社会分层等，由于其自身表现的差异，很难建立一套公认的、万能的测量标准，也没有可供使用的统一的测量单位和测量方法。因此，社会现象测量的信度、效度相对较低，测量误差较难把握。而自然现象的测量，由于对象相对较为单一和稳定，因而测量的量化程度比较高，可重复性也比较强，常常能够建立起一套公认的、通用的测量标准和测量方法，同时又具有可供使用的统一的测量单位和测量工具等。因此，测量的信度、效度相对较高，也较容易掌握测量的误差。

5.2 测量层次

在社会测量中，由于测量的现象具有不同的属性和特征，其量化程度也不同，因而具有不同的测量层次或水平。史蒂文斯于1951年创立了被广泛采用的测量层次分类法，依据性质及其量化程度，由低到高将测量分为定类测量、定序测量、定距测量、定比测量4个测量层次。这4个层次的测量尺度分别为定类尺度、定序尺度、定距尺度和定比尺度，对应的变量分别为类别变量、顺序变量、间距变量和比率变量。

1. 定类测量

定类测量(Nominal Measurement)也称为类别测量、定名测量或定性测量，它主要是将研究对象的不同属性或特征加以区分，标注不同的名称、数字或符号，以确定其类别。它是最低的一种测量层次，也是一种基本的测量层次。社会现象中的大量变量都是类别变量，在社会现象的测量中有很多都属于定类测量。例如，研究者测量人们的性别，将他们划分为"男性"或者"女性"两类；测量大学生的专业，可以划分为"理科""工科""文科"等若干类别；测量人们的政治面貌，可以划分为"中共党员""民主党派""群众""共青团员"等类别；测量人们的职业，可以划分为"工人""农民""商人""公务员"等若干类别。这些都是常见的定类层次的测量。在定类测量中，研究者可以辨别不同个体在某种属性上是一样的还是不一样的或者属于其中哪一类，其本质是一种分类体系。

定类测量的数学特征是等于(=)与不等于(≠)(也可称属于与不属于)，特定个体属于其中某一类，就不属于另外的类别。例如，一个人的政治面貌属于"共产党员"，就不属于"民主党派"；一个人的性别等于"男性"，就不会等于"女性"。因此，定类测量在划分类别的时候，应该具有互斥性，即所划分的类别，要相互排斥、互不重叠。同时，在分类的时候，也要注意穷尽性，即划分的类别，应该包括所有可能的情况，无一遗漏。这样，我们测量的每一个对象都会在这个分类体系中占据一个类别，且只占据一个类别。

定类测量具有两种属性：对称性和传递性。所谓对称性，是指甲对乙的关系也就是乙对甲的关系，如果甲与乙同类，则乙也一定与甲同类；反之，如果甲与乙不同类，则乙也绝不会与甲同类。例如，甲是女性，且在性别上与乙同类；那么，乙一定也是女性，在性别上和甲同类，反之亦然。所谓传递性，指的是如果甲与乙同类，而乙与丙同类，那么，甲一定也与丙同类。例如，甲与乙在性别上是同类，都是女性，而乙在性别上与丙同类，丙也是女性；那么，甲在性别上一定也与丙同类，同为女性。

定类测量是基础的测量层次，其他几种测量层次都把分类作为最低限度的操作，或者说无一例外地包含分类的功能；同时，定类测量也是较为常见的测量层次。因此，研究者要好好理解并妥善运用定类测量，充分发挥其应有的功能。

2. 定序测量

定序测量(Ordinal Measurement)也称为等级测量或顺序测量，它是根据变量的属性进行逻辑排列的一种测量层次。定序测量可以根据变量某种属性的强度、程度等的不同排列出高低或大小，确定等级或次序，不同的属性代表变量的相对多寡程度。例如，测量人们的保守态度，可以划分为"非常保守、比较保守、一般、不太保守、不保守"；测量人们对某事物的歧视程度，可以划分为"十分歧视、比较歧视、一般、不太歧视、不歧视"；测量人们的文化程度，可以划分为"小学及以下、初中/中专、高中、大专、本科及以上"；测量大学生生源地的规模，可以划分为"特大城市、大城市、中等城市、小城市"；测量人们的消费水平，可以划分为"很高、较高、一般、较低、很低"；等等。可以看出，定序测量可以按等级或次序来排列对象，使之成为一个序列。在社会调查中，这类测量层次也是十分常见的。

定序测量的数学特征除了等于和不等于，还有大于或小于(>或者<)。也就是说，它除了有分类功能外，还有排序的功能，可以反映事物或现象在高低、大小、先后、强弱等序列上的差异。因此，定序测量具有定类测量的特征，即对称性和互斥性；此外，还具有不同的特征，即不对称性。这种不对称性是指当甲对乙具有某种关系时，并不等于乙对甲也具有这种关系。例如，甲大于乙时，就不会出现乙大于甲的情况；但此时传递性依然成立，甲大于乙，乙大于丙，那么，甲一定大于丙。再具体一点，在文化程度上，甲是研究生，乙是本科生，因此甲的文化程度高于乙，不可能出现乙高于甲的情况，这就是不对称性；但同时，丙是高中生，在文化程度上呈现了甲高于乙同时乙高于丙的情况，那么甲的文化程度一定高于丙，这就是传递性。可见，定序测量得到的信息比定类测量得到的信息更多，在测量层次上要高一个层次。

关于定序测量有一点需要说明，通常，在问卷调查中，为了便于统计分析，研究者会将这些序列转换成编码，常用数字"1""2""3""4""5"来表示，这里的数字仅代表一种指代关系，不具有数学运算的内涵和功能。

3. 定距测量

定距测量(Interval Measurement)也称为等距测量或区间测量，它不仅能够将社会现象或事物区分为不同的类别、不同的等级，而且可确定不同等级的间隔距离和数量差别。也就是说，当属性间实际距离的测量有意义的时候，即为定距测量，这种属性间的逻辑差距可以由有意义的标准间距来表达。典型的例子是对于温度的测量，在温度的测量中，以摄氏温度来说，30度与40度差10度，50度和60度差10度，这10度的差距是一样的，可以被测量出来。但并不是说60度是30度的2倍，因为摄氏温度的零度标准是随机定下来的，零度并不意味着没有温度，只是温度达到冰点的标准而已，零下20度也不意味着没有温度。在华氏温度测量中也是如此，但克氏温度(Kelvin Scale)则是以绝对零度为基准的，这里的零度意味着完全没有热度。

在社会现象测量中，另一个典型的定距测量例子是被大多数人接受的标准化智力测试。智力测试的结果显示，智商测试成绩为100和110之间的差距，与110和120之间的差距并不多。但是，我们不能认为智力测试成绩为150分的人就比100分的人要聪明50%。与此相对应，一个智力测试得0分的人，我们也不能认为他没有智商。所以，这里的"0"也没有实际意义。

从上述案例中可以获知，定距测量中的值虽然可以出现"0"，但这个"0"不具备我们所熟悉的数学含义。从测量的角度看，此时的"0"只不过是一个特定的数字而已，它是人们主观认定和选取的。因此，定距测量的数学特征除了"＝"和"≠"、">"和"<"，还有"＋"和"－"，也就是说，定距测量的结果相互之间可以进行加减运算。研究者通过定距测量，不仅可以说明哪个类别等级更高，而且能说明这个等级比另一个等级高多少个单位。但是，由于定距测量中的"0"点不具有实际意义，因此不能进行乘除运算。

4. 定比测量

定比测量(Ratio Measurement)也称为等比测量或比例测量，它除了具有定类测量、定序测量和定距测量的特征外，还要求有实在意义的零点。而是否具有实在意义的零点，是定距测量与定比测量的唯一区别。如此一来，定比测量所得的数据不仅可以进行加减运算，而且可以进行乘除运算，且运算结果都有实际意义。它的数学特征最多，也是最高层次的测量。例如，用定比尺度测量年龄，由于年龄的真正零点就是刚出生的瞬间，因此可以说年龄20岁是10岁的2倍；但温度没有真正的零点，所以不能说20℃是10℃的2倍。在社会现象测量中，定比测量要远多于定距测量，例如，在对人们的收入、年龄、性别比、离婚率等进行测量时都可以使用定比测量。

结合上文，我们首先来看一个例子，年龄是在社会调查中较为常见的一个变量，其测量层次本应该属于定比测量。但是，在实际调查中，我们可以发现一些不同的情况。

例5-1 您的年龄_____岁。

例5-2 您的年龄：A. 35岁及以下　　　　B. 35～65岁　　　　C. 65岁以上

显然，在这两个案例中，在理论上可作为定比测量层次的变量"年龄"，在实际测量时可以使用不同的测量层次，这就涉及测量层次的特征，主要体现在以下三个方面。

第一，定比测量是最高的测量等级，以下依次是定距测量、定序测量、定类测量，定类测量是最低的测量层次。

第二，高测量层次可以作为低测量层次处理，但反过来则不行。定序测量具有定类测量的分类功能，可以作为定类测量使用；定距测量具有分类和排序功能，可以作为定类测量、定序测量来使用；同样，定比测量具有分类、排序、计算间隔的功能，可以作为定类测量、定序测量和定距测量来使用。但反过来，低层次测量不具有高层次测量的功能，不能作为高层次测量来处理。

第三,根据研究目的确定测量层次。研究者可以针对变量进行最高层次的测量,凡是能用定比测量的,就不适用定序测量或定类测量,因为高层次测量包含的信息量更多,结果也比较容易转化为低层次的测量结果,反之则不行。当然,这是一种保险的做法,但并不是一种必要的做法。事实上,将变量设计为何种测量层次,应该主要依据研究目的来确定。如果研究者只需要获知调查对象的年龄大致属于青年、中年还是老年,而不需要知晓调查对象的平均年龄,那就没有必要进行定比测量。也就是说,应该事先考虑与变量测量层次相对应的研究结论,确定所要研究的问题,这对于问卷设计和数据分析来说都是十分必要的。

同时,我们还需要注意两点:第一,当研究目的不是很清晰时,应该尽可能获得最高测量层次的资料,以免遗漏信息;第二,当变量有不同用途时,就需要不同的测量层次,也应该获得最高测量层次的资料。

为了更清楚地反映这4个测量层次的特征,我们将它们的数学特征进行了总结,如表5-1所示。

表5-1 4个测量层次的数学特征

项目	定类测量	定序测量	定距测量	定比测量
类别区分(=,≠)	√	√	√	√
次序区分(>,<)		√	√	√
距离区分(+,−)			√	√
比例区分(×,÷)				√

5.3 概念的操作化

5.3.1 概念与变量

1. 概念

在现实生活中,我们会看到种种现象,并在我们的观念中形成反应。但是,同一事实在不同人的心目中也可能会形成不同的反应。例如,对于"女性",有的人认为女性应该和男性一样拥有权利和义务,但有的人认为女性就应该在家里相夫教子。因此,在人与人交流的时候,会使用一个有共识性的术语,这个术语表示人们在社会上观察到的相似现象,我们正是通过这种具有一般性、共识性的术语表达并通过观察在头脑中形成对社会的初步印象。例如,当人们提到"偏见"时,我们就会在头脑中反应偏见的含义,是偏于一方的见解。虽然人们对偏见的解释可能稍有区别,但大都能理解其含义。这种表达印象的术语和存在于头脑中的资料标签就是所谓的观念。如果没有这些观念,人们就不可能进行交流,因为头脑中的印象是无法直接进行展示和交流的。达成共识后,产生的结果就是"概念"(Concept)。

概念是对现象的抽象,是反映对象的本质属性的思维形式。人类在认识事物的过程中,从感性认识上升到理性认识,把所感知的事物的共同本质特点抽象出来,加以概括,就成为概念。概念由定义构成,这种定义通常以语言、数字或者符号的形式来指明和限定概念所指称的现象。只有在作出定义之后,概念才有意义,才可以用来表示社会现实中各种有形的事物或现象,例如月亮、钞票、房子等;也可以用来表示社会现实中许多无形的、客观存在的事物或现象，比如偏见、社会分层、同情心等。

概念有两个基本特征——内涵和外延，即含义和适用范围。现实世界中，不同事物和现象的类型不同、结构不同、复杂程度不同，所以，概念的内涵和外延的复杂程度也不同，抽象程度有高低之分。概念的抽象层次越高，其涵盖面就越大，特征就越笼统；概念的抽象层次越低，其涵盖面就越小，特征也就越明显。例如，"衣柜"这个概念，抽象层次很低，涵盖面小，特征比较明确，就是用来装衣服的长方形的大柜子；而"社会分层"这个概念，抽象层次很高，涵盖面大，特征不甚清晰。概念有大小之分，对于多个概念，首先要明确其大小，是一级概念还是二级概念，是并列关系还是包含关系，这样才能更好地理解概念。

在社会调查中，还需要考虑概念作用大小的问题，这主要取决于三个方面：第一，有用的概念所指称的现象必须至少是潜在可观察的，潜在可观察的含义是指可以被直接或间接观察到；第二，有用的概念必须是精确的，这样当我们运用一个概念来描述一个对象时，就能够确切地知道我们所谈的是什么；第三，有用的概念是具有理论重要性的，它与理论中的其他一些概念相互联系，是解释现象的基础性概念。

2. 变量

变量(Variable)指的是没有固定取值的概念，或者说是可以改变取值的概念。对于变量而言，其取值可以有两个及以上，不是固定不变的。那些只有固定不变的值的概念，被称为常量。常量也是一种概念的类型，它仅仅表示某类现象。例如，"太阳""月亮"，它们大多不是社会调查关注的范畴。变量包括若干个子范畴、属性或亚概念，它们能反映概念所指称的现象在类别、规模、数量、程度等方面的变异情况。例如，"宗教信仰"这一概念就包括佛教、基督教、伊斯兰教等若干子范畴；"政治面貌"这一概念就包括中共党员、共青团员、民主党派、群众多个属性；而"收入"这一概念，包含从零到万元以上不断变化的各种取值。在社会调查中，要习惯于运用变量的语言，来分析探讨社会现象及其规律。

根据变量取值的性质，可以把变量分为类别变量、顺序变量、间距变量和比率变量4种类型，在上文中已经介绍了它们分别对应的测量层次。根据变量之间的关系，可以把变量分为自变量、因变量以及中介变量。所谓自变量(Independent Variable)，是指引起其他变量变化的变量。所谓因变量(Dependent Variable)，是指由于其他变量的变化而导致自身发生变化的变量。当一个变量影响另一个变量，或者说一个变量的变化引起或导致另一个变量的变化时，就形成了某种因果关系。例如，"受教育程度越低，越倾向于多生孩子""生育率越低的地区，人口老龄化的程度越高"，等等。但是，在实际的研究中，还可能出现这样的情况：同一个变量可能会在某种关系中作为自变量出现，而在另一种关系中则作为因变量出现。例如，在"受教育程度越高的人越倾向于少生"这一论述中，"生育率(少生)"是"受教育程度"的因变量；但在"人们倾向于低生育率导致了人口老龄化现象的发生"这一关系中，"生育率"又成为影响"人口老龄化"程度的自变量。在这种情况下，我们有必要了解一下中介变量(Intervening Variable)，它在自变量与因变量的联系中处于两者之间的位置，以表明自变量影响因变量的一种方式或途径，在同一条因果关系链中，中介变量既是相对于自变量的因变量，又是相对于因变量的自变量，原来两个变量之间的因果关系是通过中介变量相联结的。中介变量常常是出现在较为复杂的因果关系链中的第三个变量，在实际调查中，一个变量究竟是作为自变量，还是作为因变量,或是作为中介变量来进行分析,要根据研究的理论框架和实际情况来决定。

5.3.2 维度与指标

1. 维度

在实际研究中,无论研究者怎样谨慎地讨论概念或变量,明确地对其进行界定,都可能会碰到例外和不和谐的情况,使人们对概念产生不一致的想法,甚至个人的看法也会发生变化。因此,概念或变量的表现形式常常是多种类型的。例如,对于"同情心"这一概念,它可以被划分为不同的类别,如"对朋友的同情心""对动物的同情心""对弱势群体的同情心"等;也可以依据另一个划分标准,将"同情心"这一概念分为"感情层面的同情心"和"行动层面的同情心"等。当然,还可能有其他不同的分类方式。因此,在社会调查中,研究者在考察某一变量或变量间的相互关系之前,首先要弄清楚变量的分类情况,这种分类所涉及的技术术语就是维度(Dimension)。所谓维度,是指概念或变量可以指明的方面。

在社会调查中,我们考察的变量常常具有若干不同的方面或者维度,因此研究者在界定定义的同时,还应该指出概念具有的不同维度。例如,全国妇联在1990年做过一次全国性的"中国妇女社会地位研究",在其方案中,就将社会地位划分为若干不同的维度,即政治地位、经济地位、法律地位、教育地位、家庭地位,然后在这几个维度下展开研究。区分概念的不同维度,常常会加深我们对研究对象的了解。例如,在同情心方面,有的人认为女性更感性,更具有同情心,但这种同情心可能大多是感情层面的,而在行动层面男性或许更有同情心。当然,也有可能正相反。但无论是哪种情况,我们都不能泛泛地说男性或女性更有同情心。由此可知,同情心所包含的并不仅仅是情感层面,通过划分维度,我们可以对同情心这个概念或变量有更深层次的了解。在实际社会调查中,列出概念或变量的维度,对于概念的操作化、指标的设定、问卷的制作及综合分析都具有十分明显的作用。

2. 指标

指标(Indicators)是指表示概念或变量含义的一组可观察到的事物。一组指标可以是一个或多个,简单的概念可以用一个指标来测量,例如性别、年龄、民族等,而较为复杂抽象的概念就需要由多个指标来测量。指标反映的经验现象,不仅包括客观现象,也包括主观现象。

社会指标作为一种测量社会现象的工具,具有以下四个特点:第一,可感知性或具体性。社会指标不是抽象的概念或变量,而是具体的或可被观察、被感知的事物。例如,"人口数""月收入""性别"等指标都是非常具体的项目,"专业满意度""生活幸福感"等反映主观状况的指标虽不是十分具体,但也是可以被感知的。第二,可量性或计量性。社会指标不能是数量不清、界限不明的概念或变量,而是可以用数字或符号进行度量的事物。例如,"离婚率""性别比""年龄"等指标就是可以用数字计量的事物,"专业满意度""生活幸福感"等指标也可以用数字或符号来衡量。第三,代表性或重要性。社会指标不能是次要的、说明不了问题的概念,而是对反映某种社会现象具有关键意义或代表性的项目。例如,对于人口素质而言,平均预期寿命、人均教育经费、每万人口中科技人员所占比重、每万人口中医生所占比重等指标就具有关键性意义，而人口数量、人口密度、身高、体重等则是次要指标。第四，时间性和地域性。社会指标不能是没有时间或地域的概念，而是有明确时间及地域规定的项目。例如，"人口总数"这一指标，就必须明确是年初数、年中数还是年末数，因为这三个时点的人数是不一样的；对于"社会幸福感"这种反映主观状况的社会指标，一般也应明确规定调查的地域情况，因为这些社会现象可能会因为区域不同而呈现不同的表现形式。所以，没有明确的时间与地域规定，就无法设定合理的社会指标。

在社会调查中，对于概念或变量的测量是通过指标来实现的，因为指标才是具体可测的。指标具有多种社会功能，主要包括六点：第一，反映功能，即那些最重要、最有代表性的项目能够反映社会现象；第二，监测功能，即可以对社会运行情况、社会政策与计划的执行情况等进行动态的监测；第三，比较功能，即可以用社会指标来衡量两个或两个以上的认识对象并进行横向或纵向的比较；第四，评价功能，即可以对社会现象的客观状况做出评论，对它们的前因后果做出解释，对它们的利弊得失做出判断，这是指标的核心功能；第五，预测功能，即在评价的基础上，可以对社会现象的发展趋势进行预测；第六，计划功能，即在预测的基础上，可为相关部门制订计划提供依据。

5.3.3 操作化

1. 操作化的含义与方法

操作化(Operationalization)，是指把我们无法直接获得的有关社会结构、制度或过程，以及有关人们的行为、思想和特征的内在事实，用代表它们的外在事实来替换，以便于通过后者来研究前者。或者说，操作化就是将抽象的概念转化为可观察的具体指标的过程。例如，对于溺爱孩子这一现象进行调查，直接询问调查者是否溺爱孩子或如何溺爱孩子显然是宽泛的，需要将这个概念进行界定并具体化为"是否自己上下学""是否自己整理床铺""是否自己洗澡"等，这样就将"溺爱孩子"这一抽象的概念转化为可观察、可直接测量的一组具体指标，来反映人们溺爱孩子的情况。

操作化在社会调查中具有十分重要的作用，它是联结理论到实际、抽象到具体的一座桥梁，具体体现在三个方面：首先，通过操作化，使概念或命题具体化，社会调查才得以进行；其次，操作化可以使概念或命题量化，从而可以从定性、定量两个方面对社会现象进行分析，避免了分析社会现象的片面性；最后，通过操作化，可使社会调查对社会现象的分析建立在量的基础上，使定性分析即结论建立在科学的基础上，而不是一种主观臆断。操作化成功与否，是能否对社会现象进行有效测量的一个重要前提。操作化主要包括以下步骤。

首先，要明确概念具有的共识性意义，也就是说，要澄清与界定概念。默顿指出："概念澄清的一个功能，是弄清包含于一个概念之下的资料的性质。"通过精确地指出一个概念包括什么、排斥什么，可以提供对资料进行分析和组织的指导性框架，也可以避免人们对同一概念有不同认识的情况发生，使得在各项具体的经验研究中所包含的资料更加具有一致性和可比性。在具体操作时，第一，要弄清概念的范围。在采用或给出某个具体的定义之前，可以先看看其他研究者对这一概念所下的定义是怎样的。对于那些并未对该概念下正式定义的研究来说，我们需要从其对概念的运用中来确定该研究对这一概念的界定。当我们通过收集和查询，了解到有关这一概念的不同定义,并对这一定义的大致范围有所理解以后,便可以对这些定义进行分类,从而帮助我们形成对这个概念的总体把握。第二,选择或决定一个定义。收集到有关这一概念的各种定义,或者总结出在各种定义中最具共同性的元素后,就可以选择并决定采取哪一种定义。我们可能面临一些选择,可以直接采用一个现成的、符合自身研究需求的定义,也可以认为现有定义都不符合研究需要,因而需要在现有定义的基础上自己发展创造一个新的定义。

其次,描述概念的维度。一个抽象的概念往往对应现实生活中一组复杂的现象,而不仅仅对应于一个单纯的、可直接观察到的现象。所以,要明确概念的维度以及研究需要哪些维度。有些概念往往存在很多维度,研究者必须事先确定自己感兴趣的维度,否则可能出现本来要测量某一维度而实际测量的却是另一维度的现象。

最后,发展具体指标。对于有些简单的概念来说,建立一个测量指标是很容易的。例如,"年龄""文化程度""性别""居住社区类型"等概念。但是,对一些比较复杂、抽象层次较高的概念来说,发展测量指标就不是一件容易的事。在一般情况下,我们可以采取以下两种方式来发展建立指标:第一,寻找和利用前人已有的指标,在社会调查中,有一些指标经过前人多次运用、修改、丰富,本身就包含社会知识的积累和形成的过程,具有一定的普遍性,这种指标的参考性价值较高,可以借鉴。第二,如果没有可借鉴的指标,那么我们可以先进行一段时间的探索性研究,进行资料的初步收集工作,帮助我们从被研究者的角度、立场来看待事物和问题,从而对事物或问题形成一个大致的认识,有助于我们发展出符合测量概念和实际情况的具体指标。

2. 操作化的结果——指标体系的确立

操作化的结果是将概念发展为一组指标,也就是构建一个指标体系。指标之间并不是孤立存在的,而是构建成一个指标体系作为一个整体并发挥作用。社会指标体系,是指根据一定目的和理论设计的,综合反映社会现象的,具有科学性、代表性、系统性和可行性的一组指标。

社会指标体系有六个特点:第一,目的性。设计社会指标体系必须有一定的目的,满足一定的社会研究需求。没有明确的目的,就无法设计社会指标体系。第二,理论性。设计社会指标体系,必须以一定的理论为指导。没有科学、自觉的理论作指导,就不可能设计出科学的社会指标体系。第三,科学性。设计社会指标体系,必须符合客观实际,符合科学原理。指标所反映的社会现象,必须都是客观存在的、合乎实情的,都是与相关基础原理相符合的。第四,代表性。设计社会指标体系,必须选择那些具有代表性的重要指标来组成指标体系。第五,系统性。设计社会指标体系,必须使各个社会指标之间具有内在联系,并形成一个完整的系统。第六,可行性。设计社会指标体系,必须考虑是否具备现实中的可操作性,只有具有可行性的社会指标体系才是有意义的,否则社会指标体系无法发挥其应有的作用。

由于指标本身就具有互换性的特点,加上社会现象所表现的多样性,因此,对同一概念进行操作化的时候,在测量指标方面往往存在多种不同的选择,可以构建不同的指标体系。而一项具体的社会调查的结果,又与它所采用的操作化方式及其所产生的指标体系密切相关。

例5-3 在对"夫妻权利"的测量中,研究者通常将"夫妻权利"界定为"夫妻在家庭中的决策权"。对其进行操作化时,不同研究者所用的指标不尽相同。1960年,美国社会学者布拉德和沃尔夫在他们的研究中,选取了他们认为既涉及丈夫又涉及妻子在家庭中的决策权的8个指标。这8个指标是:丈夫的职业选择;买什么样的汽车;是否买人寿保险;到什么地方度假;买什么样的房子;妻子是否应该参加社会服务;家里有人生病时,应去看哪位医生;全家每周在食品方面应花多少钱。他们根据调查测量的结果得出的结论为:丈夫和妻子在家庭决策中各有侧重,两者的权利相当。这一研究结果被广泛引证,并大大促进了后来的许多研究。

1971年,森特斯等研究者在对同一问题进行研究时,将"家庭中的决策权"的概念操作化为14个指标,除了上述8个以外,他们又增加了下面6个指标:请谁来做客和与谁一起出门;怎样装饰房间和摆设家具;收看和收听什么电视节目和广播节目;家庭的正餐吃什么;买什么样的衣服;配偶应买什么样的衣服。在他们的研究中,前8个问题的调查结果与布拉德等人的研究结果几乎一致,但加上6个新问题时,结果显示,丈夫的权利下降了。这表明,夫妻权利的对比和分布随着所考察的决策方面的不同而不同。

我国台湾学者也曾经研究过夫妻权利的问题,他们对这一概念的测量指标是如何设计的呢?陈明穗在1986年研究夫妻权利的时候,选择以下15项指标来进行测量:丈夫的职业选择;妻子的职业选择;家人生病该看哪个医生;家庭生活费的支配;度假、旅游及休闲活动;生育子女数目;购买贵重物品;置产(买房子、土地等);房子布置及购买家具;订阅报刊、选择电视节目等;子女的教育;谁做代表参加婚丧活动;谁决定送礼与回赠礼物;是否买保险;何种家电用品该淘汰换新。

伊庆春、蔡瑶玲在1988年的研究中则用以下15项指标来进行测量:丈夫的职业或工作选择;妻子是否外出工作或改变工作;家用支出分配;储蓄、投资、保险等;参加婚丧活动随礼的数额;买房子或房地产;要不要搬家;是否与上一代同住;生几个孩子;用哪种避孕方法;小孩上哪所学校;小孩教育;请哪些客人吃饭;娱乐休闲活动的计划;家中的布置及买家具。

上述这些指标都是测量夫妻在家庭中的决策权的。在针对这一问题的测量中,美国和我国台湾的指标体系有许多相似或相同的地方,也有许多小的差别。如果根据我国内地的情况对"夫妻权利"进行操作化并发展指标体系,由于地区之间的社会现实差别很大,可能和上述指标体系存在更多差异。

从案例中可知,同一概念的操作化可能产生不同的指标体系,指标体系没有对错之分,只有优劣之别。各种不同的操作化结果只是在反映概念内涵的准确性和涵盖面上存在程度上的差别,绝对准确、绝对完善的指标体系是不存在的。

当然,操作化是否能够成功地对社会现象进行有效的测量,仍然是一个有争议的问题。有些抽象概念往往很难,甚至不可能在具体现象中找到其所对应的指标,而且在许多情况下,一个操作性定义往往不能完全代表一个概念,这些问题影响了操作化的科学性。有些学者对操作化持反对意见,他们认为,过于坚持操作化会导致机械和僵化,不能如实地、生动地提供一幅现实世界的图景。

"中国妇女社会地位"的操作化

这项调查的指标体系是依据我国经济发展现状，参照联合国及亚太地区监测妇女地位的指标而设置的，它包括8个方面的内容，以下是各项内容及其主要指标。

一、法律权利
1. 是否设有协调和保护妇女权益的立法机构；
2. 在现行的法律法规中有无歧视性条款；
3. 是否有保护妇女权益的专门性法律法规或专门条款；
4. 公民对妇女法律权益的认识与态度。

二、生育与健康
1. 分城乡、分年龄的人口性别比；
2. 男女儿童与成人的营养、健康与寿命情况；
3. 各类妇女的生育胎次、生育意愿、孕产保健和节育状况；
4. 对待男婴、女婴的态度。

三、教育
1. 女性人口的识字率、平均学龄和文化构成；
2. 各级各类学校女性在校生、毕业生、流失生人数的比重；
3. 职业和高等院校分学科的女生人数和毕业生分配情况；
4. 男女接受成人教育情况。

四、劳动就业
1. 女性劳动力资源利用率；
2. 非农业劳动者中女性就业人口的比重；
3. 女性就业人口的所属行业、职业构成；
4. 女性在业者的劳动报酬和社会保障；
5. 女性就业意愿、途径和职业流动。

五、社会参与与政治参与
1. 女性政治权利的享有和被尊重的程度；
2. 女性参与国家及社会事务管理的比例和幅度；
3. 女性组织在国家政治生活中的地位、作用；
4. 女性的社会参与意识和参与方式。

六、婚姻家庭
1. 平均初婚年龄；
2. 女性自主择偶的程度和婚姻决定权；
3. 女性对家庭事务的决定与参与程度；
4. 夫妻家庭关系中的性别倾向。

七、自我认识与社会认同
1. 女性个人价值取向与自我认知能力；
2. 男女公民对性别角色的期待与认识；
3. 性别对机会、权利的影响；
4. 两性作用、地位评价。

八、生活方式
1. 社会交往的内容与结构；
2. 时间的分配与利用；
3. 消费的需求与层次。

资料来源：陶春芳，蒋永萍.中国妇女社会地位概观[M].北京：中国妇女出版社，1993.

"人的现代性"的操作化

美国著名社会学家英克尔斯及其合作者在研究"现代人"时，需要对"人的现代性"这一概念进行测量。为此，他们进行了周密、细致的操作化工作，最终将人的现代性操作化为具体问题(即指标)并编制了访问问卷，其中24个维度的内容如下所述。

1. 积极参与公共事务	2. 年老者的角色
3. 教育期望与职业期望	4. 可依赖性
5. 对变革的认识与评价	6. 公民权
7. 消费态度	8. 对尊严的评价
9. 效能	10. 家庭规模大小
11. 意见的增多	12. 对国家的认同
13. 信息	14. 大众传播媒介
15. 亲属义务	16. 社会阶级分层
17. 新经验	18. 妇女权利
19. 宗教	20. 专门技能
21. 对时间的评价	22. 计划
23. 工作信念	24. 了解生产

每一个维度又分解成若干个更为具体的指标。例如，在第一个维度"积极参与公共事务"下面，就又分解成下述6个指标。

(1) 是否属于某一个组织；
(2) 所参加的组织数目；
(3) 哪一个组织在政治上持有自己的观点；
(4) 是否用谈话或书信的方式向政府官员表明自己的观点；
(5) 参加投票的次数；
(6) 是否曾高度关心某项公共事务，等等。

资料来源：殷陆君.人的现代化[M].四川：四川人民出版社，1985.

5.4 指数与量表

在社会调查中，我们经常会遇到许多复杂的、抽象层次较高的概念，一般很难用单一的指标进行测量。为了能够全面、规范地考察它们，我们可以使用复合测量(Composite Measure of Variables)的形式。所谓复合测量，是指基于一项以上资料的测量。例如，人的心理健康测评由一组问题组成，而不是凭借其中的某一个问题来确定人的心理健康状态。这种复合测量往往是以指数(Index)或量表(Scale)的形式出现的，其结果可以概括为一个分数，因而可以明显地区分人们在这些概念上所体现的程度的差异性，同时有效地减少资料数量。

5.4.1 指数和量表的含义

所谓指数，是指由多个不同的回答所构成的一个简单累加的分数。这个分数往往是通过单个属性的分值累积建立起来的。所谓量表，是指通过对问题的不同反应模式赋予相应的分值，使不同选项反映所测量的概念在程度上的高低。量表利用了任何存在于各种属性之间的强度结构，具有一定的结构强度顺序。

指数和量表具有很多相似之处。第一，它们都是针对抽象概念或变量进行的复合测量，是由一个以上的项目组成的。第二，指数和量表的结果都是用分数来表示的，通过分值的大小，可以判断人们在某些行为、态度等方面的区别。第三，通过指数和量表测量得到的是从小到大的连续分值，但是从测量层次上看，两者仍然属于定序测量，因为指数和量表的得分之间不存在标准等距，不能进行加减乘除的运算。但是在实际调查研究中，许多研究者从方便统计分析的角度考虑，都将指数或量表测量作为定距测量或定比测量来使用。

当然，指数和量表也存在区别。第一，虽然两者同为复合测量，但指数和量表的得分方式是不一样的。量表是根据被测量对象对问题的回答强弱程度给予不同的评分的；而指数是根据被测量对象选择指标的多少给予不同的评分。量表中的每个得分都代表了一种总体印象，分值结构反映的也是不同整体之间的结构关系；而用指数测量的时候，人们要先对概念的不同层面进行有和没有的判断，然后进行分值加总，这里的分值大小反映的不是结构关系，而是总量差异。由此看来，量表不仅能够测量变量的大小，而且能反映变量的强弱结构，因此能获得更多的信息。第二，从可行性的角度来看，指数的运用要更可行一些，这主要是因为量表的要求比指数高，根据已有的资料建立量表的难度相对更大，有的时候甚至是不可能的，而已有的成熟量表又不多；相较之下，建立指数的技术则相对简单一些，对资料的要求也不那么苛刻。但是，构建指数和量表的逻辑原则并不冲突，一个成熟的指数是可以被转化成量表的。

5.4.2 常见类型

1. 总加量表(指数)

在有的文献中，指数也被称为总加量表。在形式上，它由一组与事物相关的态度或看法的陈述组成，被调查者分别对这组陈述表示肯定或否定(同意或不同意、赞成或不赞成、是或否等)的意见，然后按某种标准为回答者的答案打分，将全部分值加总，就得到了被调查者对这一事物的整体态度或看法的量化结果。指数中的分数是通过单个属性的分值累积建立起来的，分值大小所反映的不是结构关系，而是总量差异(选择项目的多少)。贝利生育意愿指数(见表5-2)就是应用指数的一个例子。

表5-2　贝利生育意愿指数

内容	同意	不同意
1. 结婚的主要原因之一是要生孩子	1	0
2. 只生一个孩子是错误的，因为独生子女是在孤独中长大的，且会由于无兄弟姐妹而变得忧郁	1	0
3. 生育孩子是一个妇女所能拥有的最深刻的经历之一	1	0
4. 两种性别的孩子至少都有一个比仅有一种性别的孩子好	1	0
5. 没有孩子的妇女不会感到完全的满足	1	0
6. 当男人可以面对父亲的身份时，才算是"真正的男人"	1	0
7. (由于生育控制等因素)不能促使怀孕的性生活是不道德的	1	0
8. 未婚的或者已婚而没有孩子的男人可能是同性恋者	1	0
9. 妇女的首要职责是做母亲，只有在不影响其母亲职责时，才能考虑事业	1	0
10. 没有孩子的夫妇实在可怜	1	0

贝利生育意愿指数用来测量人们对生育孩子的态度。它由一组(10条)陈述组成，陈述的方向是一致的，都是强调生育而非反对生育。每个陈述后都设有两个答案：肯定形式和否定形式(这里是"同意"和"不同意")。对于回答"同意"的给予1分，回答"不同意"的给予0分。(由于陈述的方向是一致的，因而可以使用这种统一的赋分形式；如果陈述方向不一致，那么赋分方向也应该相反，即回答"同意"的给予0分，回答"不同意"的给予1分)。然后，将被调查者在这10条陈述中的得分加总在一起，就可以了解其对于生育孩子的整体态度，是具有较高的义务感，还是具有较低的义务感。这个分值并没有反映某种特定的结构强度顺序。

在贝利生育意愿指数中，有一个假设的前提，即每条陈述在测量人们生育孩子意愿方面的地位是相同的，彼此之间具有同等效力。只有在这个前提下，我们才能对加总后的分数进行衡量，否则就无法判断分值低的人是否比分值高的人具有更低的生育义务感。

但是，有些指数中的陈述有着明显的效力区分，在测量过程中占有不同的地位。例如，衡量一所大学的教学水平有很多指标，其中包括图书馆的藏书数量、本科生招生数量、教师发表高级别论文的数量、学生就业情况、具有博士学位的教师占教师数量的比例、学生攻读进阶学位的比例，等等。在这些项目中，有的项目对于测量一所大学的教学水平明显更重要、地位更高，如教师发表高级别论文的数量；而有的指标测量的效力明显更低，如招收本科生的人数、图书馆的藏书数量。这样，如果按上例中的赋值方法，肯定的给予1分、否定的给予0分，显然是不合乎实际情况的。因此，需要对项目进行加权(Weighting)处理。在加权指数中，研究者加重某些项目的价值或分值，权数的大小可以由理论假定、理论定义、因素分析、专家经验等来确定，如可将"教师发表高级别论文数量"的权数定为其他指标的2倍或者其他权数。每个指标可以相应的赋予它应有的权重值，最好用公式来表示，这样比较容易看得出来。加权与未加权在少数个案中会产生不同的指数分数，但在多数个案中，加权与未加权得到的结果差异较小。因为指数更关注的是项目的总量差异，所以加权和未加权指数常常产生相同的结果。

2. 李克特量表

如果被调查者在上述指数中,其回答不仅是"同意"或"不同意",还有类似"有点同意""十分同意"等态度上的区别,那么实际上它就具有清楚的顺序回答形式。美国社会心理学家李克特在指数的基础上进行了改进,形成了李克特量表(Likert Scaling)。李克特量表也是由一组对事物的态度或看法的陈述组成的,与指数有所不同的是,它的答案被设计成"非常赞成、比较赞成、无所谓、不太赞成、很不赞成",或者"非常满意、比较满意、不知道、不太满意、很不满意"5个类别,然后按某一方向,将答案分别赋予"1、2、3、4、5分",最后将一个被调查者在这些陈述中的得分加总在一起,就可以了解其对于某事物的态度或看法。李克特量表对答案的这种划分,能表现人们对某事物的态度或看法在程度上的强弱之分,因而具有一定的结构强度顺序,使人们在态度或看法上的差异体现得更为明显。李克特量表是一种在社会调查中较为常见的量表形式,李克特所设计的项目格式也成为问卷设计中较为常用的一种格式。如表5-3所示,就是应用李克特量表进行调查的一个实例。

表5-3 请说明下列陈述和您的符合度

内容	非常符合	比较符合	一般	不太符合	很不符合
1. 我觉得自己不属于所住社区的一分子	1	2	3	4	5
2. 如果有人提起我所在的社区,我会注意听	5	4	3	2	1
3. 如果我要搬走会感到很伤心	5	4	3	2	1
4. 我不关心我所居住的社区的变化	1	2	3	4	5
5. 如果我离开家一段时间,会叫邻居帮忙照看一下	5	4	3	2	1
6. 社区里的大多数人是可以信任的	5	4	3	2	1
7. 我很少与社区其他人交谈	1	2	3	4	5

在表5-3中,各项陈述的方向并非一致。可以按照下列方式计分:对于符合社区归属感表现的,可按"非常符合、比较符合、一般、不太符合、很不符合"分别给予"5、4、3、2、1"分;对于没有社区归属感表现的,按"非常符合、比较符合、一般、不太符合、很不符合"分别给予"1、2、3、4、5"分。将被调查者在这7个选项中的得分加总在一起,就可以得到一个累计的分数,得分越高说明其社会归属感越高,反之则说明其归属感越低。通过这种具有结构强度顺序的测量,能够考查人们的社区归属感的整体情况。

李克特量表不仅改变了指数的形式,使其测量结果更能体现层次差异,还阐述了一种判别陈述的方法。例如,如果要测量人们对女性的偏见,我们可能设计20条陈述,每条陈述都是反映对女性的偏见的,如"女性不应该外出工作""男性比女性更能胜任政府工作""女性的开车技术普遍不好"等。在这20条陈述中,哪些更能反映人们对女性的偏见?哪些陈述反映得不是很好?哪些陈述反映的是同一种偏见呢?李克特量表可以帮我们解决这个问题。它设计了一种帮助研究者从量表中消除有问题的陈述的方法,这种方法也是研究者设计量表的主要依据,其基本步骤如下所述。

(1) 围绕要测量的态度或看法,以正向或反向的方式写出若干条与之相关的看法或陈述,可以尽量多设计一些以便取舍。每一条陈述的答案为"非常同意、比较同意、无所谓、不太同意、很不同意"或者其他5类,并根据陈述方向分别赋予"1、2、3、4、5"分。

(2) 在所要测量的总体中,选择一部分对象(一般不能少于20人)进行测试。

(3) 统计每位受测者在每条陈述中的得分以及每人在全部陈述中所得的总分。

(4) 计算每一条陈述的分辨力，删除分辨力不高的陈述，保留分辨力高的陈述，形成正式的量表。

关于分辨力计算的实例，如表5-4所示。

表5-4 分辨力系数的计算

被调查者	题目	1	2	3	4	5	6	7	8	9	10	11	个人总分
总分高的25%	工人1	5	5	4	4	3	5	4	4	3	2	5	44
	工人2	4	4	5	5	5	4	3	2	5	1	4	42
	工人3	4	4	3	3	5	5	4	3	4	2	5	42
	工人4	5	5	3	2	4	4	3	4	5	2	4	41
	工人5	5	4	4	4	3	3	3	4	4	1	4	39
总分中等的25%	工人6	3	3	2	5	4	5	4	4	2	1	5	38
	工人7	4	4	4	4	2	3	3	4	4	2	4	38
	工人8	3	3	4	4	3	3	5	4	2	2	5	37
	...	...	...	...	...	...	...	...	...	...	...	...	
	工人14	2	3	2	3	3	2	3	4	4	2	4	32
	工人15	2	4	2	3	2	2	3	4	4	1	4	31
总分低的25%	工人16	1	2	4	2	3	3	2	2	4	2	5	30
	工人17	2	2	2	3	4	2	4	1	3	2	4	29
	工人18	2	3	2	4	1	3	3	1	1	2	5	27
	工人19	1	1	2	2	2	3	2	3	4	1	4	25
	工人20	1	1	1	2	1	2	1	2	3	2	3	19
总分高的25%人的平均分		23/5＝4.6	4.4	3.8	3.6	4.2	4.2	3.4	3.2	4.2	1.6	4.4	
总分低的25%人的平均分		7/5＝1.4	1.8	2.2	2.6	2.2	2.6	2.4	1.8	3.0	1.8	4.2	
分辨力系数		3.2	2.6	1.6	1.0	2.0	1.6	1.0	1.4	1.2	−0.2	−0.2	

表5-4中，分辨力系数的具体计算方法如下所述。

第一，计算全体受测对象所得的总分并进行排序。

第二，选取总分最高的人(占被调查者总数的25%)和总分最低的人(占被调查者总数的25%)，并计算这两部分人在每一条陈述中所得的平均分。

第三，将这两个平均分相减，所得的值就是这一条陈述的分辨力系数。

第四，判断分辨力系数的绝对值大小，绝对值越大，说明这条陈述的分辨力越高，反之则说明这条陈述的分辨力低。对于分辨力系数过低的陈述予以删除，保留分辨力系数高的陈述，组成量表。从最后的结果来看，第10条和第11条陈述的分辨力系数的绝对值很小，因此在制作正式的量表时，应将这两条陈述删除。

3. 鲍格达斯社会距离量表

如果我们想测量人与人之间相互交往的意愿、相互关系的疏密程度或对某群体所保持的社会距离，就可以使用鲍格达斯社会距离量表(Bogardus Social Distance Scale)。鲍格达斯社会距离量表也称为鲍嘎德社会距离量表或者博加德斯社会距离量表，简称鲍氏社会距离量表。该量表在结构上也是由一组陈述组成的，不同的是陈述内容具有某种趋强的逻辑结构顺序，答案被设置为肯定形式或者否定形式，并按陈述的方向赋予分值。由于不同的陈述代表了人们在态度上的不同程度，因而总分可用于判断人们进入其他类型的社会关系的意愿，也常用来比较不同群体对某个外群体的态度差异，或比较某个群体对不同外群体的态度差异。例如，要反映人们对艾滋病患者的社会距离，可以使用鲍格达斯社会距离量表来测量，如表5-5所示。

表5-5 鲍格达斯社会距离量表

内　　容	愿意	不愿意
1. 你愿意和艾滋病患者生活在同一座城市吗？	□	□
2. 你愿意和艾滋病患者生活在同一个社区吗？	□	□
3. 你愿意和艾滋病患者生活在同一个街道吗？	□	□
4. 你愿意和艾滋病患者做邻居吗？	□	□
5. 你愿意和艾滋病患者做朋友吗？	□	□
6. 你愿意和艾滋病患者结婚吗？	□	□

从表5-5中不难看出，鲍格达斯社会距离量表的陈述(即项目)在强度上有明显的区别。通常那些强度较低、比较容易被人们接受的问题，被称为"简单问题"；那些强度较高、不容易被人们接受的问题，被称为"困难问题"。如果某人愿意接受某一困难问题，那么他就应该愿意接受该问题之前的所有项目，因为这些项目的强度更低、社会距离更大。例如，如果被调查者能够接受和艾滋病患者结婚，那么他也应该可以接受和艾滋病患者成为朋友、邻居住在同一个街道等。反过来，能接受简单问题，并不意味着他能够接受更为困难的问题。例如，一个愿意和艾滋病患者成为朋友的人，不一定能够接受和艾滋病患者结婚。这就是各个陈述间所具有的逻辑强度结构。从经验上看，很多人都会接受简单问题，例如和艾滋病患者生活在同一座城市、同一个社区，但是很难或无法接受困难问题，例如和艾滋病患者做朋友、结婚，一些极为特殊的个案例外。鲍格达斯社会距离量表的基本逻辑是：被调查者一旦反对某条陈述，则对比该陈述更困难的陈述也会持反对态度。在上述例子中，通过总分，我们可以较为准确地了解受访者能接受多少与艾滋病患者交往的项目，从而知晓哪些关系可以被接受、社会距离是多少。

4. 语义差异量表

语义差异量表(Semantic Differential)也被称为语义分化量表，主要用来测量人们对观念、事物或他人的感觉。和李克特量表一样，它同样要求被调查者在两个极端之间进行选择。因此，在结构上，语义差异量表是由几组语义位于两极端的形容词构成的。人们常常用形容词来描述自己对事物、观念或他人的感觉，而形容词有正语义与反语义之分，如好的与坏的、快的与慢的、传统的与现代的、简单的与复杂的等，所以，语义差异量表是以形容词的正反语义为基础建立的量表。从语义上看，形容词大致可以分为三类：评价、力度和行动。其中，较常使用的是评价类的形容词。

使用语义差异量表进行测量时，首先需要确定测量对象，然后根据测量的内容与测量对象的特征，选择一组语义相反的形容词或者短语编制一份计分表，让被调查者根据对测量客体的感受来选择相应的分值。需要注意的是，每对语义相反的形容词之间含有7~11个评分点。例如，可以使用语义差异量表来测量人们对某企业的感受，具体内容如表5-6所示。

表5-6　语义差异量表

对某企业的感受	−3	−2	−1	0	1	2	3	对某企业的感受
积极的	√							保守的
不友好的			√					友好的
传统的					√			现代的
可靠的				√				不可靠的
易沟通的		√						不易沟通的
无广告的						√		有广告的
无特色的					√			有特色的

在这个例子中，用了7个评分点，分值分别是"−3、−2、−1、0、1、2、3"(也可以是"1、2、3、4、5、6、7"分)，其中，0分的位置为中间位置，表示没有什么特别倾向的感受。在形容词的安排上，可以将正反语义形容词各放于一边，也可以将正反语义形容词交错排列，如果是后者，在加总分数的时候就要注意方向性一致的问题(也就是说，实际加总分数时所赋予的分值和评分表上的分值不一样)。通过将调查者在上述7个项目上的得分加总在一起，能够获得人们对某企业看法的总体分数，从而有效地压缩资料，清楚地显示调查者对该企业的感受。

语义差异量表在社会调查中是较为常见的量表类型，可以应用于市场调查、心理调查、舆论调查等方面。

5. 哥特曼量表

哥特曼量表(Guttman Scale)是单维的量表，即在量表自身结构中存在某种由强变弱或由弱变强的逻辑，它的每一个量表总分，都只有一种特定的答案组合与之相对应。

哥特曼量表的答案由两部分构成，即肯定形式和否定形式。它的陈述即事实基础比照上述几种类型更为极端，同时存在某种由强变弱或由弱变强的逻辑，而不像李克特量表那样每条陈述都是平等的。

例如，用一组包含4个项目的哥特曼量表来测量人们对堕胎的态度，具体内容如表5-7所示。

表5-7　哥特曼量表

内容	同意	反对
1. 任何孕妇都可以要求堕胎	□	□
2. 孕妇在其身心健康受影响的情况下可以堕胎	□	□
3. 孕妇在生命有危险时方可堕胎	□	□
4. 孕妇在胎儿有残疾或死亡倾向时可以堕胎	□	□

依据对堕胎的保守程度，这4项陈述是依次排列的，对此做出的回答有多种模式。思想最自由的回答者同意全部陈述，而最保守的回答者反对全部陈述，这种类型是规范型的。但在实际调查时，也可能出现违反项目等级结构的回答模式，主要有两种：接受最难作决定的陈述和

拒绝最易作决定的陈述。这两种类型也被称为错误类型，即答案一定是错误的，因此研究者可以估算其误差比率，具体内容如表5-8所示。

表5-8　哥特曼量表的测量结果

类型	项目1	项目2	项目3	项目4
规范类型	＋	＋	＋	＋
	－	＋	＋	＋
	－	－	＋	＋
	－	－	－	＋
	－	－	－	－
错误类型	＋	－	＋	＋
	＋	＋	－	＋
	＋	＋	＋	－

哥特曼量表的基础是真实观察资料的结构，这一点一定要注意，因为不是所有的问卷项目(即使是已有的并得到运用的项目)都可以构成哥特曼量表，能构成哥特曼量表的只是那些被用于分析的一组资料。在这里，可度量性是关键，一组问卷项目本身可能无法构成一个量表，但是一组项目的经验观察资料却有可能形成量表。

5.4.3　缺失值的处理

无论研究者采用多么规范的方法收集资料，可能都无法完全避免资料缺失的情况发生。例如，用贝利生育意愿指数(见表5-2)进行测量，有的被调查者可能因为失误没有看到第5题从而漏答，有的被调查者可能不愿意回答第8题，等等。这些数据的缺失会影响指数和量表的分析，因为指数和量表最后都体现为一个累加的分数，是由多条陈述合成的，只要有一条陈述产生数值缺失，就可能影响整个测量的信度和效度。针对这一问题，目前已有一些处理缺失资料的办法，可降低数值缺失对测量结果的影响。

(1) 如果缺失资料的样本量很少，可以在分析资料的时候考虑删去那些含有缺失值的样本，使保留下的样本资料都是完整的，然后进行复合测量。但应用这种方法时需要注意两点：其一，应确定删除含有缺失值的样本后，剩下的数据资料能否满足统计分析的需要；其二，应确定当删除含有缺失值的样本后，是否会使样本的代表性产生偏差，从而影响分析结果。因此，在总体规模较小的时候，不太适合采用这种处理方法。

(2) 在总体规模较小、删除含有缺失值的样本对资料数据和样本代表性影响较大的情况下，可以采用根据现有资料来处理缺失值的方法，具体做法有两种：其一，如果量表是用肯定形式和否定形式两类答案来进行测量的，被调查者只回答了肯定形式，而空下了否定形式，在这种情况下，对于没有回答的缺失资料，可以将其视为否定答案；其二，如果指数或量表中有多条陈述，可以考虑用已有数据的平均值来代替缺失值。例如，研究者用一个由10条陈述构建的指数对100名被访者进行了测量，其中第9位和第20位被调查者没有回答第2条陈述，第12名被调查者没有回答第9条陈述，第66名被调查者没有回答第6条陈述。对于第2条陈述中的两个缺失值的处理，可以先计算其他98人在该项目上得到的平均分，然后用这个平均分去填补这两个缺失值；对于第6条和第9条陈述的缺失值，也可以通过同样的方法进行处理。需要注意的是，在陈述较少的情况下，最好不要使用平均值法，以免给分析结果带来较大的误差。

(3) 如果样本规模比较大，同时陈述也比较多，可以使用随机方法来处理缺失值，即以随机的方法选定分值，填补到缺失的数据中去。从个体的角度而言，这种随机指派可能和真实情况有较大出入，但相对于一个大样本来说，这种无序的偏差基本上会自我抵消，不会对结果产生太大的影响。

5.5 测量的信度与效度

社会调查中的很多现象都是复杂的、抽象层次较高的，有的甚至是看不见、摸不到的。那么，我们如何判断测量得到的资料或数据能够反映我们想要测量的现象呢？测量的工具或测量的过程是否会对测量的结果产生影响？能产生多大的影响？怎样判断我们的测量是否成功？对于这些问题的解答，就有赖于测量的信度和效度。

在介绍信度和效度的含义之前，我们首先来看看这个案例："现有两家性质不同的工厂，其中一家工厂的员工从事十分专业的工作，分工十分清楚，每位员工在装配线上负责自己的一小部分工作；在另一家工厂，每位员工都需完成各种不同的工作，并由团队完成整个生产过程。在这种情况下，应该如何测量员工的士气？第一种方法：我们可以花比较多的时间观察两个工厂的员工，看看工人彼此之间相处是否融洽，是否有交流等；也可以询问工人，看看他们是否满意目前的工作。然后，把在两家工厂得到的观察资料进行比较，就可以得知哪一家工厂装配生产线上的工人士气更高。第二种方法：通过查阅公司的档案，考察在一段时间内员工向工会提出申诉的案件数量，申诉案件数量越多，士气就越低落。"

在上述两种方法中，使用第一种方法需要注意，我们观察时的感觉可能会影响观察的结果，也许会错误地理解我们所观察到的现象。例如，我们可能将工人之间的玩笑当作争吵，如果连续几天都对同样的工人进行观察，也许每天得到的结果都不一样。第二种方法就稳定多了，因为档案资料在一般情况下是不会变动的，我们每次去测量的结果也应该是一样的。因此，两者相比较，第二种方法的信度更高。当然，可能有人会对此提出疑问："仅仅考察在一段时间内，员工向工会提出申诉的案件数量能够准确测量员工的士气吗？"这就需要考虑效度问题。

5.5.1 信度

信度(Reliability)即可靠性，它是衡量测量的一致性和稳定性的指标，指的是在采用同样方法对同一对象进行重复测量的情况下，测量工具所测结果的一致性程度。也就是说，信度衡量的是测量工具或测量手段是否能够稳定地进行测量。

1.影响信度的因素

在标准化程度较高的测量中，信度主要受随机误差的影响。随机误差是在抽样调查中存在的一类必然性误差，由于随机误差每次对观测值的影响并不一致，因而会影响观测值的稳定性。随机误差又源于以下几个因素。

(1) 被调查者。被调查者在接受测量的时候是否会认真、耐心地配合调查，有没有太大的情绪波动，其观念是否在短期内发生了变化，这些都会影响随机误差的产生，从而影响测量结果的稳定性。

(2) 调查时间。一般来说，调查的时间越长、问题越多，越容易引起调查对象的畏难心理，从而影响他们答题的态度，进而影响随机误差的大小。

(3) 调研人员。调查员是否认真、是否具有专业性、是否能够规范地按照操作过程进行测量并尽量避免由人际互动和主观因素产生的偏差，都会影响随机误差的大小，进而影响测量的信度。

(4) 测量工具。问卷设计得是否合理、量表设计得是否合理、问题的难易程度是否适中、措辞是否严谨等，都会影响被调查者在测量过程中的心态，进而影响随机误差的大小和测量结果的稳定性。

(5) 在非结构式、非标准化的测量中，还会受到一些偶然因素和主观因素的影响，进而使得测量结果的稳定性发生变化。

2.评估信度的类型

大部分的信度指标都以相关系数(r)来表示，主要的评估信度类型有以下三种。

(1) 再测信度(Test Retest Reliability)。再测信度是指我们用同一份量表，对同一个调查对象在不同的时间进行调查，根据两次测量的结果，计算相关系数，以此来评估测量信度。利用再测信度，能够检测出被调查者是否正确地理解了测量中的项目并作出真实稳定的回答，如果两次测量结果的出入较大，相关度低，则测量结果不稳定；反之，如果两次测量结果的出入比较小，相关度高，那么说明测量获得了较为一致的结果，是可信的。在实际调查中，再测信度是较为常见的一种评价测量信度的类型。

"危害健康的评估调查"的再测信度

萨克斯、克鲁希持和纽曼开展了一项有关危害健康的评估调查。该调查是预防性药物研究的一部分，目的是研究患者的背景和生活方式等因素与健康的关联性，研究结果将提供给医生，以备诊断时参考。通过了解患者的生活情况，医生可以为患者了解自己的潜在体能和改善健康状况提供建议。当然，这项研究目标的实现完全依赖于每个受试者提供资料的可靠性。

为了测试资料的信度，萨克斯和他的同事一起对207个调查对象进行了一项基本问卷调查，问卷的内容是有关调查对象特征及其行为的描述。三个月之后，他们又对同样的调查对象发出完全相同的问卷，最后把两次问卷的结果进行比较。结果显示，只有15%的被调查者在两次问卷中提供了一致的资料。萨克斯和他的同事在报告中指出：将近10%的被调查者在第二次问卷中填答的身高不同于第一次，1/3的人填答的双亲年龄不同于第一次，甚至有一个被调查者的父母在三个月内年龄多了20岁！在有抽烟和喝酒习惯的人中，有1/5的被调查者已不能明确地回想起过去抽烟和喝酒的方式。有些调查对象甚至在第二次填答问卷时，将前一次据实写出的个人病史、越轨记录和自杀的想法都隐瞒了起来。例如，有一位被调查者，第一次填写问卷时说母亲已经去世，而在第二次填写时却说母亲健在；另一位被调查者，在第一次填写问卷时说自己失去了卵巢，但在第二次填写时又说自己有卵巢；还有一位受访者，第一次填写时说自己55岁，三个月后却变成了50岁。想想看，这样的资料如何为医生诊断提供依据？显然，这次测量所获得的资料并不可靠，没有再测信度。

资料来源：艾尔·巴比. 社会研究方法[M]. 邱泽奇，译. 11版. 北京：华夏出版社，2012：144.

(2) 复本信度(Parallel Forms Reliability)。复本信度是指我们用两个或两个以上具有同等效力的测量工具(原本和复本)，让同一调查对象同时接受这两套(或多套)复本的测量，然后根据测量所得的分数来计算相关系数，比较两次答案的相似性，评估测量信度。在进行复本信度的测量时有个重要的前提，就是两个(或多个)复本的测量效力应该是一致的，也就是说，复本在内容、形式、难度及鉴别力等方面必须与原本保持一致，因而建立复本需要一定的技巧。事实上，在调查中让研究者设计两套内容不同而测量效力一致的问卷的要求很难达成。有的研究者为了保证这个前提，大多使用的是将原本中的问题反过来陈述的方法。例如，如果在原本中要被调查者对"生育一个孩子就足够了"发表意见，可以在复本中将这个问题设计成逻辑相反的"孩子还是多了好"，这样可以保证原本和复本是测量同一事物且具有同等效力。但是，有些调查中的问题很难反着问，或者反着问违反了问卷设计的原则，也会对测量结果产生影响，所以测量中要求的真正意义上的复本常常是很难编制出来的。

(3) 折半信度(Split Half Reliability)。折半信度是指由研究者将测量结果按测量题目的单、双号或随机分成两个组计分，然后将两个组的分值进行比较，如果测量结果的相关度比较高，那么测量结果就是可靠的；反之，测量结果就是不可靠的。折半信度也有一个假设前提，就是两个组在构成和性质上十分相似，因此可以进行比较。例如，一份态度测量问卷包括25个项目，研究者打算用折半信度来检验测量的稳定性，故需要在量表中增加一倍的项目，后增加的25个项目的内容和前25个是重复的，只是表面形式不同而已，然后将这50个项目按单、双号或随机分组，最后收集测量结果并分析两组数据的相关系数。如果系数高，则此次测量是有信度的、可靠的。在实际调查中，折半信度面临的问题和复本信度相同，它也要求两组项目是测量同一概念或事物的，当然这同样也是比较困难的。

5.5.2 效度

效度(Validity)也称为有效度或准确度，是指测量工具或测量手段能够准确地测量出所要测量的现象或变量的程度。也就是说，它判断的是研究者设计的测量程序和方法等所测的是否是他们想要测量的事物，测量在多大程度上反映了概念的真实含义。例如，在测量一所大学教学水平的时候，研究者设计的"教师发表高级别论文数""学生的就业率"等这类问题都可以测量他们想要测量的大学教学水平，而"学生每月的生活费"这类问题就无法有效测量大学教学水平。

测量的准确度即效度和测量的精度有所区别。测量的精度是指精确度，代表的是测量变量的精确性程度。在实际测量中，存在不同的精度。例如，描述一位女性"23岁"比简单地说她"二十几岁"要精确得多；描述"某个学校社团建立于1995年秋季"比只说"形成于20世纪90年代"要精确得多。精确的测量比不精确的测量要好，但并不意味着高精度的测量是绝对必要的。测量精度的高低，取决于研究需要。测量的精度高，并不意味着测量的效度或准确度就高。例如，描述一位女性"23岁"，但实际上她24岁，那么把她描述为"二十几岁"显然更具有准确度。

效度具有三种不同的类型，分别是表面效度、准则效度和构造效度，它们可从不同的方面来反映测量的准确性程度，也是常用的评价效度的标准。

(1) 表面效度(Face Validity)。表面效度也被称为内容效度或逻辑效度，它指的是测量的内容和测量的项目与测量目标之间的内容合适性和逻辑相符度。表面效度要求测量的项目在内容或逻辑方面必须"看起来"符合测量的要求，是在测量研究者想要测量的现象或变量。例如，如果我们要测量员工的士气，其中有的项目如"员工向工会申诉"与员工士气"看起来"有关系，符合测量的要求；而有的项目如"员工在下班时间到图书馆借书的数量"与我们想要测量的员工士气"看起来"关系不大，因而是不具有表面效度的。这是一种十分常见的评价测量效度的类型。

要评价一次测量是否具有表面效度，首先要明确测量变量的定义，其次要明确收集的资料信息是否和测量的变量密切相关，在此基础上才能判断测量的表面效度。例如，要测量员工的士气，我们首先就要明确士气的概念，如可将其界定为"维持意志行为的具有积极主动性的动机"，然后弄清楚它的内涵和外延，最后确定问卷中的题目是否都是测量员工士气的。如果研究者无法很好地判断，可以请若干专家使用直接评价法来检查问卷的表面效度。如果大多数专家认为有的问题明显是测量其他方面的，那么测量就不具有表面效度；反之，如果大多数专家认为问卷的问题是测量员工士气的，那么这次测量就具有表面效度。

(2) 准则效度(Criterion Validity)。准则效度也称为实证效度或统计效度，它指的是当用多种不同的测量方式或不同的测量指标对同一变量进行测量时，将其中的一种方式或指标作为准则，将其他的方式或指标与这个准则进行比较，如果它们之间的相关性程度比较高，那么其他的测量方式或指标也有效，可被认为具有准则效度。需要注意的是，作为准则的测量方式或测量指标，应该是被公认的具有相当的测量效力且能够较好地测量人们想要测量的现象或变量，否则只能越比越差。

(3) 构造效度(Construct Validity)。构造效度又称为结构效度，它是指通过利用现有的理论或命题来考查测量工具或测量手段的有效度。对于构造效度的确定也有一个标准，但和准则效度有所区别，这里的标准是现有的理论或命题。例如，要测量"婚姻满意度"的原因及后果，我们根据理论和实际的不同拟定一个命题：与对婚姻不满意的丈夫和妻子相比，对婚姻满意的丈夫和妻子不太可能欺骗对方。在建立测量指标进行实际测量后，我们可以对比婚姻满意度和婚姻忠诚度的关系，如果婚姻满意度和忠诚度有关，即测量结果与我们的研究命题相一致，那么就证明了这次测量具有构造效度；反之，如果测量的结果与命题不一致，对婚姻满意的夫妻和对婚姻不满意的夫妻都有欺骗对方的情形，那么这次测量的构造效度就不高。

和其他效度类型相比较，对于构造效度的检验不具有强制性。在不同情况下，可以用不同的方式来测量效度。所以，我们需要了解的不是各种效度之间的差别，而是各种效度之间的逻辑关系。效度测量的这三种类型，从内容效度到准则效度，再到构造效度，可以视为一个累进或积累的过程，后面的每一个类型都包括前面类型的成分，并具有某些新的特征。相较于测量准则效度，测量构造效度需要更多的信息；而相较于测量内容效度，测量准则效度需要更多的信息。因此，构造效度常被认为是最有效的测量效度的类型。

5.5.3 信度与效度的关系

信度和效度是评价测量质量的主要条件，两者之间相互联系、相互制约，可以概括为：信度是效度的必要条件而非充分条件。一般来说，缺乏信度的测量肯定是无效度的测量，具有高信度的测量不一定是具有高效度的测量，也可能是低效度的测量，而高效度的测量常常也是高信度的测量。

当然，研究者都希望测量既有信度又有效度，但是信度和效度之间经常存在某种制约关系。研究者在追求测量的信度时，往往会在一定程度上损害或降低测量的效度；反之，当研究者追求测量的效度时，信度也常常会受到影响。回顾本节开始提到的测量工厂员工士气的例子，就会发现，如果调查员使用第一种方法进行观察和访谈，可以更清楚地了解哪些是真实信息，从而了解员工士气的高低，因此效度更高；如果使用第二种方法，则信度更高。因此，在实际调查中，研究者常常需要面临要高信度还是要高效度的选择。这种情形正是现实测量所面临的困境，也是一种始终存在且无法避免的两难情形，需要研究者根据综合情况进行取舍。

本章小结

1. 测量就是根据一定的法则，将某种物体或现象所具有的属性或特征用数字或符号表示出来的过程。现实中的测量包含5个要素，分别是测量的客体、测量的内容、测量的法则、数字或符号、测量的准确度。

相较于对自然的测量，社会现象测量有其自身的特点：一是存在测量中的主客观矛盾；二是测量过程可能会对测量结果产生影响；三是测量的对象和内容十分复杂。因此测量量化程度比较低，可重复性也比较差。

2. 在社会测量中，由于测量的现象具有不同的属性和特征，其数量化程度的高低也不同，因而具有不同的测量层次或水平。依据性质及其数量化程度，可将测量由低到高分为定类测量、定序测量、定距测量、定比测量4个测量层次，这4个测量层次的数学特征既有联系又有区别。

3. 概念是对现象的抽象，是反映对象的本质属性的思维形式。它有两个基本特征，即内涵和外延。

变量指的是没有固定取值的概念，或者说可以改变取值的概念。在社会调查中，要习惯于运用变量的语言，来分析探讨社会现象及其规律。

维度是指概念或变量中可以指明的方面。在社会调查中，研究者在考察某一变量或变量间相互关系之前，要先弄清楚变量的分类情况。

指标是指表示概念或变量含义的一组可观察到的事物。指标是具体的、可感知的、可计量的，应具有代表性、时间性与地域性。

4. 操作化就是将抽象的概念转化为可观察的具体指标的过程。在社会调查中，操作化是联结理论到实际、抽象到具体的一座桥梁，是不可逾越的一个阶段。同一概念的操作化可能产生不同的指标体系，指标体系没有对错之分，但有优劣之别。

5. 指数是指由多个不同的回答所构成的一个简单累加的分数，这个分数往往是通过单个属性的分值累积建立起来的。分值反映的不是结构关系，而是总量差异。指数中的各条陈述常被默认是地位相同的。但在有的指数中，陈述有着明显的效力区分，需要进行加权处理。

6. 量表是指通过对问题的不同反应模式赋予相应的分值，使不同选项反映所测量概念在程度上的强弱。量表利用了任何存在于各种属性之间的强度结构，具有一定的结构强度顺序。常用的量表类型有李克特量表、鲍格达斯社会距离量表、语义差异量表、哥特曼量表等。

7. 指数和量表中若存在缺失值，可以通过三种常用的处理方法来解决，分别是删去含有缺失值的样本、根据现有资料的回答来处理缺失值和利用随机方法来处理缺失值。

8. 信度即可靠性，它指的是采用同样方法对同一对象进行重复测量所得结果的一致性程度。信度的主要类型有再测信度、复本信度和折半信度。

9. 效度即准确度，它指的是测量工具或测量手段能够准确测出所要测量的变量的程度。效度的主要类型有表面效度、准则效度和构造效度。

复习思考题

1. 与对自然现象的测量相比较，社会现象的测量具有哪些特点？
2. 假如你想创建一个指数，用来分析"社会歧视"现象，写出该指数中可能存在的三条陈述。
3. 用自己的话描述指标和量表的区别。
4. 试对"越轨行为"进行操作化。
5. 概念、变量、维度、指标之间存在什么样的关系？
6. 找几篇社会调查的报告或文章，分析其中的基本变量和操作化方法，并进行评述。
7. 试比较李克特量表和鲍格达斯社会距离量表的异同。
8. 哥特曼量表的要求和指数有什么异同。
9. 举例说明语义差异量表的适用情况。
10. 举例说明再测信度是如何被测算出来的。
11. "张三120斤，但是测量的秤显示他的重量是123斤"，这个现象反映的是信度还是效度问题？请指出两者之间的异同。

扫码自测

第6章 资料收集——问卷法

深入调研，察实情、出实招，充分反映实际情况，使理论和政策创新有根有据、合情合理。

——习近平

现代社会调查以定量研究为主要特征，而量化资料的收集常常有赖于概念的操作化和问卷设计。问卷设计是在收集量化的反映社会现象资料的过程中的一个关键环节，也是整个社会调查的难点之一。用问卷法收集资料，是研究者以问卷为中介而进行的，问卷是研究者收集资料的关键性工具。因而，问卷的质量，直接影响整个资料的真实性与可靠性，进而影响调查的质量。而且，问卷调查所花费的时间常常比较短，具有迅速有效地获得资料数据的优势。但与此同时，问卷一旦存在问题，在调查实施阶段是很难弥补的，这就要求问卷制作应精益求精。在本章，我们将详细介绍问卷法的基本知识点。

6.1 问卷法及其特点

6.1.1 问卷及问卷法

问卷是社会调查中的一种常用的资料收集工具。问卷在形式上是一份精心设计的问题表格，它的用途是测量人们的行为、态度和社会特征，它所收集的是有关社会现象和人们社会行为的各种资料。

问卷在社会调查过程中具有如下作用：第一，它提供了标准化的数据收集程序，让每个被调查者都面临同样的问题环节；第二，它是调查员了解被调查者应答信息的工具；第三，它提供了制定相关管理决策所需要的信息；第四，它将研究目标转化为具体的问题；第五，实施方便，提高了资料收集的效率；第六，所收集的资料易于进行定量的统计分析；第七，节省时间、经费等。

问卷法就是使用问卷进行调查的方法，具体来说，就是调查者以事先设计好的问卷为工具，通过被调查者对问卷的回答来了解情况、征询意见的一种调查方法。它是社会科学从定性走向定量、从思辨走向实证的关键技术手段。当前，问卷法是在社会调查中被普遍使用的一种资料收集方式，它以其众多的优点，越来越受到管理学、社会学、教育学、传播学、心理学等学科的研究人员以及政府决策部门的重视。

6.1.2 问卷法的特点

需要强调的是，问卷并不是社会调查中唯一的收集资料的工具，也不是所有的社会调查都适合用问卷法来收集资料，它并不是万能的。为了更好地运用这种方法，我们应该对问卷法的主要特点有所了解。

1. 问卷法的优点

问卷法的优点主要有以下6个。

(1) 信息量大，成本较低。问卷经过研究者的精心设计，其内容涵盖研究所需要的所有信息，便于开展调查、收集资料，尤其适用于大规模的调查任务。

(2) 较好的匿名性。在问卷法中，较为常见的就是自填式问卷法，由于这种方法要求其他人不在现场，且不要求被调查者填写姓名，所以可以减轻回答者在填答某些敏感问题方面的压力，具有较好的匿名性。

(3) 客观性较强。无论是参与观察还是无结构访谈，由于调查员不同、观察或提问方式不同、进展情况不同等原因，会使资料带有一定的主观性，从而产生各种人为误差。使用问卷法进行调查，被调查者面对的是统一制定的问卷，他们回答问题的内容、方式、次序、格式等都是基本相同的，因此可以较好地避免由于人为的原因造成的主观偏见，保持较强的客观性。

(4) 调查结果便于定量处理和分析。问卷法中的问题大多是封闭式问题，这是一种高度结构化的资料收集工具。因此，通过问卷法收集来的资料十分适用于通过计算机进行定量处理和统计分析，调查结果的量化程度较高。

(5) 适用范围较广。和访谈法、观察法等相比较，问卷法受时间、空间的限制较少。一方面，调查者可以通过邮寄的方式将问卷寄至全国各地进行调查，也可以通过网络调查进入千家万户；另一方面，调查者在收集资料和分析资料上花费的时间相对较短，十分快捷。因而，问卷法能较少地受时间与空间的约束，使用范围也相对更广。

(6) 具有较强的经济性。和其他资料收集方式相比较，问卷法可以在较短的时间内，同时调查许多人的情况，收集到研究所需的大量资料，从而大大节省调查的时间、经费和人力，具有较高的效率和经济性。

2. 问卷法的缺点

问卷法虽然具有很多优点，但也存在不足，主要体现在以下5个方面。

(1) 对研究者的要求高。问卷中的问题及答案设计要求都很高，需要研究者具备深厚的理论素养和丰富的实践经验，这样才能设计出能够实现有效测量的题目和答案。

(2) 对调查对象的要求高。在使用自填式问卷法的过程中，要求回答者必须具有一定的文化水平，能够阅读和理解问题的含义，能理解回答问题的方法。在使用访谈式问卷法的过程中，又要求调查对象具有一定的理解能力和综合思维与表达能力。因而，问卷法对于调查者个人的能力要求较高。

(3) 问题的回答率常常难以保证。虽然自填式问卷是问卷法中最主要、最常见的类型，但这种问卷的问题回答率与回收率难以保证。因为，一份问卷是否能顺利完成和被收回，主要取决于被调查者而非调查员，如果被调查者对调查的兴趣不高，责任心和合作精神不强，对问卷不够重视，或者受到时间、精力和能力等方面的限制，那么，就有可能产生弃答个别问题的情况，甚至放弃整个问卷的填答，这就对问卷填答的质量造成了很大的影响。

(4) 不能避免某些环境因素带来的误差。在使用自填式问卷进行调查的过程中，由于调查员不在场，因而无法把控问卷填答的环境，回答者可能会受到其他人或环境因素的影响，而这些影响我们无从得知、无法判断大小。在应用访谈式问卷法的过程中，这种情况要好很多，但仍不能完全避免由某些互动产生的误差。

(5) 不适用于研究某些敏感问题。问卷法的应用范围很广，但有的领域不太适合使用这种方法，或者在使用过程中需要有一些特别注意事项。例如，当以被调查者复杂的心理状态为调查目标时，如果不能采取一些措施排除被调查者的排斥心理，那么收集资料的真实性常常会大打折扣。

6.2 问卷的类型与结构

6.2.1 问卷的类型

从不同的角度，可将问卷划分为不同的类型，具体如下所述。

1. 按问题与答案的结构关系划分

按问卷中问题与答案的结构关系划分，可将问卷划分为结构式问卷、开放式问卷和半结构式问卷三种类型。

(1) 结构式问卷。结构式问卷又叫封闭式问卷或封口式问卷，是问卷设计者按常规问题结构设计问题，并列出结构严谨、分类全面的选项的一种问卷类型，以选择题型为主。对于这种问卷的回答，调查对象认真阅读并选择答案即可。在当前的多数社会调查中，尤其是大型社会调查中，一般都采用结构式问卷，这是社会调查中十分常见的一种资料收集方式。

结构式问卷有其自身的优点：第一，它的答案标准化，因而对于被调查者的回答可以相互比较；第二，所得的资料规范有结构，便于进行处理、编码和录入计算机；第三，被调查者对于问题的含义比较清楚、明白；第四，答案较为完整，减少了不相干的回答，缩短了被调查者思考的时间。当然，结构式问卷也有其自身的缺点：第一，被调查者可能会出现在没有理解题目含义时就胡乱选择的情况；第二，当被调查者和研究者对问题有不同的理解和解释时，选择的答案容易使研究者产生误解；第三，被调查者有的时候容易将选择的符号标注在两个答案之间，使得调查员对答案选择出现混淆；第四，被调查者有的时候没有注意答题要求，不按规则填写答案，影响资料的质量。

(2) 开放式问卷。开放式问卷又叫无结构型问卷，是由问卷设计者提供问题，由被调查者自行构思、自由发挥，从而按自己意愿答出问题的一种问卷类型，以问答题型为主。对于这种问卷的回答，没有固定或者标准的答案。但开放式问卷并非真的完全没有结构，只是结构较松散或不明显。这种类型的问卷较少作为单独的资料收集工具来使用，往往是在对某些问题需要作深入调查时与结构式问卷配合使用。

开放式问卷有其自身的优点：第一，它没有固定的答案，可以收集到范围比较广泛、内容比较丰富的资料；第二，可以比较深入地发现和探究一些特殊问题，探询特殊群体的意见和观点；第三，比较适用于问题形式和内容复杂，需要列出较多的答案项目，或者变化情况较多的情形；第四，在研究者本人不太清楚答案时，可以由被调查者自行填写提供答案，常用于研究者对某些问题尚不清楚的探索性调查中。

当然，开放式问卷也存在一些缺点：第一，收集到的资料不标准、形式不统一，很难量化，难以进行统计分析；第二，要求研究者有较强的资料分析能力；第三，对调查对象的答题能力有一定的要求，不适合文化程度不高、文字表达有困难的调查对象，否则可能出现所答非所问的情况，收回一些无用的资料；第四，需要占用被调查者的时间相对较多，拒答率较高；第五，问卷所需的纸张多、空间大，问卷长而厚，容易引起被调查者的畏难心理。

(3) 半结构式问卷。这种问卷介于结构式问卷和开放式问卷之间，对于问题答案的设计，既可固定、标准化，也可让被调查者自由发挥。半结构式问卷吸取了结构式问卷和开放式问卷的许多长处，同时避免了两者的不足之处，因而，这种问卷在实际调查中的运用十分广泛。

2. 按资料收集方式划分

按问卷资料收集方式进行划分，可将问卷分为自填式问卷和访问式问卷两种基本类型。

自填式问卷，是由调查员通过多种方式将问卷发放到被调查者手中，在调查员不在场的情况下，由被调查者自行阅读和填答，然后由调查员通过多种方式收回问卷的一种问卷类型。访问式问卷，是由调查员携带问卷到访问地点，根据问卷的结构和问题逐一向被调查者提问，并根据其回答来填写答案的一种问卷类型。这两种类型的问卷既有联系、又有区别。它们有相似之处，例如，同样是社会调查中用来收集资料的工具，都由一系列问题组成，都有一定的问卷设计程序与原则等。但两者也有显著的区别，它们最主要的区别就在于问卷针对的对象不同，自填式问卷针对的是被调查者，而访问式问卷针对的则是调查员，具体区别主要有以下5点。

(1) 封面信的区别。自填式问卷的封面信的内容比访问式问卷的封面信的内容更为详细，有关调查的一切说明，包括问卷的回收方式等，都要通过封面信向调查对象说明；而在访问式问卷中，由于许多内容可由访问员在访问中随时解释，而且不涉及填写方式、回收方式等问题的说明，因而封面信的内容更为简单。

(2) 指导语的区别。自填式问卷中的指导语针对的是被调查者，因而内容更为详细，介绍的是填答规则；而在访问式问卷中，指导语针对的是访谈员(调查员)，内容介绍得更为深入，介绍的是访谈的操作要求。

(3) 形式复杂度的区别。访问式问卷的形式远比自填问卷的形式复杂，这是因为阅读和使用访问式问卷的人是访问员，他们往往具有较高的文化水平，经过专门的训练，事先对问卷有一定程度的了解，并有较长时间来熟悉问卷的内容和填答要求；而阅读和使用自填式问卷的则是被调查者，他们的文化水平不同，对问卷内容事先没有了解，因而其形式只能尽量简单。

(4) 问卷设计要求的区别。自填式问卷直接针对被调查者，因而问卷设计的质量和形式十分重要，其优劣直接影响资料收集质量的高低，因而，如果采用这种问卷形式，要重视问卷的设计工作，需反复推敲，精益求精；而访谈式问卷在问卷设计层面上则没有这么高的要求。

(5) 应用范围的区别。由于存在上述区别，自填式问卷和访问式问卷的应用范围有所不同，相较而言，访问式问卷的应用对象范围更广，因为它对调查对象的要求相对更低；但在实际调查中，自填式问卷的使用率更高，其主要原因是它在节省人力、经费和时间方面具有一定的优势，因而自填式问卷应用的地域范围更广。

如无特殊说明，本章介绍问卷法的具体内容时将以自填式问卷法为主。

6.2.2 问卷的结构

在社会调查中,较为常见的问卷类型是结构式问卷,无论是自填式问卷还是访问式问卷,都具有一定的结构。提起问卷,很多人的第一反应就是一组问题,毫无疑问,问卷中的问题是主体内容,但并不意味着问题及答案构成了问卷的全部。事实上,人们在长期的社会调查实践中,通过不断摸索、不断总结,逐步形成了一套较为固定的问卷结构。一份完整的问卷,主要包括标题、封面信、指导语、问题及答案、编码及其他资料等内容。虽然在地区不同、环境不同、研究目的不同、调查方式不同的情况下,问卷的结构或有变化,但绝大多数的结构式问卷都遵从了这种统一的、稳定的、实用的结构模式要求。问卷结构在调查中所起的作用是十分重要的,结构凌乱、不整齐的问卷会给研究者和调查对象带来许多额外的困难,因而需要引起我们的重视。

1. 标题

每份问卷都有一个特定的研究主题。在问卷最开始的地方,研究者应该明确一个题目,来反映研究的主题,使调查对象能够一目了然,从而明确调查的大致内容并判断是否接受调查。清楚陈述主题,有助于增加调查对象的兴趣和责任感,避免由于主题含糊不清而带来的一些误解和不信任感。例如,"我国青年的生育意愿调查"这个标题,就明确地指出了调查的对象和调查的中心内容,十分鲜明且无歧义,能够让调查对象迅速判断调查的大致内容以及是否接受这个调查。再如,"中国人民大学公共管理学院学生的专业认同感调查",也是开宗明义地指出了调查的主题和对象,使人产生信任感。问卷的标题应该是一个常识性的问题,但在实际调查中,有的研究者过于轻视这个问题,要么没有标题,要么标题内容太宽泛,或者文不对题,这些都是不可取的。

2. 封面信

人们在和陌生人打交道的时候,首先要进行口头或书面的自我介绍,说明"我是谁""有什么事情""为什么来找你"等内容,以打消对方的疑虑。和陌生人打交道一定先要有一个介绍和了解的过程,同时态度要诚恳有礼,这样才能让对方形成一种认识和心理准备,从而获取对方的信任与合作。在社会调查中,我们调查的对象常常是陌生人,也要通过一些措施获取对方的信任和合作,而获取信任和合作的有力工具之一就是封面信。

问卷的封面信,是一封致被调查者的短信,它常常被放在问卷的封面部分,因而被称为封面信。用问卷法来收集资料,尤其是应用自填式问卷法进行调查时,相当于研究者与被调查者在进行一次书面形式的谈话,是研究者通过文字和被调查者进行互动的过程。在互动之初,研究者首先应该进行自我介绍,否则被调查者无法理解研究者的意图,也就很有可能不配合调查。能否说服陌生的被调查者参与到研究者的调查中来,能否让他们放下戒备如实填答,能否让他们按照规则填答完整,能否将有效问卷收回,在一定程度上受问卷封面信的影响。尤其对于邮寄填答、网络调查等资料收集方式而言,由于调查员和被调查者之间无法直接接触并进行沟通交流,所以封面信的作用和影响更大,甚至在一定程度上讲,写得好的封面信有助于调查员获得他人的信任和配合,而写得差的封面信有时候会让被调查者对问卷采取不予理会的态度。另外,大量调查实践表明,大多数人都是在调查开始的时候就决定了配合调查还是拒绝调查,而在这短短的时间内研究者能做的主要工作就是介绍自我及研究内容。因此,问卷的开头部分,包括封面信,尤为重要。

在社会调查中,问卷的封面信主要向被调查者介绍研究者的身份和单位、调查的目的、调查的大致内容、调查对象的选取方式等,并承诺对结果保密。封面信的语言要简洁、精炼,措辞客观、诚恳,篇幅简短、不宜太长。具体而言,问卷的封面信应该包含以下5个方面的内容。

(1) 介绍研究者的身份和单位。在封面信中要说明研究者的个人身份和主办单位,也就是说明"我是谁,来自哪里"。例如,"我们是西南石油大学公共管理专业的学生,为了……"也可以用落款来说明,例如落款为"西南石油大学文法学院调查组"或"清华大学社会学系调查组"等。但是,在落款的时候一定要注意,应清晰地指出所在的正式单位,不要采用一些无法明晰身份的落款。例如,"儿童教育问题调查组""物价调查组""养老保障模式调查组"等这类署名,被调查者看到这样的落款,仍然无法了解研究者是从哪里来的、究竟是何人,这样反而增加了他们的疑惑和戒备心理,不利于调查的实施。因而,在落款和说明自己身份的时候,应该大大方方、清楚明白,写得越清楚越好、越正式越好,而不要遮遮掩掩。为了表明研究者的"襟怀坦荡",还可以在封面信后附上单位的地址、联系人和电话号码等,以展示调查的客观性、正式性和组织性,更好地消除被调查者的疑虑,给他们留下良好的印象,从而有利于获得他们的信任和合作。

(2) 说明调查的大致内容。对调查内容的说明也就是要指出"调查什么",概括说明即可。对于调查内容的说明,要注意两个事项。首先,这种说明不能太长,不能十分详细,也不能含含糊糊,甚至避而不答,应做到清楚明了、概括性强,常用一两句话来提炼研究的中心和调查的大致范围。例如,"我们正在做关于大学生专业认同感的调查""我们正在做关于我市居民对物价看法方面的调查""我们这次调查主要是想了解儿童的教育问题"等。其次,这种说明不能欺骗被调查者,不能在封面信中说明调查儿童的教育问题,而问卷的内容针对的是生育观念方面的问题,应该诚实地说明调查的大致内容。

(3) 说明调查的目的或作用。对调查主要目的或作用的说明也就是要指出"为什么要进行这项调查"。对于这种目的或作用的说明,首先应该强调它的社会价值,因为社会价值更易被大众所理解和接受。其次,还要强调它的实际作用,尤其是和被调查者切身利益相关的价值和作用,而不要在宏观层面上泛泛而谈。例如,在指出调查的目的和作用的时候,不要泛谈"为了更好地促进某理论的发展""为了更好地促进社会的进步"等,这样常会使被调查者觉得难以理解或夸大其词;而应该指出一些具体的目的和意义,如"这次调查的主要目的,是要清楚地了解我市目前的物价总体水平的现状和存在的问题,为政府部门制定相关政策提供科学的依据,进一步改善和提高我市居民的生活和服务水平",或者"我们这次调查的主要目的是深入了解企业员工对改制措施的意见,您对调查所涉及的各项措施的建议都具有很大的发言权,可以为企业改制具体措施提供重要的参考"。这样具有社会价值、实际意义的说明更容易打动被调查者,使被调查者认可调查的目的和作用,认为完成这项问卷调查是有益的事情,从而获得他们的支持与配合。

(4) 说明调查对象的选取方式。在封面信中,要向被调查者说明"依据什么标准和什么方式来选择被调查者参与调查"。对于被调查者而言,研究者及其所进行的调查属于陌生人和突发事件,人们对陌生人和突发事件或多或少地会存有戒心,这是十分正常的。因而,封面信中也要对"调查对象是如何选出来的"作简要说明,说明他只是按某种方式选出的全部调查对象中的代表之一,以消除被调查者的疑虑。例如,"我们按照随机的方法选取一部分大学生作为我校大学生的代表,您是其中的一位",或者"我们按照科学的方法从全市居民中抽取一部分居民作为调查对象,您是其中之一"。这样,就可以消除被调查者的一些戒心或不安。

(5) 保证调查不会损害调查对象的利益。在封面信中,要郑重地向被调查者保证,调查及其结果不会损害被调查者的利益,明确地告诉他们调查的匿名性和保密措施。例如,"本次调查以不记名的方式进行""本次调查不用填写姓名和联系方式,答案无对错好坏之分""我们将对调查结果的资料保密,所有个人资料都以统计的方式出现,您不必有任何顾虑"等。这样,可使被调查者明白调查的匿名性和保密措施,他的回答不会给自身带来利益损害,从而能够真正地敞开心扉、畅所欲言。因而,对匿名的说明和对个人资料严格保密的保证也是封面信中不可缺少的内容。最后,在封面信的结尾部分一定要真诚地向被调查者表示感谢。除了上述内容,在有的封面信中,还可以把问卷回收方式写进去。封面信的撰写风格应该诚恳、有礼、简洁、正式,既做到把各项内容陈述清楚,也要注意篇幅长短。

当然,上述封面信的格式和内容不是僵死的教条,每封封面信的具体内容可以有所取舍,但关键的说明应该涵盖。在实际调查中,可以根据具体调查在规模、对象、内容、目的、方法等方面的特点,撰写合适的封面信。如表6-1所示,就是一封实际调查问卷的封面信。

表6-1 封面信示例

尊敬的居民:

您好!

  汶川大地震发生以后,全国各界都给予了积极的支持。全国社会工作者,特别是四川本地的社会工作者积极介入了地震灾区的灾后恢复重建工作。为了使人们更加清楚地意识到社会工作在地震灾后恢复重建中的功能,促进社会工作专业的发展和灾后重建工作的顺利进行,我们受中国民政部委托开展本次调查。

  本次参与调查的居民是以随机方式抽取的,每位被调查者不必署名。对所有问题的回答无对错好坏之分,调查结果只作为分析研究的资料,故请您如实说明自己的情况和看法。您的回答对我们的研究非常重要,衷心感谢您的支持与合作!

西南石油大学人文社会科学学院调查组
2009年2月25日

总负责人:西南石油大学人文社会科学学院 谭祖雪教授
联系电话:028-83032606

3. 指导语

指导语就是用来指导被调查者正确填答问卷的各种解释和说明,或者是用来提示调查员正确完成调查的各种解释和说明。它的主要内容包括告知被调查者填写问卷的方法,或告知访问员完成访谈的方法,进一步解释问卷中的某些问题,对复杂问题的填答形式进行举例说明等。指导语对于问卷调查十分重要,指导语的质量能在一定程度上影响所收集的资料的质量。指导语写得简明易懂,调查对象或调查员就不容易产生疑问或歧义,能够顺利地理解研究者的意图和问卷内容,从而有助于研究者获得质量较高的资料;反之,指导语说明不清晰,调查对象或调查员就有可能不明白如何回答或误解问卷的内容，从而影响调查结果。

指导语具有多个作用：第一，它可以限定回答的范围，例如"如无特殊规定，每个问题只选择一个答案""限选三项"等；第二，指导回答方法，例如"请按重要程度排序""请在答案前的方框中打√"等；第三，指导回答过程，例如"如回答'是'请跳至第10题答起"等；第四，限定或解释概念或问题的含义，例如"家庭月人均消费是指用家庭月支出总额除以家庭人口数"等。可见，问卷中一些有可能使调查对象或调查员不清楚、难理解的地方，都可以在指导语中给予解释和说明，使之能够顺利完成调查工作。

指导语的形式、安排等问题，随问卷的复杂程度、填写的难易程度以及调查对象的文化水平等情况的不同而有所区别。有的问卷填答方式比较简单，内容容易理解，以调查对象的文化水平足可应付，指导语可以少些，甚至仅在封面信后附上几句简短的说明即可。有的问卷填答方式复杂、结构烦琐、内容不易理解，与调查对象的文化水平不太一致，则指导语就要相应增多，常需要标出专门的"填答说明"，对填答问卷的要求、方法、注意事项等进行详细说明。有些指导语还分散在某些较为复杂的问卷问题后面，对于填答要求、方式和方法进行有针对性的解释和说明，甚至在某些特别复杂的情况下，还需要举例示范。另外，在使用邮寄填答法进行调查时，往往还需要在封面信中加上一些额外的指导语，如"为了减少您的麻烦，我们为您准备了一个写好地址、贴好邮票的信封，您填完问卷后，只需按时将问卷放入信封中，封好口，投入邮筒即可"。如表6-2所示，就是一个问卷指导语的例子。

表6-2　指导语示例

填答说明

1. 填写问卷时，请不要与他(她)人商量。
2. 在您所选择的答案前面的"□"中打"√"，或在"＿＿＿"中填上适当的内容。
3. 如无特殊说明，每个问题只选择一个答案。
4. 请认真阅读填答，以免遗漏问题。
5. 问卷每页右边的竖线和数码供计算机处理时使用，您不必填写。

在指导语的设计方面，我们必须兼顾调查对象各种可能的个人特点，从"被调查者没有接受问卷调查的经历"这种假设出发，来进行操作设计，认真细致地进行解释和说明。

4. 问题及答案

问题及答案是问卷的主体。在社会调查中，使用问卷法来测量人们的特征、态度、行为及各种社会现象和社会产物，主要是以问题及答案为工具来进行的。从形式上看，问卷中的问题可以分为开放式问题和封闭式问题两大类；从内容上看，问卷中的问题可以分为特征性问题、事实性问题和主观性问题三大类。

1) 开放式问题和封闭式问题

在形式上看，问卷中的各种问题都可以归为开放式问题或封闭式问题。所谓开放式问题(Open-ended Question)，是指只提出问题，但不为回答者提供具体答案，由回答者自由填答的问题。

例6-1　你最喜欢看哪类电视节目？

例6-2　你对当前的居住环境的满意程度如何？

例6-3　你当前在工作中最主要的目标是什么？

封闭式问题(Closed-ended Question)，是指研究者在提出问题的同时，还给出若干特定的答案，让被调查者根据自己的实际情况选择回答的问题。我们对上面三个开放式问题的例子稍微修改一下，给出问题后再列出若干答案，要求被调查者根据实际情况填答，就可以将开放式问题变为封闭式问题。

例6-4　你最喜欢看哪类电视节目？
(1) 新闻节目　　　(2) 体育节目　　　(3) 科教节目　　　(4) 广告节目
(5) 文娱节目　　　(6) 少儿节目　　　(7) 其他节目_____(请注明)

例6-5　你对当前的居住环境的满意程度如何？
(1) 非常满意　　(2) 比较满意　　(3) 一般　　(4) 不太满意　　(5) 很不满意

例6-6　你当前在工作中最主要的目标是什么？
(1) 提升教学效果　　(2) 做科研，写论文　　(3) 继续攻读更高学位
(4) 努力升职　　　　(5) 提高收入　　　　　(6) 其他目标_____(请注明)

开放式问题有其特别之处，它的一个突出优点是允许被调查者按自己的方式，不受任何限制、充分自由地对问题做出回答。因而，答案能够最自然地反映被调查者各种不同的行为、态度和社会事实，所得的资料丰富生动，而且可以获得一些研究者事先未曾想到的资料。但是，它也有其自身的缺点：第一，它要求回答者具有较高的知识水平和文字表达能力，这就限制了调查的范围和对象，因为被调查者不仅要看懂问题，还要把自己的情况、行为、态度等方面用文字组织并表达出来，这并非所有的调查对象都能做到或者做好的。第二，回答开放式问题需要花费较多的时间和精力，被调查者既要自己思考答案，又要思考表达的形式及语言，还要把答案书写在问卷上，这需要花费一定的时间和精力。即使是习惯于文字表达的人，也要花费比回答封闭式问题更多的时间和精力，很容易引起被调查者的畏难情绪。第三，如果一份问卷中有很多开放式问题，被调查者在畏难情绪的引导下，就有可能不仔细填写答案，甚至半途而废，从而影响调查资料的质量和回收率。第四，对研究者来说，处理和分析开放式问题的答案比处理和统计分析封闭式问题的答案要困难得多，工作量也要大得多。在开放式问题中，答案可能非常丰富与多样化，研究者需要对其进行整理、分类和归纳，如果问卷以开放式问题为主且调查规模较大，整理、分析资料工作的难度也大。第五，开放式问题常常会产生许多与研究无关的资料。有的人不注意填答问题所使用的语言的准确性和问题的针对性，常常写下许多对调查并无作用或不大相关的话，正如在访谈中，访谈对象很有可能跑题一样。但是当在访谈中出现这种情况时，访问员可以通过各种技巧将话题拉回来，而在问卷调查中出现这种情况则无法控制，只能放任被调查者"天马行空"地填写，很有可能导致研究者浪费很多时间和精力，最终却收集到一些无用的资料。

封闭式问题的特点和开放式问题正好相反，两者形成互补关系。封闭式问题的优点是：第一，被调查者回答问题十分方便。对于封闭式问题，回答者要做的工作主要是阅读，即看懂问题、看懂答案、看懂回答方法，不需要进行过多的思考，也不用组织语言写下答案，所有答案都是现成的，只需在相应的位置上打"√"或填写即可。因此，被调查者完成问卷要容易很多，所花费的时间、精力也少得多。第二，封闭式问题的答案较为集中。由于事先给出固定的、有限的答案，因此，被调查者的回答可以集中在这几项答案中，避免出现在开放式问题中

答案内容不同但意义相同或者答非所问的情况。第三，所得的资料便于整理和进行定量分析。对开放式问题的答案进行分类和编码是极其烦琐的，而封闭式问卷的答案则不然，它的各种回答都可以通过编码转变为简单的数字，录入计算机进行数据整理，并进行定量的统计分析，所得结果的客观性更强。但是，封闭式问题也有缺点：一方面，封闭式问题存在诱导回答的倾向，特别是在民意测验、舆论调查以及涉及被调查者意见、看法的调查中，被调查者对各种问题事先从未想过、从未思考过，还没有形成自己的意见和看法的情况是经常发生的。另一方面，封闭式问题最主要的缺点就是所得的资料缺乏自发性和表现力，回答中产生的各种偏误也很难被发现。在封闭式问题中，被调查者只需要在相应答案的位置上作记号即可，但并不一定代表真实的情况，有些可能是因为没有合适的选项而随便选择一个接近的，有些可能是被调查者在对问题不理解的情况下随便填写的，有些可能是被调查者为隐瞒实际情况故意选错的，有些可能是被调查者笔误甚至完全乱填的，等等。在这些偏误中，除了少数答案可以通过数据清理找出错误并纠正以外，大部分回答的真伪难以通过记号来判断。正是由于这一点，问卷调查常常受到一些人的质疑，这也是问卷法面临的严峻挑战之一。

由于开放式问题和封闭式问题各有其优缺点，实际调查中，研究者常常会扬长避短，把它们分别用于不同目的、不同形式、不同规模、不同对象的调查中。开放式问题可以用于探索问题的范围、丰富问题的类型，当研究者对某个问题了解不多或不太熟悉时，也可以用开放式问题来收集大量详细的感性材料。封闭式问题可以用来检验假设，对现象或问题进行全面的描述或深入的解释。这两种题目类型并不冲突，在以封闭式问题为主的调查问卷中，也可以列出一两个开放式问题，放在问卷结尾，让被调查者在问卷填答结束后还有一个"自由发言"的机会，用于对某些现象或问题进行更深入的考察。这种情况还是十分常见的。

2) 特征性问题、事实性问题和主观性问题

特征性问题，即用来测量被调查者基本情况的问题。例如，"您的性别""您的年龄""您的文化程度""您的婚姻状况""您的月收入""您的政治面貌"等。这些问题也被称为特征问题或背景资料，反映与一个人的社会特征相关的社会事实性资料，这部分问题在各种问卷调查中都是必不可少的。在一项调查研究中，研究者常常需要以这些特征作为基本的自变量来描述和分析总体的各个部分在某一方面的分布情况，或解释某一现象发生的原因，是问卷中较为常见也较容易回答的问题。

事实性问题，也称为行为性问题，是用来测量被调查者过去发生的或现在进行的某些实际行为和有关事件的问题。例如，"请问你的第一份工作是通过什么方式获得的""请问您大约多长时间会去父母家一次""你参加过成人教育的学习(包括业余培训)吗"等。这类问题询问的是人们某一行为的历史、现状、程度、范围等方面的社会事实，通过对这类问题的考察，可促使研究者了解社会现象、社会事件或社会过程。这类问题是社会调查中的常见问题，相对较容易回答。

主观性问题，也称为态度性问题，是用来测量被调查者对某一事物的认识、意见、看法、态度、情感等主观因素的问题。例如，"您认为找一份好工作最主要依靠什么""当前你在生活中感到的压力大小如何""你觉得自己在朋友眼中的印象怎么样""您认为一个家庭中最好有几个孩子"等。主观性问题是问卷中的一个重要部分，因为人们考察社会现象不仅是为了描绘它，更重要的是为了说明和解释它。社会现象是人们的行为相互作用的产物，而人们的行为

是在一定的认识态度、主观动机的支配下做出的。因此,了解人们的思想、观念、认识、态度、动机等,既能说明产生某一现象的直接原因,也能揭示更深刻的社会原因。但是,由于主观性问题往往涉及个人内心深处的想法和体验,而任何人对于吐露自身真实看法都有本能的自我防卫心理,因而,相较于特征性问题和行为性问题,主观性问题的回答相对更难。关于主观性问题的调查实践,可以采用第5章介绍的指数和量表的方式进行复合测量。

5. 编码及其他资料

一份问卷除了上述几个部分外,还有一些辅助性的内容,这里主要介绍编码和实施记录。

(1) 编码(Coding)。在以封闭式问题为主的问卷中,为了将被调查者的答案转换成数字,输入计算机进行定量处理和分析,还需要对问题及答案进行编码,即赋予每个问题及答案一个数字以作为代码。编码可以在调查实施前就设计好,这被称为预编码;也可以等调查结束后再设计,这被称为后编码。在实际调查中,绝大多数问卷的编码都是预编码,预编码一般位于问卷的右侧,常用一条竖线将其与问卷正文(即问题和答案)隔开,示例如表6-3所示。在以开放式问题为主的问卷中,由于研究者不能准确预测会有怎样的回答和多少种答案,因而不能采用预编码,只能采用后编码的形式。

表6-3 问卷预编码示例

1. 您的性别 (1) □男 (2) □女	1 _____
2. 您的年龄(2013减出生年份)_____岁	2~3 _____
3. 您的民族 (1) □汉族 (2) □少数民族(请填写)_____	4 _____
4. 您的婚姻状况 (1) □未婚 (2) □已婚 (3) □离异 (4) □丧偶	5 _____

预编码的制作包括三个步骤:第一,给问题分配栏码。为了在计算机录入和统计分析阶段不出现混淆和差错,需要将不同的问题区分开来,因而要分配栏码。栏码的分配可根据问题的前后顺序来进行,同时考虑答案码值的大小(见表6-3)。第二,给答案分配码值。一般来说,一个封闭式问题至少有两个以上的答案类别,每个被调查者都必须适合且仅适合其中之一。一般情况下,码值可以按答案的序号分别编为1、2、3…,或者按其填答的数值信息进行编码。例如,在表6-3中,如果调查对象第1题填答了"女性",那么可按其答案的序号编码为"2";第2题填答了"23岁",可按其填答的数值编码为"23";第3题选择了"汉族",可按其填答的数值编码为"1";第4题选择了"已婚",可按其填答的数值编码为"2"。有关答案编码的内容将在后文定量资料的整理中具体介绍,在此不予赘述。第三,设计栏码形式。常见的形式有短横线、方框,有时也可以设计成表格,研究者可根据习惯、喜好来设计栏码。

(2) 实施记录。在正式的问卷中,开篇处留下问卷编号的位置,这对于问卷的审核与整理工作十分重要。另外,在问卷的结尾处有时需要附上调查员编号、审核编号、调查日期、被调查者合作情况等实施记录的内容,以供资料审核、工作考评和存档时使用。

6.3 问卷设计的流程

6.3.1 问卷设计的原则与标准

在进行问卷设计前，我们应该掌握一些基本原则。这些基本原则虽然不涉及问卷设计的技术与具体方法，但在某种程度上，它的重要性不亚于问卷设计的技术与具体方法。如果在问卷设计过程中，不清楚或不注意问卷设计的原则，就有可能设计出质量较差、调查效果欠佳的问卷。因而，有必要在这里介绍一下问卷设计的基本原则，并简单地总结和探讨衡量问卷质量高低的一般性标准。

1. 问卷设计的基本原则

1) 明确问卷设计的出发点

明确问卷设计的出发点，是指研究者要明确问卷设计应从调查者角度出发，还是从被调查者角度出发，即在进行问卷设计时，明确为哪一方着想的问题。这个问题十分简单，但在实际调查中常常被一些研究者忽略，由此产生了种种不利于调查实施的困难，从而影响资料的质量。

应用问卷法的实质是调查者通过问卷向被调查者了解情况、收集资料的过程，这一过程可以简单地概括为"调查者—问卷—被调查者"。由此可见，问卷在这个过程中是调查者进行研究的工具或手段，是调查者思考和设计的结果，不同的调查者可以按照自己的研究目的，设计出不同的问卷，用以收集各种特定的资料。因而，如果仅考虑"调查者—问卷"这一环节，问卷设计的出发点应该是调查者或者是研究需要，也就是说，问卷设计要围绕调查者的研究需要来进行。但是，这一过程还包含另外一半流程，也就是"问卷—被调查者"这一环节。在这个环节中，问卷是由调查者设计出来的，是向被调查者进行测量的工具。不同类型、质量的问卷，对被调查者提出的要求和影响不同，获得资料的质量也不同。被调查者是具有主观能动性的人而非机器，他们会对问卷的质量做出反应：质量较高的问卷，有可能打消被调查者的顾虑，使得他们愿意配合并轻松地进行填答；而质量较低的问卷，有可能引起被调查者的顾虑，引起他们不适并拒绝配合。因此，要想获得被调查者的配合、了解真实现象、获得高质量的资料，就必须从被调查者的角度出发，为被调查者考虑，尽量为他们填答问卷提供方便，减少困难和麻烦，否则，会出现本末倒置的情况。因此，问卷设计者必须牢牢记住，问卷设计的出发点是为被调查者着想。

在现实调查中，有一些研究者对这个原则不甚注意，在设计问卷时只从自己的研究需要出发，不为被调查者考虑，出现了一些不利于资料收集的情况，常见的有以下3种。

(1) 问卷长、问题多、填答量大。例如，1983年6月，由中国社会科学院青少年所当代中国青年职工状况调查组设计的《当代中国青年职工状况调查表》，共设133个问题，供选择的答案有3000多个，其中需要被调查者填答的有691项，还有3个开放式问题。

对于这种问卷设计，我们可以理解。从研究者的角度考虑，当然是问题越多越好、越深入越好，因为问题越多、越深入就意味着研究者可以收集到更为详尽的资料。但是，如果从回答者的角度来看，如此大题量的问卷又意味着什么呢？如果一个人认真地从头到尾阅读《当代中国青年职工状况调查表》这份问卷，需要一个小时左右的时间，真正填答更为费时、费力。我们可以想象被调查者拿到这份问卷的心情，他有多少时间、多少耐心来认真阅读和填答问卷呢？因而，这种问题过多、填答量大的问卷，很容易引起被调查者的畏难心理，从而给调查带来困难。

(2) 需要被调查者进行大量的回忆和计算。例如，问卷中有许多诸如例6-7中的问题，这些问题都是发生在实际生活中的社会行为类问题，常常需要被调查者回忆或计算，也是问卷调查中常见的一类题型。但是，这些看起来不算难题的问题，如果在问卷中出现得过多，就会带来很大的麻烦。因为这类问题需要被调查者的回忆和计算，它的实际思考量并不小，如果在问卷调查中，这类问题较多，需要被调查者进行大量的回忆和计算，那么就增加了问卷填答的复杂性。我们试想一下，被调查者对于20世纪90年代的事情能够回忆到什么程度？能否一一将去下列地方的时间较为精确地计算出来？即使是现在，可能也有很多人不会留意这些问题，需要经过一番思考和计算才能填答，更不要说20世纪90年代的事情了。因而，如果这类问题的题量较大，即使被调查者开始配合了调查，也很容易因中途受挫而出现排斥心理，从而导致乱填、错填或弃答等现象的产生。

例6-7 请问您在20世纪90年代和现在步行到你常去的下列地方，各需要多少时间？

  20世纪90年代   现在

(1) 菜市场：_____分钟   (1) 菜市场：_____分钟

(2) 公共汽车站：_____分钟 (2) 公共汽车站：_____分钟

(3) 百货商店：_____分钟   (3) 百货商店：_____分钟

(4) 副食店：_____分钟   (4) 副食店：_____分钟

(5) 饮食店(餐馆)：_____分钟 (5) 饮食店(餐馆)：_____分钟

(6) 医院(私人诊所)：_____分钟 (6) 医院(私人诊所)：_____分钟

(7) 邮局：_____分钟   (7) 邮局：_____分钟

(8) 银行(储蓄所)：_____分钟 (8) 银行(储蓄所)：_____分钟

(9) 理发店：_____分钟   (9) 理发店：_____分钟

(10) 孩子的学校(幼儿园)：_____分钟 (10) 孩子的学校(幼儿园)：_____分钟

(3) 问题形式过于复杂。在例6-8中，问题的形式就过于复杂且内容很多，同时涉及一些需要回忆和计算的行为性问题。我们可以尝试一下，自己认真阅读、回忆、计算并填答例题中的所有问题。然后进行换位思考，如果你是被调查者，你觉得这种题型容易看懂吗？填答方便吗？填答的时间长不长？如果再多几道这样的问题，你还愿意填答或者认真填答吗？答案是很明显的，这种形式过于复杂的问题，不仅不利于被调查者阅读和理解，还可能使他们因产生歧义而误答；更不利于问卷填答的顺利进行，可能出现答到一半就弃答的现象。即使勉强答完，我们也无法确认他们的回答是认真仔细的，因而获得的资料的质量也是值得怀疑的。

例6-8 现在您因为何事给哪些人送钱(礼)，大约送多少或礼品价值多少钱？

	生日	升学升职落实工作	乔迁	结婚	生子	联络感情	看望病人	丧事	找人帮忙
家人	□	□	□	□	□	□	□	□	□
多少钱	___	___	___	___	___	___	___	___	___
恋人	□	□	□	□	□	□	□	□	□
多少钱	___	___	___	___	___	___	___	___	___
亲戚	□	□	□	□	□	□	□	□	□
多少钱	___	___	___	___	___	___	___	___	___
朋友	□	□	□	□	□	□	□	□	□
多少钱	___	___	___	___	___	___	___	___	___
同学	□	□	□	□	□	□	□	□	□
多少钱	___	___	___	___	___	___	___	___	___
街坊邻居	□	□	□	□	□	□	□	□	□
多少钱	___	___	___	___	___	___	___	___	___
领导	□	□	□	□	□	□	□	□	□
多少钱	___	___	___	___	___	___	___	___	___
同事	□	□	□	□	□	□	□	□	□
多少钱	___	___	___	___	___	___	___	___	___
其他人	□	□	□	□	□	□	□	□	□
多少钱	___	___	___	___	___	___	___	___	___

从上述分析中可以看出，造成这些调查困难的原因就是研究者在设计问卷时，只想到自己的研究，而没有为被调查者着想，最终影响问卷资料的质量，甚至导致调查失败。事实上，只要研究者在设计问卷时多从被调查者的角度出发，设身处地地为他们着想，尽量为他们填答问卷提供方便，减少他们填答问卷所需要耗费的时间和精力，将问卷改为更为合理的形式和内容，这些困难是可以缓解甚至克服的。只有站在被调查者的立场，以方便被调查者为出发点，才能够设计出高质量的问卷。

2) 明确问卷调查的障碍

问卷调查能否顺利进行有赖于被调查者的配合，甚至可以说，一项问卷调查的成功与否关键在于被调查者能不能很好地与调查者合作。因此，明确中阻碍被调查者与调查者合作的各种因素，对问卷设计有着十分重要的意义。阻碍被调查者与调查者合作的因素主要有两大方面：主观障碍和客观障碍。

(1) 主观障碍。主观障碍是指由被调查者在心理和思想上对问卷产生各种不良反应所造成的障碍。问卷作为调查者与调查对象互动过程中的刺激物，会引发调查对象在心理和思想上的不同反应，设计不当的问卷可能会引发被调查者的一些不良反应，从而造成影响问卷调查的主观障碍。主观障碍主要包括以下4种情况。

① 畏难情绪。当问卷太长、内容太多、题量较大、开放性问题较多或者需要回忆、思考和

计算的问题太多时，被调查者很容易产生畏难情绪。在这种情绪支配下，被调查者或者填答不完整、不认真，或者直接放弃答题，使得问卷资料的质量不高或产生废卷。

② 顾虑情绪。当问卷调查的问题涉及某些敏感问题时，被调查者可能会担心如实填答会给自己带来不利的影响，或者不愿意将敏感问题的答案透露出来，因而产生顾虑情绪。在这种情绪的影响下，被调查者要么对问题答案有所保留，如在填写个人或家庭的收入时有所保留；要么以从众的姿态填答"正确"答案，也就是大多数人接受的答案；有些被调查者根本就不填写，以致产生废卷。

③ 散漫情绪。当调查者在设计问卷的封面信时，没有对调查的目的、意义、重要性做出说明，或者调查员对调查的目的、意义、重要性的解释不足时，容易使被调查者产生散漫情绪。在这种情绪的影响下，被调查者常常表现出对问卷调查的填答不够重视的态度，填写问卷随意马虎，这显然会大大降低调查资料的质量。

④ 缺乏兴趣。这是被调查者对问卷调查的一种最常见的反应，它往往是由问卷内容脱离被调查者的生活实际，所用语言与被调查者的社会文化背景相差太远，或者问卷设计复杂凌乱等造成的，从而降低了问卷对被调查者的吸引力，不能引起他们填答问题的兴趣。在这种情绪的支配下，被调查者常常对问卷采取不予理会的态度，这是问卷回收率低的主要原因。

(2) 客观障碍。客观障碍是指被调查者受自身的能力、条件等方面的限制而形成的障碍。应用问卷法时，在很多情况下对被调查者回答问题的能力和条件提出了一定的要求，同时调查环境因素也会对问卷填答造成影响。研究者在设计问卷时不仅要考虑可能遇到的主观障碍，还要考虑被调查者的特点和环境特点，尽量减少调查的客观障碍。常见的客观障碍主要有以下5种情况。

① 阅读能力的障碍。在自填式问卷法中，被调查者认真、如实填答问卷的一个基本前提，就是他能看懂问卷中的问题，因而这种方法对调查对象的阅读能力有一定的要求。在实际调查中，对于一部分文化程度较低的被调查者而言，如果问卷设计的形式较为复杂、语言较为抽象，就很有可能看不懂问题，即使他有心配合调查，也无力提供真实答案。因此，研究者要明确调查对象阅读能力的一般水平。

② 理解能力的限制。被调查者对调查目的、意义、内容的理解程度和对填答问卷方式的理解程度，会直接影响他们填答问卷的态度和效果。个体对事物的理解能力是有区别的，不同的调查对象对同一问卷的理解可能也会产生差别。之所以会产生这种理解能力的差别，不仅是受到个人文化程度的影响，而且受到社会生活环境和个人成长经历等方面的影响。因此，研究者要明确调查对象理解能力的一般水平。

③ 表达能力的限制。访谈式问卷或开放式问题的回答，要求被调查者具有一定的表达能力。如果被调查者的表达能力不强，就有可能会出现表错本意、表达不完全、表达不清楚甚至完全无法表达的情况，从而导致所得资料存在缺陷，影响调查的成果。因此，研究者要明确调查对象表达能力的一般水平。此外，调查员(访问员)应注意运用访谈技巧。

④ 记忆能力的限制。如果问卷中涉及需要被调查者回忆的问题，那么他们的记忆能力也会影响调查资料的质量。在问卷调查中，常常涉及一些需要被调查者回忆的行为性问题，但并不是每个人都能回忆起自己所经历的各种事情，也并不是每个人都愿意去回忆。因而，在问卷设计中，研究者要明确被调查者的一般记忆能力以及记忆的准确性程度。

⑤ 计算能力的限制。涉及计算能力的问题与涉及记忆能力的问题类似，如果问卷中涉及需要被调查者计算的事项，那么他们会不会计算、能不能精确计算、想不想去计算，都会影响调查资料的质量。如果问卷中涉及计算的问题过多，或者计算过程过于麻烦，被调查者可能会失去耐心，出现乱填、弃答的现象。因此，研究者在设计问卷时，应尽可能简化这类问题，最好只询问原始的、简单的、被调查者容易回答的问题。

通过上述分析我们可以看出，研究者只有在明确调查过程中可能遇到的各种主观障碍和客观障碍的基础上，才能在设计问卷的过程中，尽量减少甚至排除这些可能产生的障碍，设计出高质量的问卷。

3) 明确问卷设计的综合因素

问卷不仅仅是一组问题，它是多种因素共同作用的产物。在问卷设计过程中，研究者还要综合考虑调查目的、调查内容、样本性质、资料的处理与分析方式以及时间、经费和人力等因素。

(1) 明确调查目的。对于任何一项问卷调查而言，调查目的是整个调查的核心，所有的研究设计都应该围绕这个核心来进行，因而，调查目的决定了问卷的内容和形式。如果调查目的只是大致了解某一现象的基本情况，那么问卷设计应以访谈问卷为主，或设置一部分开放式问题；如果调查是为了知晓某一现象的一般状况，那么问卷设计应主要围绕被调查对象各个方面的基本事实来进行；如果调查目的不是探索和描述，而是要针对某一问题做出深入的解释和预测，那么问卷设计就要紧紧围绕研究假设和关键变量来进行，问卷中的问题要受到研究假设的严格制约。

(2) 明确调查内容。调查内容也是影响问卷设计工作的一个主要因素。如果调查内容对于被调查者来说比较熟悉，容易引起他们的兴趣，或者不会对他们产生心理压力，那么问卷设计工作就相对容易一些，问卷的内容也可以相对多一些、深入一些；相反，如果调查内容对于被调查者来说比较陌生，不容易引起他们的兴趣，或者可能给他们带来一些心理压力，那么问卷设计工作的难度就相对大一些，问题应简单、委婉一些，问题的数量也相对要少一些，措辞要更加小心、严谨。

(3) 明确样本性质。样本性质即样本的构成情况，它对问卷设计工作同样有着较大的影响。研究者要明确构成调查样本的调查对象的特点，例如他们的年龄、文化程度、性别、政治面貌等方面的情况，以及彼此之间差异的大小等，这样才能根据样本性质来设计问卷的内容。如果调查对象的文化程度较高，问卷设计的形式就可以复杂一些，问题的数量也可以多一些；反之，如果调查对象的文化程度较低，问卷设计的形式就要简单一些，数量也不要太多。

(4) 明确资料的处理与分析方式。研究者在设计问卷时必须考虑资料的处理与分析方式，不同的资料处理与分析方式，对问卷设计有不同的要求。如果资料的整理主要通过人工方式进行，那么问卷中的问题数量要相对少一些；如果资料的处理可以利用计算机来进行，那么问卷的内容可以多一些。如果研究者主要采用定性的分析方法，那么问卷设计可以开放式问题为主；如果主要采用定量的分析方法，那么问卷设计可以封闭式问题为主。

(5) 考虑时间、经费和人力。调查时间的长短、调查人员的多少、调查经费的多少都是影响问卷设计的因素。如果调查时间、经费和人力比较充足，问卷可以设计得长一些、复杂一些、深入一些；反之，如果调查时间、经费和人力比较有限，那么问卷就要设计得短一些、简单一些、浅显一些。

2. 评价问卷的标准

结合问卷设计的原则，我们来总结一下评价问卷质量的一般性标准。

(1) 具有合适的信度和效度。信度和效度是衡量测量质量的重要指标，也是衡量问卷质量的重要标准。一份高质量的问卷，应该在信度和效度之间取得一种平衡，建立一种合适的信度和效度关系。问卷越是在准确性和稳定性方面取舍得当，质量就越高。在具体的问卷设计中，研究者要确保每一个问题都在测量我们想要测量的变量，并且要努力使这种测量不会因时间、地域和对象的变化而发生改变，即提高效度和稳定信度。

(2) 适合研究的目的和内容。问卷作为一种资料收集工具，是为完成调查目的而服务的。因此，评价一份问卷优劣的关键标准，就是看它是否能够满足调查目的的需要，是否密切地围绕它想要调查的内容。问卷越是密切围绕调查内容，就越符合其调查目的，其质量也就越高。

(3) 适合调查对象。调查对象是问卷设计的出发点，一份高质量的问卷具有适合大多数调查对象的特点。在实际社会调查中做到这点并不容易，因为人们在职业、经济状况、文化程度、心理状态等方面的特点常常是不尽相同的，所以，在设计问卷时，要兼顾这些现实存在的差别，设计出能够让大多数调查者顺利填答的问卷。

(4) 问题集中精炼。在社会调查中，常常会研究一些抽象层次比较高的变量，因而询问的问题较多。但这并不意味着问卷越长越好，事实上，问题应该集中而精炼，紧紧围绕研究者想要了解的事物，而不要贪多求全。一份高质量的问卷，应该没有一个多余的问题，也就是说，问卷中的每一个问题都是不可取代的。

6.3.2 问卷设计的步骤

问卷设计并非一蹴而就，它的具体步骤包括准备性工作、设计问卷初稿、评估问卷、编排问卷、定稿并印刷。

1. 准备性工作

准备性工作也称为探索性工作，一般由问卷设计者亲自去做，它是问卷设计的起点。一般来说，设计一份调查问卷，第一步工作并非编写题目和答案，而是要进行一些资料收集的准备性工作，先大致考察调查对象和研究现象的情况，以便对各种问题和可能的答案有基本的了解。开展准备性工作常见的做法是：问卷设计者先融入调查对象的生活背景中，或者和调查对象相似的生活背景中，围绕研究的主题，以自然、融洽的方式，和各种对象交谈，并留心观察他们的特征，通过非结构式观察和非结构式访谈进行资料收集工作。同时，研究者还可以结合各种设想对不同类型的回答者进行比较，从中既可获得对问题提法、语言、回答种类、问题数量与顺序等内容的初步印象，还可以对封面信的设计、降低拒答率等方面形成有价值的认识，以便于在后面的实际问卷设计工作中少走弯路，避免设计出不符合实际情况的问题和答案。这种探索现象本质、探索问题提法和答案类型的准备性工作，可以根据不同的研究内容、不同变量而分成若干阶段进行，在某个阶段集中完成一个方面的问题及答案，等到各个阶段都结束后，问卷各个部分的问题和答案在设计者的脑海中就已经初步形成，正式设计问卷也就水到渠成了。经过准备性工作产生的问题和答案比那些跳过准备性工作、直接凭借研究者个人经验和主观分析想出来的问题和答案显然要更符合实际情况，可见，准备性工作是问卷设计的前提和基础。

2. 设计问卷初稿

当准备性工作结束后，研究者对研究的目的、框架以及研究涉及的主要问题和答案已经形成了初步的认识，接下来就可以着手进行整合性的问卷设计工作了。这是将头脑中比较零散的、初步的问题和答案，整理成系统的、确切的问题和答案的过程。它既涉及各种问题的具体表述和答案安排等方面的内容，也涉及问题的排序和问卷的结构等方面的内容，还要兼顾被调查者的答题心理，尽量排除干扰问卷填答的各种影响因素，等等。因此，需要研究者具有全局性视角并使用统筹兼顾的办法。设计问卷初稿的工作可以采用两种方式来进行：一种是以归纳的方式进行问卷设计的卡片法，另一种是以演绎的方式进行问卷设计的框图法。

从思维的角度来讲，归纳法是指通过个别事实推演出一般原理的逻辑思维方法，它的客观基础是个性和共性的对立统一，个性中包含共性，通过个性可以认识共性。但是，个性中有些现象反映本质，有些则不反映本质，有些属性为全体所共有，有些属性则只存在于部分对象之中，这就决定了通过个性概括的结论不一定是事物的共性，也不一定抓住了事物的本质。从问卷设计的角度来讲，用归纳法设计问题及答案，是一个由个性到共性、由特殊到一般的过程，是一个由了解现象到反映本质的过程。在具体操作时，常常使用卡片法来进行，它的步骤是：第一步，根据研究者在准备性工作中得到的资料，将问卷中的各个问题及其答案分别写在一张张卡片上，注意每张卡片只写一个问题及答案；第二步，按照卡片上的问题内容对所有的卡片进行分类，把询问同一类事物、同一方面内容的卡片堆放在一起；第三步，按照一定的逻辑结构和设计要求，对每堆卡片中的问题按顺序进行排列；第四步，根据问卷整体的逻辑结构和设计要求，对所有问题按顺序进行排列，使全部卡片中的问题形成一个系统性的整体；第五步，对照问卷问题设计的原则和答案设计的原则，考虑问题相互关联性和顺序性以及阻碍问卷顺利填答的主客观因素等，对问卷进行调整，并在此基础上形成问卷初稿。卡片法是一种从具体问题开始，然后到部分，最后到整体的过程。它实施起来较为简单，因为现象的资料相对较容易获得，尤其是已经有了诸多问题及答案，所以它的主要工作更侧重于对问题进行分类和微调、调整顺序、修改结构等方面。而且，这种调整也十分方便，要改变某一问题的位置，只需要将写有这一问题的卡片拿出，放到新位置即可。但是卡片法也存在不足，这也是归纳法自身的缺陷，即很难从整体上对问题和答案进行安排、调整和修改，有的时候可能会漏掉研究现象或变量中比较重要的层面。

和归纳法相反，演绎法是通过一般原理推演出个别结论的思维方法，由于它的应用前提是普遍的原理、理论和公理，因而其结论带有必然性而非或然性。从问卷设计的角度来讲，用演绎法设计问题及答案，是一个由共性到个性、由一般到特殊、由抽象到具体的过程。在实际操作时，常常使用框图法来进行，它的步骤是：第一步，根据调查的目的和调查的主要变量，制作整个问卷各个组成部分的结构及其逻辑顺序的框架图；第二步，结合在准备性工作中收集到的资料，在框架图中具体写出每个组成部分中的具体问题及其答案，并按照一定的设计要求排列好这些问题的顺序；第三步，结合被调查者在问卷填答过程中可能产生的各种主客观障碍，反复考虑问题之间的联系和前后顺序、问题及答案的形式等，不断进行检查和调整，在此基础上形成问卷的初稿。框图法是一种从基本理论或概念开始，然后到部分，最后到具体问题的过程，其本质可以理解为一个操作化的过程。它实施起来较为复杂，因为要获得有关现象或变量的系统认识，而这种对事物共性的认识是较为深刻的，不像现象资料那么容易获得，并且它对问题的排序和调整也较为困难。但框图法的优势也十分明显，就是更好地反映了事物的内在结构，不易忽略某一重要的层面，这也是演绎法自身所固有的优点。

为了更好地进行问卷设计，研究者可以将卡片法和框图法结合起来，尽量发挥两者的优势，避免两者的不足，具体做法是：第一步，根据研究的目的和主要变量，列出整个问卷各个组成部分的结构及其逻辑顺序的框架图；第二步，按照研究者在准备性工作中得到的资料，将问卷中的每一个问题及答案分别写在一张张卡片上；第三步，在框架图的各个部分中，安排卡片并调整结构和顺序，按整体结构将各部分卡片首尾相连；第四步，结合被调查者在回答问题的过程中可能产生的各种主客观障碍，反复调整问题的顺序、问题及答案的形式等，在此基础上形成问卷初稿。

3. 评估问卷

问卷的初稿是由问卷设计者从自身的认知过程出发而设计出来的，这种问卷不能直接用于实际的调查，应用之前应开展评估问卷工作。具体的评估方法包括焦点小组讨论、深度访谈和试调查。

1) 焦点小组讨论

焦点小组讨论就是采用小型座谈会的形式，在主持人的引导下对问卷主题进行深入讨论，从而获得对有关问题的深入了解。焦点小组讨论是一种群体互动，在群体情境下，个人受到刺激后会做出反应，同时形成对其他人的刺激。在这种群体讨论中，要鼓励成员针对主题进行详尽的讨论，这样成员就会接受多种刺激，进而做出多方面的反应，并由此产生更多的信息。

以焦点小组讨论法来评估问卷，首先要选择一组讨论成员，通常是从调查对象中选出一组人，并且最好是不同类型的人，这样研究者可以多听听不同人的声音，使自己对将要调查的事物及人们对事物的看法有更多的了解，从而确定目标、形成题目，修改问卷的设计。一方面，可以帮助研究者弄清楚调查对象对调查主题的不同理解和认识状况，把握现实生活的复杂性；另一方面，可以帮助研究者把握问卷中有关遣词用语的合适性，以及调查对象对一些抽象概念的理解程度，使他们更准确地选择概念和词语。此外，以自由方式进行的小组讨论常常会使研究者得到一些意想不到的收获。

2) 深度访谈

研究者除了可以利用焦点小组讨论的方式来评估问卷外，还可以借助深度访谈进一步对问卷进行评估。因为应用焦点小组讨论法评估问卷时，比较侧重于评估一般性问题，不太关注题目答案或者特定文字及其难度等细节问题，而这正是深度访谈关注的重点。

深度访谈是一种无结构的、直接的、一对一的访问形式，通常是将被访者带到能录制和观察访问过程的特殊环境(实验室)中进行的，因此也被称为实验室访谈。它一般需要花费相对较长的时间来收集资料，问题探查深入，通过连续询问鼓励访谈对象阐述、解释所作的回答，并主要通过归纳的方法整理资料进行推论。在这种方法中，一般由掌握高级访谈技巧的调查员来担任访问员，对按一定标准选择的具有代表性的调查对象进行深入的访谈。访谈的目标是找出那些并非所有被调查者都能理解的题目，以及被调查者无法按研究者预期回答的题目。根据深度访谈得来的资料，研究者就可以对问卷进行相应的调整和修改。

3) 试调查

焦点小组讨论和深度访谈仍不能涵盖问卷设计的所有层面，在进行正式调查之前，试调查是掌控问卷质量必不可少的环节，尤其是对于大型社会调查更是如此。对问卷的试调查主要有两种方法：一种是客观检验法，另一种是主观评价法。

(1) 客观检验法。具体做法是，将问卷印制若干份(20~50份，大型调查可酌情增加)，然后让有经验的调查员基于方便和有效性的原则，选取少部分类似正式调查对象的被调查者，用初稿对其进行问卷调查。调查结束后，调查员和研究者一起，以小组讨论的方式报告对题目的评估结果，从中发现问题并进行调整和修改。客观检验法的主要评估指标有回收率及有效回收率、填答情况、题目数量分析。

① 回收率和有效回收率分析。对回收率的分析：如果试调查的回收率较低，那么说明问卷设计中存在较大的问题，影响了问卷的回收情况。对有效回收率的分析：有效回收率是指剔除各种废卷后的回收率，它可能比回收率更能反映问卷初稿的质量，因为如果试调查收回的废卷越多，说明被调查者的填答质量越差，也就意味着问卷初稿中的毛病可能越多。

② 填答情况分析。对填写错误的分析：试调查中主要的填答错误有两类：一类是填答内容的错误，常常是由被调查者对问题含义不理解或误解造成的，这说明问卷中可能存在问题用语不准确、不清晰，含义不明确、不具体的情况；另一类是填答方式的错误，这主要是由问题形式过于复杂、指导语不明确等原因而造成的。对填答不完全的分析：试调查中填答不完全的情况也可以分为两类：一类是对问卷中某几个问题普遍未回答，这可能是因为这几个问题在设计时存在导致被调查者弃答的因素，因此要仔细检查，分析大部分被调查者未作回答的原因，然后改进；另一类是从某个问题开始，后面部分的问题都未回答，那么除了分析这个具体的问题是否存在让被调查者"卡壳"的因素以外，还要看看问卷的整体内容和结构是否存在过于复杂的情况。

③ 题目数量分析。题目数量分析也就是对被调查者填答问卷所花费的时间进行比较分析。一份问卷应该包括多少内容，应该依据调查的内容、调查性质、分析方法、研究者的主客观条件和能力等因素来决定，没有固定标准。但一般情况下，问卷填答花费的时间不宜过多、问卷不宜过长，通常以被调查者能在20分钟之内完成为宜，最多也不要超过30分钟。问卷太长往往会引起回答者心理上的畏难情绪，从而影响填答的质量和回收率。当然，如果研究的经费和人员相当充足，能够向每一位被调查者赠送一份小礼物，或者问卷本身的质量比较高，调查的内容是调查对象熟悉的、关心的、感兴趣的事物，在这种情况下问卷可以适当长一些；反之，问卷则不能过长，要尽可能地简短。在试调查结束后，调查员可以小组讨论的方式向研究者报告调查对象填答问题的时间和题目的数量是否合适，研究者可依此对问卷中的问题进行取舍。

(2) 主观评价法。具体做法是，将设计好的问卷初稿印制若干份，分别送给该研究领域的专家、研究人员以及典型的被调查者，请他们直接阅读和分析问卷初稿，并根据他们的经验和认识对问卷进行评论，指出不妥之处。例如，我们打算进行一项有关某市就业歧视状况的调查，在把问卷初稿设计打印出来后，可以将它们分送到该市劳动局和人事局的工作人员、就业者、待业者、研究就业问题的专家学者等人的手中，请他们从各自的角度对问卷中的问题进行填答、检查和评估,然后调查员和研究者以小组讨论的方式汇总他们的意见,报告对题目的评估结果,从中发现问题并进行调整和修改。

4. 编排问卷

题目和答案的设计是问卷设计的重点,但文件的编排和格式化也是不能忽视的重要方面。一份整齐的、结构合理的问卷,有利于被调查者顺利填答;相反,一份凌乱的、结构不合理的问卷,可能使被调查者望之生厌。另外,由题目的排序产生的顺序效应也会引起被调查者的不同心理反应,合理安排问卷的题目顺序能够有效提高回答率和降低偏差产生的可能性。因此,问卷设计还包括编排问卷结构和题目顺序的工作。

1) 编排问卷的结构

问卷的结构在上文已经介绍过,一份标准化的问卷应该包括题目、封面信、指导语、问题及答案、编码及其他资料。在这个阶段,要严格按照上述要求进行设计和修改,并使问卷的排版整齐美观,特别需注意不要让卷面显得过于拥挤。有的研究者希望能用较小的篇幅调查较多的内容,于是将几个题目挤在同一行里,在这种情况下,被调查者可能读完前面的问题就转到下一行了,从而忽略了后面的题目,反而会降低填答的质量。因此,一个美观宽松的版面,不仅有助于提高问卷阅读的流畅度,而且能减少填答错误,提高调查资料的质量。

2) 编排问卷题目的顺序

在问卷中,问题前后顺序的编排要遵循一定的逻辑结构关系,原则上要把同一层面的问题集中放在一起,这样问题的内容比较接近,有利于被调查者阅读、回忆和填写。但同时必须考虑被调查者阅读和填答问卷的心理特点,以免影响或阻碍问卷调查的顺利进行,因而,需要按一定规则对问卷题目的顺序进行编排。一般来说,主要的编排规则有以下6点。

(1) 把简单易答的问题放在前面,把复杂难答的问题放在后面。简单易答的问题能够使被调查者很容易地进行阅读、回忆和填答,这样就可以产生轻松的感觉,为继续填答开个好头。如果一开始就设置一些复杂难答的问题,被调查者阅读、回忆和填答十分费力,那么很容易引起他们的抵触、厌烦等消极情绪,从而影响后面问题的填答质量。

(2) 把能引起被调查者兴趣的问题放在前面,把容易引起他们紧张或产生顾虑的问题放在后面。如果问卷开头的一批问题能够引起被调查者的兴趣,就容易吸引他们的注意力,调动起他们填答问卷的积极性;反之,如果问卷开头的一批问题比较敏感或者涉及一些个人隐私,让被调查者产生紧张的情绪或者有所顾虑,那么很容易导致被调查者产生强烈的自我防卫心理,产生抵触甚至是反感的情绪,从而影响问卷调查的顺利进行。

(3) 把被调查者熟悉的问题放在前面,把他们感到生疏的问题放在后面。一般来讲,人们对自己熟悉的问题总能发表一些意见与看法,这样填答起来比较容易;而对于自己感觉生疏的问题,往往没有什么意见或看法,说不出所以然。如果把这类问题放在问卷的前面,很容易导致被调查者"卡壳",从而产生畏难心理,无法顺利填答问卷。

(4) 把行为方面的问题放在前面,把态度、意见、看法方面的问题放在后面。因为行为方面的问题基本上是客观的、具体的问题,除了涉及大量回忆和计算性的问题外,绝大多数行为方面的问题是较容易回答的;而态度、意见、看法方面的问题是主观的,很多是隐私性、敏感性问题,人们常常不愿意在别人面前表露出来。如果一开始就询问主观问题,可能会引起被调查者的戒备情绪和抵触情绪，从而引发拒答的情况。

(5) 个人背景资料，一般放在结尾，但有时可以放在开头。个人背景资料常常是有关个人特征的，例如年龄、性别、民族、婚姻状况、职业、收入等，这部分资料属于个人隐私性资料，有时候对部分调查者而言也属于敏感问题，因此一般放在问卷的结尾，以免对被调查者造成心理压力，影响后面问卷的填答。但是，个人背景资料也是社会调查中最常用、最主要的自变量，如果调查中缺乏这方面的资料，那么问卷实际上也会被视为废卷处理。同时，个人背景资料虽然可能涉及敏感问题，但它也是被调查者最熟悉、最容易填答的问题。因此，在许多社会调查中，只要个人背景资料涉及的内容不十分敏感，在封面信中重点强调匿名和保密后，也可以将这部分内容放在问卷的开头部分。

(6) 把封闭式问题放在前面，把开放式问题放在后面。封闭式问题既提出了问题，又给出了可供选择的答案，对于被调查者而言相对容易填答，花费的时间也较短；而开放式问题只提出了问题并没有给出答案，需要被调查者花费较多的时间思考、回忆、组织语言进行填答，回答起来相对较为困难。这类困难问题无论是放在问卷的前面还是中间部分都是不太合适的，都容易导致被调查者"卡壳"，会影响他们填答问卷的信心和情绪。只有放在问卷的末尾才是比较合适的，当被调查者填答完问卷的其他部分问题后，由于只剩下极个别的开放式问题，多数人还是能够再多费点时间完整地填答问卷的，即使被调查者不愿意填答开放式问题，但是在其他封闭式问题已经回答完毕的情况下，也不会对调查过程和结果产生太大影响。

5. 定稿与印刷

在按照上述步骤设计问卷初稿，认真寻找问题和错误并逐一修正，调整问卷的结构与排版后，就可以形成问卷的定稿。问卷定稿后，最好还是要先试用，并对校样反复检查修正，保证卷面中没有错误和不妥，才能送去印刷，并最终形成正式的调查问卷。

6.4 问题及答案的设计

6.4.1 问题设计的原则

设计问卷中的问题，应遵循以下几项一般性原则。

1. 内容合适

在设计问卷问题的时候，问题的内容不仅要满足研究者的调查需求，而且要适合被调查者，主要体现在以下5个方面。

(1) 要向调查者提问他能够准确回答的题目，避免提出超越被调查者回答能力的题目。例如，要询问人们对于家庭养老和养老院养老的意愿，这是被调查者能够回答的问题，而且答案也比较可信；但如果要询问人们对于我国养老保障制度或者养老基金管理方面的问题，那么可能就超出了一部分被调查者的回答能力范围，他们对此不了解，因而回答的结果也不甚可靠。

(2) 设计题目时，尽量不要让被调查者预测自己对未来或假设情境的反应，因为对于没有实际经历或体验的情况，被调查者不一定能够对自己在假设情境下的行为、感受、反应做出预测，可能会产生一些不符合实际情况的答案。如果因研究需要一定要问类似的问题，最好也要让被调查者感受一下假设情境。例如，询问某饮料的购买意向，那么最好能让被调查者先品尝一下，而不要只作文字询问。

(3) 不要在题目中简单地让被调查者说明事情发生的原因。因为一件事情的发生，可能是由多种因素共同作用的结果，直接向被调查者询问事情发生的原因，得到的不一定是真实的因果性资料，可能只是被调查者心目中认同的影响因素而已。对事情进行因果分析，必须要依赖多方面的资料。例如，要考察某地区性别比失调的原因，人们的性别偏好、重男轻女思想可能是主要原因之一，但绝非唯一的原因，其他的一些因素，如家庭收入、养老、文化习俗、政策制度、科技手段等，都可能成为影响因素。因此，在设计题目时，应该多问一些被调查者能够可靠回答的问题，这样才能够根据可信资料分析变量之间的相关关系和因果关系，这种结论比通过直接询问被调查者对于事情发生原因的看法而得出的结论要更有价值。

(4) 最好不要让被调查者提供解决问题的方法。对于一个问题的解决，尤其是对复杂问题的解决，需要以多方面的信息为依据，而在实际问卷调查中，问卷的篇幅有限，常常无法提供如此大规模的信息。此外，研究者之所以在问卷中询问某一问题的解决方法，大多是因为研究者自身对此不太清楚，那么更不能高估绝大多数被调查者对这个问题的认识程度。因此，对于问题的解决办法，最好是研究者在对相关信息进行研究分析的基础上提出来的，而非通过直接询问被调查者得到的。

(5) 不要直接询问敏感问题。当问卷题目涉及对被调查者而言比较敏感的内容时，如询问某些个人隐私或对顶头上司的看法，会引发人们本能的自我保护心理。因此，如果直接询问这类敏感问题，可能会引发比较高的拒答率。对于这类问题，最好采取间接迂回的询问方式，而且措辞要委婉。

2. 措辞清楚

问卷题目的措辞要尽量简单、清晰、精短，尽可能口语化，提问题所使用的语言应便于被调查者阅读和理解，主要应注意以下3个方面。

(1) 措辞要尽可能通俗易懂，不要使用专业术语或者缩略语。专业术语是某个特殊专业人群所使用的通用语言。例如，化学中的各种元素的称号、社会学中的社会互动、社会心理学中的罗森塔尔效应等，这些专业术语对于绝大多数被调查者而言是陌生的，他们对此并不理解或者没有统一的认识。缩略语是词语的一种简便写法，例如"SUV"代表了运动型多用途汽车，而这对于被调查者而言很可能是不知道的词汇和语法。问卷中问题所采用的语言要通俗易懂、简单明了，应使用口语化的方式，例如广播、电视上的语言或日常生活中的语言。如果问题中无法避免地涉及专业术语或缩略语，也要注明它们的含义，让被调查者对此有正确的认识。

(2) 要避免使用语义模糊不清的词语。在实际生活中，人们对于一些词语的解释是有所区别的，例如对于"收入"这个变量，有的人就是指月薪、年薪，有的人认为收入要加上奖金，有的人认为收入还应该算上通过出租房地产等获得的报酬等。有的人在计算收入这个变量的时候按税前统计，有的人按税后统计等。收入作为社会调查中一个常见的变量，可能对不同的调查者而言是有不同含义的，如果不能统一这个变量的含义，那么就可能出现由于众人的收入标准不一致而带来的数据偏差。因此，在社会调查中，这类会使人产生不同理解的、语义模糊不清的变量不能直接用于问题中,对于上例,正确的做法是具体解释清楚本次调查究竟想要了解哪一种收入,例如"请问您去年税后的月平均收入是多少?(包括工资、奖金和其他收入来源)"。另外一种语义不清的情况常由词语本身就可以作多重解释所致,例如"您是否定期检查身体",这里的"定期",对于不同的人而言可以有不同的理解,有的人理解为一两个月、有的人理解为半年、有的人理解为一年,他们所理解的定期的频次显然是有很大区别的,因此可以将问题修改为"您每半年检查几次身体"。可见,为了提高问卷填答的质量,避免可能出现的偏差,应尽量使用含义清楚、明确的词语,使被调查者对此有清晰的、统一的理解。

(3) 要避免使用否定形式的题目。在日常生活中,除了某些特殊情况外,人们常常习惯于用肯定的形式来表述自己的想法,而否定形式甚至双重否定形式不符合人们的思维习惯,也会增加题目的难度。例如,人们习惯于肯定的提问方式"您赞成企业改制吗",而不习惯否定的提问方式"你不赞成企业改制,是吗",更不用说双重否定的提问方式"你不会不赞成企业改制,对吗"。对于否定形式的问题,如果被调查者从惯性思维出发,没有认真、仔细地阅读题目,很可能漏掉问题中的"不"字,从而造成对题意理解的扭曲;对于双重否定的形式,需要被调查者进行思考,有时常导致他们混淆题意,从而造成理解的偏差;而肯定形式则简单很多,理解起来并不困难,也不容易造成误解。

3. 一次问一件事情

设计问卷题目时要避免出现双重负载的情况,即一个题目只能询问一件事情,而不能同时询问两件(或多件)事情,这是一个经常被提及的设计原则,否则会增加被调查者回答的困难,还会造成研究者分析的困难。但即使是经验丰富的研究者,也难免犯这类错误,在询问问题的时候出现一题二问或者一题多问的情况。例如,"请问您父母的职业是什么",在这个题目中就包含两个问题,即"请问您父亲的职业是什么"和"请问您母亲的职业是什么"。正确的做法是把这道题目一分为二,设计为两个问题,就可以解决双重负载的问题。需要注意的是,例题中的双重负载现象比较明显,而在现实社会调查中,题目的双重负载现象大多是以比较隐蔽的方式出现的,常常由在题目中包含不合理的假设或隐含限制条件所致。为避免出现这种问题,应注意以下两个方面。

(1) 避免在题目中设定不合理的假设。研究者为了获得被调查者对于某些变量间关系的看法,可能会在询问某个变量的时候,以一种假设前提的形式去询问另一个变量。例如,"在目前的经济形势下,你认为投资房地产好吗",研究者的本意是了解人们对房地产的投资意愿,但是在问题中,后半句是关于了解人们意愿的提问,而前半句还要求被调查者分析当前经济的形势,只是没有直接在题目中明确地问出来而已。因此,这个题目实际上涉及两件事情:经济形势分析和房地产投资意愿。对于这类问题,最好的方法是将其拆分为两道题,分别进行询问,然后通过变量之间的统计分析来确定两者的关系。

(2) 避免在题目中隐含限制条件。在某些"一题二问"或"一题多问"的题目中,虽然没有设定不合理的假设,但存在隐含的限制条件,这些限制条件使得题目中的答案只对部分被调查者适用。例如,"在过去一个月,您是否参加过社团活动以增强自己的社交能力",学生在高校里参加社团活动的主要目标之一,是提升自己的社交能力,但这并非唯一的、绝对的目的。如果将被调查者划分为三类人——从未参加过社团活动的人,参加社团活动来提升自身社交能力的人，为达到其他目的来参加社团活动的人，那么这个题目实际上只适用于第二类人群。因为第一类人群的否定回答，并不意味着他没有从事其他可提升社交能力的活动；第三类人群的肯定回答，也不代表他参加社团活动的目的是提升社交能力，也许是由于学习的需要、完成老师规定的任务或者情感需要等。

4. 客观公正

设计问卷的问题时应该遵循客观公正的原则，不要带有某种引导性、倾向性或偏袒性，即不能让被调查者感到应该填什么或者感到调查者希望他填什么，否则会极大地损害资料的质量。在实际设计问题时，要特别注意以下3种情况。

(1) 避免在题目中使用带有引导性的语句。合适的题目语句能够让被调查者觉得选择所有答案都是正当的，都不是错误的；而引导性的语句常通过措辞用语，引导被调查者选择某一个答案或某一个方向的答案。例如，"您不抽烟，是吗"，就显然使用了引导性语句，它给了被调查者一个暗示，即"不抽烟是调查者心目中正确的事情"，这会对他们回答问题形成诱导。如果将题目修改为"您抽不抽烟"这种更符合被调查者的思维和答题习惯的问法，被调查者的答案可能就会发生变化。另外，在设计题目时不要引用权威的语言，因为人们常有服从权威的社会心理。例如，"大多数医生认为吸烟容易导致肺癌，您是否赞成这个观点"，这个问题引入了医生的观点，对一般人而言医生是这方面的权威，自然比较推崇他们的观点。如果将题目改为"有的人认为吸烟会导致肺癌，您是否赞成这个观点"，被调查者的答案就可能会发生改变。

(2) 避免在题目中使用带有倾向性的语句。设计题目时，应该使用中立性的语言、中立性的提问方式，一些情感性较强的字眼或许会影响被调查者对题目的理解和对答案的选择。因此，在设计问题时要尽量避免使用带有情绪化的、倾向性的语句，否则决定被调查者答案的可能不是客观事实，而是他们当时的主观情绪。例如，"您认为企业主有没有无耻地剥削您的劳动成果"，这个题目中包含感情强烈的词汇"无耻""剥削"，这种饱含负面情绪的词汇，很容易让被调查者填答符合问题情感倾向的答案。如果将题目修改为 "您认为企业主对您劳动成果的支付情况如何"，这样就将原来题目中的贬义词改为中性词，可能就会得到不同的答案。

(3) 避免在题目中使用带有偏袒性的语句。设计题目时，应该尽量避免使用明显偏袒某个方向的词句。例如，"在此次参加竞标的香城物业等6家物业公司中，您最喜欢哪一家"，在题目中透露了一家公司的信息而略过其他公司的信息，事实上偏袒了香城物业公司，可能会在被调查者的心理上造成首因效应。正确的做法是将其改为"在此次参加竞标的6家物业公司中，您最喜欢哪一家"，这样就可以避免上述偏袒情况的发生。

6.4.2 主要题型

调查问卷的题目大致可以划分为两大类：开放式问题和封闭式问题。所谓开放式问题，是只给题目而不给答案，由被调查者完全自主回答的题型；所谓封闭式问题，是既给出题目又提供若干答案供被调查者选择的题型。我们这里介绍的问卷的题型，主要是针对封闭式问题而言的。一般来讲，在社会调查中，问卷的主要题型有填空式、列举式、二项选择式、多项选择式、矩阵式、表格式和标尺式。

1. 填空式

填空式即在问题后设置一条短横线，让回答者直接在空白处填写的问题形式。填空式一般用于那些对被调查者来说既容易回答又容易填写，通常只需填写数字的调查问题，例如家庭人口数、子女数、收入、年龄等。

例6-9　请问您的年龄有多大？_____岁

例6-10　请问您的家里有几代人？_____代

例6-11　请问您从家里步行到最近的超市需要多长时间？_____分钟

2. 列举式

列举式即在问题后面不提供具体答案，而只提供回答的方式，要求被调查者根据实际情况自己列举若干答案的问题形式。之所以用这种问题形式，常常是由于问题答案的类别过多，如果将全部答案具体列出，不仅占据问卷的篇幅，而且容易漏掉其中一些条件，不如采用列举式，让被调查者自己填答。例如，询问大学生的择偶标准，可能涉及外表、收入、职业、文化、健康、家庭背景、性格等主客观条件，若再将答案具体化，可能有二三十条，因而可以采用列举式来提问。

例6-12　请问您找男(女)朋友时最看重的两个条件是什么？

条件一：_____　条件二：_____

需要指出的是，列举式问题应该属于开放式问题中的一种，但列举式问题的答案常常十分简单，只需要填答词语或短句即可。虽然列举式问题没有给被调查者准备供选答案，但它所要求的回答往往是简单明了、可以预测的。因此，可以对其答案进行后编码，并进行定量的统计分析。

3. 二项选择式

二项选择式即给出的答案只有肯定形式和否定形式两种的问题形式，被调查者根据自己的情况选择其一。这种形式的问题有两种不同的情况：一种是问题所能列举的答案本身就只有两种可能的类别，如例6-13；另一种是在询问人们的行为、态度、看法时进行两极区分，如例6-14、例6-15、例6-16。

例6-13　请问您的性别是什么？

(1) 男　　　　　(2) 女

例6-14　您现在是否有贷款？

(1) 是　　　　　(2) 否

例6-15　您对现在的生活是否满意？

(1) 满意　　　　(2) 不满意

例6-16　您是否赞成"各人自扫门前雪"的观点？

(1) 赞成　　　　(2) 不赞成

二项选择式这种问题形式在民意测验、市场调查中使用得较多。因为它的答案简单明确，可以严格地把被调查者划分为立场截然不同的两类群体，便于从总体上了解被调查者的行为、立场和态度。但是它也有缺点，即信息量较少，现实中人们的分化往往并非如此界限分明，因而这种将答案进行两极划分的类型不能很好地体现人们在行为、态度、看法等方面的层次区别，并且常会使原本处于中立状态的被调查者被迫地倾向于某一方。

4. 多项选择式

多项选择式即给出的答案多于两个，被调查者根据自己的情况来选择填答的问题形式。它可以划分为4种类型，分别是多项单选式、多项任选式、多项限选式和多项排序式。

1) 多项单选式

多项单选式即给出的答案多于两个，被调查者根据自己的情况选择其中之一作为答案的问题形式。这是问卷中最为常见的一种问题形式，其结果特别适合于进行频数统计和交互分析。例6-17、例6-18、例6-19就是多项单选式的例子。

例6-17　您的婚姻状况是怎样？
(1) 未婚　　(2) 已婚　　(3) 离异　　(4) 丧偶　　(5) 其他

例6-18　您觉得您家的住房状况如何？
(1) 很宽敞　(2) 比较宽敞　(3) 一般　(4) 比较拥挤　(5) 很拥挤

例6-19　请问您家的子女教育问题由谁做主？
(1) 较多情况是由丈夫做主
(2) 较多情况是由妻子做主
(3) 较多情况是由老人做主
(4) 大家一起决定

2) 多项任选式

与多项单选式有所区别，多项任选式给出了两个以上的答案，还要求被调查者在所给出的答案中，根据自己的情况任意选择，可以选择一个，也可以选择多个。例6-20、例6-21就是多项任选式的例子。

例6-20　您认为一个人获得财富主要靠什么？(可多选)
(1) 靠自己　　(2) 靠家庭　　(3) 靠关系　　(4) 靠运气
(5) 靠投机取巧　(6) 靠求神拜佛　(7) 其他(请注明)_____

例6-21　您的孩子上过下列哪些培训班？(可多选)
(1) 舞蹈班　　(2) 乐器班　　(3) 美术班　　(4) 计算机班
(5) 英语班　　(6) 书法班　　(7) 游泳班　　(8) 作文班
(9) 足球班　　(10) 数学班　　(11) 其他(请注明)_____

多项任选式有其自身的优点，现实生活中的很多事物、现象及人们的行为、态度、看法等，其实存在不止一种情形，常常受多方面因素的共同影响。如果只限定被调查者选择其中一个答案，可能有的人会感觉没有很好地表达自己的实际情况。在这种情况下，多项任选式的回答方式就给了被调查者更充分表达自己情况的机会。

3) 多项限选式

多项限选式即在所列举的多个答案中，要求被调查者根据自己的情况从中选择若干个答案的问题形式。例6-22、例6-23就是多项限选式的例子。

例6-22　您认为公务员职业受欢迎的主要原因是什么？(限选3项)
(1) 收入稳定　　　(2) 地位高　　(3) 受尊敬　　(4) 权力大
(5) 福利好　　　　(6) 其他(请注明)_____

例6-23　请问您生育孩子的主要动机是什么？(限选4项)
(1) 传宗接代　　　(2) 养儿防老　　(3) 增加劳动力　　(4) 扩大家族势力
(5) 稳定家庭　　　(6) 情感需求　　(7) 其他(请注明)_____

和多项任选式一样，多项限选式也给了被调查者选择不止一个答案的机会，但两者收集资料的结果是有区别的。例如，在例6-20多项任选式问题中，被调查者可以选择所有答案，此时各选项是没有轻重之分的；但如果将其改为多项限选式(限选3项)，即要求被调查者选出他认为获得财富最主要的3个途径，各选项也就有了轻重之分，但我们仍无法判断被选中的3个答案彼此间的重要程度差别。

4) 多项排序式

为了进一步了解被调查者所选择的答案类别中的程度差别，可以使用多项排序式，这种题型在一定程度上可以看成多项限选式和多项单选式的结合。它一方面要求被调查者在所给出的多个答案中选择一个以上有限的答案，另一方面又要求被调查者对他所选择的答案按某种标准进行排序。例6-24就是多项排序式的例子。

例6-24　您平时最喜欢的3种娱乐活动是什么？

第一喜欢	第二喜欢	第三喜欢

(1) 种花养草　　(2) 打麻将　　(3) 看电视　　(4) 听新闻　　(5) 上网
(6) 看书看报　　(7) 打牌下棋　(8) 唱卡拉OK　(9) 其他(请注明)____

当可供选择的答案数量过多时，我们也可以不列出具体答案，而采取前文介绍的列举式，让被调查者直接列举并填写。

5. 矩阵式

矩阵式即将同一类型的若干问题集中在一起，构成一个问题的表达方式。例6-25就是矩阵式的一个例子。

例6-25　在日常生活中，您和下列人交往的意愿程度如何？(请在每一行相应的方框内打"√")

类别	很愿意	比较愿意	一般	不太愿意	不愿意
① 家人	□	□	□	□	□
② 恋人	□	□	□	□	□
③ 亲戚	□	□	□	□	□
④ 朋友	□	□	□	□	□
⑤ 同学	□	□	□	□	□
⑥ 邻居	□	□	□	□	□
⑦ 其他人	□	□	□	□	□

矩阵式将同类问题集中在一起，回答方式也相同，因此可以节省问卷的篇幅，并缩短被调查者阅读和填答问题的时间。但需要注意，对于矩阵式问题一定要给出专门的填答说明，以免

有的被调查者不知如何填写。

6. 表格式

表格式问题实质上是矩阵式问题的一种变体，其特点和形式都与矩阵式十分相似。例如，将例6-25由矩阵式问题转换成表格式问题，如例6-26所示。

例6-26 在日常生活中，您和下列人交往的意愿程度如何？(请在每一行适当的方框内打√)

类别	很愿意	比较愿意	一般	不太愿意	不愿意
① 家人					
② 恋人					
③ 亲戚					
④ 朋友					
⑤ 同学					
⑥ 邻居					
⑦ 其他人					

表格式问题除了具有矩阵式的特点外，还具有整齐、醒目的优点。但应该注意的是，这两种形式虽然有集中简练的优点，但也容易使人产生呆板、单调和格式复杂的感觉。因而，在一份问卷中，这两种形式的问题不宜过多，否则可能会让被调查者"望而生畏"。

7. 标尺式

标尺式即利用类似尺子上的刻度来测量、标明被调查者对某些问题在态度、感受上的程度差异的问题形式。例6-27就是标尺式的一个例子。

例6-27 有人说结婚应该门当户对，您同意这种说法吗？(请根据实际感觉在合适的数字上打"√")

很同意 1—2—3—4—5—6—7—8—9 很不同意

标尺式问题常用于态度、意愿、认识等主观方面的测量，它也需给予专门的填答说明，以免有的被调查者不会填答。

8. 相倚问题

在问卷设计中，常常会遇到这样的情况：有些问题只适用于样本中的一部分调查对象。例如"您的子女教育问题由谁做主"，这个问题只适合于已婚有小孩的调查对象；而"您参与社区娱乐活动的方式主要是什么"，这一问题只适合于参与过社区娱乐活动的调查对象。因此，为了使调查问卷适合每一个调查对象，在设计中常采用相倚问题的形式。

相倚问题也称为后续性问题，是指在前后两个或多个相联系的问题中，被调查者是否应当回答后一个或后几个问题，要由他对前一个问题的回答结果来决定。通常情况下，我们把前一个问题称为"过滤性问题"，把后一个问题称为"相倚问题"。例6-28、例6-29就是相倚问题的例子。

例6-28　您是否参与过本社区的政治类活动？

是 ⟶ 请问您参与过下列哪种社区政治活动？（可多选）
(1) 选举　　　　　　　(2) 党的路线、方针、政策的学习
(3) 上访　　　　　　　(4) 发展党员活动
(5) 社区居民大会　　　(6) 党的路线、方针、政策的宣传
(7) 其他

(2) 否

例6-29　请问您有没有孩子？
(1) 有
(2) 没有 ⟶ 请跳过问题5～问题11，直接从问题12开始回答。

6.4.3　答案的设计

由于社会调查中的大多数问卷主要都是由封闭式问题组成的，而答案是封闭式问题非常重要的一部分，因此，答案设计得好坏直接影响调查资料质量的高低。在设计答案时，要遵循协调性、合适性、穷尽性、互斥性、无偏性这5项原则。

1. 协调性

在封闭式问题中，问题和答案是不可分割的整体，在提出合适的问题的同时，还要为这个问题准备好与之相对应的答案。答案设计的协调性，指的是答案要和问题协调一致，不能答非所问，否则就会影响问卷调查的质量。例6-30的答案设计就违反了协调性原则。

例6-30　您是否参加过社团活动？（请在合适的答案号码上打"√"）
(1) 经常参加　　　　(2) 偶尔参加　　　　(3) 从不参加

在这个例子中，调查者询问的是被调查者是否参加过社团活动，而不是参加社团活动的频率，但是答案涉及活动频率，这显然与问题不对应，应将答案设计为"是""否"，或"参加过""没参加过"。

2. 合适性

答案设计的合适性，是指答案的内容比较恰当，能够反映不同的被调查者的实际情况的差异。如果违反了合适性原则，那么通过答案收集的资料的有效性就值得质疑了。例6-31的答案设计就违反了合适性原则。

例6-31　在北京市高校就读期间，您的月平均消费额为多少？
(1) 300元及以下　　　(2) 301～600元　　　(3) 601～900元
(4) 901～1200元　　　(5) 1201～1500元　　(6) 1500元以上

例6-31中的答案分组情况可能比较适合于10年前，现在北京大学生的消费水平已经不能以300元来分档了。这种消费水平的划分标准不符合现实情况，没有体现大学生消费水平的实际层次，因而按这个标准收集的资料，可能会漏掉重要信息，给研究者后期的分析工作带来许多困难。所以，在设计答案时，研究者应做好前期的准备工作和试调查工作，以减少失误。

3. 穷尽性

答案设计的穷尽性，是指答案应包括所有可能的情况，没有遗漏，任何一个被调查者都能在答案中找到适合自己情况的选项，否则有的被调查者无法填答。例6-32、例6-33的答案设计就违反了穷尽性原则。

例6-32 请问您找邻居借过东西吗？□借过

例6-33 请问您家里主要使用什么燃料烧火做饭？
(1) 管道煤气　　(2) 灌装液化气　　(3) 电　　(4) 天然气

例6-32中的答案没有满足穷尽性的要求，因为每个调查者只可能满足"借过"和"没借过"这两种情况中的一种，而答案只给出一个。例6-33也没有满足穷尽性的要求，因为在现实生活中可能还有家庭使用煤炭、太阳能等其他燃料烧火做饭，它遗漏了比较重要的选项。在现实调查中，为了保证答案设计的穷尽性，常使用的一个办法是在所有答案后面增加一个"其他"选项，这样那些无法选择前面所列答案的被调查者，至少可以选择最后这一选项，从而保证答案的穷尽性。但需要注意的是，设计问题答案时，主要的依据是题目的内容和调查对象的特征，要尽可能地列举适合绝大多数被调查者的备选答案，不要有重要的遗漏，"其他"这个选项是针对极少数比较特殊的回答而设计的，如果在实际调查中发现很多被调查者都选择"其他"这一项，说明答案的设计是比较失败的，所列答案的分类不恰当，有些比较重要的答案类型没有单独列出。

4. 互斥性

答案设计的互斥性，是指各答案之间不能交叉重叠或相互包含，即对于每一个被调查者而言，最多只能有一个答案适合他某种特定的情况，如果被调查者针对这种特定情况可以同时选择两个或更多的答案，那么答案的设计就一定不具互斥性。例6-34的答案设计就违反了互斥性原则。

例6-34 请选择您的专业类别。
(1) 哲学　　　　(2) 理学　　　　(3) 工学　　　　(4) 教育学　　　(5) 经济学
(6) 农学　　　　(7) 文学　　　　(8) 医学　　　　(9) 社会科学　　(10) 法学
(11) 管理学　　(12) 其他

在例6-34中，答案中的"社会科学"实际上包含教育学、法学、经济学等，一个法学专业的学生，可以选择不止一个答案，这显然不符合研究者的预期要求，出现这种失误的原因就在于答案设计没有遵循互斥性原则。

5. 无偏性

不仅题目的设计要遵循客观公正的原则，答案的设计同样也要注意避免偏袒性。如果在答案设计中，具有某一倾向的选项设计得比较多，而具有相反倾向的选项设计得比较少，那么被调查者就可能会偏向于前一类答案。例如，例6-35的答案设计就违反了无偏性原则。

例6-35 您觉得成都市的公共交通秩序如何？
(1) 很有秩序　　(2) 比较有秩序　　(3) 一般　　(4) 很混乱

在例6-35中，答案中的"有秩序"的选项多于"没有秩序"的选项，被调查者可能会受此暗示和诱导选择"有秩序"这一方向的答案。正确做法是，不同方向的答案数量保持一致，如可将上例的答案设计为"很有秩序、比较有秩序、一般、比较混乱、很混乱"，这样答案设计就符合无偏性的要求。

6.4.4 常见错误

在前一节中，我们介绍了有关问卷设计的各种知识，但即使如此，在实际设计问卷时，也常会出现一些小错误或小疏忽，不仅初学者如此，一些经验丰富的研究者也难以避免。在社会调查中，常见的问题及答案设计错误主要有以下6种。

1. 概念抽象

操作化就是将抽象的概念转化成可观察的具体指标的过程，是问卷设计的前期工作。在问卷设计中出现的概念抽象错误，多由研究者在操作化层面对其关注度不够，或者操作化不合适引起。具体例子见例6-36、例6-37。

例6-36　从总体上看，您认为我们国家的社会保障制度如何？
(1) 很合理　　　(2) 基本合理　　　(3) 不清楚或不知道
(4) 不太合理　　(5) 不合理

例6-36中，问卷设计者的本意可能是了解人们对社会保障制度的大致看法，但这里的"社会保障制度"是个抽象层次较高的概念，它具体的含义是什么，许多被调查者也许并不清楚，因此往往难以给出合适的回答，可能会给出"不清楚或不知道"的答案，这种答案收集得过多，对于调查而言是不具有实际意义的。退一步来说，即使被调查者对这个概念有所了解，我们也难以保证他们的理解或认识具有统一性，这也可能会影响调查资料的质量。

例6-37　请问您理想中的家庭类型是哪一种？
(1) 单身　　　　(2) 主干家庭　　　(3) 核心家庭
(4) 联合家庭　　(5) 重组家庭　　　(6) 丁克家庭

例6-37中，答案涉及的家庭类型都是专业术语，这是概念抽象错误的另一种表现。对于一般的被调查者而言，他们没有学习过相关的专业知识，也不太了解何谓主干家庭、联合家庭等以及彼此之间的区别，因而无从选择。

2. 问题含糊

所谓问题含糊，是指问题的含义不清楚、不明确，或者有歧义。这种错误有的是由问卷设计者对所提问题的目的和用意不清楚造成的，有的是由问题的语言表达不当造成的。具体例子见例6-38、例6-39。

例6-38　您对单位近年来的情况的感觉是：
(1) 几乎没有什么变化　　(2) 变化不大　　(3) 变化较大　　(4) 变化很大

在例6-38中，问题中并没有指出单位的什么情况，是生产情况还是职工待遇情况或者是人际关系情况？这种表述十分模糊，问卷设计者本人可能对这个题目也没有思考清楚，这样笼统的问题是不利于得出有效答案的。

例6-39　有人说，改革开放前，人们的幸福指数很高，现在人们的幸福指数越来越低了。

您认为这种变化发展得：

(1) 太快了　　　(2) 比较快　　　(3) 一般　　　(4) 比较慢　　　(5) 太慢了

在例6-39中，问题的前一部分和后一部分说的不是一回事。前一部分说的是某些人的看法，后一部分问的却是"这种变化"。某些人的看法并不等同于客观现实，即现实中不一定存在"这种变化"。因此，这一问题实际上把不一定是客观事实的"看法"当作客观事实来询问，把两个完全不同的问题混淆在一起。正确的做法是：要么询问被调查者是否赞同"这种看法"；要么在确定它是一个社会事实后，再询问人们对这种变化的认识。

3. 问题或答案带倾向性

问卷中问题和答案的设计应该遵循客观中立的原则，不能带有诱导性或偏袒性。如果不注意这点，往往不能客观、准确地测量被调查者的行为和态度，从而影响整个调查的质量。具体例子见例6-40、例6-41、例6-42。

例6-40　您认为当前我国的教育投入比率是否应当提高呢？

(1) 投入比率很低，应当大幅提高

(2) 投入比率较低，应当小幅提高

(3) 虽然偏低，但考虑国家整体发展的需要，可以暂时不提高

(4) 投入比率不低，不应该提高

在例6-40中，问题的提法带有明显的肯定倾向，会对被调查者形成一种诱导，引导其选择"提高"类的选项。正确的做法是：将题目改为"您认为当前我国教育投入的比率如何"，就可以避免这种倾向性，而且与答案更为协调。

例6-41　有人认为，国家实施4万亿投资计划最终将促进经济发展，您的看法是：

(1) 同意　　　(2) 不同意　　　(3) 不清楚或不知道

在例6-41中，这种单项列举观点的方法，在客观上会对被调查者产生一种诱导，容易使其形成肯定的看法。正确做法是将其稍作修改，既列出肯定的观点，也列出否定的观点，由被调查者选择填答。按这种方法，例6-41可改为：

有人认为，国家实施4万亿投资计划最终将促进经济发展；还有的人认为，国家实施4万亿投资计划将不利于经济发展。您的看法是：

(1) 有利于　　　(2) 不利于　　　(3) 不清楚或不知道

例6-42　在观看了影片《少林寺》后，您对中华武术的兴趣的变化情况：

(1) 提高很多　　　(2) 有点提高　　　(3) 没有变化　　　(4) 更反感了

在例6-42中，题目并没有表现出明显的倾向性，以中立的姿态提出了问题。但在答案中，设计"兴趣提高"的选项显然更多，这也会对被调查者形成隐形的引导，从而可能造成答案的偏差。

4. 问题提法不妥

在设计问卷时，研究者要为被调查者着想，尽量排除问卷填答过程中可能遇到的主客观障碍。问题提法不妥这种错误，就是由问卷设计者没有很好地为被调查者着想，或者忽视了其可能遇到的主客观障碍而造成的，具体例子见例6-43。

例6-43　请您判断下列说法是否正确？(请在合适的格子中打√)

内容	正确	错误	不知道
我为人人，人人为我			
集体的力量大于个人的力量			
今天雷锋仍是所有人学习的榜样			
一个篱笆三个桩，一个好汉三个帮			
任何时候个人的要求都应得到尊重			

在例6-43中，问卷的答案本身是没有对错之分的，但这种要求被调查者"判断正确与否"的提法是十分不妥的。让被调查者判断对错，实际上相当于把他们推进了考场，这会使被调查者产生极大的心理压力。也许他们的观点并非主流的"正确观点"，但是为了"答对题目"，也可能会违背自己的真实想法，从而使调查结果出现误差。

5. 问题有多重含义

在设计题目时，研究者应遵循一个问题只能询问一件事情的原则，不能同时询问两件甚至多件事。但在现实的问卷设计中，研究者常常不自觉地犯这样的错误，具体例子见例6-44、例6-45。

例6-44　您觉得您和您家人的收入能否满足消费需求？

(1) 能　　　　　　　(2) 不能　　　　　　　(3) 不清楚

在例6-44中，研究者同时询问了"您的收入能否满足消费需求"和"您家人的收入能否满足消费需求"两个(甚至是多个)问题。在实际生活中，有的被调查者可能觉得自己的收入能够满足消费需求，但家人的情况则相反，或者家里有的人能满足、有的人不能满足，等等。因此，这个问题其实包含多个问题，可能会让被调查者无从选择。

例6-45　你们班的同学对自己的专业有没有兴趣？

(1) 有兴趣　　　　　(2) 没兴趣　　　　　(3) 不清楚或不知道

在例6-45中，可能有的同学对自身专业有兴趣，而有的同学对此无兴趣。研究者同时询问了班内诸多同学对自身专业的兴趣，这也是一个具有多重含义的题目。

6. 问题与答案不协调

封闭式问题中的题目和答案是一个不可分割的整体，两者必须相互协调、密切配合。提什么问题，就应该为这个问题准备全面而恰当的答案，以供被调查者选择。既不能出现答非所问的情况，也不能出现答案不全或答案互相包含的情况，问题与答案不协调是问卷中常见的错误类型，具体例子见例6-46、例6-47。

例6-46　总体来说，您对下列生活方面的满意度如何？(请在合适的格子中打"√")

生活方面	很关注	比较关注	一般	不太关注	不关注
居住状况					
工作状况					
生活水平					
人际关系状况					

在例6-46中，题目中询问的是满意度问题，而答案给出的是关注度问题，很明显，题目和答案不协调。正确的做法是将答案中的"很关注、比较关注、一般、不太关注、不关注"改为

"很满意、比较满意、一般、不太满意、不满意"。

例6-47 您认为当前自己在学习中存在的最主要问题是什么？
(1) 迫切需要解决　　　　(2) 不需要解决　　　　(3) 无所谓

题目中询问的是被调查者在学习中存在的"最主要问题"的类型，而答案则是解决这个问题的迫切程度，可见是答非所问。正确的做法是列出调查对象在学习中存在的主要问题类型，如书籍资料、学习时间、学习兴趣、学习环境、学习支持、教学质量等方面的问题，以供被调查者选择。

6.5 问卷的发放与回收

6.5.1 资料收集方法

在介绍了明确表达问题和设计有效问卷的方法后，接下来需要说明通过问卷收集有用的数据的方法，也就是发放问卷给被调查者、让他们填答完成后再回收的方式，即资料收集方式。社会调查中的资料收集方法可以分为两大类：自填问卷法和结构访问法。在结构访问法中，虽然也涉及结构式问卷，但这种方法主要归于访谈法，我们将在第7章进行说明。这里介绍的资料收集方法，主要是指自填式问卷法。

自填式问卷法，是由调查员通过多种方式将问卷发放到被调查者手中，在调查员不在场的情况下，由被调查者自行阅读和填答，然后通过多种方式由调查员收回问卷的一种资料收集方法。这种方法是现代社会调查中较为常用的一种资料收集方法，有其自身的特点。

自填式问卷法的主要优点：第一，节省时间、经费和人力。自填式问卷法可以在较短的时间内同时向多个人收集资料，因而省时、省力；如果采用邮寄调查或网络调查的方法，还可以不受地域的限制，十分节省经费，能够在有限的时间、经费和人力条件下达到较高的调查效率。第二，具有较好的匿名性。在资料收集过程中，调查员除了进行必要的解释与说明外，不能和被调查者交谈互动，甚至两者不能直接接触。由于调查员在问卷填答的过程中不在场，被调查者可以放松心态而不至于有所顾忌，且两者不发生互动，可以避免一些额外因素的干扰。因此，自填式问卷法具有较好的匿名性，能收集到更为客观真实的资料。第三，可以避免某些人为误差。自填式问卷法使用格式、内容设计统一的问卷，被调查者面对的都是这种没有任何区别的资料收集工具，这就排除了在访谈中常常出现的由不同调查员带来的不同影响，可以尽量避免某些人为误差。

自填式问卷法的主要缺点：第一，问卷的回收率有时难以保证。在应用自填式问卷法时，需要依靠被调查者的配合，当被调查者由于主客观原因不愿或不能配合调查时，问卷的回收率就会受到影响。第二，对被调查者的文化水平有一定要求。自填式问卷法要求被调查者有一定的答题能力，不适合文化程度不高、文字表达有困难的调查对象，否则可能出现所答非所问的情况，收回一些无用的资料，因此自填式问卷法的适用范围常常受到限制。第三，调查资料的质量有时难以保证。由于调查员在问卷填答的过程中不在场，因此对被调查者可能出现的种种状况和问题无法有效控制和解决，错答、漏答、缺答、乱答的现象时有发生，导致调查资料的质量信度不够高,这也是自填式问卷法面临的主要挑战之一。

自填式问卷法可以分为个别发送法、邮寄填答法、集中填答法和网络调查法4类。每种资料收集方式都有各自不同的特点,适用于不同的调查对象和调查课题,因此,研究者应该了解各种资料收集方式,并能在实际调查中灵活运用,以达到最好的调查效果。

1. 个别发送法

个别发送法是自填式问卷法中较为常用的一种方法。它的具体做法是:研究者派调查员携带印制好的问卷,找到按一定抽样方案抽取的调查对象,将问卷逐一发送到他们手中,讲明身份、调查目的和填答要求等,请他们合作填答,并约定收回问卷的时间、地点和方式,最后按约定收回问卷。例如,在北京大学做一项关于大学生恋爱观的调查,研究者派调查员携带印制好的问卷,找到按一定方式抽取的调查对象,将问卷发放到他们手中,讲明身份、调查目的和要求,请他们合作自行阅读填答,并约定一天后还是在这个时间和地点,由调查员上门回收。

在使用个别发送法进行调查的过程中,调查员和调查对象可以直接接触,因而可以针对身份、调查目的和意义、调查内容、填答要求等,详细地加以介绍和指导。同时,它又要求在问卷填答过程中,调查员不能在场,因而可以较好地避免一些由互动引起的误差,增强匿名性,从而获得更为可信的数据资料。个别发送法的这些特点,较好地处理了数量和质量之间的关系,具有许多优势,例如,比较节省时间、经费和人力,回收率可以得到保证,匿名性比较强,可以减少由调查员带来的偏差,被调查者阅读和填答的时间比较充分自由,等等。但是,个别发放法仍存在一些不足,例如,调查的范围受到研究者所拥有的条件的限制,在问卷填答过程中,错答、漏答、误答、乱答等现象时有发生,等等。但总体来说,个别发送法是一种优点鲜明且缺点较少的资料收集方式,被研究者广为采用。

2. 邮寄填答法

一些西方国家的研究者在开展社会调查时,多采用邮寄填答法。它的具体做法是:研究者把印制好的问卷装入信封,通过邮局寄送给按一定方式抽取的调查对象,通常随邮件附上一封说明信和贴好邮票、写好地址的回邮信封,被调查者阅读填答完后,再通过邮局寄回给研究者。例如,研究者做一项有关四川省城市居民闲暇生活的调查,可以首先将印制好的问卷装入信封,通过邮局寄送给按一定抽样方法抽取的调查对象,让他们自行阅读,并在方便的时候填答,填完问卷后将其装在研究者提供的信封中(信封上贴上足够邮资的邮票并写好回邮地址),通过邮局寄回给研究者。

1) 邮寄填答法的特点

邮寄填答法是一种非常新颖的资料收集方式,具有独特的特点。第一,它的突出的优点就是调查的范围非常广,只要是邮寄可以到达的地方,都可以使用这种方法进行资料收集,几乎不受地域的限制。第二,它不需要调查员奔赴实地发放问卷,只需要通过邮寄的方式即可,因而十分省力、省钱,具有明显的经济性。第三,被调查者填答自由、时间充裕,有条件认真阅读和仔细填答。可见,邮寄填答法的优点十分明显。

但是,邮寄填答法所具有的突出优点是以其突出的缺点为代价的。由于客观条件的限制,邮寄填答法的可行性和实施效果较差,主要体现在:第一,邮寄填答需要寄信,也就是说,需要有调查对象的姓名和地址,但是对于许多社会调查来说,并没有且常常也不可能有完整的总体成员的名单和地址，在这种情况下，样本根本无法抽取，即使勉强抽取也不知道寄到哪里，因而可行性较差。第二，在使用邮寄填答法进行调查的过程中，调查员和调查对象不直接接触，被调查者对于调查的认识和配合情况主要依赖于封面信，因而其责任感相对较低。在这个过程中，许多主客观障碍常会导致被调查者放弃问卷的填答或寄回工作，导致邮寄填答法的回收率比较低，实施效果比较差。根据美国社会学家的介绍，邮寄填答法的回收率有时仅为10%左右，达到50%的回收率就被认为是"足够的"，而达到70%、80%的回收率就会被认为是相当好的，这和个别发送法的问卷回收率相差较远。

2) 提高问卷回收率的措施

为了提高邮寄填答法的问卷回收率，研究者常常会采取一些措施。

(1) 重视封面信。封面信对于邮寄填答法的实际应用具有突出的、不可取代的作用。由于在资料收集过程中，研究者(调查员)与调查对象之间无法直接接触，彼此的联系主要是通过封面信来进行的，所以更需要重视封面信的制作。邮寄问卷的封面信的说明应比个别发送法中的说明更详细一些，但也应该简明扼要；措辞要客气有礼，应用请人配合的语气而非命令的语气；对于调查主办者的身份的说明要慎重，尽量选择正式的、非营利性的、给人以信任感的身份。邮寄问卷的封面信最好单独打印，单独装在一个小信封中，再和问卷及回邮信封一起放入邮寄给被调查者的大信封内，以显示它的地位和重要性。

(2) 重视邮寄的时间。要根据被调查者的特点选择适当的邮寄时间，选择他们相对空闲的、没有大型活动的时间来发放。例如，被调查者是学生，那么就不要选择在复习考试阶段给他们邮寄问卷，以免对问卷的回收造成影响。

(3) 提醒和补寄问卷。研究者可以通过跟踪信和电话来提醒被调查者填答和寄回问卷，一般情况下邮寄填答法的回收率为50%~60%，而通过跟踪信和电话提醒后，回收率可望达到70%~80%，具有明显的成效。另外，有的被调查者在经过提醒后愿意配合调查，但是又找不到原有的问卷，这就需要研究者补寄问卷(有的研究者在发放跟踪信的时候就又附上了问卷)，补寄问卷的时间也需要认真考虑，一般以距第一次邮寄两到三个星期较为合适。

3. 集中填答法

集中填答法的具体做法是：先通过某种形式将被调查者集中起来，由研究者或调查员讲解调查的目的、内容、填答要求、注意事项等，然后将问卷分发给被调查者，由他们当场阅读填答，并当场回收。例如，研究者要对西南石油大学公共管理专业的学生做一个调查，那么可以联系专业教师，取得他们的支持和帮助，让他们协助将被抽中的学生集合在一间教室里，研究者或调查员在现场统一讲解调查的目的和意义、大致内容、填答要求与规范等，请被调查者自行阅读和填答，在填答过程中研究者或调查员还可以解答被调查者在答题过程中遇到的疑问，被调查者答完问卷后可将问卷放在课桌上，由研究者或调查员当场统一回收。

集中填答法是一种非常方便、快捷的资料收集方式，它除了具备一些个别发送法和邮寄填答法的优点外，在某些方面的优势更为明显：第一，由于将被调查者集中起来填答问卷，只需要一名调查员花费半天左右的时间就能完成资料收集工作，因而它比个别发送法更为节省时间、人力和费用。第二，填答前研究者或调查员先向被调查者介绍调查目的、内容、填答要求与方式等方面，被调查者可以更好地理解问卷的内容和配合调查的进行，即使在填答过程中出现了一些疑问或问题，研究者或调查员也可以及时予以指导和解决，错答、误答、乱答的现象就可以大大减少，所以收集到的资料的质量比邮寄填答法收集到的资料的质量更好。第三，由于采用当场填答、当场回收的方式，使得集中填答法的回收率相当高。

但是集中填答法也有一定的缺点。它将被调查者集中起来，就可能形成不利于表达个人真实看法的"群体压力"或"相互作用"，需要研究者或调查员在实施过程中特别注意，应避免这种现象的发生。更重要的是，在现实中，许多社会调查的调查对象分布很广，集中起来十分困难，甚至根本不可能集中，导致无法使用这种资料收集方式，也就是说它的可行性和适用范围受到很大的限制。

4. 网络调查法

网络调查法是一种随着计算机技术和互联网技术的迅速发展而兴起的一种新兴社会调查资料收集方式。网络调查法也叫网上调查法或在线调查法，是研究者通过互联网、计算机通信和数字交互式媒介，向通过一定方式抽取的被调查者发放问卷，由被调查者自行阅读和填答并收回问卷的一种资料收集方式。常见的网络调查法有3种方式。

(1) 将调查问卷直接链接在网站的网页上。上网者只要登录这个特定的网站，调查问卷的页面就会弹出，供上网者自行阅读并填答，填答完毕，这份问卷的数据就会自动存入事先设计好的数据库文件中。当所有被调查者都填答完毕，问卷的数据库文件也就生成了。可见，这种方式无须再进行资料录入工作。这种资料收集方式虽然比较常见，实施起来很简单，并且具有较高的经济性，但是缺点也十分突出，它在本质上属于一种无特定调查样本和对象的调查方式，使用的是非概率抽样方法，对被调查者填答问卷的情况也无法控制。因而，这种方式的样本不具有代表性，收集到的资料质量较差，调查回收率也很低，很少为学界所采用，大多出现在非学术研究领域。

(2) 将问卷链接在特定的网页上，但和第一种方式有所不同，它并非一种无特定调查对象的资料收集方式，而是针对特定的人群。使用这种方法时，首先应确定调查的总体，然后按一定的抽样方案抽取样本，并取得样本的电子邮箱地址，发送电子邮件。在邮件中，要说明身份、调查目的和意义、内容、填答要求等，并附上问卷所在的链接地址，由被调查者单击链接进入问卷界面，直接在网上阅读并填答，填答完毕后，这份问卷的数据就自动存入事先设计好的数据库文件中。当所有被调查者都填答完毕后，问卷的数据库文件也就自动生成了。

(3) 研究者首先确定好调查总体，按一定的方式抽取调查样本并获得他们的电子邮箱地址，直接将调查问卷的电子版用电子邮件的方式发送给被调查者，由他们自行阅读填答后，再通过电子邮件的方式寄回给研究者。研究者进行问卷汇总、数据的编码和录入工作后，才能建立数据库。

可见，后两种资料收集方式虽然仍不能完全摆脱收集资料的质量和回收率的问题，但就样本而言，后两种方式的代表性要高于第一种，可被应用于研究性调查中。

网络调查法的优点主要有两个：第一，特别省时、省力、省钱，可以节省印制问卷的时间和费用，不用挑选、培训调查员并支付调查报酬。第二，它通常不需要进行资料编码和录入，在简化资料分析过程的同时还减少了人为误差。但是，网络调查的缺点也十分鲜明，它的主要不足是调查对象范围受到限制，即它只能调查那些有上网条件同时也会上网的对象，因此适用范围不广。当然，随着计算机技术和网络技术的发展及人们生活水平的进一步提高，网络调查的发展空间会越来越广。

6.5.2 组织与实施

通常情况下，问卷调查的规模比较大，因此，整个资料收集过程需要完善的组织和实施。总体来说，一项具体的问卷调查在资料收集阶段的组织与实施工作主要包括调查员的挑选和培训、联系调查对象、对调查进展的质量监控三个方面。

1. 调查员的挑选和培训

在使用自填式问卷法进行调查时，常被采用的方法是个别发送法。在使用这种方法进行调查时，调查员是资料收集工作的主要实施者，因此对他们的要求比较高，其素质的高低直接影响调查质量的好坏。因此，需要专门选择和培训调查员。

一个合格的调查员应满足以下条件：第一，诚实与认真，是指调查员能够客观地进行调查，不敷衍、不马虎；第二，兴趣与能力，是指调查员要尽量培养自己对调查内容和调查实施的兴趣，并锻炼自身的观察能力和社会交往能力；第三，勤奋与负责，是指调查员要不怕困难、勤于工作，要对完成调查工作具有高度的责任心；第四，谦虚与耐心，是指调查员要尊重被调查者，要耐心地实行调查并解决出现的各种困难和障碍。除了这4个基本条件外，对于调查员的挑选还应满足一些特殊条件，即调查员的选择应该结合研究主题、社区性质以及被调查者自身的特点来考虑，这样可以取得更好的调查效果。

调查员的培训可遵循如下步骤：首先，研究者向调查员介绍调查的方案、目的与意义、内容、方法、注意事项以及其他与调查相关的各种情况，使调查员能够对调查的整体工作有个大致的了解；其次，介绍调查的步骤、要求、时间安排、地点安排、工作量、报酬等具体问题；再次，研究者要向调查员介绍一些调查的基本知识和关键技巧，要组织他们学习调查员手册、调查问卷、编码手册等材料，特别是对问卷的学习一定要仔细，要将各个细节都说清楚；然后，在有条件的情况下，最好在小范围内做一次模拟调查，让调查员按照正式调查的要求和规定，实际演练一遍，认真总结经验并处理问题；最后，还要建立相互联系、监督和管理的办法及规定，包括组织管理、通信、指导、监督、复查、总结交流等具体内容，以保证调查员之间沟通的顺畅和调查工作的顺利实施。

2. 联系调查对象

在资料收集过程中，调查员和调查对象之间会建立起一种暂时的联系，而通过某些特殊的途径建立联系会使调查员更容易被调查对象所接受，从而为调查的顺利实施减少阻力。在我国，常用的联系途径主要有4种。

(1) 通过正式机构。研究者如果能够取得相关政府机构的认可和支持，可以通过自上而下的方式来联系和接触被调查者，那么调查过程常常会比较顺利。例如，研究者要调查成都市儿童保护网络的建设情况，如果能够取得成都市民政局的支持和配合，那么就可以方便地获取抽样框来抽取调查对象，在接触被调查者的过程中也会减少怀疑和阻力，使资料收集工作顺利进行。

(2) 通过当地部门。不是每项调查、每个研究者都有机会和条件取得正式机构的帮助，另一种替代方式是尽可能地获得当地部门或直管部门的认可和支持。例如，在成都市儿童保护网络的建设情况的调查中，研究者没能获得成都市民政局的帮助，但是社区负责人和福利院负责人对此非常热心，愿意支持并配合研究者，这样也能够达到同样的效果，使资料收集工作顺利进行。

(3) 通过私人关系。当研究者无法获得正式机构和当地部门的帮助时，只能退而求其次，设法去找各种熟人、亲戚、同学、朋友甚至是朋友的朋友等，以建立和调查对象之间的联系，尽量减少在资料收集过程中可能遇到的困难和阻力，为调查的顺利实施扫清障碍。

(4) 直接和被调查者联系。当其他途径都走不通时，剩下的唯一途径就是直接和被调查者联系。这十分考验调查员的调查技巧，调查员需要熟知各种可能阻碍调查进行的主客观因素，并善于沟通和交流，尽量降低由互动带来的某些人为误差，以保证调查的顺利进行。

3. 对调查进展的质量监控

在资料收集过程中，除了要求调查员严格按照计划和规定开展调查工作外，还需要研究者或管理者对这一过程实施全面、及时的监控和协调，主要任务包括以下5个方面。

(1) 组建合理的调查队伍。当研究者选择以个别发放法的方式进行资料收集工作时，需要很多调查员，而调查员的质量又影响调查过程和结果。因此，要保证调查员的质量、保证他们能够按研究者的意图开展工作，必须对他们进行合理的组织和管理。在大型社会调查中，当研究者选择和培训好调查员后，还需要根据调查安排，将他们分成若干调查小组，选出组长，每个小组以4~6人为宜，注意男女调查员的比例搭配，尽可能做到男女各半。在调查实施过程中，以小组为单位，开展监控、管理、总结、协调等工作，使调查有条不紊地进行。

(2) 建立监督管理的办法和规定。为了制度化地保证调查过程的顺利有序，在组建合理的调查队伍的同时，还要制定调查工作的各种程序规定和管理办法，通常包括调查进度控制办法、调查小组管理规定、调查指导和监督办法、资料编码规定、资料审核与复查办法、调查总结交流规定等。各种规定和办法要针对调查过程中的具体事项，内容要细致明确，安排要适度合理。

(3) 实地抽样的管理和监控。在设计调查方案时，研究者已经设计好了抽样方法，有的社会调查也在资料收集前就抽出调查的样本。但在很多情况下，最后阶段的实际样本抽取工作是由调查员在实地采用边调查边抽取的方式完成的。例如，对西安市大学生进行调查，设计采用多段抽样的方式，十分容易就能抽取若干学校的若干专业，但最后一个阶段的大学生抽取所需的抽样框较大且获取的难度较大，通常只能由调查员在实地根据所得资料进行抽样，一边收集资料一边抽取调查对象，发现问题及时调整和解决。因此，在实地抽取调查对象的时候，除了要让调查员明确抽样程序和规则外，还要加强具体的监控和管理，以保证抽取样本的质量。

(4) 实地调查的管理和监控。当实地调查工作开始后，调查员分布到各调查地点收集资料，大多是采用独立工作、小组联系的方式。研究者作为组织者，应该积极主动地了解各方情况，及时协调和处理问题，进行整体性的指导和监控工作。研究者在此过程中，常常需要抽查调查员的具体工作情况，评估他们的调查能力，进而评估调查的质量。在每天的调查结束后，研究者要及时召开总结交流会，进行统一的指导和调控安排。

(5) 实地审核问卷与补调查。在资料收集过程中，调查员就应该对收回的资料进行初步的审查，发现问题及时复核，最好能在问卷调查的当天进行审查和复核工作。小组组长要对小组调查问卷进行清理和检查，签上组长的名字及调查时间。研究者本人也应该随时进行问卷抽查工作，对调查员和小组组长的审核工作进行调控管理，并及时进行补充调查。需要说明的是，如果能在实地发现问题，那么复核和补充调查是比较容易进行的，而如果资料收集工作已经结束，调查组已经离开调查地点，那么复核和补调查工作则面临较多困难。

本章小结

1. 问卷在形式上是一份精心设计的问题表格，它的用途是测量人们的行为、态度和社会特征，它所收集的是有关社会现象和人们社会行为的各种资料。问卷法就是调查者以事先设计好的问卷为工具，通过被调查者对问卷中的问题进行回答，来了解情况、征询意见的一种调查方法。

问卷法的主要优点是：第一，信息量大，成本较低；第二，较好的匿名性；第三，客观性较强；第四，调查结果便于定量处理和分析；第五，适用范围较广；第六，具有较强的经济性。主要缺点是：第一，对研究者的要求高；第二，对调查对象的要求高；第三，问题的回答率常常难以保证；第四，不能避免某些环境因素带来的误差；第五，不适于研究某些敏感问题。

2. 问卷按问题与答案的结构进行划分，可以分为结构式问卷、开放式问卷和半开放式问卷；按资料收集方式划分，可以分为访问式问卷和自填式问卷等。问卷的结构主要包括标题、封面信、指导语、问题及答案、编码、实施记录等其他内容。

3. 问卷设计的原则主要是为被调查者着想，并明确问卷调查的主客观障碍以及问卷设计的综合因素。基本步骤包括准备性工作、设计问卷初稿、评估问卷、编排问卷、定稿与印刷。

问卷题目的设计原则是内容合适、措辞清楚、一次问一件事情及客观公正。题目的数量和顺序都有一定的规则要求。主要题型可分为开放式问题和封闭式问题，具体包括填空式、列举式、二项选择式、多项选择式、矩阵式、表格式和标尺式等类型。答案设计要遵循协调性、合适性、穷尽性、互斥性和无偏性原则。

问卷语言的基本设计原则是简短、明确、通俗、易懂。

问卷设计中的常见错误有概念抽象、问题含糊、问题或答案带倾向性、问题提法不妥、问题有多重含义、问题与答案不协调等。

4. 在社会调查中，资料收集方式主要有两种基本类型：一是自填式问卷法；二是结构访问法。自填式问卷法根据具体实施资料收集方法的不同，可以进一步划分为个别发送法、邮寄填答法、集中填答法和网络调查法4类。每种资料收集方法都有各自不同的特点，适用于不同的调查对象和调查课题。

5. 一项具体的社会调查在资料收集阶段的组织与实施工作主要包括下述三个方面的内容：调查员的挑选和培训，联系调查对象，对调查进展的质量监控。

复习思考题

1. 问卷法的特点有哪些？为什么它会成为应用广泛的调查方法？
2. 简述问卷的主要类型及结构。
3. 封面信应该包括哪些内容？撰写时有什么注意事项？
4. 针对下列开放式问题，设计能够在问卷中使用的封闭式问题。
   (1) 去年你家的总收入是多少？
   (2) 你如何看待我国的住房价格问题？
   (3) 电视在您的生活中有多重要？
   (4) 你上大学的主要原因是什么？
   (5) 你对自己所住社区最大的不满是什么？
5. 请将下列问题设计成自填式问卷中的一组相倚问题，以求获得相关信息。
   (1) 您是否有工作？
   (2) 如果您没有工作，是否在找工作？
   (3) 如果您没有在找工作，是否退休了？您是学生吗？还是以经营家庭为主(例如带小孩)？
   (4) 如果您在找工作，已经找了多长时间？
6. 在问卷设计中，对题目的表达有什么要求？请举例说明。
7. 结合实例说明在问卷设计时为什么要为被调查者着想。
8. 找几份实际的社会调查问卷，结合本章内容，对这些问卷进行分析和评价。
9. 个别发送法和集中填答法各自的优势是什么？
10. 比较集中填答法和网络调查法的特点，在实际应用中应注意哪些问题？
11. 如何挑选与培训调查员？
12. 举例说明调查质量监控的主要任务。

扫码自测

第7章 资料收集——访谈法

> 搞好调查研究，一定要从群众中来、到群众中去，广泛听取群众意见。
>
> ——习近平

访谈法和问卷法一样，都是社会调查中较为常用的资料收集方法。丹麦学者斯丹纳·苛费尔(Steinar Kvale)在《质性研究访谈》中用两种隐喻说明了访谈：访员既是矿工，也是游人。在第一种情况下，当调查对象身怀特殊信息时，访员的工作就是挖掘它；在第二种情况下，访员应该在外在景观之间游移，然后和邂逅的人们交谈。访谈法的基本特点在于它运用口头交谈的方式来收集资料，因此它在调查中更注重调查员和被调查对象之间的人际交往，在资料收集方面具有某些独特的优势。在本章，我们将介绍访谈法的具体内容。

7.1 访谈法概述

7.1.1 访谈法的含义

访谈法是我国传统社会调查中一种主要的资料收集方式，史学家司马迁就实地访问过曲阜、淮阴，收集资料撰写《史记》。从20世纪20年代开始，近现代意义的社会调查开始在我国出现并走向本土化，形成了两类社会调查活动，一类是学术界进行的社会调查，另一类是中国共产党开展的社会调查，两者在资料收集方式上都以深入实地进行观察和访问为主。可见，以访谈法来收集调查资料，在我国有一定的历史。

访谈(Interview)是收集调查资料的一种常见方法，与问卷法不同，它不是让受访者亲自阅读并填答问卷，而是由调查员派遣访问员口头提问，并记录受访者的回答。访谈法作为社会调查中收集数据资料信息的一种主要方式，很多学者对其进行了概念界定，虽然具体定义各不相同，但他们一致认为访谈法是一个以收集信息为目的的交谈过程。因此，本书在此基础上对其进行了概念界定：所谓访谈法，就是调查者通过委派访问员，以口头提问的方式向被访者收集资料信息，并将资料信息记录下来的一种社会调查方法。这一定义包含以下要素：第一，访谈的性质通常是有计划的，至少是有明确主题的。第二，收集资料信息的方式是交谈，通过问答来完成。也就是说，访谈法中的"访谈"是一种调研性交谈，它的形式常常是两个人(或多个人)之间进行一种有目的的谈话，访问员通过询问来引导被访者回答，以此了解被访者的行为、观点、态度等情况，最终完成调查资料的收集工作。它与一般谈话的本质区别是：访谈是一种有目的、有准备的谈话，交谈内容的针对性较强，谈话的过程围绕调查的主题展开；而一般性的谈话是一种非正式谈话，它没有明确的目的，常常表现为随意性的闲聊。

在使用访谈法进行社会调查时，既可以通过当面访问这种面对面的形式进行，也可以通过电话访问这种不直接接触的方式进行；既可以事先准备一套标准化的问题，也可以围绕某个特定的主题较为随意地进行询问，等等。在这种资料收集过程中，访问员和受访者之间会发生交谈或问答，因此调查双方或多或少地会发生互动交流，"人"这一要素的作用会大大增加。有的学者认为，访谈是某种面对面的社会交往，尽管他们并没有明确地说明这种类型的社会交往与其他类型的交往之间的区别，但好的访问员就是一些具有这方面(与人沟通交流)能力和品质的人。从这个角度来思考访谈法，与其说它是一项技能或一门科学，不如说是一门艺术，而且是可以通过后天培训习得的艺术。

7.1.2 访谈法的特点

1. 访谈法与其他资料收集方式的区别

从上述对访谈法的介绍中可以看出，访谈作为社会调查中了解社会事实的一种方法和一种专门的认识活动，具有一些与其他调查资料收集方式不同的特性，主要体现在以下4个方面。

(1) 沟通的双向性。访谈法的资料收集过程，是访问员和受访者面对面交谈的过程。在这一过程中，访问员要就调查的主题或问题向受访者进行询问或追问，受访者根据提问来回答。同时，受访者也可以就不理解的问题提出疑问，向访问员征求解释，从而尽量避免由于对问题的理解不够透彻或者误解而造成的回答不确切的情况发生，实现交流与沟通的双向互动。

(2) 以语言为媒介。访谈法与调查法的主要区别，就在于它以语言而非问卷为媒介进行资料收集工作，访问员和受访者应该是具备一定的语言思维能力和口头表达能力的人。

(3) 规划性。访谈法在具体实施之前，需要访问员对访谈的时间、地点等环节所涉及的具体事项，向受访者征求意见、协商确定，并且访谈的主题、步骤和过程，也受到调查计划的规范。因此，访谈法具有较明显的规划性。

(4) 目的性。使用访谈法的根本目的是为特定的社会调查收集资料和信息，而且要尽量保证收集到的资料和证据是可靠的、有效的，访谈法的实施要始终围绕这一根本目标的达成来安排和进行。

2. 访谈法的主要优点

访谈法作为社会调查中一种常见的、主要的资料收集方式，有其自身突出的优点，主要集中在以下5个方面。

(1) 回答率较高。访谈法和问卷法都需要依赖被调查者的配合，和问卷法相比较，访谈法由于采用交谈的方式，只要交谈技巧运用得当，就可以得到受访者的配合和回答。同时，在交谈过程中，受访者如有不清楚或误解之处，可以直接指出并向访问员咨询，这样可以提高调查双方的理解程度，使受访者更易于作答。因此，只要受访者接受了调查，则较少出现在访谈过程中拒答或半途而废的情况，问题的回答率是比较高的。

(2) 灵活性强。在访谈过程中，一方面，对于一些研究者可能没有想到或者不适宜当地情况的问题，在谈话中经由受访者有意识或无意识的提醒，可促使访问员及时做出适当的调整；另一方面，访问员可以向研究者汇报在互动中激发的对问题的新思路和新认识，研究者可以汇总相关信息并及时调整调查方案。此外，访谈法通过人与人的交往来收集资料，可以根据受访者特点、调查环境情况和变化，因时、因地、因人而异地采取变通手段。这样，可以使通过访谈法收集的资料更确切、更符合实际情况，访谈的内容可以随时拓展和深入，且能保证访谈的顺利进行。

(3) 对调查对象的要求不高。访谈法以口头的方式向被访者提出有关问题，也通过被访者的回答来收集资料，这种资料收集方式十分方便可行，只要被访者具备一定的口头表达能力即可，而不需要对他们有较高的文化水平要求。因此，它十分有利于研究者根据研究需要和调查对象的特点向不同的人群了解情况，适用的人群类型范围相对更广，尤其对于文盲、半文盲或有书写困难的调查对象来说，这种方法的优势更为明显。

(4) 资料具有生动性。在访谈的过程中，被访者不需要根据事先准备好的答案进行选择，可以充分表达自己的看法和观点，所得的资料十分生动和丰富。虽然在应用问卷法时也可以设计开放式问题，但这种开放式问题在问卷调查中不能太多；而以观察法和文献法收集到的资料，受到的相关局限也不小。因此，从资料的丰富性和生动性方面来讲，访谈法更胜一筹。

(5) 资料的可靠性强。首先，在实施访谈法的过程中，访问员不仅可以获得被访者的答案，还可观察到一系列的非言语性信息，如被访者的语音语调、姿态表情以及当时的语言环境对被访者的影响等。这些非言语性信息可以帮助访问员判断被访者是否说了真话、是否正确理解问题、是否还有隐情等，从而对答案的真实性做出估计。其次，访问员能有效地控制访谈的环境，排除他人的干扰，杜绝他人代替对象回答的情况；能有意识地控制双方的沟通过程，根据具体情况选择问什么问题、怎样问问题、按什么顺序问问题等，从而使资料收集工作按研究者的期望进行，进而对资料收集过程进行有效控制，避免了问卷法中那种单纯依赖调查对象的被动局面，有利于收集到完整、准确的资料。因此，访谈法收集到的资料的可靠性较强。

3. 访谈法的主要缺点

和其他资料收集方式一样，访谈法在应用时既有优点，也有局限性。访谈法的缺点主要体现在以下6个方面。

(1) 成本较高，使用范围受限。访谈法常常需要面对面地进行访问，寻找被访问者途中往返需要花费较多的时间。此外，无论是当面访问还是电话访问，访问员与被访者交谈所花费的时间要大大多于同等条件下使用问卷法所花费的时间，时间成本较高。访谈法对于调查员的要求很高，需要培训专门的访问员，而且需花费金额不菲的费用。因此，和其他资料收集方式相比较，访谈法需要付出更多的时间、人力和物力，调查成本相对更高。因此，在实际的社会调查中，访谈法的应用受到了局限。

(2) 匿名性较差。匿名是指调查者无法辨认哪种反应属于哪个特定的调查对象。在社会调查中，对被调查者而言，调查员是陌生人，在资料收集过程中不在场，无疑对增强匿名性来说更为有利。但是，访谈法中的资料收集方式是当面访问，需要访问员和被访者面对面地交流一定的时间，因而短期内基本上不太可能达到完全的匿名。这对于社会调查而言是不利的，尤其是对于涉及某些隐私和敏感话题的社会调查来说，所得资料的真实性和丰富性可能会受到影响。

(3) 对访问员的依赖性较强。访谈法的结果和质量在很大程度上取决于访问员的素质、技巧和应变能力。在访谈法的实施过程中，提问和追问、记录被访者的回答、访谈过程及氛围控制等，都是由访问员来完成的。如果访谈员提问不当，或对被访者的回答记录有误，或在访谈过程中缺乏技巧而影响双方互动的效果，或对访谈的进度控制不力等，这些都会直接影响资料的质量甚至无法获得有效的资料。因此，作为访谈控制主体的访问员，其较高的专业技能与素质、较好的现场发挥和应变能力，是成功完成调查必不可少的条件，如果不能找到或培训出具有高素质、高能力和高责任感的访问员，调查的结果就会大打折扣。可见，访谈法对访问员的要求很高，依赖性十分强。

(4) 标准化程度较低。访谈法是通过口头交谈的方式传递信息的，灵活性强，但与此相对应，在提问和记录时的标准性会受到影响。如不同访问员对同一个问题的陈述，在措辞、语气、表情等方面可能会有所差别，因而会对被访者产生不同的影响。另外，通过访谈法收集的资料虽然丰富生动，但同时答案也不具备标准性，这不利于将结果进行量化处理和分析。

(5) 调查双方的互动有时会影响调查的结果。由于访问过程中的双方都是有知觉、有感情、有思想、有反应的人，因此，双方在访问过程中往往难以做到完全客观，这就会导致一些人为的偏差，从而影响资料的质量和调查的结果。

(6) 资料记录难度相对更大。在有的访谈情境下，访谈员没有携带或不便携带辅助记录的工具，也没有其他调查员在旁协助，常常既要提问题，又要理解对方的回答，并迅速地将被访者的回答记录下来，没有充分的时间对记录进行推敲与核对，因而，迅速、准确、完整地记录访谈资料是很不容易的。

7.1.3 访谈法的类型

依据不同的标准，可以将访谈法划分为不同的类型。例如，根据调查对象的数量，可以将访谈分为个别访谈和集体访谈两类；根据访问员与受访者的接触情况，可以将访谈分为直接访谈和间接访谈两类；根据访谈的计划性及是否具备灵活性，可以将访谈分为结构式访谈、半结构式访谈和无结构式访谈三类；等等。这里我们首先介绍一下按不同标准划分的几种访谈类型，然后再具体说明结构式访谈法。

1. 按调查对象的数量划分

根据调查对象的数量，访谈可分为个别访谈和集体访谈两大类。

(1) 个别访谈。个别访谈是指研究者委派访问员对受访者进行一对一的访谈。这种方式的优点是访问员与受访者能够进行双向交流和互动，可以获得较为真实的资料。同时有利于受访者详尽、深入地阐述自己的看法，更容易获得内容丰富、生动的资料。个别访谈法是访谈法中十分常见的类型。

(2) 集体访谈。集体访谈也称为团体访谈或座谈会，它是由研究者亲自召集一些受访者(一人以上)，由训练有素的访问员作为主持人来控制会场，使受访者围绕调查主题展开谈话的一种访谈形式。通过集体访谈的方式收集资料，可以集思广益、相互启发、相互探讨，可以在较短的时间内收集到较为广泛和全面的信息，这是社会调查中一种常见的资料收集类型。

2. 按调查双方的接触情况划分

根据访问员与受访者的接触情况，访谈可分为直接访谈和间接访谈两大类。

(1) 直接访谈。直接访谈也称为当面访问，它是指访问员和受访者之间进行面对面的交谈。在访谈的过程中，可以采取"走出去"与"请进来"两种方式。"走出去"是指访问员深入受访者中进行访问；"请进来"是指请受访者来到事先安排好的场所进行交谈。这两种方法各有其优缺点，一般情况下，多采用"走出去"的方式进行实地访问。

(2) 间接访谈。间接访谈是访问员通过电话、网络等媒介与受访者进行交谈的一种方式。在间接访谈中，调查双方并没有发生面对面的接触，访问员借助现代通信工具展开访谈，这实际上是直接访谈的延伸，也是一种新兴的访谈方式。与直接访谈相比较，间接访谈拥有节省时间、经费和人力的优点，还具有更好的匿名性。当然，也存在询问内容不宜深入、访谈环节难以控制、灵活性较差、受访者范围受局限等不足之处。

3. 按对访谈的控制程度划分

按照访问员对访谈的控制程度，访谈可分为结构式访谈、半结构式访谈和无结构式访谈三大类。

(1) 结构式访谈。结构式访谈也称为标准化访谈，是指以统一设计的、具有一定结构的问卷为媒介，按计划进行的访谈。在结构式访谈中，采访者必须严格按照预先准备的问题、提问方式以及提问的顺序来询问，并按统一的记录方式将受访者的回答记录下来。这种访谈形式的基本原理是使用大致相同的刺激因素，在理论上使受访者对问题的回答具有可比性，以便于进行数据的汇总与比较分析，因此，有的学者也将其视为访谈式问卷调查。

(2) 无结构式访谈。无结构式访谈也称为非标准化访谈或自由式访谈。与结构式访谈相反，无结构式访谈事先不指定统一的问卷或访谈提纲，而是按照一个粗线条的提纲或者一个题目，由访问员和受访者在这个范围内进行交谈，并及时将答案记录下来。无结构式访谈基于如下一些假设：访问员不能罗列所有问题，因为他们预先并不知道什么是必须提出的问题；与之相对应，受访者也许会对某一事物采用不同的词汇进行描述。在无结构式访谈中，访问者需要不断地调整、修改和生成问题，并且根据交谈的情况和调查的主题进一步提出具体的问题。在无结构式访谈中，恰当的、具体的问题是在访问员和受访者互动的过程中产生的。因此，这种方法虽然富有弹性，但对访问员的要求较高，结果难以进行定量分析。

(3) 半结构式访谈。半结构式访谈是一种介于结构式访谈和无结构式访谈之间的访谈形式。在半结构式访谈中，虽然事先编制了统一的问卷或访谈提纲，有标准化的题目，并且访问员对访谈过程也有一定的控制，但他们不需完全按结构进行控制，可以根据事先拟定的提纲和访谈进程随时进行调整，在预设的问题上提出进一步的探究性问题；受访者也可以适当地拓展题目，在表达自己观点和意见方面有较大的空间，可以较为自由地谈论他们觉得重要或感兴趣的内容。也就是说，在半结构式访谈中，研究者往往不确定研究的主要知识和信息是否被访谈提纲所囊括，因此需要访问员不仅向受访者提出预设的问题，还要努力促使交谈自然地进行，使访谈向新方向发展，以拓展出和研究主题相关的新内容。

7.2 结构式访谈

在社会调查中，按计划性对访谈进行分类是一种惯用的方式。在探索性调查中，多通过无结构式访谈来初步了解大致情况，随着研究的深入，逐渐进行半结构式访谈和结构式访谈。无结构式、半结构式和结构式访谈对于操作规范、计划、要求的标准有很大区别。其中，结构式访谈作为一种十分常见的访谈类型，其结构、规范和技术等方面的要求最高，有必要单独列出来详细地介绍。

7.2.1 结构式访谈问卷的内容

结构式访谈是按照统一设计的、具有一定结构的问卷来进行的，这是收集资料的主要工具。结构式问卷的内容主要包括以下5个方面。

(1) 导语。访问员作自我介绍，说明访谈的目的、内容等，是争取受访者接受访谈的一段说明，要尽量口语化，语气要十分礼貌。

(2) 基础题目。这部分题目用于了解受访者的基本情况，包括性别、年龄、职业、学历、政治面貌、收入等，是结构问卷或访谈提纲的基础调查题目。

(3) 正题。这部分题目是调查的主要题目，也是访谈的重点内容。正题可以是开放式问题，也可以是封闭式问题，但结构式访谈应该以封闭式问题为主。

(4) 结束语。在访谈结束时，访问员应该对受访者的支持和配合表示诚挚的谢意。

(5) 附记。附记是由访问员与复核者在访谈结束后填写的内容，包括受访者的地址或单位、访问时间、访问意见、复查意见等信息。

结构式访谈是按计划进行的访谈，是一种对访问过程高度控制的访谈形式，这种控制性主要体现在三个层面：其一，访问是按照预先设计好的问卷进行的，题目的形式可以是开放式的，也可以是封闭式的；其二，访问员在访问过程中，只能按照既有的题目、指导语、顺序和统一的提问方式来进行，不能随意改变；其三，当受访者不清楚题目含义时，访问员只能重复题目或按访员手册的统一说明进行解释，而不能自由地解释或发挥。

可见，对访谈的控制是通过一套预先设计好的测量工具、测量程序和测量规定来完成的，其目的是满足科学测量的需要，因为标准化是实施科学测量的关键所在。只有每位受访者都经历相同的答题过程，并按统一的方式记录下来，答案之间的差异才能被理解为受访者之间的差异，而不是资料收集过程中的差异。

7.2.2 结构式访谈的原则

访谈十分依赖访问员的能力和素质，结构式访谈之所以设置诸多条件，很大一部分原因就在于希望尽量减少由访问员差异所造成的人为误差。因此，结构式访谈对访问员做出了相关规定和要求，并为其实施访谈制定了如下访谈原则。

(1) 完全按题目提问。要实现结构式访问，就要给所有受访者施以完全相同的刺激，首要的一点就是完全按题目内容对受访者进行提问。一般来说，按照题目内容逐字读出问题是访问员的通识，但是，在实际访问过程中，一些访问员仍会改变题目的用字。有的时候，是由于题目读起来不太顺口，不利于口头沟通和交流，访问员不得不改变它。这就需要研究者在进行试调查的时候，尽可能地根据反馈信息来设计题目，使其更加口语化。有的时候，是由于访问员出于自己的需要而改变题目中的措辞。例如，将题目"您认为是不是应该禁止在公众场所吸烟"改为"您认为是不是应该不允许在公众场所吸烟"，虽然只是将题目中的"禁止"改为

"不允许",这两个词的字面含义差别不大,看起来似乎改动很小,但实际上"禁止"和"不允许"在程度上还是存在差别的,选择"不允许"的人不一定会选择"禁止"。因此,虽然某些改动在访问员看来似乎是无害的,只是为了更加口语化,使题目更容易被理解,但由于访问员彼此用词差异而造成的误差,可能会对资料的准确性造成不利影响。当然,在现实调查中也存在改动个别措辞对结果没有什么大的影响的情况,但研究者很难预料是否会发生负面影响,为了保险起见最好还是不要改动用词。

(2) 适当的追问。当访问员按题目提问后,如果受访者没有给出令人满意的答案,访问员可以根据具体情况,对受访者进行适当的追问。什么样的回答应该追问?主要有以下4种情况:其一,追问与封闭式问题答案选项不相符的回答。在结构式访问中常会出现封闭式问题,一些受访者可能会给出与答案选项不符的回答,这很可能是由于不理解题目设计的要求导致的,因此,需要访问员介绍一下这类问题的答题方式,再重新读一遍题目和答案。其二,追问不精确的回答。在结构式访问中,经常会要求受访者提供一些较为精确的数字,例如家庭平均月收入、个人平均月消费、家庭住房面积等,有的受访者可能一时记不清或算不过来,就提供了一个概数,对此访问员可以把原题目重读一遍进行适当追问,使答案更加精确。其三,追问受访者的回答为"不知道"的回答。在结构式访问中,受访者常会回答"不知道",对于知识性问题,这种回答可以被理解为是一个有意义的答案,但在许多其他情况下则意味着受访者没思考清楚或者不想回答,如果这类回答过多,会影响调查资料的质量。因此,当访问员在听到这类回答时,不要轻易放弃努力,而应试着给予适当的追问。其四,追问开放式问题。当受访者在回答开放式问题时出现答非所问、语义模糊不清,或者提供的答案不够丰富、详细的情况时,就需要访问员进行适当的追问。在结构式访谈中,开放式问题的追问最难控制,不同调查机构的要求也有很大差异,因此这类追问最容易产生人为误差,而降低这种误差的方法,就是尽可能少地设计开放式问题。如果必须设计这类问题,研究者最好能针对需要追问的情境,事先对追问用语做出统一的规定。

(3) 完整记录答案。除了提问和追问,结构式访谈还需要访问员对受访者提供的答案进行标准化记录。标准化记录的关键是要完整地记录受访者给出的答案,在记录的内容中尽量排除访问员的判断、归纳、解释或修改。根据题目的形式,可以从两个方面来确定标准化记录的规则。如果是封闭式问题,访问员在记录的过程中犯错误的可能性不大,即使出现误差,也大多是由于笔误,属于随机误差的范畴。如果是开放式问题,则需要注意两种情况:第一,如果题目要求受访者以开放式问题的形式阐述自己的观点,那么访问员在记录时需要遵循的唯一规则是逐字确切地记下受访者的回答,不归纳也不删减;第二,对于开放式的事实性题目,访问员并不一定需要逐字记录,可以适当删减,但受访者提供的信息不能遗漏,应保持完整。

7.2.3 结构式访谈的类型

在实际社会调查中,以结构式访谈法来收集资料有两种常见的类型,即结构式的当面访问和电话访问。

1. 当面访问

当面访问法的基本做法是:研究者首先选择和培训一组访问员,由这组访问员携带结构问卷到各个约定好的调查地点，按照方案计划的要求找到被抽中的受访者，对其进行口头提问，并按照规定将受访者的各种回答记录下来。在访问中，访问员要严格按照结构式访谈对过程的控制要求来提问、追问和记录。当面访问法是一种以口头语言为媒介、访问员与受访者面对面直接交往和互动的过程，双方之间的相互作用和相互影响，贯穿资料收集全程。当面访问的效果主要取决于访问员，因此，访问员一定要有较强的沟通能力、控制能力和应变能力。

对于一般的入户当面访问，有以下4个需要注意的问题：第一，找到受访者。如果在抽样方案设计中，已经抽取样本所在的家庭地址，那么访问员可以按地址直接上门联络。但是，在确定家庭地址并上门后，还可能出现被抽中的家庭无人的情况，对此通常的解决办法是重访，如果经过三次重访，都没有人在，才能另外抽取新的家庭进行替换。第二，找到受访者家庭后，需要征得对方同意才能入户调查，拒访是经常出现的一种现象，尤其是在城市中开展的调查。这个现象很容易理解，现代城市居民的居住方式发生了很大的变化，许多居民对自己社区的人不是太熟悉，甚至连自己的邻居都不太熟悉，对陌生人充满了戒备和不信任感。一般人在通常情况下也不希望自己的日常生活受到外来因素的干扰，对于社会调查的接受度还不够高。对此，访问员应该有充分的认识，一方面做足准备工作，充分利用人们在社会互动过程中产生的首因效应；另一方面要善于与人沟通，入户的关键在于进门和开场白。一旦打通这一关节，获得受访者的接纳，后面的工作就容易开展了，因为当面访问的回答率是很高的。第三，进入家庭后，如果需要确定访谈对象，可以使用户内抽样的方法，抽取符合调查条件的受访者。这一步可能会出现的一种不利于访谈顺利进行的情况是，虽然访问员已经入户，但抽取的调查对象并不在场，需要访问员谨慎处理。通常的解决办法是，只有当访问员重复入户三次，被抽中的受访者均不在家时，才可以更换调查对象，重新抽取受访者。需要特别指出的是，入户抽取受访者时，一份住户家庭的构成资料只能抽取一次，不能进行重复抽取。第四，访问员要严格按照结构式访谈的要求对受访者提问，不能进行诱导式提问。调查结束后，通常需要向受访者赠送一个小礼物，以表示对他们给予合作的谢意。

近年来，随着计算机技术的发展和普及，出现了一种新的当面访问形式——计算机辅助个人当面访问(Computer-Assisted Personal Interviewing，CAPI)。它的具体做法是：研究者将结构式问卷事先存入计算机(普通笔记本电脑或者面访专用的无键盘轻型电脑)中，访问员可携带计算机入户，依照计算机屏幕上的问题进行访问工作，并且将受访者的答案通过鼠标、键盘、手写笔或触摸屏直接输入计算机中，当访问结束后将数据以有线或无线的方式传回服务器。可见，计算机辅助面访与一般当面访问的主要区别在于调查工具的不同，而其他方面的规定和要求则没有太大区别，一般当面访问需遵循的规则和步骤，计算机辅助面访也需遵循，因此，有的学者认为它还不是一种独立的面访形式。从目前的发展情况来看，计算机辅助面访的变化主要体现在调查工具的不断更新上。一方面，面访所用的手提电脑日益专门化，而且越来越便于携带，省去了结构问卷或访谈提纲的印制，也不需要进行专门的数据录入工作，简化了调查过程；另一方面，网络传输技术的发展，使访问员可以即时将数据传送给数据处理中心，缩短了调查周期，也有利于及时发现访问中的问题，纠正访问员的某些偏差。可见，计算机辅助面访在数据输入的及时性与完整性、使用的方便性等方面具有优势。但是，它还具有费用高、对技术要求高、使用时间受限等方面的严重不足，这些不足对于可行性的影响很大，加之计算机辅助面访本身是一项新技术，因此，这种方法在实际调查中还不是十分普及。

当面访问的优点有很多。首先，它的回答率较高，由于调查双方是当面接触与互动，因此拒答或半途而废的情况比较少，回答的成功率较高。其次，当面访问收集到的资料质量较好。在访问过程中，由于访问员在场，因而既可以对访问的环境和被调查者的表情、态度进行观察，又可以对被调查者回答问题的质量加以控制(如可以减少调查对象由于对问题理解不清或误解所造成的误答的情况发生，可以避免由他人代答或几个人商量着填答的情况，等等)，使得所得资料的真实性和准确性大大提高，进而提高了调查资料的效度与信度。最后，调查对象的适用范围广。由于当面访问主要依赖于口头语言，对调查对象的阅读、理解和表达能力没有太多要求，也不需要他们拥有电话、计算机等设施，因而，它适用的调查对象的范围十分广泛，在实际社会调查中，尤其在我国的访谈调查中十分常见。

当然，当面访问法也有其弱点。首先，在当面访问中由于调查双方直接接触会产生互动，有时候难以做到完全客观，这样就会导致一些访问偏差，从而影响访问资料的质量和效果。其次，当面访问的匿名性较差，对于某些隐私问题和敏感问题受访者感受到的压力相对较大，会直接影响他们回答问题的态度和所提供的答案的真实性及可靠性。最后，当面访问的费用高、时间长、代价大，在客观上限制了调查样本的规模和调查的空间范围，在具体运用时有一定的局限性。

2. 电话访问

电话访问是访问员通过打电话的方式与受访者进行语言交流，以收集调查资料信息的一种访问方法。这种方式是随着社会现代化的发展，特别是随着普通居民中电话普及率的提高而逐步发展起来的。在美国等西方国家，20世纪六七十年代就出现了电话访问调查，现在被广泛用于许多调查类型中，例如对人们的生活状况、人们的消费需求情况的调查及民意测验等。目前，我国的电话访问调查还处于起步阶段，主要集中在北京、上海、广州、南京、武汉、成都等大城市中。随着我国经济社会的发展，尤其是电话通信事业的飞速发展，电话调查将呈现广阔的发展前景和旺盛的生命力。

随着科学技术的发展，电话访问调查的技术方式也发生了变化，拓展出不同的电访类型，主要有以下3种。

(1) 传统的电话访问。传统的电话访问调查使用的是普通电话、印刷问卷和普通书写记录工具。它的具体做法是：经过专业培训的访问员在室内按照调查设计所规定的随机拨号的方法来拨打电话，经受访者同意后，再依据设计好的访谈问卷题目向受访者询问，并及时、迅速地将回答记录下来。一般情况下，在用于进行电话访问的房间里有专门的督导员，负责电话访问实施管理和应急问题的处理。传统的电话访问对于小规模的简单访谈来说具有简便易行的优势，但也存在效率低、难以统一监控和管理、难以处理结构较为复杂的问卷等问题。当前，这种电话访问已经比较少见了。

(2) 计算机辅助电话访问。计算机辅助电话访问(Computer-Assisted Telephone Interviewing，CATI)是当前电话访问的主要类型。这种调查的实施需要计算机辅助电话访问系统(CATIS)的支持，CATIS既有计算机、电话等硬件，也有用于进行电话访问的专业软件，通常一套系统有十几台甚至几十台联结成局域网络的计算机，每台计算机连接一根直拨电话线，所有计算机都与一台主机相连，通过主机可以管理和监控每一台访问用计算机的工作情况。计算机辅助电话访问的具体做法是：研究者准备好访问问卷，并将其按照计算机辅助电话访问系统格式的要求录入计算机，然后在系统中设定好随机抽取电话号码的计算机程序，由经过专门培训的访问员按照计算机系统显示的问卷内容进行询问，并同时将回答直接记录到系统中去。在电话访问的过程中，研究者可以在主机上以随机的方式对所有访问员的工作情况进行管理和监控，并及时解决各种突发问题。当电话访问结束后，所有受访者回答的结论也已经录入计算机中，可以在系统中进行简单的统计分析，也可以将数据转入SPSS统计软件中进行更为细致的统计分析。

与当面访问相比，计算机辅助电话访问具有一些优点，主要体现在以下几个方面：第一，它可以完全避免由于跳答线路而产生的错误。由于跳答线路已经事先设置在系统的问卷中，计算机软件系统会根据回答的情况自动选择跳答线路，因此不会因跳答路线的错误导致数据的质量受到影响。第二，它可以对数据进行即时检查，最简单的是对取值范围进行检查，能够有效地避免和纠正数据录入的有效范围误差。第三，可以省去调查数据编码和录入的环节，尤其对于某些时效性要求较高的调查而言，更可以体现优越性。第四，调查过程中的具体信息可以详细地保存在系统中，例如访问的开始时间、结束时间、两次访问的间隔等。第五，能够对不同访问员完成的样本进行即时汇总分析，快速、准确地掌握样本的构成情况，因此可以及时调整对样本的取舍，这对于使用额配抽样方法开展调查十分有用。第六，样本中能够包含一些使用当面访问法难以找到的调查对象，例如有的受访者工作繁忙，如果对其进行当面访问，拒访率较高，而相对较为短暂的电话访问则可能被接受，因此可以在一定程度上提高样本的代表性。第七，对于一些涉及个人隐私或者比较敏感的问题，例如收入、学历等，在当面访问的情况下，有的受访者可能觉得难以启齿，但实施电话访问时，由于调查双方彼此之间没有见面，匿名性强，往往可以获得较为真实的回答。第八，研究者可以对访问过程进行监控，可以尽量避免出现因访问员工作不规范甚至作弊等影响数据质量的问题发生。第九，能够避免当面访问中由访问员的表情、手势、动作甚至衣着打扮等因素对被访问者造成的暗示和影响，减少因当面互动可能产生的人为误差。

当然，计算机辅助电话访问也存在一些不足之处，主要问题就是受访者的选取及代表性方面的困难。一方面，从理论上讲，电话访问的结果只能推论到有电话的对象这一总体，这和实际调查的总体可能会有所不同，这使它的使用范围受到了限制；另一方面，许多电访调查中的电话号码都来自同一电话簿，但电话簿上的号码所对应的联系人未必是我们想要的调查对象，这些号码有可能是社会组织机构的号码，这就影响了计算机辅助电话访问的可行性。因此，在实际运用电话访问法时，研究者一定要对总体及样本的情况有清楚的认识，尽可能提高抽样的科学性与代表性。此外，计算机辅助电话访问的另一个弱点是调查的时间不能太长，通常情况下将访问时间控制在10分钟以内比较合适，在客观上限制了采用这种方式收集资料的范围和深度，不适合内容多、难度大、问题结构复杂的调查。

(3) 全自动电话访谈。近年来，在美国出现了一种新的电话访问形式——全自动电话访谈。这种电访方式利用一种内置声音回答的技术，以专业调查员的录音来代替访问员逐字逐句地读出题目及答案，受访者可以将封闭式问题的答案通过电话上的拨号盘键入，开放式问题的答案则被录在磁带上。全自动电话访谈主要有两种拨号方式：向外拨号和向内拨号。应用向外拨号方式时，需要准备一份准确的电话样本清单，计算机会按照号码进行拨号并播放请对方参与调查的说明、题目与答案等，但常常被人们挂断电话，回答率很低。向内拨号方式是由受访者拨叫指定的电话号码进行回答，指定号码是通过邮寄的方式到达受访者手中的。全自动电话访谈的拒访率很高，样本的代表性也受到影响，还不是一项成熟的访谈技术。但无论如何，它为调查者提供了一种新的选择。

虽然当面访问和电话访问在操作过程中都十分依赖访问员，但两者之间的差别十分明显。首先，当面访问和电话访问对调查员能力的要求有所不同。在当面访问中，访问员不仅可以听取受访者的回答，还可以观察他们的表情、动作，进而判断受访者所提供的资料的正确性和真实性；而在电话调查中，访问员必须完全依靠听力和交谈来判断这一切，因此，电话访问的访问员应具有更强的仅靠听觉来分辨情况的能力。其次，在当面访问和电话访问中，访问员对调查误差的影响有所不同。在当面访问中，访问员的表情、手势、动作甚至衣着打扮都可能对受访者造成一定的暗示和影响，从而造成一些访员误差；而在电话访问中，由于调查双方没有见面，可以避免这类访员误差的产生，但访问员的语调、语气对受访者的影响作用则大大加强，访问员的声音成为访员误差的主要来源。再次，当面访问和电话访问挑选、培训访问员的标准不同。当面访问对于访问员的社会交往能力、沟通表达能力、控制能力等的要求较高，它的培训重点在于训练访问员如何破门、如何进入访问、如何控制访问过程等内容；而电话访问更强调访问员的口齿清楚、语气亲切、语调平和，注重他们在电话中的声音、音调、音量、语速、发音、吐字以及表现出来的性格特点，它的培训重点在于训练访问员如何应付突发情况、如何尽快设法解决在电话访问过程中可能出现的各种问题、如何熟练地使用与调配电话访问的各种技术设备等。

7.3 访谈的程序与技巧

访谈程序根据访谈类型的不同而有所区别，总体上包括准备访谈、进入访谈现场、实施访谈、结束访谈4个环节，有时候还需要在结束访谈后进行再次访谈(补充访谈)。要使访谈顺利完成，并获得高质量的调查资料，访问员必须在访谈过程的各个环节中，熟练掌握和运用多种访谈技巧。

7.3.1 准备访谈

访谈过程是一种社会交往过程，访问员只有在了解调查对象的心理特点的基础上与之建立相互信任的关系，才能获得真实、丰富的访谈资料。为了做到这一点，就需要调查者认真做好访谈前的准备性工作。访谈的准备性工作主要包括以下几个方面：熟悉调查内容，选择适当的访谈方式，设计访谈问卷或提纲并准备记录表格，选择受访者并初步了解相关情况，确定访谈的时间、地点、场合等。在这个过程中，特别需要注意以下3个方面。

1. 选择适当的访谈方法，设计访谈问卷或提纲，学习与调查内容有关的知识

研究者首先要根据调查目的、研究需要和研究者拥有的主客观条件等来选择和确定合适的访谈方式，并在此基础上，设计访谈问卷或提纲。结构式访问需要研究者设计统一的结构式问

卷，半结构式访问需要研究者准备较为详细的访谈提纲，无结构式访问也需要研究者准备一些访谈的问题。不管哪种类型的访谈，都需要访问员事先学习与了解与调查内容相关的各种知识。如果访问员拥有丰富的相关知识储备，就能够较好地与受访者进行互动；反之，如果访问员一问三不知，就很难从受访者那里获得丰富、生动的资料。

2. 选择受访者，尽可能了解受访者的基本情况

访谈对象的抽取要服从研究的需要，根据调查的内容找那些最了解情况的人员。在确定受访者后，应尽可能地了解受访者的性别、年龄、职业、性格、爱好等个人基本情况。这既有利于调查者根据实际情况采取适当的角色姿态，缩短与受访者之间的心理距离，也有利于对受访者在访问过程中所谈的各种情况有着更为准确、更为客观的理解，从而灵活选用访谈技巧，顺利实施访谈。

3. 选好访谈的时间、地点和场合

访谈时间的选择因人而异，一般来讲，最佳的访谈时间是受访者工作、劳务不繁忙的时候，这个时候受访者的心情相对比较舒畅，更有利于进行访谈。例如，如果访谈对象是大学生，那么最好不要在他们考试或上课的时间进行访谈；如果访谈对象是农民，最好不要在他们农忙或工作的时间进行访谈。这就需要访问员事先对受访者有所了解。

对于访谈地点和场合的选择，应该以有利于受访问者准确回答问题和畅所欲言为出发点，以受访者方便为原则。一般来讲，有关工作方面的问题，在工作地点进行访谈比较合适；有关个人或家庭方面的问题，在受访者家里进行访谈比较合适。这样既便于受访者寻找和核查准确回答问题的有关资料，也有利于在对方比较熟悉的场合下与其建立信任关系。当然，如果受访者不愿意在工作地点或家里接受访问，可以在附近的小区、公园、餐厅等公共场合进行访问。

7.3.2 进入访谈现场

在访问员进入访谈现场的时候，需要注意一些事项，主要包括第一印象管理、开场白和营造融洽的访谈气氛。

1. 第一印象管理

访问员在进入访谈现场接触受访者时，是以"陌生人"的身份出现的，因此，对于第一印象的管理十分重要。第一印象是人与人在第一次交往中留下的印象，这种最先输入的信息将对客体以后的认知产生影响，人们习惯于按照前面的信息解释后面的信息，即使后面的信息与前面的信息不一致，也会屈从于前面的信息，以形成整体一致的印象，即首因效应。因此，如果访问员能够给受访者留下一个较好的第一印象，那么对后面的调查工作的顺利进行会很有帮助；反之，如果受访者对访问员的第一印象不好，很难想象他会花费时间与精力有效地配合访问员实施调查。也就是说，访谈能否顺利进行，在一定程度上与调查双方最初的见面和接触有关。正式、普通、礼貌，是访问员进行第一印象管理的基本标准。正式标准，是指访问员要选择某种合理的、合法的和正规的身份，这种正式性身份可以引起受访者的重视并打消猜疑；普通标准，是指访问员的外表和打扮要简单、整洁，看起来要和平常人一样，而不要有引人注目

的打扮，以保证访问员身份的普通；礼貌标准，是指访问员对受访者的态度要友善、诚恳、真实，它可以使访问员更易于被受访者接受。第一印象是影响访问员能否被受访者接纳的关键因素之一，每个访问员都应该高度重视并按要求进行管理。

2. 开场白

在进入访谈现场后，访问员的第一步工作就是表述开场白。开场白的措辞除了要有礼貌以外，还要注意一些细节问题。首先，是称呼的问题。称呼恰当，就为接近受访者开了一个好头；称呼不恰当，就可能引起对方的戒备甚至反感，不利于访谈的顺利进行。称呼的选择要符合当地习惯、亲切自然，要符合调查双方的亲密程度和心理距离，要尊重有礼、恰如其分。其次，要向受访者表示歉意，访问员不能认为受访者接受调查是理所应当，因为对于任何一个具体的受访者而言，他并没有义务牺牲个人的时间来接受调查，同样，访问员也没有因自己工作需要就占用他人时间的权力。所以，访问员一定要在开始接触受访者的时候，诚恳地表达对这种打扰的歉意。再次，开场白一定要说好。好的开场白的标准是简明扼要、意图明确、重点突出、亲和力强。开场白的内容和问卷封面信的内容相似，主要说明访问员的身份、访问意图、怎么抽取受访者，并说明不会占用对方太多时间、期望得到支持等。例如，一般性的开场白可以进行如下说明："您好！很抱歉打扰您了！我叫×××，是××大学公共管理学院的学生，这是我的证明(出示学生证等证明)。我们正在进行一项有关城市公共服务性政府满意度的访谈调查，从全市选取了100名典型市民作为代表，您是其中的一位。这次访谈大概会占用您15分钟的时间，希望能得到您的支持和配合。"

通过恰当的开场白，可以降低或消除受访者在突然出现的陌生人面前所自然产生的疑虑和戒备心理，建立信任关系。只有这样，才能调动受访者回答问题的动机，并帮助他们做好回答问题的心理准备，从而促进访谈的顺利进行。

3. 营造融洽的气氛

当调查双方有了初步的认知基础，且受访者表示愿意接受访谈后，不必急于立刻进入访谈正题，可以从对方熟悉的事情和关心的问题谈起，以打开话匣子，消除受访者的拘束感，营造一个融洽的访谈气氛，一般可以通过两种方式来达到这一目的：一是寻找话题。访问员可以寻找与受访者的共同点，例如同乡、同行等共同的经历或共同的爱好；可以寻找受访者最关心的问题，例如当时当地最吸引人的新闻或社会问题；也可以寻找受访者最熟悉的事情，例如家庭、子女、工作等。通过寻找话题，激发受访者的谈话热情与兴趣。二是恰当地表示友好关怀。在打开话匣子的过程中，访问员对了解到的受访者所面临的一些挫折或困难，如家中有病人等，要及时表示同情，进行安慰和开导，这种友好关怀也有利于建立信任和感情，这是保证访谈成功的一个重要条件。

7.3.3 实施访谈

访谈过程具体包括提问、听取回答、引导与追问、记录等事项，需要综合运用访谈的各种技巧。

1. 提问

提问是访谈的主要环节，它在访谈过程中占有重要地位，从某种程度上来说，访谈技巧首先是提问的技巧。

在访谈中，访问员提出的问题可分为两大类，即实质性问题和功能性问题。所谓实质性问题，是指针对访问调查所要了解的情况而提出的问题，大体上包括4类：事实方面的问题（如姓名、年龄、职业、收入等），行为方面的问题，观念方面的问题和态度方面的问题。这是调查的主要内容。所谓功能性问题，是指在访谈过程中为了对受访者施加某种影响而提出的问题，它也大致包括4类：接触性问题，试探性问题，过渡性问题和检验性问题。接触性问题，如"您近来身体好吗""工作忙不忙"等，是为了更好地与受访者建立互动关系；试探性问题，如"您今天有要紧的事情吗""您负责哪方面的工作"等，常常是为了试探某种访谈细节是否恰当，以便于决定访谈如何进行；过渡性问题，如当访谈的话题从工作问题转向生活问题时，可以问"您工作这么忙，在家里可以轻松一下吧"等，这样的问题有助于使访谈主题的转换更为自然，从而使整个访谈的过程比较连贯；检验性问题，如前面询问了"你对现在的工作岗位满不满意"，经过一段谈话后，再询问"你是否希望调动工作岗位"等，后面的问题其实是为了检验前面一个问题的回答是否真实可靠，或者进行相互检验。在一般情况下，访问员常常对实质性问题比较重视，而对功能性问题则比较忽视或不善于运用，因此，不同的访问员的提问技巧的区别更突出地体现在对功能性问题的询问方面。一个优秀的访问员，不仅要善于以恰当的方式提出各种实质性问题，而且要善于灵活运用各种功能性问题，以促进访谈的顺利进行。

在访谈中，访问员提问的方式是多样的，或开门见山，直接询问；或投石问路，试探询问；或顺水推舟，深入询问；或借题发挥，跳跃询问；或循循善诱，引导询问等。访问员究竟应该采取哪种方式提出问题，要结合三个方面的因素进行考量：一是要考虑问题本身的性质和特点。例如，对于比较复杂、敏感的问题，大多采取谨慎、迂回的方式提出，反之就可以直接询问。二是要考虑受访者的具体情况。例如，有的受访者性格敏感、顾虑多或者对情况不太熟悉，大多采用引导询问的方式提出，反之则可以正面、连续地提出问题。三是要考虑访问员与受访者之间的关系，在双方十分陌生、尚未建立信任关系的情况下，大多以慎重的方式进行提问，反之则可以直率地提出问题。总之，提问方式没有一成不变的模式，访问员要从上述三个方面的实际情况出发，综合考虑和选择恰当的方式来提出问题，以取得良好的访谈效果。但是，不管采取哪种方式提出问题，都应顺其自然，使访谈过程在平等、友好的气氛中进行，而不能简单生硬地一问一答。

此外，访问员提问的语言要尽可能地简短，不要问长句、复杂句，并且要通俗化、口语化和地方化，尽量避免使用学术语言、书面语言或官方语言。访问员提问的语速要适中，吐字要清晰，语气要温和有礼。

2. 听取回答

在访谈过程中，优秀的访问员不仅要恰当地提出问题，而且还要善于有效倾听受访者的回答。有效倾听，是指访问员不仅要专心听取受访者的回答，同时还要积极思考和理解，推测言外之意，并反复记忆和考虑如何作出反应。它大体上包含三个步骤：一是接收和捕捉信息，即认真听取受访者的回答，主动捕捉有用的信息，包括语言信息和非语言信息；二是理解和处理信息，即正确理解已经获得的信息，并及时做出判断或评价，舍弃无用信息，保留有用信息和存疑信息；三是记忆和做出反应，即记忆有用信息，并判断对有用信息和存疑信息作何反应。有效倾听的过程，就是这三个步骤交替出现、循环往复的过程。访问员要做到有效倾听，就需要从以下三个方面着手。

(1) 要有礼貌地耐心倾听。首先，访问员要认真地听取受访者的回答，不要做无谓的小动作，或者心不在焉甚至哈欠连天，否则，受访者就不会认真谈下去，访问员自然也做不到有效倾听。其次，访问员要虚心倾听，如果受访者回答错了或回答不完整，应适当解释、引导和询问，而不能无礼地打断对方说话。最后，访问员要有感情地听，要对受访者在回答中体现的喜怒哀乐做出反应，进行适当的感情移入。

(2) 要保持客观中立。访问员要始终保持客观中立，不能给受访者任何暗示，包括语言信息的暗示和非语言信息的暗示。在访谈中，由于调查双方处在不断的互动过程中，受访者常常会注意访问员的态度、语气、姿势、表情，从而判断访问员的意见或态度，在社会互动中积极倾向的作用下，可能会给出与访问员意见或态度一致的回答。如果访问员有意或无意地提供了相关信息，就可能使受访者接受暗示，进行迎合，从而造成调查资料的失真。所以，访问员在访谈过程中，不应该有任何倾向性或诱导性的表示；对于受访者的回答，也不应有表示肯定或否定的评价，更不能企图去说服对方，而应该做出一些中立性的反应，一些有利于受访者提供真实信息的反应。

(3) 要注意非语言符号的交流。在人际交往中，除了语言信息之外，非语言符号也是重要的交流手段。访谈中的非语言符号信息包括语气、眼神、姿势、表情、手势等，还包括人的外表、周围环境等。在访谈过程中，访问员不仅要仔细观察受访者的非语言符号传递出的信息，还要善于运用它进行访谈控制。例如，访问员可以观察受访者的表情以捕捉他的感情信息，可以通过点头的方式鼓励受访者将话题进行深入，等等。访问员如果能善于运用非语言符号进行交流，往往能够起到语言所不能达到的作用，使访谈的气氛更为融洽、进程更为顺利。

3. 引导与追问

在访谈中，访问员除了提出问题和听取回答外，有时候还需要进行引导与追问。

引导不是为了提出新问题，而是帮助受访者正确理解和回答已提出的问题。引导是提问的延伸或补充，是访谈的必要环节和手段。引导通常出现在访谈遭遇障碍而不能顺利进行，或者偏离计划的情况下。例如，受访者对所提问题理解不正确、答非所问，受访者有所顾虑、欲言又止，受访者一时语塞、想不起来，受访者滔滔不绝、离题太远，访谈被迫中断又重新开始等。在实际访谈中，访问员要根据具体情况，采用恰当的方式排除干扰、引入正题，使访谈按计划顺利进行。

追问不同于提问和引导，而是为了促使受访者更真实、具体、准确、完整地回答问题。追问是针对已有问题进行的一种更为深入的提问，是访谈的常用手段。追问通常出现在受访者没有真实、具体、准确、完整地说明问题的时候。例如，受访者明显没有吐露真言，受访者的回答前后矛盾，受访者的回答含糊不清等。追问的方法有很多，例如正面追问、侧面追问、系统追问、重复追问、反向追问等，要根据访谈实施的具体情况，适时、适度地采用各种方法进行追询，达到促使受访者提供更真实、更具体、更准确、更完整的资料的目的。

4. 记录

访谈的目的就是获得资料，因此，做好资料记录工作是一个十分重要的环节。访谈记录的内容不仅包括受访者的回答，还包括访谈的时间、地点、环境和受访者的非语言符号信息等。在记录的过程中，要特别强调实事求是。访问员不能用自己的主观想象去代替受访者的回答，要尽量记录原话，避免概括性的记录。

记录的方法有很多，从时间上看可以分为当场记录和事后追记，从工具上看可以分为笔记和机器记录等。其中，笔记是最常见、最基础的记录方法。笔记有三种方法，即速记、详记和简记。速记，就是使用速记法，用缩略语和符号来记录，把受访者的回答全部记录下来，然后再进行翻译和整理。通过这种方法记录的内容比较全面，但是翻译很费时间，而且对于多数访谈来说也不需要把受访者的回答全部记下来。详记，就是用文字当场详细记录，这样无须翻译，任何人都能看懂，整理工作量较小，但会影响访谈的进度和质量，且难免会有遗漏。简记，就是只记录一些访问员认为有必要记的内容或要点。这种方法使用比较方便，但事后仍需整理和说明，否则别人看不懂，而且如果没有及时整理，访问员自己也可能看不懂。在访谈中，访问员可以结合实际情况选择适当的记录方法。

7.3.4 结束访谈

访谈的最后一个环节，就是结束工作，要做到适可而止、善始善终，具体应该注意以下三个问题。

1. 掌握访谈的时间

一般情况下，受访者保持注意力的时间是有限的。当面访问30分钟左右、电话访问20分钟左右、集体访谈和非结构式访谈为一两个小时较为合适。访谈的时间要根据实际情况具体确定，以不妨碍受访者的正常工作和生活为原则。但也可以灵活处理，例如当受访者对访谈内容有兴趣、受访者的时间充裕的时候，访谈时间可以适当延长；如果受访者要休息或者家里来客人了，就应该及时结束访谈。

2. 控制结束阶段的气氛

当访谈进入中后程的时候，访问员应该采取一定的技巧为结尾的工作做铺垫，控制好气氛，尤其是当受访者对谈话仍有兴趣、滔滔不绝的时候，访问员应采用委婉的语气、暗示的方法打断并插话。

3. 致谢

在访谈结束时，要真诚地感谢受访者对调查工作的支持与配合，表示受访者提供了很多有价值的信息和知识，并对访谈的成果给予充分的肯定。另外，如果这次访谈没有完成既定任务，还需要再次访谈(补充访谈)，可以约定时间和地点，最好还能简要说明再次访谈的主要内容，以便使受访者做好准备。

本章小结

1. 访谈法就是调查者通过委派访问员，以口头提问的方式向被访者收集资料信息，并将资料信息记录下来的一种社会调查方法。它的主要优点：回答率较高，灵活性强，对调查对象的要求不高，资料具有生动性和可靠性；主要缺点是：成本较高，匿名性较差，对访问员的依赖较大，标准化程度较低，调查双方的互动有时会影响调查的结果，资料记录难度相对更大。

2. 依据不同的标准，可以将访谈法划分成不同的类型。其中，结构式访谈是以统一设计的、具有一定结构的问卷为媒介，按计划进行的访谈。它对结构、规范和技术等方面的要求最高。

结构式当面访问的具体做法是：研究者首先选择和培训一组访问员，由这组访问员携带结构问卷到各个约定好的调查地点，按照方案计划的要求找到被抽中的受访者，对其进行口头提问，并按照规定将受访者的各种回答记录下来。电话访问的主要做法是：研究者编制好访问问卷，并将其按照计算机辅助电话访问系统格式的要求录入计算机，然后在系统中设定好随机抽取电话号码的计算机程序，由经过专门培训的访问员按照计算机系统显示的问卷内容进行询问，并同时将回答直接记录到系统中去。

3. 访谈程序根据访谈类型的不同有所区别，大体上包括准备访谈、进入访谈现场、实施访谈、结束访谈4个环节。在这个过程中，访问员必须熟练掌握和运用多种访谈技巧。

复习思考题

1. 结合实际比较分析访谈法和问卷法的区别。
2. 在学术刊物上找一篇通过当面访问法进行调查而撰写的论文，并进行评价。
3. 电话访问的主要困难是什么？这一困难对电话访问的应用和发展有什么样的影响？
4. 当面访问和电话访问的程序有何异同？
5. 在访谈过程中，访问员应该怎么做才能有效地听取受访者的回答？

扫码自测

第8章 资料收集——观察法和文献法

当今时代，信息手段十分发达，利用信息工具了解和掌握情况，也是一种方式，而且是越来越重要的方式。但不管通信手段多么发达，有多少了解情况的其他渠道，都不能替代亲自深入实际、深入基层、深入群众进行实地的调查研究。

——习近平

除了前述的问卷法和访谈法，应用于社会调查研究中的资料收集方法还包括观察法和文献法。当然，这些资料收集方法并不是调查研究所特有的，例如观察法多用于实地研究和实验研究，而文献法通常在文献研究中使用。但是，在目前日益复杂和多样的社会调查研究中，研究者也经常会使用观察法和文献法来收集资料，从而保证收集到足够多样和丰富的资料以获得足够的研究支撑。在本章，我们将简要介绍应用于社会调查中的观察法和文献法的相关知识点。

8.1 观察法

8.1.1 观察法的含义和特征

1. 观察法含义

在社会调查中使用的观察法是一种实地观察法(下文简称观察法)，是研究者在实地调研过程中有意识、有目的、有步骤地运用自己的感觉器官或借助科学的观察仪器，直接从社会生活现场能动地了解处于自然状态下的社会现象，并进行资料收集的一种方法。社会现象、社会事实以及人们的社会行为的部分内在规律，一般会通过一定的外在事实表现出来，因而使观察法的应用成为可能。与问卷法和访谈法的"问"不同，观察法主要依靠"看"，是研究者在尽量不干扰观察对象的思想和行为的前提下进行的，是一个客观的观察和记录的过程。

观察法中的"观察"和我们日常生活中的观察有显著的区别。观察可以说是人们日常生活中较常见的行为之一，例如早上起床后看看外面的天气情况、在路边看看花草树木等，这种日常生活中的观察既没有特定的观察目的，也无须精确的观察结果，常常是一种无意识的、非系统的观察活动。而观察法则有一定的研究目的或研究假设，是有系统、有组织地进行的，它常常需要借用一定的科学工具，是一种客观的、重复性较强的观察活动。

2. 观察法的特征

1) 观察法的基本特点

(1) 自觉性。应用于社会调查中的观察法是研究者有目的、有意识、有计划、自觉地认识事物的活动，研究者需要对观察的目的、内容、对象、方法等进行系统的思考，并制订较为详细的观察计划，按计划有组织、有步骤地进行，而非盲目地、凌乱地、随意地进行。

(2) 自然性。社会调查中的观察不是在实验室内进行的，而是在实地、自然的状况下进行的。在观察过程中，研究者要尽量减少对观察对象的干扰，包括思想干扰和行为干扰，使观察对象在自然的场景下如常活动，这样才能获得真实的资料。

(3) 工具性。在应用观察法时常使用两类观察工具：一是人们的感觉器官，其中最主要的是视觉器官——眼睛，此外，人们还通过耳、鼻、舌、皮肤等感觉器官直接感知外部事物。二是科学观察工具和记录工具，如照相机、摄像机、望远镜、录音笔，以及观察表格、卡片等，这些观察仪器和记录工具，实际上是对人们感觉器官的放大或延伸，往往能对观察结果产生重大影响。

(4) 能动性。观察法中人们的观察过程，不仅是对观察对象直接感知的过程，而且是人们大脑不断进行积极思维的过程，观察过程和观察结果不仅取决于观察对象的客观状况，还受到观察者的感知能力、知识水平、思维能力、思维模式、个人情感等主观因素的影响，使观察法体现一定的主观能动性。

2) 观察法的优点

(1) 资料具体生动。使用观察法收集资料无须中间环节，它所获得的是直接的、具体的、生动的第一手资料，尤其是参与观察更能获得丰富的第一手资料，这是它的突出优势。

(2) 资料较为可靠。观察法要求观察者尽量采取措施使被观察者在自然状态下进行活动，直接观察处于自然状态下的社会现象，被观察者很难作假，即使做假也很容易被发现，虽然在此过程中仍有观察误差的存在，但和问卷法及访谈法相比较，它所获得的数据资料还是更为可靠的。

(3) 有利于趋势研究。如果要对复杂现象进行全面、深入、客观的观察，需要一个相对较长的观察时间，这就有利于对现象进行动态的趋势研究。

(4) 观察法简便易行、适应性强、灵活性高，可以随时随地进行，观察时间有弹性，因此，它的适用范围很广。

3) 观察法的缺点

在社会调查中，观察法是一种常用的资料收集方法，它既有许多优点，也有一些难以克服的局限。

(1) 受到观察对象的限制。观察法比较适宜对外部现象及事物外部联系的研究，而不太适宜对重要问题及事物内部联系(特别是一些较为敏感的现象和问题)的研究。

(2) 受到观察者的限制。在应用观察法时，虽然可以使用一些工具，但仍依赖于人的感觉器官，且在观察过程中易受观察者的知识、能力、情感等主观因素的影响，因此，对事物的观察往往难以精确化。

(3) 受到观察范围的限制。观察法只能应用于特定的时间内和较小的范围里，在同一时期内观察的对象不多，因此，观察法的规模一般不大，不适合大面积调查。

(4) 观察结果带有一定的偶然性。由于观察法受时间、空间的限制较大，观察对象通常是在特定时间、地点、条件下的社会现象或社会行为，这种现象或行为常常带有一定的偶然性。因此，对观察结果的判断要慎重，不能仅凭观察到的部分事实就轻易得出完全肯定或完全否定的结论。

因此，研究者应充分了解观察法的优缺点，判断它的适用范围。在实际研究中，观察法还可以与其他资料收集方法结合使用，以扬长避短。

8.1.2 观察法的分类

按照不同的分类标准，观察法可以分为许多不同类型，常见的分类有以下三种。

1. 直接观察与间接观察

根据观察对象状况的不同，观察法可以分为直接观察和间接观察。

直接观察，就是观察者运用自己的感觉器官或观察工具，对当前正在发生的社会现象所进行的观察。直接观察具有强烈的真实感，比较简便易行，但观察结果往往因人而异，带有一定的主观性。下文介绍的结构观察与非结构观察、参与观察与局外观察都是对社会现象的直接观察。

间接观察，也称为实物观察，是观察者运用自己的感觉器官或观察工具，对物化的社会现象进行观察，借此来追寻、探求过去曾经出现的社会情况的观察。所谓物化的社会现象，是指反映过去社会情况的各种物质载体，例如绘画、遗址、各种遗留性物质、反映一定社会现象的物体或环境等。间接观察能观察过去的社会现象，从而突破直接观察的局限，有助于更深入、更全面地了解人们的行为，但其方法比较复杂，所得资料也常缺乏真实感。

"丢失邮件或物品"的间接观察

国外研究人员设计出一种名为"丢失邮件或物品"的观察，这是一种间接观察。研究人员在不同城市、不同时间，将一些标有地址的信件或物品放在大街上，然后统计这些信件或物品被送回的比率，不同的比率可以比较说明不同地区、不同人群的助人程度，在一定程度上反映人们在互助性行为和社会道德观念方面的差异。例如，美国的社会学家对波士顿居民夜间交往关系的研究就采用了这种方法，研究人员在不同的时间，将作了不同标记的铝制钥匙放在街道上，钥匙链上标记有姓名和地址，铝制钥匙的制材使它较为容易在夜间被人发现，如两天内未被人发现则收回，以免影响不同时间回收率的计算分析。调查结果表明，白天的回收率要高于夜间的回收率，这与对问路、回答问卷、结识的统计结果相矛盾。研究人员认识到，这种结果反映了夜间活动者价值观的另一层面，即夜间的行人对于同属于夜间活动的陌生人是友善的、互助的，但是对不知何人丢失的物品这类事情则不甚关注。由此，研究人员进一步分析发现了夜间活动者与白天活动者的区别，夜间活动者具有豪爽、敢于冒险、性格开朗等特征，而白天活动者则在平均程度上是理智的社会人。通过这项调查，研究者验证或修改了研究假设，达到了研究目的。

资料来源：李松柏. 社会调查方法[M]. 陕西：西北农林科技大学出版社，2011：117.

2. 结构观察和无结构观察

根据观察是否有统一的标准，观察法可分为结构观察和无结构观察。

结构观察，也称标准观察或系统观察，是观察者按照观察的目的，设计统一的观察项目和要求，印制统一的观察表格或卡片，规定统一的观察程序和记录方法的观察。它与结构访谈的要求有些类似，观察者在进行结构观察的过程中，必须按照统一的标准进行观察和记录，而不能任意变更观察项目和要求。通过结构观察获得的资料，具有统一、系统和规范的特征，比较容易进行定量的统计分析和对比分析。但它也存在缺点，这种方法缺乏弹性，适应性相对较差，难以反映不同观察对象的特殊情况，而且花费时间比较多。

案例

书店中人的行为观察记录表

下表(见表8-1)是一份对书店中的顾客进行结构观察所用的观察记录表，研究者通过结构观察发现，在书店中，女性顾客的行为比男性顾客更具有目的性。

表8-1　书店观察表

1. 观察开始时间：_____时_____分 观察结束时间：_____时_____分
2. 个人细节：男 □ 女 □
3. 年龄估计：10多岁□ 20多岁□
   　　　　　30多岁□ 40多岁□
   　　　　　50多岁□ 60岁以上□
4. 职业或身份：_____　不知道 □
5. 单独一人 □ 同_____个同伴 同谁_____
6. 买了几本书 _____本　一本也没买□
7. 进书店时的最初行为 _____
8. 同售货员的接触情况 _____　一个也没接触 □
9. 同其他顾客的交谈情况 _____　一个也没交谈 □
10. 翻阅书籍情况：翻阅了几本 _____
    　共看了多长时间 _____　没有翻阅 □
11. 其他情况描述 _____
12. 根据上述观察判断对象的目的性程度，并在下列线段的适当地方标出。

　　-3　-2　-1　0　1　2　3
　　|___|___|___|___|___|___|
　　有目的的　　　　　　随便浏览的

资料来源：风笑天. 社会学研究方法[M]. 2版. 北京：中国人民大学出版社，2005.

无结构观察，也称为非标准观察或简单观察，是观察者只有一个总的观察目的和要求、一个大致的观察内容范围，而没有统一的观察项目或标准，完全依据现象的发生、发展和变化过程所进行的自然观察。它与无结构访谈的要求有些类似，观察者在总体观察目的和要求的指导下，根据观察对象的具体情况进行有选择的观察，不仅观察的过程不具有统一的规范与步骤，其结果也没有统一要求的形式。无结构观察实施起来比较灵活，简便易行，适应性强，但是，由于观察的标准化程度低,通过无结构观察所得的材料比较零碎、分散,缺乏系统性,很难进行定量的统计分析和对比研究。

3. 局外观察与参与观察

根据观察者的角色不同,可以将观察法分为局外观察和参与观察。

局外观察,也称为非参与观察,是指观察者处在被观察的群体之外,完全不参与活动,尽可能地不对群体或环境产生影响,完全以局外人或旁观者的身份进行观察。"冷眼旁观"就是对局外观察的形象说明。最理想的局外观察是观察者隐蔽起来进行观察,使被观察者完全意识不到有人正对他们进行观察。局外观察可以获得表现十分真实的资料,实施起来十分简便,可行性强,而且研究者在观察过程中一般都能保持观察的中立性和客观性,可获得许多感性认识,应用范围十分广泛,尤其在一项研究的最初阶段,研究者可采用局外观察法来了解基本情况,从而形成问题的焦点或研究的假设。这是在社会调查中十分常见的一种观察方法。但是,局外观察完全不参与被观察者及其群体活动,因而大多只能观察到表面的或偶然的现象,甚至是假象,并且观察者虽然尽量降低观察活动对被观察者及其群体的心理和行为的影响,但这种影响力并不能被完全排除,还有可能发挥作用,使局外观察仍然存在"测不准"的情况。

参与观察,也称为局内观察,是观察者深入观察对象的生活背景,在实际参与观察对象日常社会生活的过程中所进行的观察。在参与观察中,根据参与程度的不同,又可以将其进一步分为完全参与观察和不完全参与观察。完全参与观察需要观察者融入被观察者群体中,作为其中一个成员进行活动,并在这个群体的正常活动中进行观察;不完全参与观察需要观察者以一个可靠的"外人"或"半客半主"的身份,参与到被观察者群体之中,并通过这些活动进行观察。参与观察大多是一种非结构观察,研究者通常不是从对研究主题的先验印象和一整套测量工具开始的,而是经常在收集资料的过程中形成他们的概括和方法论,研究者是带着问题参与到观察对象的生活中去的,以寻求资料性和理论性的解答。参与观察比较全面、深入,能获得大量、真实的感性材料。但是它的最大缺陷,就是无法完全排除观察者及其观察活动对被观察者的影响,甚至可以说,参与观察基本无法完全准确地观察到被观察者及其群体的自然状况,由于观察者会代入自己的主观感情,易导致观察结论产生误差。

《街角社会》附录摘录

美国社会学家威廉·富特·怀特的代表作《街角社会》,就是通过使用参与观察的方法收集资料撰写出来的。在该书的附录中,作者谈到了他使用参与观察方法研究街角社会的体会,这里摘录部分内容。

"我通过再一次努力,找到了地方福利委员会。我对许多社会工作者谈过我的计划,希望同人们相识,研究这个地区,他们兴致勃勃地聆听着。从某种意义上来说,我的观察开始于1937年2月4日晚上,当时,那位社会工作者安排我会见多克,她把我们带进她的办公室,然后离开,好让我们交谈。

我问他(多克)社会工作者是否已经告诉他我要干什么事。

'不,她只告诉我你要见我,而且我也愿意见你。'

然后我进行了很长时间的解释,我说我在大学学习期间就对拥挤的市区感兴趣,但是觉得它们非常遥远。我希望在这样的地区研究这个问题,但作为一个局外人,我感到束手无策,只有通过认识这里的人,并获得有关他们的第一手资料,才能达到我所需要的那种理解。

多克听完我的话,表情毫无变化,因此我无法预测他的反应。后来,他问:'你要看上层人的生活,还是下层人的生活?'

'能看的我都要看。我需要尽可能地获得这个地区的完整图画。'

'好啦,你要看的话哪个晚上都行,我带你去转,我能带你到下流场所——赌、窑,我还能带你到街角去。切记,你是我的朋友,这点很重要。我了解这些地方,如果我告诉他们你是我的朋友,没有人会找你麻烦。你告诉我你需要看什么,我会给你安排的。'

这个提议再好不过了,我顿时高兴得不知所措,不知作何反应。

……

就在我与多克迈出第一步的同时,我在科纳威里找到一个住处。由于期待着搬进这个地区,我已经开始借助于灵格风学习意大利语。虽然我在餐馆或家里与当地人进行过几次有效的接触,但马蒂尼一家对我之所以重要并非为此。这种实地工作总是会让人紧张,当你作为一个陌生人,不断琢磨人们是否愿意接待你时,这种紧张将达到极点。虽然你很欣赏你的工作,但只要你正在观察和访问,你就需要扮演角色,完全轻松是不可能的。在结束一天的工作之后能够回到家里放松一下,享受天伦之乐,那种感觉多么美妙啊!如果我没有这么一个可以随意进出的家,我是不可能继续集中精力研究科纳威里的。

……

我还记得与多克的第一次出游。一天晚上,我们在诺顿大街福利委员会相遇,动身去与那里相隔两条街的一家赌场。……正如多克所预言的,没有人询问我的情况,但是后来他告诉我,当我去盥洗室时,他们用意大利语情绪激动地交谈起来,而且他不得不向他们保证我不是联邦调查局的调查员,他说他直截了当地告诉他们,我是他们的朋友,于是他们不再追问。

……

早在科纳威里期间,我就知道得到被研究群体或组织中的关键人物的支持是至关重要的。我发现自己根本不必解释,像多克这样的领袖对我个人及研究所作的解释、提供的信息远比我自己提供的多。我总是设法打造这种印象,即我愿意并且渴望尽可能地解释清楚,满足他们的愿望,只是对群体领袖我才特别努力提供真实的全部信息。

……

我同多克的工作关系比与其他任何人都密切,但是我一直在寻找所有被研究群体的领袖。我不仅需要他们的担保,更需要他们的积极合作。由于这些领袖在社区中地位较高,因而他们对发生的事情观察得更好,同时由于他们的观察技能一般比手下人高,因此我发现有许多东西我是必须向这些热心的合作者学习的。

……

当我已经在街角站稳脚跟时,用不着花多少力气,资料就能到手。当我关心某个特殊问题,需要从某些人那里得到更多信息的时候,我就找机会与当事人谈话,进行较为正式的访谈。

……

我认识到人们并不期望我变得跟他们一样。实际上，他们有兴趣也乐于发现我与他们的不同，只要我对他们友好相待就行了。因此，我放弃了完全卷入的努力。不过，我的行为仍然受到街角生活的影响。当约翰·霍华德第一次从哈佛来参加我的科纳威里研究时，他立刻注意到我在科纳威里的生活方式，与我在哈佛大不相同。"

资料来源：威廉姆·F.怀特. 街角社会——一个意大利人贫民区的社会结构 [M]. 广东：商务印书馆，1993：329-355.

8.1.3 观察法的原则及实施

1. 观察法的原则

在社会调查中使用观察法，应遵循以下基本原则。

(1) 客观性原则。在观察者进行观察的过程中，只能按照客观事物本来的面目进行观察，客观地了解被观察的对象处于何种状态、有什么表现等，不能按照个人偏好或主观印象随意增减甚至歪曲社会现实，或者只记录有利于自己的事实，不记录不利于自己的事实甚至臆造事实，这样才能正确认识客观事物。同时，观察者实施观察法的时候，很容易带入一些个人的情感、知识、经验等主观因素，因而，必须坚持客观性原则，这也是实施观察法需遵循的最基本、最首要的原则。

(2) 全面性原则。全面性原则是客观性原则的内在要求。任何客观事物都有多方面的属性、多方面的联系、多方面的表现形式，许多社会现象不是一下就能观察清楚的。要正确认识客观事物，观察者就不能进行片面的、偶然的观察，必须从不同侧面、不同角度、不同层次进行全面的观察，才能正确认识客观事物。

(3) 深入性原则。为了能够得到全面、客观的观察结论，就需要观察深入、细致。社会现象和人们的行为本身就是多种多样、十分复杂的，许多现象和行为并非一下子就能观察清楚的。只有持续深入观察，才能观察到事物的多种表现，全面了解客观事物，并得出正确的结论。否则，可能只会观察到事物的表象或假象，得出片面甚至错误的结论。

(4) 持久性原则。许多社会现象和人们的社会行为并非一下子就能展现出来，需要一段时间，观察者为了得到更全面、深入、客观的结论，就需要坚持观察。尤其是对于复杂现象的观察，要得到正确的观察结论，往往需要一段相对较长的观察时间，少则数日，多则数年。例如，美国社会学家威廉·富特·怀特进行了长达三年半的观察，撰写出《街角社会：一个意大利人贫民区的社会结构》。

(5) 法律和道德原则。在社会调查中进行的观察，必须遵守法律的有关规定和当地的道德规范，不能做出偷看他人信件、强求观察别人的私生活、偷看别人不愿意让人观察的事物或现象等违反法律或道德的观察行为。

2. 观察法的实施

要保证观察法顺利实施并取得良好的效果，需做好以下工作。

1) 观察前的准备

这个环节的主要工作是制订观察计划。观察计划是实施观察法的行动指南，对于观察活动能否顺利完成具有重要作用。一份完整的观察计划主要包括观察时间、观察地点、观察对象、观察方式和手段、突发问题处理预案等。在这里需要注意，观察法和调查法不同，观察范围是受到限制的，因而最好选择典型环境中的典型对象作为观察重点，选择适当的观察时机和适当的观察场合。此外，还应该做好观察前的其他各项准备性工作，例如检查相关文件、列出任务清单、准备工具等。

2) 实施观察和记录

(1) 执行或调整观察计划。观察者根据已有的观察计划，按要求实施观察活动，并根据观察到的实际情况及时对计划做出必要的调整，尤其是注意确定和调整观察的内容，使观察计划能更好地为观察活动的顺利实施服务。

(2) 灵活安排观察程序。一般情况下，观察程序有三种安排方法，即主次程序法、方位程序法和分析综合法。主次程序法就是先观察主要对象、主要现象及主要内容，后观察次要对象、次要现象及次要内容的一种方法。方位程序法就是根据观察对象的方位情况，采取由近到远或由远到近、由左到右或由右到左、由上到下或由下到上等方位逐次观察的一种方法。分析综合法就是先观察事物的局部、后观察事物的整体，或者先观察事物的整体、后观察事物的局部，然后将所得资料进行综合分析得到观察结论的一种方法。在观察中，应根据研究需要、观察者的条件、观察对象的实际情况，并结合这三种观察程序的特点和利弊，灵活地进行运用。

(3) 与被观察者建立适当的关系。对于局外观察而言，观察者要根据研究要求，与被观察者保持适当的人际距离，尽量减少自己及观察活动对被观察者的影响。对于参与观察而言，这是一件最重要也是最困难的工作，直接影响参与观察的结果，因此，观察者要与被观察者建立良好的人际关系。为此，观察者需要注意以下5点：第一，明确说明来意，尽量消除被观察者的戒心和顾虑；第二，尽量融入被观察者的生活背景，例如参加他们的活动、尊重他们的风俗习惯、使用当地语言进行交谈等；第三，观察者不仅要向被观察者表示自己及观察活动对他人没有伤害，而且最好在力所能及的范围内帮助被观察者解决困难和问题，加深情感和互信；第四，注重选择若干有威信、有影响力、有能力的当地人作为依靠对象，首先与他们建立良好的人际关系；第五，在任何情况下都要注意保持中立性，尤其是当被观察者之间产生纠纷的时候，更不能站在其中一方的立场上，而应该做好他们的团结工作。

(4) 尽量减少观察者对被观察者的影响。在应用观察法的过程中，观察者及其观察活动都可能会对被观察者产生一定的影响，使他们自觉或不自觉地产生某些心理波动或做出某些行为，从而对观察结果造成影响，带来种种反应性观察误差。因此，观察者要熟悉观察活动中可能导致观察误差的各种主客观因素，善于控制自己的观察活动，尽量减少对被观察者的影响，使他们处于自然状态，降低或避免反应性观察误差。

(5) 把观察和思考结合起来。观察不仅是人们的一个感知过程，也是一个以一定目的和理论为指导、以一定知识和经验为基础的思维过程。在实施观察中，观察者要善于把观察与思考结合起来，在观察中思考，在思考中观察，只有这样，才能捕捉到更多有价值的观察材料。如果只满足于看到的事物，而不去积极地进行思考，那么很有可能对极有价值的观察现象"视而不见"，不能获得良好的观察效果。

(6) 及时做好观察记录。在记录方式方面，最好选择同步记录的方式，即在现场观察的同时记录下观察的情况。如果条件不允许或不宜同步记录，也应该在观察后尽快追记，否则时过境迁，观察者就有可能忘记或记错一些观察到的真实情况。在记录内容方面，有的学者主张记录观察内容时应遵循具体、客观的原则，不要用总结性的语句或抽象的修饰词；有的学者则主张尽可能地简明，只要记录主要事实和情节即可，还可以扼要地记录自己当时的主观感受。这两种内容记录方式各有利弊，可根据实际情况和研究需要灵活运用。在记录工具方面，可以根据观察的类型和研究需要选择使用合适的记录工具，例如摄像机、照相机、录音笔、表格、卡片、笔、计算机等。

8.2 文献法

8.2.1 文献和文献法

要掌握文献法，首先需要了解文献的概念和类型，明确文献法的概念、特点和评价等问题。

1. 文献的概念和类型

所谓文献，原指有历史意义或研究价值的书籍。随着社会的发展，信息传播的载体越来越多样化，因而文献的内涵和外延也发生了相应的改变，除了具有历史意义或研究价值的书籍，其他记录人类知识的文字、图像、符号、视频、音频等载体也被称为文献。

在现代，文献必须具备三个基本要素：第一，一定的知识内容。文献必须具有一定的知识内容，没有记录任何知识的物体不能被称为文献。第二，一定的物质载体。文献要有一定的物质形式来承载，人们头脑中的知识不能被称为文献。第三，一定的记录方式。某些古迹、文物虽然蕴含了一定的知识内容并有物质载体，但没有一定的记录方式，也不能称为文献。由此可见，现代意义上的文献，是指用一定的记录方式记录知识的一切物质载体。

按照不同的标准，文献可以分成不同的类型。

(1) 根据文献来源的不同，文献可以分为个人文献、官方文献、社会组织文献和大众传媒文献4类。个人文献是指个人写的日记、信件、自传、回忆录等，是当事人亲自书写的第一手文献。官方文献是指各级政府部门编制的法律、法规、文件、统计资料等。社会组织文献是指各种企事业单位及社会团体的规章制度、统计资料、总结报告等。大众传媒文献是指各种书籍、报刊、广播影视、网络资料等。

(2) 根据文献加工深度的不同，文献可以分为原始文献和二次文献。原始文献是指由亲身经历某一事件或行为的人所写的资料，例如个人文献中的日记、信件，官方文献中的记录、报告、计划等。二次文献是指那些利用别人的原始文献所编写或产生的新的文献资料，例如，根据当事人的回忆录和自传性的人物传记形成的新传记资料，利用统计数据撰写的研究报告等。

(3) 根据记录技术的不同，文献可以分为手工型文献、印刷型文献、感光型文献、录制型文献、网络文献等。手工型文献是指将知识内容用手工刻、铸、写的方式记录下来的文献。印刷型文献是指将知识内容印刷在一定的物质载体上的文献。感光型文献是指以感光材料为物质载体，运用摄影等光学技术记录下来的文献。录制型文献是指以磁带材料或光盘材料为物质载体，运用录音、录像、刻录等电子技术记录下来的文献。网络文献是指以数字化形式记录，通过多种媒体形式表达，分布存储在互联网不同主机上，通过计算机网络传递的文献。

此外，根据物质载体的不同，文献可以分为纸张文献、胶卷文献、光盘文献、磁带文献等。根据学科领域的不同，文献可以分为社会科学文献和自然科学文献。根据保密程度的不同，文献可以分为公开文献、内部文献、秘密文献、绝密文献等。此外，还有其他的划分方式。可见，根据不同的划分标准，文献可以作多种多样的分类。

2. 文献法的概念、特点和评价

社会调查中所使用的文献法是历史文献法(下文简称文献法)，是一种用科学方法收集文献资料、摘取有用信息并进行整理分析的方法。人类的社会活动具有历史上的继承性、文化上的延续性和文字上的可记录性，因此，我们在考察当前的社会现象和社会行为时，常需要回到历史文献和档案资料中去寻找相关信息和线索，以此拓展信息来源。

和其他资料收集方法相比较，文献法具有以下三个比较突出的特点：第一，间接性。应用文献法时，调查者无须和社会中的个体直接接触，其资料收集对象是各式各样的文献。第二，历史性。通过文献法收集到的资料可以超越时空条件的限制，研究那些研究者无法接近的研究对象，不仅可以考察现状，还可以对人类社会过去发生的事件和已获得的知识进行调查。第三，稳定性。文献法在实施过程中，由于不需要直接接触研究对象，也不需要介入文献记载的事件中去，因此不会产生研究中常见的"干扰效应"，且文献始终是一种稳定的存在物，不会受研究者的主观认识或态度的影响，也不会因调查者不同而发生改变，具有相当的稳定性。

文献法的特点使它具有许多优势：第一，调查者可以超越时空条件的限制，通过考察古今中外的文献来了解极其广泛的社会情况。特别是在对历史文献进行研究的过程中，可以通过考察一个较长的时间段，发现某些与调查主题相关的能够体现规律性的事件，从而为解释社会现象和提出对策提供更为可靠的依据。第二，文献法主要使用的是书面调查的形式，可以获得比口头调查更真实、更准确、更可靠、更有系统性的情报，避免口头调查可能出现的一些误差。第三，文献法比较方便、自由，受外界因素的干扰相对较小，只要找到了相关文献就可以随时随地进行研究，即使出现了错误，也可以有效弥补，安全系数较高。第四，文献法的效率高、花费少，是获取知识的有效途径，相较于使用其他资料收集方法，可以用很少的人力、经费、时间，获得更多的信息。

当然，文献法也存在一些缺点：第一，文献法获得的资料都是过去的信息，而社会是不断变化和发展的，通过使用文献法所得的资料常常缺乏时效性，不能及时反映现状。要及时了解社会现象或社会行为的现状，就不能仅使用文献法收集资料。第二，任何文献都是一定社会历史时期的产物，都会带上时代的烙印，都会受到撰写者个人因素的影响和制约，通过使用文献法所得的资料可能会与真实情况有所差异，其内容的真实性不能得到很好的保障。第三，在应用文献法的过程中，研究者接触的主要是各种各样的文献，而非社会生活中的个人，这样虽然避免了一些研究干扰，但研究者对文献所反映的事物缺乏直接的体验和感受，因而，对文献的认知会受到限制。第四，由于保留下来的文献并非为研究者开展各种调查工作而制作的，有些文献难以寻觅，有些文献不许公开，因此，经常会有文献资料不足的缺憾。

可以看出，文献法是社会调查中一种重要的资料收集方法，它常常被作为一种先行的方法和其他资料收集方式配合使用，尤其在了解当前社会现实的调查研究中更是如此。

W. I. 托马斯和F. 兹纳涅斯基的《身处欧美的波兰农民》

W. I. 托马斯和F.兹纳涅斯基的《身处欧美的波兰农民》也是使用文献法进行研究的代表作。研究者所使用的文献主要是在美国的波兰人与在波兰国内的波兰人之间的通信，以及一个叫威斯津连斯基的27岁的年轻人应研究者的要求所写的自传。在信件资料方面，研究者共收集到754封信，这754封私人信件是通过在一家美国出版的美籍波兰人杂志上登广告而得到的。每封信根据质量用10美分到20美分的价钱买得，按照姓名分成50组进行分析，以帮助研究者探讨那种来自特定封建家庭文化的人整合到美国文化中所出现的问题。威斯津连斯基受专门委托而写的自传长达311页，主要涉及这位年轻人早期在波兰国内的生活和来美国被选中的经历，研究者把这位年轻人作为"文化上消极群众的代表"，深入研究他的自传。书中通过对欧美的波兰农民的考察，揭示了移民心态的变化，并分析了波兰移民社区中的种族问题。

当然，这种做法也受到不少人的质疑，有人提出了这样的疑问：即使是在当今社会中，究竟有多少受过教育的27岁的青年能写出300多页的生活历史？实质上是对这种做法的科学性持保留意见。还有人仔细评论了托马斯和兹纳涅斯基利用信件所做的研究，提出一系列批评意见，有人甚至断言，对于特定的研究目的来说，现在几乎没有什么类型的通信可以很容易地被利用，也没有什么类型的通信对社会研究有价值。他们指出，即使信件对研究来说是可用的，也存在很大的局限性。首先，写信的人通常并不能构成普通人口总体的代表。其次，人们在信件中对于事件的描述往往要经过不正常的压缩，并且往往是从特定角度来描述的。这可以用一个例子来说明。想象一位大学生写了两封信，一封是给他父母的，另一封是给他中学时期的好朋友的，内容都谈到上周末他参加的一个舞会。不难想象，对于这两个不同类型的收信者来说，关于舞会的细节方面的内容不一定相同。

资料来源：W. L. 托马斯，F. 兹纳涅茨基. 身处欧美的波兰农民 [M]. 张友云，译. 北京：人民文学出版社，2000.

8.2.2 文献资料的收集

1.文献收集的基本要求

使用文献法进行资料收集工作，实质上就是不断地进行文献收集、文献阅读和文献摘记的工作。可见，应用文献法时首先需要经历一个广泛收集文献的过程。已有的文献浩如烟海，要收集到有效的文献，必须有目的、有计划地进行，要遵循一些基本要求。在当代文献数量激增、文献质量良莠不齐的情况下，应该改变过去在文献收集中遵循的"多多益善"的原则，实行"以少胜多"的原则，文献贵"精"不贵"多"，要尽量收集以"真、新、全、准"为特征的高质量文献。为了在文献收集过程中"去粗取精"，获得高质量的文献，就必须遵循文献收集的总体要求和基本要求。文献收集的总体要求是迅速地获得准确、完整、充分的资料，文献收集的基本要求是满足知识的有用性、文献的可信性、文献的代表性、内容的全面性、形式的多样性、时序的连续性、收集的时效性。

(1) 知识的有用性。知识的有用性指的是收集的文献要有用，要包含对调查课题有用的知识。如果文献内容对调查课题毫无帮助，即使其本身质量很高，也失去了收集的意义。这是文献收集的最主要、最基本的要求。

(2) 文献的可信性。文献的可信性指的是文献的内容要真实可靠。收集文献时，要反复考虑文献作者是否有可能掌握有关事实以及文献内容是否真实反映了事物的客观情况，然后对文献的可信度作出评估，选择那些可信度较高的文献。

(3) 文献的代表性。文献的代表性指的是文献的内容、形式要件等能起到典型性的作用，要通过比较精选最符合研究需要的文献。文献的代表性和文献的权威性既有联系又有区别，一般情况下，权威文献的代表性更强，但并不意味着所有权威文献都一定是典型的、有代表性的。

(4) 内容的全面性。收集文献的内容要尽可能地全面，既可以有过去的文献，也可以有现在的文献；既可以有正面的材料，也可以有反面的材料；既可以有典型材料，也可以有综合材料；既可以有本学科的专业文献，也可以有本学科相关专业的文献等。总之，从内容上看，收集文献的内容越全面越好、越丰富越好。

(5) 形式的多样性。收集文献的形式要尽可能多样化，既要收集各种印刷型文献，也要收集感光型文献、网络文献等其他类型的文献；既要注意收集报刊和图书文献，也要注意收集地图、图片、表格等文献；既要注意收集公开出版物，也要注意收集内部资料和各种档案文件等文献。总之，凡是与调查课题有关的各种形式的文献，都要尽量收集。

(6) 时序的连续性。时序的连续性指的是围绕调查课题收集的文献，在时序上要有一定的连续性和累积性，能不中断尽量不要中断。否则，收集的材料只是一个个片段，内容上不完整，就无法反映事物发展变化的全景。

(7) 收集的时效性。收集的时效性指的是对于与调查课题有关的各种新资料、新信息，要及时了解、及时收集、及时分析、及时利用，迅速有效地反映社会现象或社会行为的最新情况，以提高调查研究的时效性和调查成果的实用价值。

总之，使用文献法来收集资料，首先要做到及时、有效地收集有用、可信、全面、多样、连续、有代表性的文献。在此基础上，才能进一步开展摘取文献信息工作等后续工作。

2. 文献收集的方法

研究者在使用文献法进行资料收集的过程中，要拓展途径和渠道，采用多种方法，尽量收集符合要求的、高质量的文献资料。

1) 文献收集的方法

在现代社会中，除私人文献外，绝大部分文献都集中在图书馆中或互联网上，在收集文献时，一般可以使用检索工具查找法、参考文献查找法和循环查找法三种方法。

(1) 检索工具查找法，即利用已有的检索工具查找文献资料的方法。检索工具查找法可以分为手工检索法和机读检索法。

手工检索法是一种传统的检索方法，是指以手工翻阅检索的方式，利用工具书(包括图书、期刊、目录、卡片等)来检索信息的一种检索手段。手工检索的对象主要是一些文献著作目录,通过翻检各种书籍、期刊等的目录索引,找到相关文献。在有了网络和软件后,还可以在一定程度上借助计算机和网络技术提高检索效率。利用手工检索法收集文献,可以使用顺查法,也可以使用倒查法。顺查法,指的是按时间由远及近的顺序逐年逐月地进行查找。一般情况下,围绕特定专题收集一定时期内的相关文献,比较适宜采用顺查法。倒查法,指的是按时间由近及远、回溯而上的顺序,通过一边收集一边筛选的方式进行查找。一般情况下,收集最新的文献资料,比较适宜采用倒查法。手工检索法的优点是简单、灵活,容易掌握,不需要特殊的设备,研究者根据检索的对象,利用相关的检索工具就可进行。手工检索法的缺点是费时、费力,特别是进行专题检索和回溯性检索时,需要翻阅检索大量的资料并通过检索工具反复查询,花费大量的人力和时间,而且很容易造成误检和漏检。

机读检索法又称计算机检索法,其原理和手工检索法类似,是研究者在计算机或计算机检索网络的终端机上,使用特定的检索指令、检索词和检索策略,从计算机检索系统数据库中检索出所需要的文献信息的一种方法。机读检索法中使用的检索工具,按其信息指向可以分为两类,分别是图书馆联机公共目录检索系统(Online Public Access Catalog,OPAC)和网络搜索引擎。图书馆联机公共目录检索系统是常用的查找工具,研究者只要输入要查询的"书名""作者""主题""关键词""年份""出版社"等具体信息,就可以通过计算机进行检索和查询。当前,随着互联网技术和软件技术的发展,人们可以通过目标图书馆目录的统一联网地址(Uniform Resources Locator,URL),查询世界各大学图书馆、公共图书馆、专业图书馆的馆藏。网络搜索引擎是互联网上专门的搜索工具,人们只需要上网后在专门搜索工具(例如"百度""Google"等)的主页上,输入要查询的"书名""主题""关键词"等具体信息,就可以获得相关的文献条目。机读检索法的优点有很多,如方便快捷、功能强大、获得信息类型多、检索范围广泛等,它是当前被广为采用的一种文献检索方法。

(2) 参考文献查找法。这种方法也叫追溯查找法,即利用著作者本人在文献末尾所列出的参考文献目录,或者是在文献中提及的其他文献名目,追踪查找有关文献资料,再利用追踪查找到的有关文献所列出的参考文献或者文献中提及的其他文献名目,进而追踪查找更多有关文献资料,如此一步一步地向前追溯,直到完成文献搜索工作为止。这种方法非常有效,也是甄别文献的重要途径。

(3) 循环查找法。这种方法也称为分段查找法,即将检索工具查找法和参考文献查找法结合起来交替使用的一种循环查找方法。在使用循环法时,既可以先采用检索工具查找法,查找出相关的文献资料,然后采用参考文献查找法,去查找更多的文献;也可以先采用参考文献查找法,查找出相关的文献资料,然后采用检索工具查找法,去扩大文献查找的线索范围。如此交替使用两种文献查找方法,直到收集到研究所需的全部文献为止。

2) 文献阅读的方法

在资料收集过程中,会涉及文献的阅读。阅读文献资料的方法大致是先采用粗读的方式进行浏览,再精读并进行摘记。粗读是指浏览文献的内容提要、序言或摘要,对文献的内容、轮廓、主要思想等问题有个大致的了解。精读就是在粗读的基础上,对资料经过筛选后而进行的有目的的深入细致的阅读,以了解文献产生的时间、方法、结论和其他重要内容。

在阅读文献的过程中,还需要注意以下4个问题:一是阅读文献资料要结合自己的专业,结合自己的研究课题，结合具体的研究任务；二是阅读文献要及时；三是阅读文献的工作要经常进行；四是要在长期积累的基础上，有计划地阅读更多的文献资料。

阅读中的SQ3R法5步骤

英国学者加文·费尔贝恩等在《阅读、写作和推理》一书中，指出了人们在阅读中应依循"浏览、提问、阅读、复述和复习"(Survey, Question, Read, Recite, Review, 简称SQ3R)的步骤，循序渐进。这是带着问题去理解文献书籍的一种方法，可以作为文献阅读的一种参考方法。

浏览：本书的内容是什么？
提问：我想知道的是什么内容？具体在本书的什么地方可以找到相关信息？
阅读：本书是否包含我需要的信息？
复述：我学习到了什么？
复习：有没有找到想要的内容？我应该进一步采取哪些措施？接下来应该深入阅读哪些材料？

资料来源：加文·费尔贝思.阅读、写作和推理[M].北京：北京大学出版社，2007.

3) 文献摘记的方法

许多人在阅读文献的时候曾有过这样的教训，只注意阅读文献而忽视了及时记录，等阅读完毕却找不到有用的信息，只好重新阅读寻找，白白浪费了时间与精力。此外，收集到的文献又不一定是完全可用的，因此需要先摘取信息，再进行记录。文献摘记是资料收集工作中的一个重要工序，研究者一般会在文献精读的过程中，及时摘记文献资料的研究时间、方法、结论等主要信息。

摘取信息要符合一定的原则要求，主要有5条：第一，定向性原则，即信息的摘取要有针对性。第二，准确性原则，即对摘取的信息要反复核实、检验，力求信息准确无误。第三，规范性原则，即在摘录文献的原文、主要信息、文献出处等信息时，要按照相关的格式和规范的要求来进行。第四，评述性原则，即在摘取信息的过程中，还可以记录自己对资料的理解、困惑、疑问等思考性内容。第五，有效管理原则，即对摘录的信息，要通过列出主题、标出关键词等方式建立索引和交叉参考文献，以便使用时能快速找到自己所作的记录。

记录信息要根据资料的重要程度，有繁有简、有粗有细。重要的资料可以全文复印或抄录；比较重要的资料可以用摘录卡片或笔记本进行摘录，将有用的信息分门别类地记录下来；不太重要或者拿不准的资料可以抄录出处，以便日后需要时查找。

文献资料摘记的方法有提纲式摘记、论题式摘记和综合式摘记等。摘记的内容主要是文献中的研究方案、具体的研究方法、作者的基本观点、结论与建议、尚未解决的问题等，必要时还可以摘记文献中提到的数据、公式、图表等，当然还可以包括自己对文献的思考意见或批注。

文献资料摘记工具有编录单和卡片两种。编录单是对文献材料进行观察和记录的工具，其形成及结构都有赖于编录单位的选择。例如，编录单位是小说中的女性角色，就要为所查阅文献(小说)中的每一个女性角色制作一份编录单,内容涉及年龄、身高、体重、性格特征、受教育程度、婚姻状况、家庭关系、社会关系等,这些内容的分类要满足互斥性的要求,不能有交叉或包含的关系。

卡片主要包括三个功能区,分别是内容区、索引区和标注区。内容区,主要用来抄录文字性文献信息原文或者摘要摘记,对于录音、录像和网络信息等文献内容,往往也需要进行文字化整理。索引区,主要由研究者设置1~3个关键词作为索引词,以备在日后需要使用文献资料时能通过索引方法便捷地将其找出。标注区,主要用来标注研究者对所记录信息的来源文献特征。例如,信息是摘录于公开发表的论文,就应该记录该论文的作者、题目、期刊名称或论文集名称、期刊号或出版社名称、发表时间或出版时间以及摘录信息所在的页码,等等;如果是非文字信息,则可以注明该信息的载体、存放地点、整理人员、整理方法、所使用的技术及整理完成时间,等等。

本章小结

1. 观察法是指研究者在实地调研过程中有意识、有目的、有步骤地运用自己的感觉器官或借助科学的观察仪器,直接从社会生活的现场能动地了解处于自然状态下的社会现象,进行资料收集的一种方法。

观察法具有自觉性、自然性、工具性和能动性的特点。它既有简便易行、所得资料可靠生动、易于作趋势研究等优点,也受观察对象、观察者和观察范围等条件的限制,具有偶然性等缺点。按照不同的分类标准,观察法可以分成许多不同类型,如直接观察和间接观察、结构观察和无结构观察、局外观察和参与观察等。

实施观察法应遵循客观性原则、全面性原则、深入性原则、持久性原则和法律道德原则。在观察前要做好充分准备,在观察实施的过程中要注意调整观察计划,灵活安排观察程序,与被观察者建立适当关系,尽量减少观察者对被观察者的影响,把观察和思考结合起来并及时做好观察记录。

2. 文献,是指用一定的记录方式记录知识的一切物质载体。文献法是一种用科学方法收集文献资料、摘取有用信息并进行整理分析的方法。

文献法具有间接性、历史性、稳定性的特点。它有方便、自由、可靠、经济高效等优点,也在时效性、真实性、资料的生动性等方面存在不足。

文献收集的基本要求是有用性、可信性、代表性、全面性、多样性、连续性、时效性。在使用文献法进行资料收集的过程中,研究者要拓展途径和渠道,采用多种方法,尽量收集符合要求的、高质量的文献资料。

复习思考题

1. 观察法和日常生活中人们的观察有何区别?
2. 结合书中的案例(怀特的《街角社会》)思考如何才能做好参与观察。
3. 在实施观察法的过程中需要注意哪些问题?
4. 有人说观察法是实施一些直接调查法的前提和基础,对此你是否认同?请说明理由。

5. 什么是文献？它有哪些构成要素？
6. 什么是文献法？它有哪些特点？
7. 举例说明主要的文献收集方法。
8. 怎样才能提高文献阅读的速度与质量？

扫码自测

第9章　资料的整理和分析

善于获取数据、分析数据、运用数据，是领导干部做好工作的基本功。

——习近平

在社会调查过程中，通过各种方法收集的资料往往是杂乱的，这就需要对资料进行整理和分析，即运用一些手段把原本杂乱无章、无法直接分析的原始资料整理成系统的、完整的和较为直观的资料，以便研究者能够在此基础上进行资料分析。

一般情况下，在社会调查过程中收集到的资料可以分为定性资料和定量资料两大类，根据这两类资料性质的不同，相应有不同的整理方法和分析技术，本章在明确资料整理和分析的重要性的前提下，结合实例讲授定性(如访谈资料和文献资料)以及定量的问卷资料的整理分析步骤、方法，讲解定量资料的统计分析技术，并适当介绍时下较为常用的统计分析软件——SPSS的基础应用。

9.1　定性资料的整理和分析

在社会调查中，定性资料一般是指研究者收集的最终表现为文字的资料，其来源主要是社会调查的访谈资料、观察资料和文献资料。定性资料的来源不同，整理方法也不同，但总体来看都要经过审核、筛选、分类和编码的整理过程。在分析技术方面，目前，定性资料分析技术主要有经验论证、比较分析、因果分析、归纳和演绎、概念示意图等多种方式。

9.1.1　定性资料的整理

1. 审核

审核是资料整理的第一步。无论是访谈和观察记录，还是文献资料，在没有审核之前都不能认为是完全真实和可靠的资料。对定性资料的审核主要包括真实性审核和可靠性审核两方面内容。

定性资料的真实性审核包括两个方面：一是判别资料本身的真伪，主要通过外观法进行，即从资料的外观进行判定，这一方法主要用来识别文献资料的真伪，例如可以通过文献资料的作者(编者)、版本、印刷和纸张等外在的情况来判断真伪；二是审核资料内容的真实性，主要采用内涵法来判断资料是否真实，这类方法主要应用于审核访谈资料，从资料内容方面审核，如通过记录时间、地点、字迹、用词风格等来判别资料是否存在造假的情况。

可靠性审核主要是对定性资料的具体内容能否真实反映对象的真实状况进行审核，一般通过4种方法来进行。

(1) 经验法，即根据以往的实践经验和常识来判断定性资料内容的可靠性，如果发现资料中有明显违背经验常识的情况，则可以认为资料是不可靠的。

(2) 逻辑法，即根据资料内容的内在逻辑检验资料的可靠性，如果发现资料内容前后不一致或存在其他明显的逻辑矛盾，则可以认为资料内容是不可靠的。

(3) 比较法，即将反映同一内容的多份资料进行比较以确定资料的可靠性。例如，在座谈记录审核中，可以对多名调查员的记录进行比较，如果针对同一对象、相同问题的多份记录存在明显不一致的情况，则应对相关部分的资料进行核实。

(4) 来源法，即根据资料来源渠道来判断资料的可靠性。一般来讲，调查中当事人反映的情况比局外人反映的情况更可靠，文字记录比口传更可靠，政治经济稳定时期的资料比不稳定时期的资料更可靠。

2. 筛选

资料审核实现了"去伪存真"的目的，在此基础上，为了方便研究，还要对资料进行筛选。所谓筛选，就是"去粗取精"的过程，即基于典型性和适用性原则保留资料中具备代表性和适用于研究的有价值的部分，剔除重复的和对研究没有价值的资料内容。

与传统的资料筛选相比，在现代计算机技术日益发展的趋势下，目前定性资料筛选工作变得十分方便。首先将审核后的原始资料全部以文字的形式录入计算机，然后确定筛选标准，如主题法或关键字法，最后进行资料筛选。值得注意的是，资料筛选不一定是一次性的过程，在具体的研究过程中，研究者往往可以根据研究某一方面的目的不断地筛选相应的资料。因此，原始资料的录入工作意义十分重大，不仅可以方便资料多次筛选，也能为后续的资料整理工作奠定良好的基础。

3. 分类

定性资料的分类是研究者根据资料内在的共同性与差异性将资料区分为具有一定从属关系的不同类别的过程，通过分类，可以将纷杂的原始定性资料条理化和系统化，为找出资料的内在规律联系提供依据。

定性资料的分类主要包括两种形式，即事前分类和事后分类。所谓事前分类，是指在调查设计过程中，按照调查目的设计好不同类别的主题，然后根据这些主题分类收集资料，这种分类方式大多应用在结构式观察和访问的情况下，这样，文献资料的分类工作实际上在调查前就已经被安排好了。但在社会调查研究中，往往存在很多无法对资料进行事前分类的情况，如无结构式的观察和非标准化的访问，在这种情况下，必须先对资料进行收集再进行事后分类，以简化资料的分析工作。

在社会调查研究中，资料分类的意义重大，不仅关系到研究的便利性，更直接影响研究的进展和结论，列宁就曾说过"由于分类方法的不同，同一个材料竟然会提供截然相反的结论"。因此，必须科学合理地选择分类的原则和标准。通常来说，研究者在研究起始阶段可以选择资料的外部形态作为分类标准，如资料的来源、生成时间等，随着研究的深入，则可以将资料的内涵作为分类标准，如资料所涉及的问题种类、指向和可能得出的结论等。

在对定性资料进行分类时，必须遵循目的性、互斥性、穷尽性和统一性4个基本原则。

(1) 目的性原则。分类是为了使资料更加有条理，使其能更加有力地说明研究结论。

(2) 互斥性原则。分类后的各小类不能相互包含，即不能在外延上有交叉。例如，按职业划分调查对象，可分为公务员、国有企事业单位工作人员、私营单位工作人员、教师……这就违背了互斥性原则，因为在我国，教师既可能属于国有企事业单位，也可能属于私营单位。

(3) 穷尽性原则。资料分类不是资料筛选，必须保证分类的穷尽性。例如，按性别把调查对象分为男性和女性符合这一原则，但如果按婚姻状况把调查对象仅分为已婚和未婚就错了，因为此时结过婚但离异的人就不好界定在哪一类了。

(4) 统一性原则。在不同的分类标准下得到的结果会显示或隐藏资料之间的差异之处，只有坚持用一个分类标准完成一次分类，使最后的分类处在同一层次上才能保证分类的正确性。例如，按调查对象的自然社会特征来分类，可以按性别、阶层、年龄等不同标准进行统一分类，但如果按两个甚至多个标准来分类或者前后分类标准不一致，则不仅会在逻辑上出现谬误，也会给实际研究带来诸多不便。

4. 编码

在分类的基础上，为了更直观地呈现和分析定性资料，有必要对资料进行编码处理。定性资料的编码不同于定量资料的预编码形式，它采用的是后编码方法，其作用是将零散和繁杂的原始资料组织成不同的概念类别，创造出不同的主题或概念用以分析资料。在编码的过程中，资料的减少和类别化分析同时进行，有助于研究者方便地找出研究需要的资料。

目前，对定性资料的编码主要采用美国社会学家斯特劳斯定义的三种编码方式，即开放式、轴心式和选择式编码[1]。

(1) 开放式编码。开放式编码是对定性资料进行初次分析时采取的常用编码手段，具体做法是，首先对资料进行初步的阅览，然后制作一份主题清单并赋予不同的编码。此时的主题处于一个较低的抽象层次，因此研究者可以用资料中的某些关键词汇、短语和句子或者研究者从资料中推导出来的某些想法作为编码单位。这样做的好处是可以在一定意义上使隐藏在资料深处的主题浮出表面，方便研究者快速发现主题。接下来，继续仔细阅读资料，根据主题清单的编码在相应资料边角上贴上对应的编码标签，完成初步编码工作。

值得注意的是，开放式编码存在相对较大的主观性，同一份原始资料也会因为研究者的主观色彩而呈现较大的编码差异，因此，研究者在进行开放式编码的过程中必须保持开放的心态，排除个人偏见，将所有资料按其本身所呈现的属性分类。

(2) 轴心式编码。开放式编码是只针对资料本身的初步编码，在这一过程中，研究者也只是简单地为资料中所呈现的主题进行编码分配，并不关心主题间的逻辑联系，也不去分析主题所代表的概念。在轴心式编码中，研究者就要从一组已经被编码的初始主题或概念入手，去进一步阅读和理解资料，思考资料中所呈现的不同主题间的内在关系。在这一过程中，研究者会在阅读和思考的过程中不断产生新的想法和观点，不断添加新的编码，并不断将各种观点、主题组织和聚合，识别和确定作为轴心的关键概念。

在轴心式编码过程中，研究者关心的不再是资料本身，而是资料所呈现的主题，他们更加

---

[1] 水延凯. 社会调查教程[M]. 5版. 北京：中国人民大学出版社，2010：341-342.

侧重于发现和建立不同类别主题间的各种联系，同时这一过程也会激发研究者提出新的有价值的问题。

(3) 选择式编码。在开放式编码和核心式编码的基础上，研究者有选择地查找那些能够说明主题的个案，并对资料进行比对，围绕核心概念或观点对先前编码中所识别的主题进行组织，这就是选择式编码。实际上，选择式编码可以说是在众多已识别的主题中寻找一个可以统领其他相关主题的核心主题，并将研究结果统一在这个核心主题的范围之内。

9.1.2 定性资料的分析

定性资料的分析是一个对资料进行分类、描述、综合和归纳的过程，是对不能量化的现象进行系统化理性认识的分析过程。定性资料分析的方法依据是科学的哲学观点、逻辑判断及推理，基本逻辑是归纳法，即从具体的、个别的和具有经验的事例中逐步概括和抽象到概念和理论，其结论是对事物的本质、趋势及规律的质的方面的认识。在分析方法方面，定性资料的分析具有明显的多样性特征，不同的研究者也会在不同的研究目的和主观作用下采取不同的分析方法，但总体说来，目前比较常用的定性资料分析方法主要包括经验论证、比较分析、因果分析和概念示意图4种。

1. 经验论证

经验论证在很多情况下被称为列举法，即直接列举一些个人经验方面的证据来论证某个理论或事实，这是定性资料分析中较为常用的一种方法。在这一分析过程中，研究者往往基于研究发现的一个事实或者预置一个理论，然后收集和组织资料，接下来用资料列举、经验证据来说明并论证某个理论和事实，当然，这些证据既可以起到证实的作用，也可以用来证伪。

经验论证在具体操作时有两种方式：一是单一论证，即理论模型是如何解释某个特定个案或特定现象的，在此，研究者列举的是一个个个案和现象的经验证据。例如，研究居民社区感结构模型的学者，会通过列举能够反映居民社区感层次表现的一些个案或现象去论证。二是并列论证，即通过不同类型或不同时间周期的个案资料寻找经验证据来说明理论模型是如何应用在不同个案或不同情境下的，或者反过来通过多个个案展现的经验证据来论证某个理论模型。例如，研究者构建了一个我国劳动力流动影响因素的理论分析模型，然后在不同时间维度下和不同城市的劳动力流动状况的个案中寻找经验证据来进行验证。

2. 比较分析

比较分析法是确定认识对象之间异同点的逻辑思维方法，它是定性资料分析的一种重要策略方法。在定性资料的分析中，当需要通过比较两个或两个以上事物的异同来达到认识某个事物的目的时，就需要采用比较分析的方法。在具体操作方面，定性资料的分析主要采用一致性比较和差异性比较两种方式[①]。

(1) 一致性比较法。一致性比较法的基本原理是通过找出不同个案所具有的某一共性作为结果的特性，然后通过比较找出某些可能的因素作为原因的特性，如果某种被认为是原因的特

---

① 风笑天.社会学研究方法[M].2版.北京：中国人民大学出版社，2005：320-322.

性不被所有具备共同结果的个案所共有,那么这种特性就应该从可能的原因中被排除,这样一步一步,最终保留的被所有个案所共有的那种特性则成为可能的原因。一致性比较分析实质上是将注意力放在不同个案所具备的共同特性上,并通过一系列的排除过程来探寻产生这一共性的最终原因。例如,研究者研究3个不同的群体,发现特性D是3个群体共有的结果,在此基础上,研究者进一步去找出3个群体中存在的多种可能作为原因的特性,通过比较依次发现A、B、C都不被3个群体所共有,而E作为可能原因特性被3个群体共有,因此可以认为E可能是D的原因。一致性比较法原理如表9-1所示。

表9-1 一致性比较法原理实例

群体1	群体2	群体3
A	—	A
B	B	—
—	C	C
D	D	D
E	E	E
结论:条件特性E可能是结果特性D的原因		

(2) 差异性比较法。与一致性比较不同的是,差异性比较关注的不再是不同个案所具备的共同特征,而是不同个间因果关系的差异性。差异性比较的原理比一致性比较要复杂一些,但其说理性更强,基本思想是:研究者先找出在很多方面都具有一致性,但在少数方面存在差异的个案,然后找出使这些个案具备相同原因和结果的那些特性,同时找出另一组不出现上述个案结果的个案,最后研究者比较两组个案,查找在那些不出现结果特性的个案中也没有出现的原因特性,而这种没有出现的特性就是结果的原因。如表9-2所示,研究者先考查两个在许多特性上都相同的一组个案,如群体1和群体2,通过比较发现,群体1和群体2的5个特性A、B、C、D、E均相同,那么假设特性A是结果特性,用一致性比较方法的话会发现两者在特性B、C、D、E上均共有,此时研究者很难确定到底是多因一果还是B、C、D、E特性中的某一原因造成了A结果,要想准确地分析,必须进一步找出另一组不出现A结果的个案,如群体3和群体4,然后应用差异性比较法找出,在没有出现结果A的群体3和群体4这组个案中,到底存不存在那些群体1和群体2所共有的原因特性。

仔细比较发现:首先,在第2组个案,即群体3和群体4中,都有第1组个案群体1和群体2共有的原因特性C,则首先排除特性C是结果A的原因;其次,发现群体3中存在群体1和群体2共有的原因特性E,群体4中存在群体1和群体2共有的原因特性B,如果B和E是任意一个或者全部是结果A的原因特性,那么要么在群体3、要么在群体4或者在群体3和群体4中都会出现结果A,实际上结果A在群体3和群体4中并没有出现,因此也可以排除B和E是结果A的原因;最后,比较发现,群体3和群体4中均缺少群体1和群体2中共有的条件特性D,因此可以推断特性D是结果A的原因,因为没有特性D的群体,均没有出现结果A,而在所有个案中,只要出现了特性D,一定会出现结果A。有兴趣的读者可以反过来分析群体3和群体4中出现结果特性X的条件特性原因。

表9-2　差异性比较分析法原理实例

群体1	群体2	群体3	群体4
A	A	X	X
B	B	P	B
C	C	F	F
D	D	E	Z
E	E	C	C
F	G	O	P

结论：条件特性D是结果特性A的原因

3. 因果分析

因果分析是探求事物或现象之间因果联系的方法，在定性资料分析中占据了重要的地位。在本质上，因果分析是通过比较的方法发现事物或现象的因果关系，在具体操作时，因果分析主要采取以下3种方式。

(1) 求同法。如果在所研究的现象出现的两个或两个以上的场合中，只有一个条件是共同的，那么这个共同的条件可能是所研究现象的原因，其原理实例见表9-3。

表9-3　求同法因果分析原理实例

场合	条件	观察到的现象
1	A B C	Y
2	A D E	Y
3	A F G	Y

结论：条件A可能是现象Y的原因

(2) 求异法。如果在所研究的现象出现的场合与它不出现的场合中只有一个条件不同，即在一个具备某种条件的场合中有某个现象出现，而在另一个不具备某种条件的场合中这个现象不出现，那么这个条件可能是被研究现象的原因，求异法原理实例见表9-4。

表9-4　求异法因果分析原理实例

场合	条件	观察到的现象
1	A B C	Y
2	B C	—

结论：条件A可能是现象Y的原因

(3) 共变法。如果在出现所研究的现象的几个场合中，都存在一个共同的条件，在所研究的现象不出现的几个场合中，都没出现这个条件，那么这个条件可能是所研究的现象的原因，共变法原理实例见表9-5。

表9-5　共变法因果分析原理实例

场合	条件	观察到的现象
1	A_1 B C	Y_1
2	A_2 B C	Y_2
3	A_3 B C	Y_3

结论：条件A可能是现象Y的原因

4. 概念示意图

概念示意图是用来组织定性资料各个主题和概念之间联系的有效工具，它通过清晰的关系标示直观呈现理论分析框架和脉络。具体做法是，通过纸质文档或电子文档将某一主题的有关概念置于方框或圆圈内，然后用连线的方式将概念联系起来，连线应该标明或能够直观反映概念间的关系。值得注意的是，概念示意图并非一次性绘制完成的，随着研究的深入和研究者的深入思考，概念示意图将不断地再绘和补充完善。

一般而言，绘制概念示意图对理论分析框架和思路的形成有很大的作用，主要体现在：一方面，可以把资料中隐含的主题和概念的逻辑关系用图示的方法表现出来，让研究者直观地把握其分析内容的逻辑关系及其与研究主旨的关系；另一方面，通过对概念示意图的不断完善，可能会启发研究者进一步展开对研究的深入思考，有助于研究者发现出乎意料的某种逻辑关系，获得意想不到的研究成果。

9.2 定量资料的整理和分析

数量分析是社会调查研究的一个显著特征，研究者往往会充分利用对通过调查获取的量化资料的整理和分析，达成既定的研究主旨。本节主要介绍定量资料的整理分析手段，即数据整理和分析。其中，数据整理包括问卷审核、编码和数据清理，数据分析主要侧重各种基本的统计分析技术。

9.2.1 定量资料的整理

1. 问卷审核

如同定性资料整理一样，资料审核也是定量资料整理的第一步。由于社会调查研究中的定量资料大多通过问卷收集而来，因此对定量资料的审核主要是针对问卷进行审核。所谓问卷审核，是指研究者对回收的调查问卷进行初步的审查和核实，对问卷中出现的误填答案进行校正，剔除乱填、漏填和严重缺答的废卷。问卷审核的内容主要包括对问卷资料的准确性、完整性和真实性进行校订。

(1) 准确性。准确性即要求资料反映的情况要符合事实和逻辑，因此在准确性审核过程中，研究者一般采用经验法和逻辑法。例如，在一份问卷中，某人填写的年龄是15岁，但其在"政治面貌"选项上填写"中共党员"，这明显不符合事实；又如，某人在"有无既往病史"选项上填答"无"，但又在其后"以前具体患过的疾病"选项中填写"肺炎""甲肝"等，这明显存在问题，可以推测该调查者也许认为肺炎等疾病并不严重，不属于既往病史范畴。

(2) 完整性。完整性审核就是要对问卷中所有问题是否填答完整进行检查。例如，有关个人背景的资料是否填写完整，一些问题尤其是相倚问题有无漏答；同时，也要考虑哪些问题应答而未答，以及哪些问题未答是因为问卷答案本身的设计有问题。

(3) 真实性。真实性审核主要是针对问卷来源和问卷填答内容的真实性进行核查。首先，应检查问卷的来源，即问卷是否是调查者本人填答的。在概率抽样调查中，还应查实问卷是由事先确定的调查者本人填答还是随便找人填答这一关键性问题。其次，应检查被调查者填答的问卷是否能够真实反映其具体情况。在具体操作时，研究者可以在设计问卷时就设计一些隐蔽式问题以便后期鉴别。例如，在设计满意度相关的量表式问题时，打乱一两个或多个问题的语义方向，如果在收集到的问卷资料中发现某人在这些选项上均填写"非常满意"，那么这份资料的真实性就值得怀疑了。

通过问卷审核后发现的准确性、完整性和真实性等方面的问题，有的可以通过进一步核实或补充调查等补救性手段来弥补，有的则被判定成为废卷。对于废卷的判定，目前学界虽无统一的标准，但以社会调查的实践经验来看，一般问卷在完整性和真实性上出现了较大的问题，如一份问卷应答而未答的问题达到三分之一，或者有关个人背景的资料缺答，又或者发现问卷不是由指定的被调查对象填答的，都应视为废卷。此外，如果研究者在审核过程中发现问卷中逻辑错误较多，或有明显的随意填答迹象，也可以当作废卷处理。

要做到问卷审核的准确性、完整性和真实性，在实践中，研究者一般会采用两种方式：一种是实地同步审核，即边调查边审核。例如，研究者在实际开展一项抽样调查时，可以根据调查的人力和时间等条件按一定周期组织调查员审核已回收的问卷资料，如果发现问题，则及时向被调查对象核实或补充调查，当调查工作全部结束时，问卷的审核工作也同步完成。另一种问卷审核方式是后期集中审核，即先收集问卷资料，再在后期集中统一对问卷进行审核。例如，上例的研究者不是按一定周期组织调查员进行问卷审核，而是在调查工作完成返回后，集中一个时间对所有回收的问卷进行统一审核。

值得注意的是，两种问卷审核方式各有好处，同时也都存在相应的不足。例如，实地同步审核可以及时、方便地发现问题，在补救层面具备良好的效果，但会带来调查组织安排上的困难，调查员的任务量也会明显增加。而后期集中审核是统一进行问卷审核，在标准一致的情况下问卷审核的质量相对较好，但在实施补充调查等补救措施方面存在较大的难度。在调查实践中，研究者可以根据研究的需要，视时间、人力等客观因素条件灵活地选取不同的方式进行问卷审核。

2. 编码

在问卷审核完成后，研究者面对的仍然是大量的原始问卷资料，还不能进入资料分析阶段，必须要对问卷资料进行编码和录入，从而将原始资料转换为计算机语言，方便后期通过计算机开展统计分析工作。

在这一阶段，首先必须进行的是编码，即给问卷上每一个问题和答案分配一个数字作为相应的代码。编码可以将问卷反映的客观情况有效简化并快捷地转换为可录入计算机和具备统计用途的数字，目前是定量资料整理必须经历的一个关键环节。

1) 编码的形式

对定量资料编码主要有两种形式，即预编码(事前)和后编码(事后)。预编码就是在问卷设计时就已经安排好问题答案的代码，这种编码形式比较简单，只需要将答案的题号以数字的方式进行编码即可。在调查问卷中，封闭式问题基本上都采用预编码形式，如"您的性别：(1)男(2)女"，此时用数字"1"代表男性，用数字"2"代表女性。

在调查问卷中，不仅涉及封闭式问题，同时也可能存在一些开放式问题，开放式问题的答案一般不能预先确定，因此必须对这些问题进行后编码。定量资料的后编码和定性资料的后编码原理基本类似,即在调查结束后的资料整理阶段,在对资料进行归纳、概括和分类的基础上进行编码,用一个具体的数字来代表答案实际反映的情况,如"您对学校今后工作的建议_____",可以通过整理和概括所有被调查者对这个问题的回答,确定答案具体分为多少类,然后以数字"1,2,3,…,n"来代表相应类型的答案。

应注意的是,在对开放式问题进行后编码的过程中,研究者不一定能够一次实现完整编码,在具体录入和深入思考的过程中,很有可能推翻原来的编码,给一些被认为是新类型的答案增加编码。此时,只要研究者能够相应地增加编码清单,对每个编码赋予相应的意义,这种做法仍然是行之有效的。此外,对有关定距以上层次变量的问题而言,其编码也属于后编码,但相应较为简单,只是存在确定编码位宽的问题,如对于"您的月收入_____"这个问题,对其编码时就可以直接用答案的具体数字,但首先应浏览全部问卷,如果发现月收入没有超过10 000元,编码位宽可设置为4,这样可以节省输入时间;但如果有超过10 000元的,再把编码位宽设置为4,则超过的那些具体答案就无法正确编码并录入。

2) 编码的方法

(1) 确定答案代码。答案类型不同,答案代码的确定也有所不同。

对于单项选择题,可以直接根据答案的顺序以相应的数字为其编码。例如,表9-6所示的A1题,数字"1"代表男性,数字"2"代表女性。

对于多项选择题(表9-6中的A9题),简易的做法是把每个答案设计成一个子问题,然后采取"0、1"编码,数字"0"代表没有选择此项,数字"1"代表选择此项(详见9.3.2数据录入部分)。

对于多选排序题(表9-6中的A10题),可以将每个排序当成一个子问题,然后在每个子问题下均设置相同的答案并赋以相应的数字编号(详见9.3.2数据录入部分)。

对于开放式的定距测量问题,可以直接将填写为答案的数字当作编码(见表9-6中的A2题)。

对于表格式问题,实际上就是将具有相同答案的问题归纳到一张表上,因此也可以参考单项选择题的编码操作,根据答案的顺序确定其相应的排序数字。例如,表9-7中的A11题,可以分别将"非常满意、比较满意、一般、较不满意、非常不满意"用"1、2、3、4、5"或"5、4、3、2、1"来表示。

表9-6 问卷节选示例(1)

A1	您的性别:	(1)男	(2)女	
A2	您的年龄:	_____周岁		
A3	您的受教育程度:	(1)小学及以下 (4)大专及以上	(2)初中	(3)高中或中专
…				
A9	您喜爱的球类运动有:	(1)足球 (4)羽毛球	(2)篮球 (5)网球	(3)乒乓球 (6)其他_____
A10	您上班选择的交通工具:	首选_____ (1)自行车 (4)其他_____	备选是_____ (2)交车	(3)出租车

表9-7 问卷节选示例(2)

A11 您对自己居住的小区在下列环境方面的满意度：

分类	非常满意	比较满意	一般	较不满意	非常不满意
卫生环境					
治安环境					
绿化环境					
交通环境					
……					

(2) 确定缺省值。在定量资料收集和录入过程中，难免会产生一些误差，如某一问题缺答或某一问题答案录入错误，这些都可以称为缺省值，缺省值会影响最后的统计分析结果，因此在编码过程中必须对缺省值进行界定，使其不代入统计分析。

缺省值有默认缺省值和一般缺省值之分，其代表的意义也不相同。例如，学者一般将"0"或"9"设置成默认缺省值，代表该问题的答案缺答，而一般缺省值仅代表该问题的答案被错误输入。例如，表9-6中的A1题，此时答案编码仅为两个数字"1"和"2"，如果以"0"为默认缺省值，那么只要出现"0"，研究者就会意识到这可能代表某个被调查者没有填答该项；而设置"3~9"为一般缺省值，只要出现"3~9"，研究者就会意识到这可能是数据录入时出现了错误，然后要去核实。当问题选项的编码位宽超过1位时，则根据情况用"0"或"9"补全剩余位数即可。例如，当年龄编码为2位，可用"00"或"99"代表默认缺省值；收入编码位数是"4"时，则用"0000"或"9999"代表默认缺省值。

需要说明的是，每个研究者设置的默认缺省值应视情况而定。例如，当前述多项选择题设置缺省值时，用"0、1"编码，实际上"0"代表的是被调查者没有选择此项，而如果此时设置"0"为默认缺省值，"0"代表的意思则为被调查者应答而缺答。又如，一个问题有9个答案，那么"9"应该代表对应的第9个选项，此时应根据实际情况设置"0"为默认缺省值，如果设置默认缺省值为"9"，会对研究者产生重大的误导。在具体操作中，针对每一个问题，缺省值都可以独立设置。例如，表9-6中，A1题的缺省值可设置为"0"和"3~9"，A2题(假设位宽为2)的缺省值可以设置为"00"，A3题的缺省值可以设置为"0"和"5~9"。

(3) 确定编码位宽和栏码。编码位宽，就是指一个问题在数据文件中占的位数。根据答案情况正确设置编码位宽有助于便捷地录入数据(详见9.3.2数据录入部分)。编码位宽确定后，就可以分配栏码了，即把每个问题在数据文件中的位置确定下来。栏码一般放在问卷的最右边，从问卷编号或第一个问题开始，其范围取决于问题的答案和位数以及可以选择答案的次数。在单项选择题中，栏码的范围取决于每个答案的位数；而在多项选择题中，既要考虑答案的位数，也要考虑可以选择答案的次数。具体的位宽和栏码设置见表9-8。

表9-8 编码位宽和栏码分配

	问题			位宽	栏码
A1	您的性别：	(1)男	(2)女	1	1
A2	您的年龄：	_____周岁		2	2~3

(续表)

问题					位宽	栏码
A3	您的受教育程度：	(1)小学及以下 (4)大专及以上	(2)初中	(3)高中或中专	1	4
…					…	…
A9	您喜爱的球类运动：	(1)足球 (4)羽毛球	(2)篮球 (5)网球	(3)乒乓球 (6)其他＿＿	1	9～14
A10	您上班选择的交通工具：	首选＿＿ (1)自行车 (4)其他＿＿	备选＿＿ (2)公交车	(3)出租车	1	15～16

3) 编码手册

编码手册又称为编码簿，它是统一规定的、用来说明问卷中每个问题及其答案的符号所代表的意义以及编码细则的指导性文件，是编码员对问卷进行编码的依据。编码手册主要包括问题、变量名、变量意义、位宽、栏码和编码细则等内容。其中，问题是指问卷中问题的编号；变量名是指针对问卷中的每个问题分配的一个代号，也可以直接用原问题编号表示；变量意义是对变量名的简要文字说明；编码细则是对答案赋值情况和编码时应注意的具体问题的说明。表9-9是根据表9-6所示的问卷节选编制的编码手册示例。

表9-9 编码手册示例

问题	变量名	变量意义	位宽	栏码	编码细则
问卷编号	ID	问卷编号	3	1～3	从001开始编号
A1	Q1	性别	1	4	1＝男；2＝女。缺省值设置为0和3～9
A2	Q2	年龄	2	5～6	按实际调查结果填写。缺省值设置为00
A3	Q3	受教育程度	1	7	1＝小学及以下；2＝初中；3＝高中或中专；4＝大专及以上。缺省值设置为0和5～9
…	…	…	…	…	…
A9	-	球类运动爱好	6	12～17	将6个答案拆分成6个子问题，以0、1编码。0代表没有选择此项，1代表选择此项。所有子问题缺省值设置为2～9
	Q0901	足球	1	12	0＝不爱好足球；1＝爱好足球
	Q0902	篮球	1	13	0＝不爱好篮球；1＝爱好篮球
	Q0903	乒乓球	1	14	0＝不爱好乒乓球；1＝爱好乒乓球
	Q0904	羽毛球	1	15	0＝不爱好羽毛球；1＝爱好羽毛球
	Q0905	网球	1	16	0＝不爱好网球；1＝爱好网球
	Q0906	其他球类	1	17	0＝不爱好其他球类运动；1＝爱好其他球类运动

(续表)

问题	变量名	变量意义	位宽	栏码	编码细则
A10	—	上班交通工具选择	2	18～19	拆分为两个子问题，每个子问题答案统一是总问题答案。缺省值为0和5～9
	Q1001	首选交通工具	1	18	1＝自行车；2＝公交车；3＝出租车；4＝其他交通工具
	Q1002	备选交通工具	1	19	1＝自行车；2＝公交车；3＝出租车；4＝其他交通工具

3. 数据清理

在数据资料的转换和录入过程中，难免会产生一些由主客观原因造成的误差，因而在统计分析之前，应仔细进行数据清理工作，不让错误数据进入运算过程。目前，数据清理工作一般通过SPSS统计分析软件进行，主要有两种形式。

1) 有效范围清理

对于问卷中的任何一个问题答案的编码来说，其有效编码值必然存在某种范围，当录入结果超出这一范围，可以肯定录入过程中出现了差错。例如，我们设置"0"为默认缺省值，即出现"0"表示被调查者缺答，如果"性别"这一问题的答案录入结果出现了数字"3"或者不等于"0""1"和"2"的其他数字，我们可以直接判定这是错误的编码值。因为根据编码手册中的规定，"性别"的正确赋值是"1＝男，2＝女，0＝未答"，凡是超出这三者范围的其他编码值，肯定都是错误的。在实际操作中，排查这类错误数据的清理过程就是有效范围清理。此时，要查出所有不符合要求的编码值，我们只需在计算机上用SPSS软件(或其他软件)执行性别变量的频数分布命令，就可以直观观察到是否存在超出有效范围的数据(见表9-10)，然后通过相应的操作步骤对数据的有效范围进行清理(具体操作方法见9.3.2数据清理部分)。

表9-10 有效范围清理过程

项目		Frequency	Percent	Valid Percent	Cumulative percent
Valid	男	159	55.2	56.4	56.4
	女	123	42.7	43.6	100.0
	Total	282	97.9	100.0	
Missing	0	1	.3		
	3	1	.3		
	4	2	.7		
	5	1	.3		
	9	1	.3		
	Total	6	2.1		
Total		288	100.0		

在表9-10中，第2列"Frequency"表示频数，第3列"Percent"表示百分比，第4列"Valid Percent"表示不计入缺省值的有效百分比。通过观察发现，在288个数据记录中，有6个(第1列Total行)缺省值，其中0、3、5、9各出现1个，4出现2个，出现0可能是在某份问卷中被调查者本身就未答该题，也可能是录入错误，但出现3、4、5、9则肯定代表录入存在差错，应该通过相关手段去核对。

2) 逻辑一致性清理

数据中出现的错误有时候是由录入错误导致的，有时可能是收集到的资料本身就存在一些不合逻辑的问题，此时，需要运用逻辑一致性清理的手段进行清理。逻辑一致性清理的基本思路是依据问卷中的问题相互间存在的内在的逻辑联系，来检查前后数据之间的合理性。例如，问卷中有这样一对相倚问题，其过滤性问题是"您结婚了没"，答案是"1. 是；2. 否"，而后续问题是"请问你们的婚龄是多少"，答案是"1. 5年及以下；2. 6~10年；3. 11~20年；4. 20年以上"，那么，对于那些在前一问题中回答"没有"的人(即编码为"2"的人)来说，在后一问题中的回答应该是空白(即为缺省值，用"0"来表示)。实际结果是，如果在某个案数据中，第一题答案是"2"，但第二题的录入数据出现了非0的数字，如"3"，那么这些个案的数据就一定有问题，因为前后逻辑不一致。

要清理存在逻辑错误的个案，需要在SPSS软件中执行交互分类命令"Crosstab"，检查两个变量间是否存在逻辑矛盾，如果有矛盾则按有效范围清理的方法去查找具体的错误个案，然后进一步核查校对。如表9-11所示，选择没有结婚但填写婚龄答案的有11条记录，说明这些数据肯定存在逻辑错误，需要进一步对其进行处理(具体的清理过程和方法见9.3.2数据清理部分)。

表9-11 逻辑一致性清理过程

项目		婚龄				Total
		5年及以下	6~10年	11~20年	20年以上	
是否结婚	是	25	16	12	7	60
	否	9	2	0	0	11
Total		34	18	12	7	71

此外，对于两个定比变量间的逻辑一致性清理，用SPSS软件中的"Compute"命令较为方便。例如，实际排查"父亲年龄"和"孩子年龄"两个变量，用前者减去后者得出一个新的变量，然后对新变量做频数分析，如果出现较小值，如"12"甚至是负值数据，就表示存在逻辑错误。

9.2.2 定量资料分析技术——统计分析基础

1. 社会统计概述

1) 社会统计的产生与发展

社会统计已有几千年的历史，古希腊在公元前400年就进行过人口普查，古罗马也建立了国人的出生、死亡登记制度，但当时的社会统计主要局限于数量上的简单计算和汇总。

17世纪后，随着工业革命和商品社会的发展，简单汇总式的社会统计已经不能满足社会发展的需要，产生了以工业、农业和商业贸易等统计为主的社会经济统计。在不断丰富的统计实践经验的基础上，比较系统的统计理论知识逐步形成，进而产生了统计学。

第二次世界大战后，科学技术迅速进步，经济发展成为人类面临的共同问题。在经济增长的同时，发达国家也出现了环境污染、犯罪率上升、失业加剧等一系列难以解决的社会问题，发展中国家则面临政治不稳定、社会动荡和贫富分化的巨大难题。为解决这些问题，政府和社会各界开始更多地使用社会调查方法，直接收集大量的、更加全面的客观数据并加以统计分析，以此来描述和研究社会发展状况，研判发展趋势。在20世纪50年代以后，社会统计开始流行并蓬勃发展起来。

2) 社会统计的对象与特点

社会统计学是运用统计学的一般原理，对社会各种静态结构与动态趋势进行定量描述或推断的一种专门方法与技术。社会统计的对象，概括而言是指社会现象的数量方面。由于客观需要和具体任务的不同，社会统计的对象也有所不同，因此社会统计学又有广义与狭义之分。广义的社会统计学，在我国实际上就是指社会经济统计，而从社会经济统计中独立出来专门应用于社会调查数据统计分析的则是狭义的社会统计学，它也是本节要讨论的重点。在特点方面，社会统计并不在于探究统计的内在原理，而更多地侧重于应用。它是根据变量的4个层次开展的，通常建立在抽样调查基础之上，事先要建立假设。

3) 社会统计的内容、方法和程序

社会统计方法，就是指收集、整理与分析资料的研究技术或手段。与众多定量研究方法一样，社会统计方法的根本特征也是数量分析，按其性质可以分为描述统计和推论统计。这也是统计分析的两种基本方法，进一步讲，又包括单变量、双变量和多变量的描述和推论统计。在具体的统计技术中，描述统计包括集中趋势分析、离散趋势分析、相关分析和回归分析等，推论统计则包括参数估计和假设检验。在后面的章节中，我们将分别介绍这些方法。

社会统计与社会调查具有密不可分的联系，广义上，社会统计可以划分为5个阶段，即制订调查计划、统计调查上述后三个的内容、数据整理、统计分析和撰写统计报告；而狭义的社会统计程序具体包括统计方案制定、统计手段选取、统计结果分析和统计报告撰写4个方面。

4) 社会统计的几个基本概念

每一门学科都有专门的术语和概念，社会统计也是如此，其基本概念主要包括以下5个。

(1) 总体和元素。在社会调查和社会统计中，总体和元素是一组相对应的概念，两者一般共同定义。所谓总体，就是指在某些共性基础上由许多个体构成的整体，它是所有构成元素的集合。所谓元素，则是指总体的基本单位，是构成总体的个体。例如，一项关于某省育龄妇女生育观的调查，该省所有的育龄妇女的集合就是总体，而每一个育龄妇女就是构成总体的元素。

(2) 样本。样本就是从总体中按一定方式抽取的一部分元素的集合。例如，在上例的某省育龄妇女生育观调查中，最终按特定的抽样方法抽取1 000名育龄妇女，这1 000名育龄妇女就构成了调查的样本。

(3) 参数值和统计值。参数值是关于总体中某一变量的综合描述，统计值是对应于样本中某一变量的综合描述。前者是总体值，是固定不变的，通常也是未知的；后者是样本值，是可变的，对每一个样本而言，关于某个变量的统计值往往是有差异的。社会统计的一个重要目的就是用样本关于某个变量的统计值去推测总体中该变量的参数值。

(4) 变量。在数学领域中，把不断变化的、有不同取值的量称为变量；在社会统计领域中，对变量的界定则是指有一个以上取值的概念，那些有固定取值的概念则称为常量。在社会统计中，按照属性可以把变量分为诸多类别，如确定性变量和随机变量，连续变量和离散变量等。确定性变量是在条件一定时，取值固定的变量，如在一定条件下水的沸点；随机变量是即使在相同条件下，其可能实现的值(观测到的实际值)不止一个的变量，如初婚年龄、学生身高等；两个变量值之间可以连续不断分割的(变量值的域是连续的)变量则称为连续变量；各变量值之间是以整数断开的变量则称为离散变量，如家庭人口数。

(5) 变量层次。根据测量层次(详见本书第5章的测量部分)可以把变量相应地分为定类、定序、定距和定比4个层次。社会统计实际上也是根据这几个层次的变量开展的。层次越高的变量，其数学性质越丰富。根据研究需要，高层次的变量也可以降低为低层次的变量来使用，但其所包含的信息相应会损失。例如，收入变量属于定比测量层次，可以进行加减乘除运算，我们在实际统计中也可以将其降成定序层次，但此时定序的收入变量就只能考察其等级高低，而不能计算出数量差距。在社会研究中应用的统计方法很少要求达到定比测量层次[1]，因此下文介绍的内容只涉及定类、定序和定距变量[2]的统计方法。

2. 统计简化

在具体分析变量前，需要用适当的统计技术来简化变量资料，使原本杂乱的数据资料更加直观地展现在我们面前。依据变量层次，主要的统计简化技术有以下5种。

1) 频数分布

频数分布也叫次数分布，就是对变量取值出现的次数进行统计汇总，是一种基本的统计简化技术。例如，一组原始数据"男，男，女，男，女，男，女，女，女，男，女，男，男，女，女，女，男，男，男，女，女，女，女，女，男，男，男，女"，我们无法一眼看出男性和女性以及总人数有多少，此时我们通过频数分布对这组数据进行统计简化，简化后的频数分布表见表9-12。此时，通过统计简化的频数分布表，我们可以直观地看出在总数为28的个案中，共有13个男性、15个女性。

表9-12 频数分布表示例(1)(定类变量)

性别	频数(f)
男	13
女	15
总数(N)	28

由于频数分布只考虑变量取值出现的次数，因此不仅适用于定类变量，也适用于定序和定距变量，具体如表9-13和表9-14所示。

表9-13 频数分布表示例(2)(定序变量)

年级	频数(f)
大一	30
大二	28

---

[1] 李沛良. 社会研究的统计应用[M]. 北京：社会科学文献出版社，2002：22.
[2] 我们日常面对的具有数量特征的变量，如收入、年龄等一般都是定比层次，社会研究中的定距变量(如温度)极少，在社会统计中最高只涉及定距层次的变量统计，与其说是统计方法很少要求达到定比测量层次，倒不如说是在社会统计应用中已经将所有定比层次变量降级为定距层次对待了。需要说明的是，后文所有涉及"定类(序、距)变量"的称谓只是为了方便本书写作而采取的简称，分别代表定类(序、距)测量层次的变量。

(续表)

年级	频数(f)
大三	32
大四	36
总数(N)	126

表9-14 频数分布表示例(3)(定距变量)

温度/℃	频数(f)
25	2
26	3
27	5
28	10
29	6
30	4
总数(N)	30

2) 频率分布

频率就是每个变量的取值次数占总次数的比率，一般用百分比来表示，具体为每个变量取值出现的频数(f)除以总数(N)再乘以100%。用频率分布来补充频数分布，可以使简化后的资料更加直观和便于比较。例如，表9-15和表9-16，单用频数分布来比较，我们可以一眼看出B班通过英语四级考试的学生比A班多了15个，由此很可能会认为B班英语四级考试成绩更好一些，但这种比较实际上是不科学的，因为两个班学生总数不同；如果换算成频率分布，我们就可以发现，A班学生英语四级通过率为62.5%，比B班要高出5.4个百分点，A班学生的成绩更好一些。

表9-15 A班学生英语四级考试情况

英语四级考试情况	频数(f)	频率/%
通过	25	62.5
未通过	15	37.5
总计	40	100

表9-16 B班学生英语四级考试情况

英语四级考试情况	频数(f)	频率/%
通过	40	57.1
未通过	30	42.9
总计	70	100

3) 累加频数

在定序层次变量中，由于可以按高低排序，仅用频数和频率分布来简化还不足以完全呈现定序变量的全部特征。在这里，就要介绍一种定序变量特有的统计简化技术——累加频数(cf)。累加频数也可以用于定距层次的变量。

累加频数就是按顺序将变量取值的频数逐级相加，按照顺序的方向，可以分为向上累加频数($cf\uparrow$)和向下累加频数($cf\downarrow$)，前者是由低到高逐级向上累加，后者是由高到低逐级向下累加。例如，将某班学生的学习成绩分为优、良、中、差4个等级，此时用累加频数进行统计简化,如表9-17所示。

表9-17 某班学生成绩情况(人数)

学习成绩等级	频数(f)	向上累加频数($cf\uparrow$)	向下累加频数($cf\downarrow$)
优	15	50	15
良	18	35	33
中	10	17	43
差	7	7	50
总数(N)		50	

由表9-17我们可以看出,向上累加频数是把频数按照成绩从差到优去累加,而向下累加频数是把频数按照从优到差去累加,如何累加完全取决于表中第1列的成绩排序。大家可以思考一下,如果第1列成绩排序为从差到优,此时向上累加和向下累加又该如何操作?

累加频数具备实际比较意义,具体而言,向上累加频数表示在总体中不高于某个取值的个案次数,而向下累加频数表示在总体中不低于某个取值的个案次数。如表9-17所示,"良"的向上累加频数为35,说明在该班50个学生中,成绩不高于良(良及其以下)的学生有35人;"良"的向下累加频数是33,说明在50个学生中成绩不低于良(良及其以上)的有33人。再如,A班和B班的学生均为100人,此时有A班同学甲和B班同学乙两个人都考了90分,如果$cf\uparrow$(甲)是90,$cf\uparrow$(乙)是70,那么我们可以知道甲同学在其班级里相对成绩更好一些,因为甲同学考的90分在其班级里的向上累加频数是90,说明甲班成绩不高于90分的同学有90人(本班第10名),而乙同学所在班级不高于90分的同学仅有70个人(乙为本班第30名)。

4) 累加频率

在对两个具有相同规模的总体进行比较时,可以直接应用累加频数,但如果对两个具有不同规模的总体进行比较时,累加频数就不一定适用了。例如,甲、乙两同学分别在各自的班里考了80分,甲所在班的学生数为$N=100$,乙所在班的学生数$N=50$,其中$cf\uparrow$(甲)是60,$cf\uparrow$(乙)是40。此时如果还按照累加频数来比较甲乙两个学生的成绩在各自班级中的相对位置,会发现不高于甲成绩的本班同学有60人,而不高于乙成绩的本班同学只有40人,因此会认为甲同学在本班的成绩更好,实际这是错误的,因为我们没有考虑两个班的学生数不同。这就需要引入累加频率,所谓累加频率($c\%$),是指将变量取值的百分比按一定顺序逐级相加,公式为

$$C\% = cf/n \times 100\%$$

对应于向上累加频数和向下累加频数,也有向上累加频率($c\%\uparrow$)和向下累加频率($c\%\downarrow$),向上累加频率表示总体中不高于某个取值的个案百分比,向下累加频率表示总体中不低于某个取值的个案百分比。表9-18是在表9-17的基础上添加累加频率的结果。

表9-18 某班学生成绩情况

学习成绩等级	比例/%	向上累加频率($c\%\uparrow$)	向下累加频率($c\%\downarrow$)
优	30	100	30
良	36	70	66
中	20	34	86
差	14	14	100
总计	100		

在表9-18中,我们可以发现"中"的向上累加频率为34,说明总共有34%的学生成绩不高于"中";而"优"的向下累加频率为30,说明总共有30%的学生成绩不低于优。再对上例不同规模的总体进行比较,应用累加频率就可以了。经计算,$c\%\uparrow$(甲)为60,$c\%\uparrow$(乙)为80,说明在甲所在的班级里,不高于甲成绩的人只有60%;而在乙所在的班级内,不高于乙成绩的人占到了80%,说明乙在班级的成绩排名相对甲更理想。

5) 数据分组

所有可用来简化定类、定序测量层次变量统计资料的技术都可用于简化定距变量资料,除此之外,还有简化定距变量资料的一些特定技术,如数据分组。所谓数据分组,就是将原始的定距资料按值的大小划归到不同的、能够包含其值的、具有特定组限和组距的某个数据组中,将琐碎的、繁杂的定距资料通过分组呈现的方式直观地展现在我们面前。例如,针对某班70个学生的身高原始数据(cm),本来呈现在我们面前的是"175,181,182,165,163,171,174,168,179,…,169"这样70个杂乱的原始数据,我们可以按照一定的方法和步骤[①]对其进行数据分组,分组后的数据见表9-19。

表9-19 数据分组示例(1)

身高/cm	频数(f)
159及以下	2
160～164	10
165～169	8
170～174	15
175～179	25
180及以上	10
总数(N)	70

在数据分组中,要注意以下三个概念。

(1) 组限,即每组的范围,包括上限(Upper Limit)和下限(Low Limit)。表9-19中,"160～164"组,其上限是164,下限是160,但我们进一步观察会发现,表里面的每个组的下限和上一组的上限都不重合,构成了一个各组之间有间断的组距序列。那么,如果正好有处于这些间断范围的数据,该如何安排呢?此时就必须进行转换,将这些间断连起来。原本这些有间断的组的上限和下限就是仅起到标示作用的标示上限和标示下限,要想把间断连起来,只需将标示上限和标示下限转换成真实上限和真实下限即可。具体做法:将标示的上下限分别加减0.5,得到真实的上下限,即可得到具备真实上下限的数据分组表,如表9-20所示。

表9-20 数据分组示例(2)

身高/cm	频数(f)
159.5及以下	2
159.5～164.5	10
164.5～169.5	8
169.5～174.5	15

---

① 卢淑华. 社会统计学[M]. 3版. 北京:北京大学出版社,2005,28-29. SPSS操作详见本章数据转换内容。

(续表)

身高/cm	频数(f)
174.5～179.5	25
179.5及以上	10
总数(N)	70

(2) 组距。组距是真实上限与真实下限的差值，在只标示组限的组中，组距的计算应该在将标示组限转换成真实组限后再进行。从表9-20中可以发现，每组的组距较表9-19中的"组距"多了1cm。

(3) 组中值。组中值就是每组真实上限和真实下限的平均数。在上限开口组和下限开口组中，组中值的计算方法为：缺下限的开口组组中值为本组上限减去邻组组距的二分之一；缺上限的开口组组中值为本组下限加上邻组组距的二分之一。如表9-20所示，各组组中值分别为157cm、162cm、167cm、172cm、177cm、182cm。在等组距的情况下，各相邻组组中值之差正好是各组组距。

细心的朋友可能会发现，如果像表9-20那样分组，如果有个案数据值恰好既是这一组的下限值，又是上一组的上限值，如有个同学身高正好是169.5cm，该如何划归这些个案数据呢？这种情况，在社会统计中应遵循"上限不在内"的原则，即遇到正好是本组上限又是下一组下限的个案数据，应将其归类到下一组去。

3. 集中趋势测量法

集中趋势测量法是找出一个具体的数值来代表特定变量的资料分布，以反映资料的集中情况。这个具体的数值，就称为集中量数。下面从变量的3个测量层次来分别介绍几种常见的集中趋势测量法(集中量数)。

1) 定类变量：众数

众数是在一组资料中，出现次数最多的变量值，用M_o表示。

确定众数的方法是直接观察所有个案中哪些变量值出现的次数呈现"峰"值，这些变量值就是众数。例如，在资料"甲、乙、甲、丙、丁、甲、甲、丙、丁、甲、乙"中，我们观察到"甲"出现的次数最多，为5次，因此在这组资料中"甲"就是众数；又如表9-12，出现次数最多的变量值是"女"，众数就是"女"。

众数适合于分析定类变量，由于只考虑变量取值的次数，因此也可以用于分析定序和定距变量。针对定类变量，由于只有类别之分，而众数是某些出现次数最多的类别(即变量的实际取值)，因此众数具备一定的预测意义。在定类变量中，以众数作为预测准则，误差相对最小。此外，在一些情况下，众数的取值并不唯一。

2) 定序变量：中位数

把定序变量的各个取值按大小顺序排列，位于正中间的那个变量值，即为中位数，用M_d表示，其位置是$(n+1)/2$。中位数也是一种能够反映现象一般水平和集中趋势的代表性数值，因它与变量值的排序有关，不能适用于定类变量，仅适用于定序以上的层次变量。

由于中位数是居于正中间的那个值，也就说明它可以把所有个案按取值高低一分为二，高于此值的有50%的个案，低于此值的个案数量占比也是50%。计算中位数有两种情况：一种是在未分组资料情况下,另一种是在分组资料情况下。

(1) 对于未分组资料。未分组资料求中位数的方法是:先将原始个案按取值高低排序,然后找出居于中间的那个个案的取值,就是中位数。例如,有5个等级的学生成绩为优、良、及格、优、及格,首先将这5个学生的成绩按等级从低到高排序为及格、及格、良、优、优,然后计算其正中间的位置为(5+1)/2,则中位数的位置为3,而第3位的个案取值为"良",中位数即为"良"。

如上例中的总体个案数n为奇数,中位数容易直观求出,但如果总体个案数n为偶数,实际排序后不存在正好居中的数值,那么要将n/2和n/(2+1)位两个个案取值的平均数作为中位数。例如,某地8个家庭的子女数,按从少到多排列为1、1、2、2、3、3、4、4,此时(n+1)/2为4.5,即说明中位数在第4位和第5位之间,即2和3之间,那么按n为偶数的中位数求法可以得到$M_d=(2+3)/2=2.5$。

在经过频数分布的资料中,中位数的求法是首先计算向上或向下累加频数,然后找出累加频数大于(n+1)/2的那个变量取值,这个变量值就是中位数。例如,根据表9-21求中位数。已知N为80,那么中位数就位于40.5的位置,此时通过向上累加频数发现,"良好"的向上累加频数为70,包含40.5,即说明如果按成绩由低到高排序,(n+1)/2肯定落在成绩为"良好"的个案范围内,中位数也必然是"良好"。

表9-21 频数分布资料求中位数示例

成绩等级	频数(f)	向上累加频数($cf\uparrow$)
优秀	10	80
良好	35	70
及格	30	35
不及格	5	5
总数(N)	80	

(2) 对于分组资料。对于分组资料,则采用线性插值法求中位数,下面结合表9-22和图9-1介绍分组资料求中位数的步骤与方法。

表9-22 某地361个被调查者的年龄构成

年龄	频数(f)	向上累加频数($cf\uparrow$)
20.5~24.5	64	64
24.5~34.5	73	137
34.5~44.5	57	194
44.5~54.5	26	220
54.5~64.5	52	272
64.5~74.5	89	361

首先,将表9-22中每组年龄的频数向上累加得到每组的向上累加频数,然后计算本组个案数据最中间的位置为(n+1)/2,即第181位,通过观察每一组的向上累加频数会发现,中位数落在"34.5~44.5"这一年龄组,此时我们就可以通过线性插值法求中位数。结合图9-1我们发现,中位数M_d与其所在组的下限L的差值与本组组距的比例应该等于(n+1)/2与其所在组上一组

的累加频数和本组的频数比例,即

$$\frac{M_d - 34.5}{44.5 - 34.5} = \frac{(n+1)/2 - 137}{194 - 137}$$

最终求得$M_d \approx 42.2$(岁)。

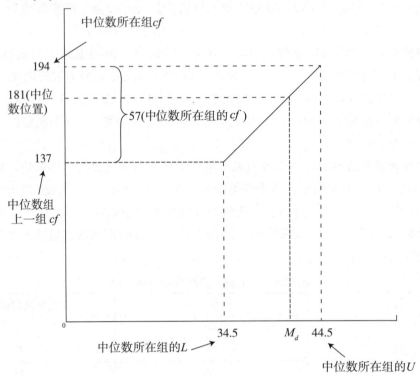

图9-1 线性插值法求分组数据中位数示例

通过线性插值法求中位数时,可以推导出中位数的计算公式。仔细分析(如图9-1所示)可以发现,"34.5"是中位数所在组的真实下限L,"44.5~34.5"实际上就是中位数所在组的组距,记作w;194是中位数所在组的累加频数,本处可记作cf;137则是中位数所在组上一组的累加频数,本处记作$cf\uparrow$;按累加频数的原理可发现194与137的差值实际上就是本组的频数,记作f。将上述代表性符号代入上式,就可以将其转换为下式

$$\frac{M_d - L}{w} = \frac{(n+1)/2 - cf\uparrow}{f}$$

再进一步转换,就可以得到中位数的计算公式

$$M_d = L + \frac{(n+1)/2 - cf\uparrow}{f} \times w$$

式中:L是中位数所在组的真实下限;
$cf\uparrow$是中位数所在组上一组的累加频数;
f是中位数所在组的频数;
w是中位数所在组的组距。

当然，上述计算公式是根据下限求中位数，有兴趣的朋友可以自己结合图9-1推导一下利用上限求中位数的公式。

3) 定距变量：均值

均值就是算数平均数，是反映定距变量集中趋势最常用、最基本的指标，由于定距变量可以进行加减运算，因此可以将其变量的各个数值相加，然后求一个平均数值代表变量的集中趋势，这个平均数值就是均值，用$\bar{x}$来表示。

根据原始资料求均值，公式为

$$\bar{x} = \frac{\sum x}{n}$$

根据简化过的频数分布资料求均值，不仅受每个变量值的大小的影响，还要代入其出现的频数，公式为

$$\bar{x} = \frac{\sum fx}{n}$$

例如，据表9-14的数据，代入上式可以求得

$$\bar{x} = \frac{25 \times 2 + 26 \times 3 + 27 \times 5 + 28 \times 10 + 29 \times 6 + 30 \times 4}{30} = 27.9(℃)$$

根据分组数据求均值，则要用每组的组中值来充当该组统一的变量值，公式为

$$\bar{x} = \frac{\sum fx_m}{n}$$

式中：x_m为每组的组中值，计算方法与频数分布相同。

总体而言，计算众数、中位数、均值的目的是相同的，即都是希望通过一个数值来描述整体的特征，它们都反映了变量的集中趋势，区别在于适用范围不同。众数是依据变量取值的次数确定的，因此既可以用于定类层次的变量，也可以用于定序和定距层次的变量；中位数是根据变量取值高低顺序在排序后确定中间位置得出的，因此既可以用于定序层次变量，也可以用于定距层次变量，但由于定类变量不涉及等级次序，因此中位数不可用于定类变量；均值要考查所有变量取值的数量，仅用于定距层次变量。

另外，众数虽然可以用于定序和定距层次的变量，但其考查的仅为变量取值的频次，因此在代表定序和定距变量时必然会导致资料信息的遗漏，资料使用并不完全。因此，在一般情况下，定序变量优先使用中位数、定距变量优先使用均值代表其集中趋势。

计算均值时要用到所有的数据，中位数只用到中点位置的数据，因此在一般情况下，均值比中位数更加全面和准确。但由于均值本身的数学特征，导致其容易受极端值的影响，而中位数则不会受极端值影响，除非中位数本身发生了变化。例如，调查10个人的月收入，有9个人都在2000元左右，但还有1个人月收入为100 000，此时均值(11 800元)的代表性就大打折扣，反而中位数(2000)可以代表这10个人中大部分人的收入水平。在日常生活中，人们一般会通过缩小极差(一组数据中最大值与最小值的差值)来提高均值的代表性。例如，体操比赛评分时，会去掉一个最高分，去掉一个最低分，通过缩小极差，尽可能消除极端数值对均值的影响。

4. 离散趋势测量法

一般情况下，我们通过对变量的集中趋势测量，集中量数对变量资料的共性和一般水平的

概括，来反映变量资料的集中趋势。同时，我们也发现变量资料不仅存在共性的一面，还有其变异性的一面，这就需要对变量的离散趋势进行分析。应用离散趋势测量法时，要求出一个具体的数值来代表变量资料的差异状况，而这个具体的数值，就是离散量数。与上述几种集中趋势测量法(集中量数)相对应，每种离散趋势测量法(离散量数)均起到有针对性的补充作用。两者并用，一方面，可以了解资料的代表性；另一方面，可以把握资料的差异状况，有助于以后我们在用集中量数进行预测的过程中减少错误。

1) 定类变量：异众比率

所谓异众比率，就是指非众数的频数与总体单位数的比值，用VR来表示，公式为

$$VR = \frac{n - fM_o}{n}$$

异众比率的意义在于能够表明众数不能代表的那一部分变量值在总体中的比重。异众比率越大，各变量值相对于众数越离散，众数的代表性就越差；异众比率越小，各变量值相对于众数越集中，众数的代表性就越好。异众比率计算简单，只要知道众数的频数和总体单位数就可以了。这种离散趋势测量法不但适用于定类变量，也适用于定序和定距层次变量。

2) 定序变量：四分位差

四分位差是用来反映定序层次变量离散趋势的一个重要指标。在所有变量取值排序的资料中，四分之三位和四分之一位的个案取值的差异程度，用Q来表示。它的作用原理是，四分位差越大，就说明资料中间那50%的个案与中位数的离散程度越高，中位数代表性就越差；而四分位差越小，说明资料中间那50%的个案相对于中位数就越集中，中位数的代表性就越好。

四分位差不能直接计算，需要先计算四分之一位数(Q_1)和四分之三位数(Q_3)，然后用Q_3减去Q_1求得。计算Q_1和Q_3的原理和过程同中位数计算，公式为

$$Q_1 = L_1 + \frac{(n+1)/4 - cf_1\uparrow}{f_1} \times w_1$$

式中：L_1是四分之一位数所在组的真实下限；

$cf_1\uparrow$是四分之一位数所在组上一组的累加频数；

f_1是四分之一位数所在组的频数；

w_1是四分之一位数所在组的组距。

$$Q_3 = L_3 + \frac{3 \times (n+1)/4 - cf_3\uparrow}{f_3} \times w_3$$

式中：L_3是四分之三位数所在组的真实下限；

$cf_3\uparrow$是四分之三位数所在组上一组的累加频数；

f_3是四分之三位数所在组的频数；

w_3是四分之三位数所在组的组距。

最终，四分位差$Q = Q_3 - Q_1$。

3) 定距变量：标准差

在定距层次变量中，最简单的离散趋势就是极差，即数据资料总体中最大值与最小值的差值，但这种方法只考虑最大和最小两个极端数值，并没有考虑数据组中的其他数值，因此精确

性很难保证。在定距层次变量的离散趋势测量法中,我们常用的就是标准差(S),也称为均方差,其定义为各变量值对其均值的离差平方的算术平均数的平方根,公式为

$$S=\sqrt{\frac{\sum(x-\bar{x})^2}{n}}$$

对于频数分布资料,则还要考虑变量值出现的频数,公式就相应转换为

$$S=\sqrt{\frac{\sum f(x-\bar{x})^2}{n}}$$

对于分组数据,可用每组组中值充当该组的统一变量值,而均值则根据前述求分组资料均值的方法求得,标准差计算公式相应转换为

$$S=\sqrt{\frac{\sum f(x_m-\bar{x})^2}{n}}$$

通过标准差的定义和公式我们可以发现,它用到了所有的变量数据,并着重考查各总体中各个变量值对均值的差异程度。标准差越大,说明总体中各变量值对均值的离散程度(差异)就越高,均值的代表性就越差;标准差越小,说明总体中各变量值与均值越接近,均值的代表性就越好。如同均值一样,标准差也存在易受极端数值影响的缺点。

5. 相关和回归分析

1) 统计相关的性质

我们在运用社会统计方法研究特定事物或现象时,不仅需要了解一个变量的情况,也需要进一步把握一个变量与另一个变量之间的关系,这就需要应用相关分析的手段考查其相关关系。

(1) 相关关系。所谓相关,是指一个变量的值与另一个变量的值有连带性。一个变量的值发生变化,另一个变量值也相应发生变化,那么可以说这两个变量相关。例如,人的受教育程度与其生育观相关,籍贯与饮食习惯相关,学习时间与考试成绩相关等。相关关系,则是指用一个统计值(即特定的相关系数)去表示两个变量的逻辑性。

在相关分析中,有两个基本概念需要掌握,即相关强度和相关方向。相关强度是指两个变量间具备连带性的程度,一般用具体的数值表示。常见的相关系数,如用"0"表示两个变量无相关关系,用"±1"表示两个变量完全相关(定类层次变量不存在方向,因此仅用"1"表示完全相关)。相关方向是指一个变量增加或减少时,另一个变量朝哪个方向相应变动。例如,受教育程度和收入相关,受教育程度越高,收入越高,此时两个变量呈正相关。再如,人们发现受教育水平和看电视时间相关,受教育程度越高,看电视时间越少,则受教育程度与看电视之间存在负相关。定类变量不存在顺序和大小,因此涉及定类层次变量的相关只有强度之分而不存在方向的差异。

(2) 因果关系。两个变量具备相关关系并不一定说明两者就存在因果关系,也可能只是一种共变关系。在有相关关系的两个变量中,如果明确说明了一个变量的变化引起了另一个变量的变化,那么这种关系就可以称为因果关系。因果关系的成立必须满足三个基本条件,首先是两个变量具备相关关系,其次是一个变量的变化要先于另一个变量的变化,最后必须要求两个变量之间的这种关系不是由其他变量引起的。

在不对称的因果关系中,作为原因的变量我们一般称之为自变量,作为结果的变量则称为因变量。当我们不确定或者无法区分变量的作用方向时(哪一个变量为自变量,哪一个变量为因变量),就构成了对称关系。前述所说两个变量的相关可能仅是共变关系,此时两个变量的相关也是一种对称关系,但科学研究都会侧重于因果关系的考察,因此我们在研究时一般会成立假设,然后在相关分析中指定作为原因的变量(自变量)和作为结果的变量(因变量)。例如,我们在考察"父亲的兴趣爱好"和"孩子的兴趣爱好"这两个变量的相关关系时,即使这两个变量是一种对称关系(互相影响),我们也可能会做出"父亲的兴趣爱好不同,孩子的兴趣爱好也不同"这一假设,在接下来的相关分析过程中,实际上就把前者当作自变量,把后者当作因变量。

2) 消减误差比例

在相关分析中,消减误差比例(Proportionate Reduction in Error,PRE)具有非常重要的意义。如果两个变量间存在一定的关联性,那么我们就可以通过一个变量去预测另一个变量,此时就会消减一定程度的由于盲目直接预测所带来的误差。现在结合图9-2介绍消减误差比例的思路。

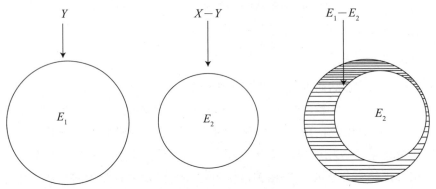

图9-2 消减误差比例示意图

结合图9-2,假设一个变量X(受教育程度)和另一个变量Y(收入)是相关的,那么当我们不知道X的具体情况直接去盲目预测Y时,其产生的总误差是E_1;如果我们知道X的情况,则可以根据每个X的取值去预测Y,此时也会产生误差,其误差总数为E_2。我们可以根据前述"X与Y存在相关关系"推导出,用X去预测Y可使我们的预测具有一定的依据,那么其产生的总误差E_2必然小于在没有任何依据情况下预测产生的总误差E_1,此时用X去预测Y能够减少E_1-E_2的误差(图9-2阴影部分),然后再用(E_1-E_2)除以E_1就是用X预测Y能够消减的误差占总误差的比例,即消减误差比例,公式为

$$\text{PRE} = \frac{E_1 - E_2}{E_1}$$

由上述分析可知,PRE的最终数值在0和1之间,最大为1,最小为0,其数值直接反映通过一个变量解释或预测另一个变量能够消减的误差的大小。由原理可知,PRE越大(参照上述公式),说明E_2越小(E_1为没有任何依据盲目预测产生的总误差,此时误差最大且是固定的),即用X预测Y的误差总数越小,更进一步说明X与Y之间的相关关系很强,用X可以精确预测Y。如果PRE为1,则E_2为0,此时X与Y完全相关,通过X的变化情况就可以直接精确预测出Y的变化;

反之，PRE越小，说明E_2越大，即用X预测Y的误差总数越大，X与Y之间的相关关系很弱；如果PRE为0，此时$E_2=E_1$，说明知道X和不知道X时预测的误差没什么区别，此时X与Y完全不相关，X的变化情况对于预测Y的变化没有任何意义。

3) 相关分析

在进行相关分析时，应选择具体的相关测量法(相关系数)。首先是变量的测量层次，然后看变量的关系是对称还是不对称的，最后优先选取具有PRE性质的相关测量法。接下来，我们会依据两个变量的测量层次依次讲解具备PRE性质的对称和不对称的相关测量法。

(1) 定类变量与定类(定序)变量：λ，λ_y，tau-y。如果两个变量都属于定类测量层次，可以用Lambda(λ，λ_y)和tau-y相关测量法，其统计值都具有消减误差比例的意义。

Lambda有两种形式，一种是对称形式λ，另一种是不对称形式λ_y，它们的基本原理是：如果以众数为预测准则，以一个定类变量的值来预测另一个定类变量的值可以消减多少误差。由于前文介绍过PRE的性质，只要计算出能够消减的误差数值，就可以知道相应两个变量的具体相关程度。λ和λ_y的计算公式分别为

$$\lambda=\frac{\sum m_x+\sum m_y-(M_x+M_y)}{2n-(M_x+M_y)}$$

$$\lambda_y=\frac{\sum m_y-M_y}{n-M_y}$$

式中：M_x为X变量的众值次数；

M_y为Y变量的众值次数；

m_x为Y变量每个取值下面的X变量的众值次数；

m_y为X变量每个取值下面的Y变量的众值次数；

n为全部个案总数。

下面结合表9-23具体讲解λ_y的公式应用。

表9-23　100名大学生的就业去向

就业去向	性别		总计
	男	女	
东部	25	20	45
中部	15	25	40
西部	15	0	15
总计	55	45	100

表9-23中，性别为自变量(X)，就业去向为因变量(Y)，计算两者的相关系数λ_y，由表中内容可知，M_y是Y变量的众值次数，此时为45。m_y是X变量每个取值下的Y的众值次数，X取值是"男"时为25，X取值是"女"时为25。$\sum m_y$则为50，n为100。将各值代入λ_y的公式，最终求得λ_y约等于0.09。这说明X与Y存在一定强度的相关关系，由X预测Y可以消减9%的误差。

前文提到过λ_y具有消减误差比例的意义，现仍然结合上例来具体探讨其原因，同时也可直观呈现λ_y公式的推导过程，以加深读者的印象。假设我们不知道X(性别)的具体情况，现在我们直接对Y进行推断，由前文论及的众数原理可知，通过众数进行预测所犯的错误总是最小的，因此我们通过众数大胆地推断所有学生的就业去向是"东部"。此时在100个学生中，有

45个我们推断正确,但还有55个我们推断错了,所犯的误差总数(E_1)是55(读者试想一下,如果以非众数推断,是不是误差总比这个大)。现在来探讨E_2,E_2就是通过X去推断Y时产生的误差总数,那么我们现在知道X的取值为"男"和"女"时分别为55和45。仍然以众数为预测准则,我们大胆推断男生的就业去向全部为"东部",此时会有$n_男-m_男$的误差,即30,也就是说有30个男生的就业去向我们推断错误,这是一部分E_2。再看女生,以众数为依据我们大胆推断女生全部去了"中部",此时仍然会产生$n_女-m_女$的误差,即20,也就是说女生中我们推断错了20个人,这就是剩余部分的E_2。两者相加可知此误差总数为50,即$E_2=(n_男-m_男)+(n_女-m_女)=n-(m_男+m_女)=n-\sum m_y$,由PRE公式可知,PRE$=(E_1-E_2)/E_1=[(n-M_y)-(n-\sum m_y)]/(n-M_y)=(\sum m_y-M_y)/(n-M_y)=\lambda_y$。

通过上述分析我们可以了解λ_y的原理及其推导过程,同样我们也可以推导和阐明λ公式的原理,仅需要把握λ是对称型的本质,即要求两个变量互为X和Y(计算一次即可,感兴趣的读者可以依据上述思路和过程尝试一下)。

λ和λ_y的特点都是以众数作为预测准则的,不会考虑众数频数分布之外的其他值的频数分布,因此当Y的众数和X每个取值下面的众数在同一行或同一列上时,则无论两个变量的相关状况如何,λ和λ_y都为0。将表9-23转换一下,得到表9-24。

表9-24 100名大学生的就业去向(转换后)

就业去向	性别		总计
	男	女	
东部	25	20	45
中部	15	10	25
西部	15	15	30
总计	55	45	100

如表9-24所示,此时通过计算可知λ_y为0,也就说明通过对λ_y的考查发现两个变量之间没有相关关系。但要判断真实情况到底是不是这样,就必须引入tau-y相关测量法来进一步分析。tau-y是针对不对称的两个定类变量间的相关测量法,其数值在0和1之间,特点是在计算过程中考虑所有变量取值的次数分布情况,包括条件次数(同时受两个变量控制的频数,如表9-24中的25、20、15、10、15、15,它们是在性别与就业去向两个变量取值交叉控制下的频数)和边缘次数(仅受一个变量控制的频数,如表9-24中的最下一行和最右一列中的频数)。tau-y也具有消减误差比例的意义,可以通过其PRE性质推导出其公式为

$$\text{tau-y}=\frac{E_1-E_2}{E_1}$$

$$E_1=\sum\frac{(n-F_y)F_y}{n}$$

$$E_2=\sum\frac{(F_x-f)f}{F_x}$$

式中：F_y为Y变量的边缘次数；

　　　F_x为X变量的边缘次数；

　　　f为某个条件次数；

　　　n为个案总数。

下面，结合表9-24说明上式的推导过程。

首先，在不知道X的情况下直接推断Y，先推断所有学生都去了东部，此时我们每推断1个人，产生的误差概率就是$(n-F_y)/n$，即$(100-45)/100$。实际上，有45个人去了东部，因此当我们正确推断45个人的时候，同时产生的误差总数就是$45\times(100-45)/100$，即$F_y(n-F_y)/n$，这只是预测Y的1个取值时产生的误差。同理计算推断Y取其他值时产生的每部分的误差总数，最后再把每部分的误差相加得到$E_1=\sum F_y(n-F_y)/n$。现在来看E_2，在X取值为"男"的时候，推断男生全部去了东部，则推断每个人产生的误差概率是$(F_x-f)/F_x$，即$(55-25)/55$，那么在正确推断出25个人去了东部的同时产生误差总数就是$25\times(55-25)/55$，即$f(F_x-f)/F_x$，此时只是推断X取值为"男"时Y取值为"东部"时产生的误差总数。同理，继续依次推断X取值为"男"同时Y取值为"中部"和"西部"，以及X取值为"女"同时Y取值为"东部""中部"和"西部"时，产生的5部分误差总数，最后把6个部分的误差相加得到$E_2=\sum f(F_x-f)/F_x$。

在表9-24中，将实际数值分别代入公式求得：$E_1=45\times(100-45)/100+25\times(100-25)/100+30\times(100-30)/100=64.5$，$E_2=25\times(55-25)/55+15\times(55-15)/55+15\times(55-15)/55+20\times(45-20)/45+10\times(45-10)/45+15\times(45-15)/45=64.3$，最终tau-y$=(64.5-64.3)/64.5=0.003$。结果说明性别与就业去向存在一定的相关性，用性别预测就业去向可以消减0.3%的误差。

(2) 定序变量与定序变量：G，d_y。如果要分析两个定序变量的相关关系，则要用到G和d_y，前者适用于对称关系，后者适用于不对称关系，两者的取值范围都在-1到1之间。这说明它们不仅可以表示相关的程度，也可以表示相关的方向。同样，这两种相关测量法也都具有消减误差比例的作用。在学习G和d_y前，要先对同序对、异序对的概念进行了解。

假设A和B都具有两个相同的定序变量X和Y，如果Y的变化方向与X的变化方向相同，那么A和B就是同序对，反之则为异序对，图9-3和9-4分别表示了同序对和异序对的状况。

从图9-3中可以看出，在这些情况下，A和B都是一组同序对，因为它们在自己所属的两个变量X与Y上均呈相同方向的变动。在图9-4中，在所有的状况下A和B都是异序对，因为它们在所属两个变量X与Y上均呈不同方向的变动。此外，还有一些情况，如X的同分对(A和B在各自的X变量上取值相同，Y变量取值不同)、Y的同分对(A和B在Y变量上取值相同，X变量取值不同)以及X、Y的同分对(A和B在X和Y变量上取值均相同)，这些情况理解起来较为简单，在此不作赘述。

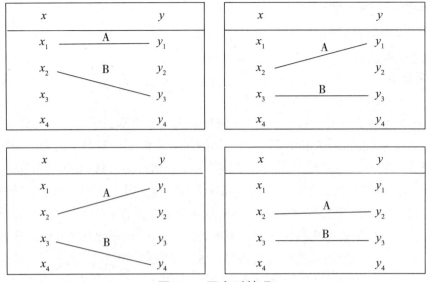

图9-3 同序对情况

资料来源：卢淑华. 社会统计学[M]. 3版. 北京：北京大学出版社，2005：318.

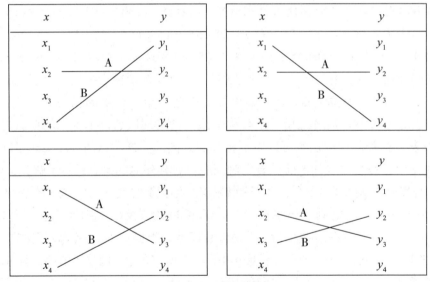

图9-4 异序对情况

资料来源：卢淑华. 社会统计学[M]. 北京：北京大学出版社，2005：319.

在了解同序对和异序对的基础上，就可以进一步掌握G和d_y。

G系数的计算公式为

$$G=\frac{N_s-N_d}{N_s+N_d}$$

式中：N_s表示同序对的数目；

N_d表示异序对的数目。

下面根据表9-25的示例介绍G的计算步骤。

表9-25 5名学生的等级成绩

学生	语文成绩	数学成绩
A	优秀(5)	良好(4)
B	良好(4)	优秀(5)
C	及格(2)	中等(3)
D	不及格(1)	及格(2)
E	中等(3)	不及格(1)

注：表中等级成绩后附相应代表数字以方便直观分析

此时，我们可以写出5名同学的成绩组合，即A(优秀，良好)、B(良好，优秀)、C(及格，中等)、D(不及格，及格)、E(中等，不及格)，他们可以组成10对组合，分别为AB、AC、AD、AE、BC、BD、BE、CD、CE、DE。此时就要看哪些是同序对、哪些是异序对。我们通过分析发现AB是异序对，因为A的语文成绩比B的语文成绩高，同时A的数学成绩比B的数学成绩低，可见AB在X和Y变量上存在不同的变动方向，即为异序对，同理可以知道CE和DE也是异序对。再找同序对，我们通过分析AC是同序对，因为A的语文成绩比C的高，同时数学成绩也比C的高，可见AC各自的两个变量呈现同方向的变动，它是同序对，同理可以发现AD、AE、BC、BD、BE和CD都是同序对。此时可知同序对的数目$N_s=7$，异序对的数目$N_d=3$，代入G的计算公式可求得$G=(7-3)/(7+3)=0.4$，即可认为表中5名学生的语文成绩和数学成绩存在一定的正相关关系，某项成绩等级越高，另一项也相应越高，已知相应学生的某项成绩去推断另一项成绩可以消减40%的误差。

下面，我们再以表9-26的交互分类数据为例，介绍如何在交互分类表中求同序对和异序对数目以及计算G系数。

表9-26 100名调查对象与其父亲的受教育水平

项目		本人的受教育水平			总计
		高	中	低	
父亲的受教育水平	高	25	15	5	45
	中	10	20	5	35
	低	5	10	5	20
	总计	40	45	15	100

首先，假定甲调查对象是25个自己受教育水平高同时父亲受教育水平高的人的其中一个，可记为甲[本人的受教育水平(高)，父亲的受教育水平(高)]，现在看甲的同序对有哪些：那些分别为(高，中)的10个调查对象和(高，低)的5个调查对象均不能和甲搭配构成同序对，因为他们在"本人的受教育程度"变量上与甲取值相同，是同分对；再看(中，高)的15人和(低，高)的5人，这20个人也不可能与甲构成同序对，因为他们在"父亲的受教育水平"变量上与甲取值相同，也是同分对；排除同分对后往右下方依次分析，(中，中)的20个人均可以和甲构成同序对，因为他们在两个变量的取值上都低于甲；同理，(低，中)的5人、(中，低)的10人和(低，低)的5人都可以和甲分别组成同序对。因此，甲的同序对数目=20+5+10+5=40，甲为(高，高)的其中一人，那么25个(高，高)的人共有25×40对同序对。按照上述方法(见图9-5)，就可以

找出表中所有的同序对数目。要找出异序对数目，则可以按照相同的思路从表9-26最右上(低，高)方向找起，具体方法见图9-6。

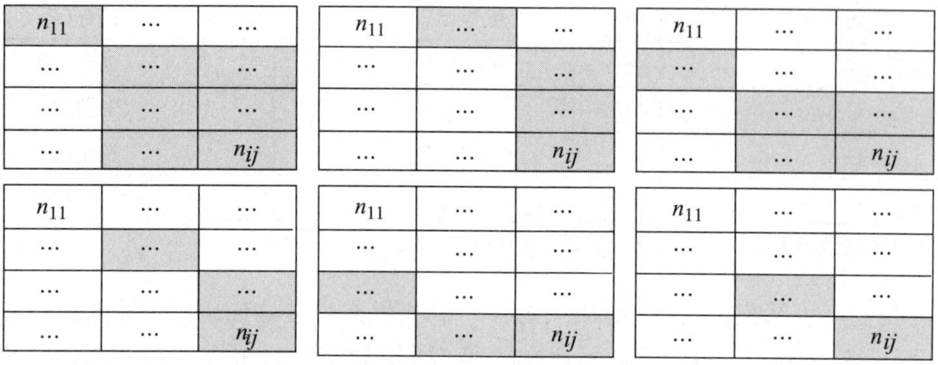

图9-5 交互分类表求同序对方法示例

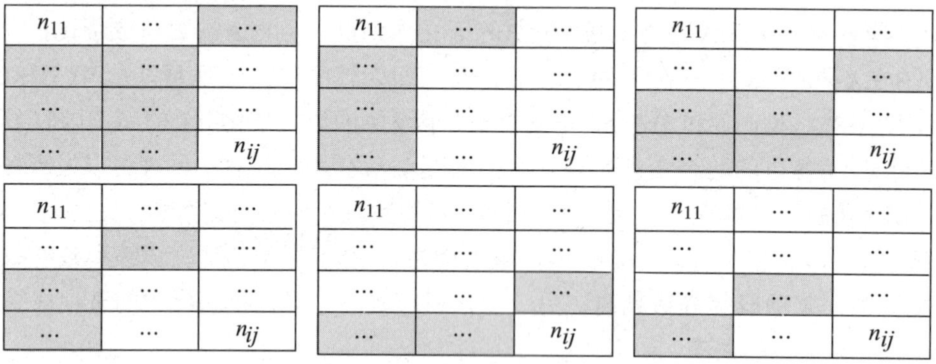

图9-6 交互分类表求异序对方法示例

结合前文分析和图9-5、图9-6，我们可以知道在交互分类表中，不考虑边缘次数(这一点需要格外注意)，同序对数目的求法是每一格的频数乘以其右下所有条件次数之和再加总，求异序对则是将每一格的频数乘以其左下所有条件次数之和再加总。按照这一求法，我们可以求出表9-26中所有同序对和异序对的数目，即

$$N_s = 25(20+5+10+5)+15(5+5)+10(10+5)+20\times 5 = 1400$$
$$N_d = 5(20+10+10+5)+15(10+5)+5(10+5)+20\times 5 = 625$$

$$G = \frac{N_s - N_d}{N_s + N_d} = \frac{1400-625}{1400+625} = 0.383$$

因此，可以认为，该100名调查对象本人受教育水平与其父亲受教育水平两个变量存在一定的正相关关系，其中一个变量等级越高，另一个变量等级也相应越高，用其中一个变量预测另一个变量可以消减38.3%的误差。

下面来简单说明一下G为何具有PRE性质。假设有包含两个相同定序变量单元$A(X_i, Y_i)$和$B(X_j, Y_j)$，它们可以组成C_j^2个对子，当我们不知道X与Y之间的等级关系时，直接对Y的等级变化进行随机预测，在排除Y同分的情况下，因为要么$Y_i > Y_j$，要么$Y_i < Y_j$，亦即A,B要么是同序对，要么是异序对，因此预测肯定会出现对错各占50%的情况，产生的误差总数$E_1 = (N_s + N_d)/2$。如果我们知道了X与Y之间存在等级相关，我们就可以依据X_i和X_j的大小情况来预测Y_i和Y_j之间的等级高低情况，都按照同序的原则预测，即当$X_i > X_j$时预测$Y_i > Y_j$，当$X_i < X_j$时预测$Y_i < Y_j$，结果就是，如果

真实情况下的A_iB_i是同序对则预测正确，如果是异序对则预测错误，因此产生的误差总数$E_2=N_d$，则

$$PRE=\frac{E_1-E_2}{E_1}=\frac{(N_s+N_d)\div2-N_d}{(N_s+N_d)\div2}=\frac{N_s\div2-N_d\div2}{(N_s+N_d)\div2}=\frac{N_s-N_d}{N_s+N_d}=G$$

前文提到，G可用于对称性相关关系的测量，如果两个变量间的等级相关存在不对称性，则可以用d_y系数，其公式为

$$d_y=\frac{N_s-N_d}{N_s+N_d+T_y}$$

式中：T_y表示Y同分对的数目。

在测量两个定序变量的相关关系时，原则上用G测量对称关系，用d_y测量不对称关系，但在目前的社会统计应用中，在区分了自变量与因变量的情况下，仍然有许多人会使用G而非d_y测量两个变量的相关关系，这样不够严谨，但仍然可以接受，在SPSS中进行相关运算时，系统采取的方式就是给出两个G值，即以一个变量为因变量时的G值和以另一个变量为因变量时的G值，让研究者自己根据需要选取。

(3) 定距变量与定距变量：r。在研究定距变量和定距变量的相关关系时，要用到积距相关系数r，它是指以均值作为预测准则，当用一个变量的值去预测另一个变量的值时能够消减的误差比例。r的取值范围在-1到$+1$之间，r的平方即r^2系数具有消减误差比例的意义，也被称为决定系数，我们将在简单线性回归部分中介绍它的意义，r的公式是

$$r=\frac{\sum(X-\overline{X})(Y-\overline{Y})}{\sqrt{\sum(X-\overline{X})^2}\sqrt{\sum(Y-\overline{Y})^2}}$$

式中：X和Y分别代表X与Y变量的具体数值；

$\overline{X}$和$\overline{Y}$分别代表X与Y变量的均值。

(4) 定类(定序)变量与定距变量：E。在社会统计中，我们经常会遇到要分析一个定类变量与一个定距变量相关关系的情况，此时就要用到E^2系数，即相关比率。它是指，如果以某个定类变量为自变量，以某个定距变量为因变量，此时用定类变量的值来预测定距变量的均值，其能够消减的误差比例。E^2系数也具备消减误差比例的意义，其公式为

$$E=\sqrt{\frac{\sum(X-\overline{Y})^2-\sum(Y-\overline{Y}_x)^2}{\sum(Y-\overline{Y})^2}}$$

式中：Y是Y变量的具体数值；

$\overline{Y}$是Y变量的均值；

$\overline{Y}_x$是X变量每个取值下的Y变量的均值。

4) 一元线性回归

回归分析的目的是进一步考查两个变量间的因果关系，并找出一种用自变量去预测因变量数值的最小误差方法，其中较为常用也较为简易的就是一元线性回归，即根据一个直线方程式，以自变量的数值来预测因变量的数值，这个方程式为

$$Y=\beta X+\alpha$$

式中：X是自变量的数值；

Y是因变量的数值；

β为回归系数，是回归直线的斜率，其公式为

$$\beta=\frac{\sum(X-\overline{X})(Y-\overline{Y})}{\sum(X-\overline{X})^2}$$

α为常数项，是回归直线的截距，其公式为

$$\alpha=\overline{Y}-\beta\overline{X}$$

在回归方程中，不管β值如何变化，都表示"X对Y的影响有多少"的意义。如果β值为0，则X对Y没有影响；β值小于0，说明X对Y有负向影响，X变大，Y减小。需要说明的是，β的取值没有上下限，主要视其单位而定。例如，单位为"年"时，β绝对值就会比单位为"天"的时候小很多。此外，由于回归分析是在分析相关关系的基础上进行的，即研究相关关系中的因果关系，因此回归方程的建立，要参考积距相关系数r的情况，又由于决定系数r^2具有消减误差比例的意义，其也表示用回归方程作为预测工具时所能消减的误差比例，因此如果r^2很小甚至等于0，说明回归方程的预测能力很小甚至没有预测意义。换句话说，r^2很小甚至为0时，两个变量的相关性就很小甚至不相关，做因果分析没必要；只有当r^2足够大(数值大小视具体研究情况而定)时，回归分析才有意义，这也是r^2被称为决定系数的原因。

6. 参数估计

前述统计分析仍然停留在描述性统计的层次，我们说过，社会统计一般是依据抽样调查资料开展的，因此其重要任务就是通过一定的统计手段将样本的统计分析结果推广到总体中去，要完成这一任务就必须掌握推论统计方法，首先是参数估计。

参数估计是推论统计的第一种基本形式，是利用样本统计值对总体参数值进行推断或估计的统计过程和方法，在内容上分为点值估计和区间估计两种。点值估计就是直接用样本统计值去代表总体参数值，这种方法比较简单，直接求出样本的某个统计值然后去代表总体参数值即可，它的最大缺陷就是无法把握估计的误差大小，因此并不常用，在此也不作过多介绍，下面主要介绍在社会统计中最常用的参数估计方法——区间估计。

1) 区间估计的基本概念

所谓区间估计，就是指在一定的置信水平下，根据样本统计值估算总体参数值可能落在的具有上下限数值的某个区间。要了解区间估计，需掌握以下4个基本概念。

(1) 置信水平。它又称置信度、可信度，是指总体的参数值落在置信区间的把握，或者说用置信区间去估计总体参数值时，成功的可能性有多大。

(2) 显著性水平。它又称显著度，用a表示。它表示用置信区间来估计总体参数时，其不可靠的概率。显著性水平＝1－置信水平，置信水平＝1－显著性水平。在区间估计(双侧)中，显著性水平一般会预先设置为0.01、0.05和0.1，对应的置信水平分别是0.99、0.95和0.90，即把总体参数值落在某个置信区间的可信度预先设为99%、95%和90%。

(3) 置信区间。在相应的置信水平下，根据样本的统计值来估计总体的参数值落在两个数值之间的一定范围的区间之内，这个区间就是置信区间。

(4) 标准值。它是将每个变量值转换为在标准正态分布①上的值，用Z表示，在不同的显著性水平(置信水平)下，标准值是不同的(可通过正态分布面积表查得)，在进行区间估计(双侧)时，置信水平为99%、95%和90%时对应的Z值分别为2.58、1.96和1.65。

需要说明的是，在进行区间估计时，一定要把握置信度与置信区间的关系问题：置信度的高低反映的是这种估计的可靠性或把握性的问题，而置信区间的大小反映的是这种估计的精确性问题。对于同一个总体和同样的抽样规模来说，所给区间的大小与做出这种估计所具有的把握性成正比，与做出这种估计的精确性成反比，即区间越大，对这一估计成功的把握也越大，但精确性降低；区间越小，把握越小，但精确性增加。从精确性的角度考虑，要求所估计的区间越小越好，但是从把握性的角度出发，又要求所估计的区间越大越好。在社会统计中，我们总是需要在两者之间进行平衡与选择。

2) 总体均值(μ)的区间估计

总体均值的区间估计就是在一定的置信水平下，利用样本均值推导总体均值所处的双侧置信区间，公式为

$$\overline{X} \pm Z_{\alpha/2} \frac{S}{\sqrt{n}}$$

式中：$\overline{X}$表示样本均值；

$Z_{\alpha/2}$表示在相应置信水平下的标准值；

$\frac{S}{\sqrt{n}}$表示标准误差(SE)，其中S是样本的标准差，如果总体标准差(σ)未知，用S替代；如果总体标准差(σ)已知，则直接使用σ。

例9-1 根据对某大学100名学生的抽样调查，发现调查对象每月通信费平均为45元，标准差为50元，在95%的置信水平下，求该校大学生每月通信费的双侧置信区间。

将相应数据代入上述公式求解，则

$$\overline{X} \pm Z_{\alpha/2} \frac{S}{\sqrt{n}} = 45 \pm 1.96 \times 50/10$$

$$45 - 9.8 \leqslant \mu \leqslant 45 + 9.8$$

在95%的置信水平下，该校大学生每月通信费均值在35.2元到54.8元之间。

对于上例，感兴趣的读者可以尝试把置信水平分别改为99%和90%，看看结果会发生什么变化，并进一步思考估计的精确性和把握性是如何相应变化的。

当样本规模≥30时，可以应用上述公式；但当样本规模<30时，不能认为样本均值的抽样分布服从正态分布，需要改用t分布，因此公式也相应变为

$$\overline{X} \pm Z_{\alpha/2} \frac{S}{\sqrt{n-1}}$$

式中：$\overline{X}$表示样本均值在相应置信水平下的t值，可通过t分布表查得；

$\frac{S}{\sqrt{n-1}}$表示标准误差(SE)，其中S是样本的标准差，如果总体标准差(σ)未知，用S替代；如果总体标准差(σ)已知，则直接使用σ。

---

① 正态分布等统计分布知识对推论统计而言具备基础意义，由于相关内容太多，本节在此不作论述，读者可参阅相关书籍以加深对推论统计知识的理解。

3) 总体成数的区间估计

前文中我们已经指出,均值只适用于定距变量,比例则适用于不同测量层次的变量。在社会统计中会碰到许多定类和定序变量,其估计的不是均值,而是比例,这便引出了总体成数的区间估计,公式为

$$p \pm Z_{\alpha/2}\sqrt{\frac{p(1-p)}{n}}$$

式中:p 表示样本中的变量某一取值的比例;

$Z_{\alpha/2}$ 表示在相应置信水平下的标准值;

$\sqrt{\frac{p(1-p)}{n}}$ 表示标准误差(SE)。

例9-2 某企业根据100名职工的抽样调查发现,其中60人参加过各种形式的业余学习,求在99%的置信水平下,该企业职工参加业余学习比例的双侧置信区间。

首先计算样本中参加业余学习的职工比例为0.6,再将相关数据代入上述公式求解,则

$$0.6 \pm 2.58\sqrt{\frac{0.6(1-0.6)}{100}} = 0.6 \pm 2.58 \times 0.05$$

$$0.6 - 0.129 \leq P \leq 0.6 + 0.129$$

在99%的置信水平下,该企业职工参加业余学习的比例在47.1%到72.9%之间。

在区间估计中,不仅包括上述单总体均值和成数的区间估计,还包括双总体、多总体均值和成数的区间估计,对此本节不作相关介绍,感兴趣的读者可以参阅诸多社会统计学教材。

7. 假设检验

假设检验是推论统计的第二种形式,也是我们常用的一类推论统计方法。

1) 假设检验的基本概念

所谓假设检验,就是在进行具体研究时,先成立一个总体情况的假设,然后抽取一个随机样本,最后以样本统计值来验证假设的统计过程和方法。例如,我们根据经验,认为我国大学生月平均消费大概为1 000元,于是成立假设:假设我国大学生的月平均消费等于1 000元,然后随机抽取3 000名大学生,调查他们的月平均消费,最后根据样本的这一统计值来验证原先的假设。需要说明的是,假设检验中的"假设"仅指统计假设,即可以靠抽样数据进行验证的假设,而理论假设这种科学研究中最高层次的假设一般是无法直接验证的。应用假设检验时,应了解以下4个基本概念。

(1) 小概率原理。在日常生活中,人们习惯于把发生概率很小的事件当作在一次具体观察中不会发生的事件,这就是小概率原理。

(2) 虚无假设与研究假设。假设检验中的假设主要包括虚无假设(H_0)和研究假设(H_1),虚无假设也叫原假设,一般是在未作研究之前根据已有的经验资料作出的判断,在写法上一般采用"=";而研究假设是与虚无假设对立的假设,以备通过研究去否定虚无假设的,因此也叫备择假设,在写法上采用"≠"或">或<",前者适用于两端检验,后者适用于一端检验。

(3) 拒绝域、接受域与临界值。拒绝域也称否定域,它是在抽样分布中位于一端或两端的小区域,如果样本的统计值落在此区域范围内,则拒绝虚无假设;拒绝域之外的区域,则是接受域,如果样本统计值落在此区域,则接受虚无假设。拒绝域和接受域的面积受前文提到过的

显著度决定,显著度一般是预先给定的,其数值的大小就是拒绝域的面积在抽样分布中所占的比例,也表示样本统计值落在拒绝域的概率,接受域的面积在抽样分布中的比例则是1减去显著度$(1-\alpha)$。从抽样分布横轴上的某个数值向上引一条直线与分布曲线相交,其面积等于拒绝域在抽样分布中的比例,那么这个值就称为临界值。换句话说,以Z分布为例,把拒绝域与接受域分隔开的那个Z值就是临界值。不同的显著度所对应的临界值可以通过查具体的分布表得到,但要特别注意,显著度相同时,一端检验和两端检验的临界值是不同的。

(4) 一端检验与两端检验。在假设检验中,如果只选取一端作为拒绝域进行检验,则称为一端检验;如果选取两端为拒绝域,则称为两端检验。又由于拒绝域都位于抽样分布的一端或两端的形似尾巴处,因此一端检验与两端检验也形象地称为单尾检验和双尾检验。

拒绝域和接受域、临界值、显著度、一端检验和两端检验的示意图见图9-7。

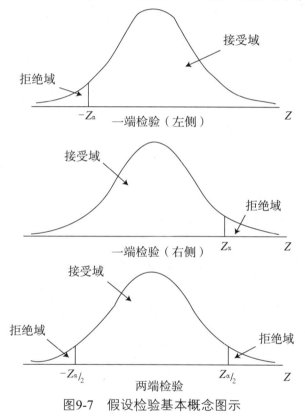

图9-7 假设检验基本概念图示

2) 假设检验的原理

假设检验就是通过小概率原理的运用来决定是否拒绝或接受假设,其基本思路是:小概率事件在一次具体的观察(一次抽样)中是不可能出现的,那么如果在抽样中出现了小概率事件,我们该如何处理?可以坚持小概率事件确实在一次具体观察中发生了,但这样做就等同于违反了小概率原理,那么符合逻辑的处理方式就是认为在这次抽样中发生的小概率事件的概率其实不"小",就不是真正的小概率事件。

基于此,为了更有效地降低抽样误差的影响,假设检验的原则是直接检验虚无假设(H_0),又由于研究假设总是与虚无假设相对立,因此也间接检验了研究假设(H_1)。当发现H_0发生的概率太小,就没有足够理由认为它会发生,这一假设很可能是错误的,转而认为H_1可能是正确的，就要拒绝H_0，接受H_1。

需要特别指出的是，由于各种误差的存在，即使发现H_0错误，也并不一定代表H_1就一定正确，仅能说明此时H_0在抽样分布中出现的可能性太小，是个小概率事件，没有足够理由接受它，因此拒绝它转而接受H_1就更为合理。

下面结合图9-7直观地介绍一下假设检验的原理。

以两端检验为例，首先预设显著度为0.05，也就规定了小概率的"小"的最大接受度为5%，低于5%可能性的都是小概率，此时拒绝域的面积在抽样分布两端各占总面积的2.5%，对应的临界值可通过查表得知，分别为±1.96。我们如果通过抽样数据进行计算，可发现通过样本求得的Z值绝对值大于显著度为0.05时临界值的绝对值，即1.96，那么我们可以知道H_0落在了拒绝域内，其发生的概率小于0.05，是个典型的小概率事件，不可能在这次抽样中发生，没有足够的理由接受它，因此拒绝H_0，接受H_1。如果通过样本实际求出的Z值绝对值小于1.96，则说明H_0落在了接受域里，其发生的概率不小，没有理由拒绝，因此要接受H_0同时拒绝H_1。至此完成了整个假设检验的过程，同时也在一定程度上呈现假设检验的步骤。

3) 假设检验的步骤

首先，写出假设，包括虚无假设和研究假设。研究假设是一端还是两端，要根据研究需要或相关具体情况(如解题时的题意)而定。

其次，根据样本情况，计算在原假设成立的情况下，样本统计值所对应的Z值(也可以是t等其他统计分布值)。

再次，结合给出的显著度的大小，比较Z值与给定显著度时临界Z值的大小，从而分析其到底落在拒绝域还是接受域。如果落在拒绝域，则拒绝H_0接受H_1；如果落在接受域，则接受H_0拒绝H_1。

最后，得出结论，即是否可以通过样本的情况推断总体。

4) 总体均值和成数的检验

大样本的总体均值和成数的检验用Z检验，均值检验的公式为

$$Z = \frac{\overline{X} - \mu}{S/\sqrt{n}}$$

式中：$\overline{X}$表示样本均值；

$S/\sqrt{n}$表示标准误差(SE)，其中S是样本的标准差，如果总体标准差(σ)未知，用S替代；如果总体标准差(σ)已知，则直接使用σ。

成数检验的公式为

$$Z = \frac{p - P}{\sqrt{\dfrac{P(1-P)}{n}}}$$

式中：p表示样本中的变量某一取值的比例；

P表示假设的总体变量中某一取值的比例；

$\sqrt{\dfrac{P(1-P)}{n}}$表示标准误差(SE)。

下面结合假设检验的步骤，以两个实例来讲解总体均值和成数的假设检验方法。

例9-3 统计报表显示,某校教师人均月收入为4000元,现抽样调查120名教师,发现其人均月收入为4100元,标准差为300元。在显著度为0.05的情况下,试利用抽样数据验证统计报表中人均收入为4000元是否正确。

根据题意,建立虚无假设和研究假设。

H_0: $\mu=4000$

H_1: $\mu\neq 4000$(据题意可知,本次只要验证是否正确,即直接用两端检验)

将题中实际统计量代入均值检验公式,求得

$$Z=\frac{\overline{X}-\mu}{S/\sqrt{n}}=\frac{4100-4000}{300/\sqrt{120}}\approx 3.6$$

由$|Z|=3.65>|Z_{0.05/2}|=1.96$可知,统计量落在了拒绝域中,故拒绝$H_0$,接受$H_1$,即可以认为在显著度为0.05的情况下,根据抽样调查不能认为教师人均月收入为4000元。换句话说,通过抽样调查可认为,统计报表中教师人均月收入为4000元的数据是有误的。

例9-4 某校学生公益活动参与率约为30%,经过半年的针对性宣传,通过对100名学生的抽样调查发现,有36名学生参与了公益活动。在显著度为0.05的情况下,学校的针对性宣传是否取得了成效?

根据题意,建立虚无假设和研究假设。

H_0: $P=0.3$

H_1: $P>0.3$(据题意可知,本次只要验证成效,即仅用一端检验)

将题中实际统计量代入成数检验公式,求得

$$Z=\frac{p-P}{\sqrt{\dfrac{P(1-P)}{n}}}=\frac{0.36-0.3}{\sqrt{\dfrac{0.3\times 0.7}{100}}}\approx 1.31$$

由$Z=1.31<Z_{0.05}=1.65$可知,统计量落在接受域中,故接受H_0,拒绝H_1,即可以认为在显著度为0.05的情况下,根据抽样调查不能认为学校的宣传活动取得了成效。

除了上述单样本的均值和成数的假设检验,在单变量假设检验中还包括双总体、多总体均值差和成数差的检验,本节在此不作介绍,有兴趣的读者可参考相关书籍进一步了解。此外,总体均值和成数的假设检验在大样本的情况下可运用上述公式,在小样本的情况下则要改用为t检验,相应统计量可通过t分布表查得(其中$df=n-1$)。

5) Lambda和tau-y的检验——卡方检验

通过前文的相关分析,我们了解了如何考查两个变量的相关程度和方向,但即使两个变量相关,也只是针对样本而言,在总体中的情况可能并非如此。如果想进一步用相关结论推论总体,就必须对各种相关测量法进行假设检验。根据变量的测量层次,常用的有卡方检验、$Z(t)$检验和F检验。

卡方检验是一种典型的非参数检验方法,要求相对较少,样本是通过概率抽取的且变量是定类层次的变量即可,公式为

$$\chi^2=\sum\frac{(f-e)^2}{e}\sim df=(r-1)(c-1)$$

式中：f表示交互分类表中实际的条件次数；e表示各条件次数对应的预期次数；df表示自由度，等于交互分类表中行数(r)减1乘以列数(c)减1(不包括标识行列和边缘行列)。

上述公式中的预期次数是指在假定总体中两个变量没有关系的情况下，表内每格所应有的次数，如表9-27所示。

表9-27　条件次数和预期次数示例

项目		X		总计
		取值1	取值2	
Y	取值1	$f_{11}(e_{11})$	$f_{12}(e_{12})$	B_1
	取值2	$f_{21}(e_{21})$	$f_{22}(e_{22})$	B_2
总计		A_1	A_2	N

表9-27是一个2×2表，其中自变量X与因变量Y各有两个取值，表中就包括4个条件次数，分别为$f_{11}\sim f_{22}$，对应也有4个预期次数$e_{11}\sim e_{22}$。$A_1=f_{11}+f_{21}$，$A_2=f_{12}+f_{22}$，$B_1=f_{11}+f_{12}$，$B_2=f_{21}+f_{22}$。因为预期次数是假设X与Y没有关系时应该出现的次数，因此如果假设X与Y没有关系，e_{11}和e_{12}在各自列的边缘次数中所占的比例应该相同，e_{21}和e_{22}的相应比例也应该相同，即在X不同取值的情况下，Y取值的比例都相同，那么X与Y必然没有相关关系，由此可知

$$\frac{e_{11}}{A_1}=\frac{e_{12}}{A_2}=\frac{B_1}{N}$$

$$\frac{e_{21}}{A_1}=\frac{e_{22}}{A_2}=\frac{B_2}{N}$$

即可求得：$e_{11}=\frac{A_1 B_1}{N}$；$e_{12}=\frac{A_2 B_1}{N}$；$e_{21}=\frac{A_1 B_2}{N}$；$e_{22}=\frac{A_2 B_2}{N}$

因为虚无假设是假设总体中X与Y不相关(λ或tau-y＝0)的，因此据卡方检验的公式可知其检验的思路是：在假设X与Y没有关系的情况下(即假设H_0是对的)，如果卡方值越大，说明交互分类表中每格实际的条件次数与在假定X与Y不相关情况下的预期次数的差值就越大，此时H_0正确的可能性就越小；如果卡方值越小甚至等于0，说明实际的条件次数与预期次数越接近，可以进一步说明X与Y不相关，即H_0正确的可能性越大。卡方值大到什么程度才能拒绝H_0，具体要看在一定显著度下的自由度。在相应的显著度下，不同自由度的卡方临界值也可以从附录卡方分布表中查得。下面结合表9-23具体介绍卡方检验的方法和步骤。

首先，建立假设：

H_0：$\lambda=0$ (即总体中两个变量不相关)

H_1：$\lambda>0$ (卡方检验都是右端的一端检验，即总体中两个变量相关)

其次，由表9-23可知：

$f_{11}=25$，$f_{12}=20$，$f_{21}=15$，$f_{22}=25$，$f_{31}=15$，$f_{32}=0$；

$e_{11}=55\times 45/100=24.75$，$e_{12}=45\times 45/100=20.25$，$e_{21}=55\times 40/100=22$；

$e_{22}=45\times 40/100=18$，$e_{31}=55\times 15/100=8.25$，$e_{32}=45\times 15/100=6.75$。

将上述数据代入卡方检验公式求得

$$\chi^2 = \sum \frac{(f-e)^2}{e} = \frac{(25-24.75)^2}{24.75} + \frac{(20-20.25)^2}{20.25} + \frac{(15-22)^2}{22} +$$

$$\frac{(25-18)^2}{18} + \frac{(15-8.25)^2}{8.25} + \frac{(0-6.75)^2}{6.75} \approx 17.228$$

通过查卡方分布表可知，在显著度为0.05、自由度为2的情况下，卡方的临界值为5.991。由$\chi^2 = 17.228 > \chi^2_{0.05} = 5.991$可知，统计量落在拒绝域中，故拒绝$H_0$，接受$H_1$，即可以认为在显著度为0.05的情况下，总体中性别与就业去向存在显著的相关关系，学生性别不同，其就业去向有差异。

6) G的检验——Z检验

如果两个变量都是定序层次，使用G检验作为其相关测量法；如需要将样本结论推广到总体中，则要采用Z检验(小样本时用t检验)，其公式为

$$Z = G\sqrt{\frac{N_s + N_d}{n(1-G^2)}} \quad 大样本情况(n \geqslant 100)$$

$$t = G\sqrt{\frac{N_s + N_d}{n(1-G^2)}} \sim \mathrm{df} = N_s + N_d - 2 \quad 小样本情况(n < 100)$$

下面根据表9-25介绍对G的假设检验。

首先，根据表9-25的G计算结果建立假设。

H_0：$G = 0$

H_1：$G > 0$(从$G = 0.4$的结果可知，样本中两个变量呈正相关，直接用一端检验)

其次，表9-25中是小样本情况，因此用t检验，将$G = 0.4$以及相应的同序对、异序对数代入t检验公式，求得

$$t = G\sqrt{\frac{N_s + N_d}{n(1-G^2)}} = 0.4 \times \sqrt{\frac{7+3}{10 \times (1-0.16)}} \approx 0.44$$

查附录t分布表可知，在0.05的显著度下，自由度为8时一端检验的t临界值为1.86，由$t = 0.44 < t_{0.05} = 1.86$可知，统计量落在接受域中，故接受$H_0$，拒绝$H_1$，即可以认为在0.05的显著度下，总体中学生的语文成绩和数学成绩并不存在显著的相关关系。

在社会科学研究中，我们对抽样资料的统计并不仅局限在描述样本的层面，而是期望通过样本的情况去考查总体的状况，因此，往往要在描述统计的基础上进一步进行统计推论。在两个变量相关测量的假设检验中，除了上述检验方法和类型，还有对E系数、r系数和回归系数β的检验，其公式和原理又不尽相同，因为本节定位于统计初级，读者在学习本节后可以对调查数据进行基础和常用的定量处理，诸多更高层次的分析方法和原理可以参阅相关社会统计学教材。

9.3 SPSS 统计应用基础

SPSS(Statistical Package for Social Science)软件是目前国内外较为常用的一种统计分析软件。本节主要介绍如何利用 SPSS 软件进行基础的数据统计分析工作，包括数据准备、数据统计和

结果分析三个方面的内容。

9.3.1 SPSS 软件操作界面和菜单

SPSS 20.0保持了一贯的友好界面，具有典型的Windows可视化风格。在操作界面上，主要有数据编辑窗口(Data Editor)、结果输出窗口(Viewr) 和语法窗口(Syntax Editor)。对于SPSS基础应用，只需了解前两种，即数据编辑窗口和结果输出窗口的界面内容。

1. 数据编辑窗口

调入数据文件后打开的窗口就是数据编辑窗口(见图9-8)，主要用于数据整理以及调用统计分析过程等。需要注意的是，系统只能同时打开一个数据文件，当打开新的数据文件时，系统自动关闭前一个数据文件，但会提示是否保存，此时如果不保存退出，则前一数据文件的相关修改不会存储到电脑中。

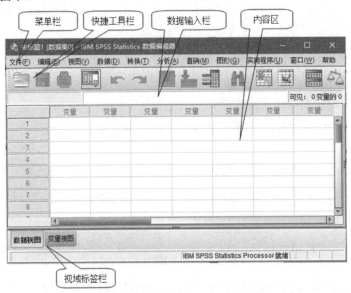

图 9-8　SPSS 20.0 数据编辑窗口界面示例

如图9-8所示，数据编辑窗口包含菜单栏、快捷工具栏、数据输入栏、内容区和视域标签栏等多个功能区。

(1) 菜单栏。它是SPSS各种操作命令归属的一级菜单，内容如表9-28所示。

表9-28　各菜单具体内容

菜单	菜单名	内容
文件	文件操作菜单	有关文件的建立、存取和打印等
编辑	基础编辑菜单	有关数据的基础编辑和系统选项设置等
视图	视图编辑菜单	定义视图显示方式相关命令
数据	变量编辑菜单	变量定义、加权以及对个案和数据文件的基础操作
转换	数据操作菜单	数据转换相关命令
分析	统计分析菜单	包含所有SPSS提供的统计分析命令
直销	直销菜单	提供一组改善直销活动效果的工具

(续表)

菜单	菜单名	内容
图形	统计图表菜单	各类统计图表制作命令
实用程序	实用程序菜单	提供一些比较方便的数据问卷管理和界面编辑功能
窗口	窗口惯例菜单	有关窗口的排列、选择和显示等命令
帮助	帮助菜单	调用各种帮助文件

(2) 快捷工具栏。主要列出常用命令，以方便统计分析工作，如文件的存取和打印、调用统计记录、统计图表制作等命令。

(3) 视域标签栏。此功能区提供两个标签，即数据视图标签和变量视图标签，可以通过鼠标单击转换到相应的视域。

(4) 内容区和数据输入栏。根据不同的视域，在内容区可以显示不同的信息内容。数据视域中直接显示具体的数据相关信息，变量视域中则显示变量名称、属性、层次等信息。输入栏用于内容区相关区域的文字、字符或数字的输入和编辑。

2. 结果输出窗口

结果输出窗口用于显示分析结果的相关信息，只有当一次具体的统计分析命令执行后才会打开相应的结果输出窗口。结果输出窗口可以同时打开多个，如果一次具体的统计分析命令执行后打开的结果输出窗口不关闭，下一次统计分析命令的处理结果仍然在相同窗口后续显示，用户也可以通过单击"文件"—"新建"—"输出"打开一个新的结果输出窗口，其界面示例见图9-9。

图9-9 SPSS 20.0结果输出窗口界面示例

如图9-9所示，SPSS结果输出窗口界面包括菜单栏、快捷工具栏、结果索引区和内容索引区等几个主要功能区。其中，菜单栏和快捷工具栏的作用同数据编辑窗口相应功能区，其下方的输出界面包含两个功能区。

(1) 结果索引区。此功能区主要用于显示已有分析结果的标题和内容索引，便于用户查找结果输入区各分析项目的内容，用户可以通过鼠标单击索引项目切换结果输出区的特定显示。如图9-9中，可通过此功能区了解本次统计分析是针对变量"语文成绩"的相关统计描述。

(2) 内容索引区。此功能区主要用于显示统计分析结果的详细信息，也称为详解输出区。如通过图9-9所示的界面可知对变量"语文成绩"的统计分析结果，即有效个案30人，其中最低分为43分，最高分为97分，平均分为80.63分。

9.3.2 数据准备

1. 数据录入

SPSS支持目前流行的各类格式的数据库文件，因此可以通过不同的方式输入数据。下面介绍三种目前较为常用的数据录入方式：SPSS直接录入，FoxPro录入，Word录入。

1) 在SPSS数据窗口直接录入数据

(1) 新建SPSS文件。直接打开SPSS，出现数据编辑窗口，如图9-10所示。

图9-10　SPSS 20.0数据编辑窗口

(2) 定义变量。切换到变量视图(见图9-10)。首先，在"名称"栏设置变量名称，此处设置为A1，单击"类型"栏，设置变量类型和位数，有以下9种变量类型可供选择：

"数值"为系统默认的数值型变量，默认宽度为8，小数点位数为2；

"逗号"为带逗号的数值型变量，即整数部分每3位用一个逗号隔开，此种类型并不常用；

"点"为带圆点的数值型变量，无论其数值大小，均以整数形式显示，且每3位用逗号隔开，此种类型也很少用到；

"科学计数法"为科学计数法类型，不常用；

"日期"为日期型变量，有多种表示方法，可以通过鼠标单击该项选择具体表示方法；

"美元"为货币型变量，也有多种表示方法；

"设定货币"为自定义型变量，用户可以利用"编辑"菜单的"选项"功能定义；

"字符串"为字符型变量，选中该项后可以在数据输入栏输入字符，如汉字或英文字母；

"受限数值"可以输入前导为0的整数。

上述9种变量类型中，较为常用的是数值型，其他很少用到，虽然可以用字符型变量来录入某些开放式问题，但也应尽量少用。

如图9-11所示，对于宽度和小数点位数选项，系统分别默认为8和2，在SPSS数据录入中，如果变量取值位数不超过8，可以用系统默认值，不会改变数据录入的结果和分析结果。此处由于假设A1为性别，因此宽度设置为1，小数点位数为0。

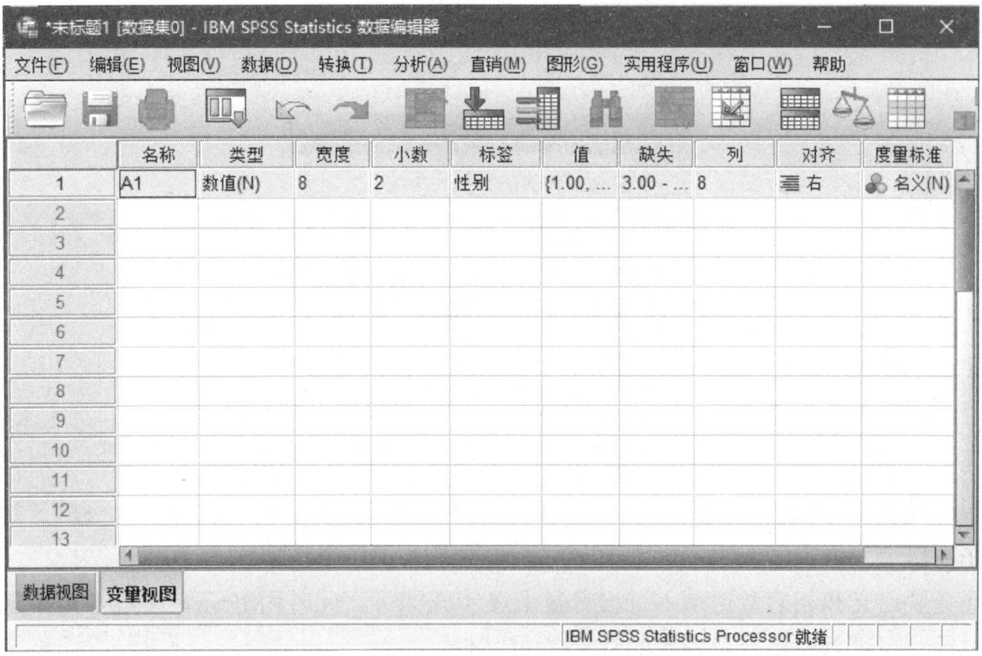

图9-11　SPSS 20.0变量设置界面示例(1)

接下来，在"标签"栏为变量做标签，即用相应的关键字表明变量情况，此处假设A1变量为性别变量，在"标签"栏用"性别"表示。

做完标签后，要对变量的具体编码进行定义，单击"值"栏空白处右侧，如图9-12所示，"值"栏填写具体赋值的数字，"标签"栏填写数字所代表的变量取值，然后单击"添加"，全部定义完成后单击"确定"返回。此处分别编码"1"和"2"定义为"男"和"女"。

赋值完成后要设定缺省值，单击"缺失"栏空白处右侧，进入缺省值设置界面，如图9-12所示。其中，第一列是系统默认的无缺省值；第二列是缺省值为1到3个的时候适用；第三列是当缺省值在一个区间范围内以及同时有一个不在此范围内的时候适用。此处由于性别只有1和2两个取值，因此将缺省值设置为0和3～9。

此外，"列"栏用于定义数据管理器纵列的长度，用系统默认值即可；"对齐"用于定义字符排列方向，如左对齐、右对齐和居中对齐，系统默认即可；"度量标准"栏用于定义变量测量层次，有三个选项，即"度量"尺度变量(定距以上)、"序号"尺度变量(定序)和"名义"尺度变量(定类)，可依据变量实际层次设定。

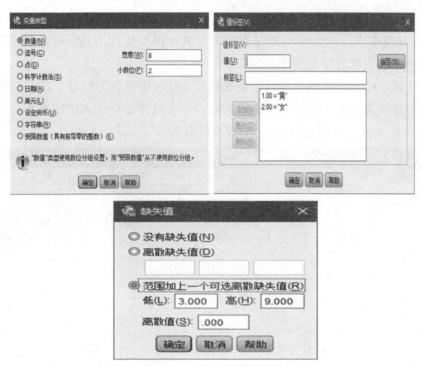

图 9-12　SPSS 20.0 变量设置界面示例 (2)

(3) 录入数据。变量定义完成后，可以切换到数据视图，如图9-13所示，就可以开始录入数据了。在数据录入内容区依次单击录入即可，此处录入了10个数据。

其他变量定义和相应数据录入过程重复上述步骤即可，此时用SPSS直接进行数据录入的工作就完成了，即可以获得一个完整的SPSS数据文件。

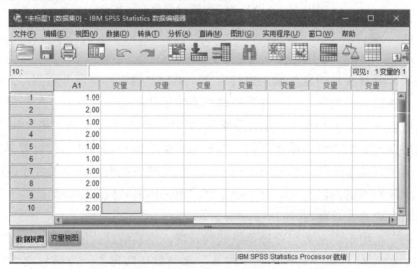

图 9-13　SPSS 20.0 数据视图界面示例 (数据录入)

2)用FoxPro进行数据录入

(1) 建立FoxPro数据库。首先，打开FoxPro软件，如图9-14所示，单击"文件"→"新建"，在图9-15中的"文件类型"下选中"表"选项，然后单击"新建"，出现文件保存对话框后选择文件位置和名称后保存，出现图9-16所示界面。其中，"字段"下填变量代码，如

Q1;"类型"下设置变量类型,如数值型(同SPSS变量设置);"宽度"和"小数位"下可以分别设置变量位宽和小数点位数。假设我们准备转录1000份问卷,从问卷编号开始设置数据库,前几个问题都为选项不超过10个的单选题,此时设置结果见图9-17。建库完成后单击"确定"即可输入变量,也可以通过插入和删除命令对库结构进行修改。需要注意的是,在FxoPro中必须保证所建数据库的各个题号和宽度与问卷一一对应,否则极容易导致录入出现较大的错误。

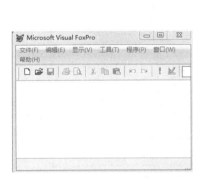 

图 9-14　FoxPro 界面示例——打开文件　　图 9-15　FoxPro 界面示例——新建

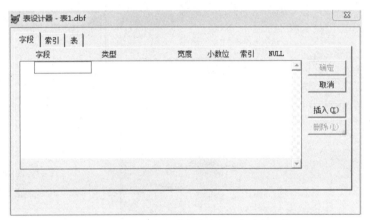

图 9-16　FoxPro 界面示例——表设计器

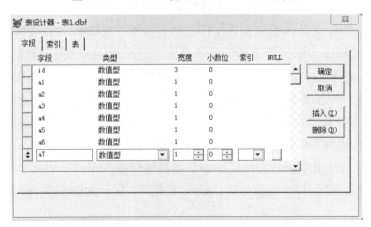

图 9-17　FoxPro 界面示例——设置结果

(2) 录入保存数据。FoxPro数据库结构设置完成后，系统会提示是否需要录入数据，此时在对数据库结构核对无误的情况下可以直接录入数据。如需要进一步对数据库结构进行修改，可在"命令"对话框中用键盘敲击MODIFY STRUCTURE命令进行相关操作(见图9-18)。需要录入数据时，只要打开已经建立好的数据库文件，在"命令"对话框中敲击APPEND命令(见图9-19)进行数据录入，数据录入完成后直接关闭文件即可保存。

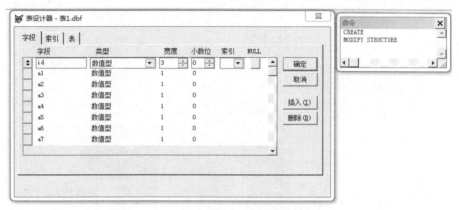

图9-18　FoxPro数据库结构修改界面

图9-19　FoxPro数据录入界面

(3) SPSS读取数据库文件。数据录入工作全部完成后，要将FoxPro数据库文件导入SPSS。首先，打开FoxPro数据库，单击"文件"→"导出"，出现图9-20所示对话框。单击"类型"展开菜单，选取FoxPro 2.x(DBF)选项，选择导出位置后，单击"确定"按钮完成此步骤。其次，打开SPSS 20.0，单击"文件"→"打开"→"数据"，在出现的对话框中(见图9-21)单击Files of type项打开下拉菜单，选中dBase(*.dbf)选项，然后选择FoxPro数据库文件存放位置，打开文件如"示例"，出现图9-21所示界面，此时SPSS已成功读取我们用FoxPro建立的数据库文件，把图9-22中第一列D_R项删除，然后单击变量视域标签(Variable View)，切换到变量视域，可以进一步进行标签、赋值和缺省值处理。处理完成后，保存为SPSS的sav文件格式即可。

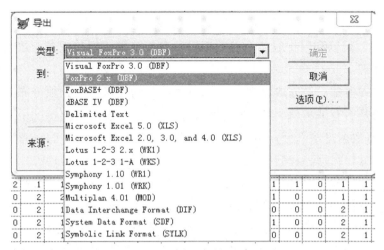

图9-20　FoxPro文件导出界面

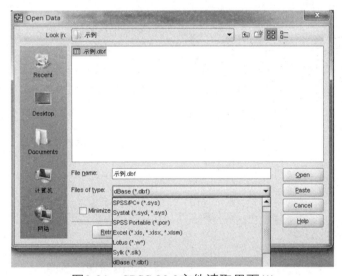

图9-21　SPSS 20.0文件读取界面(1)

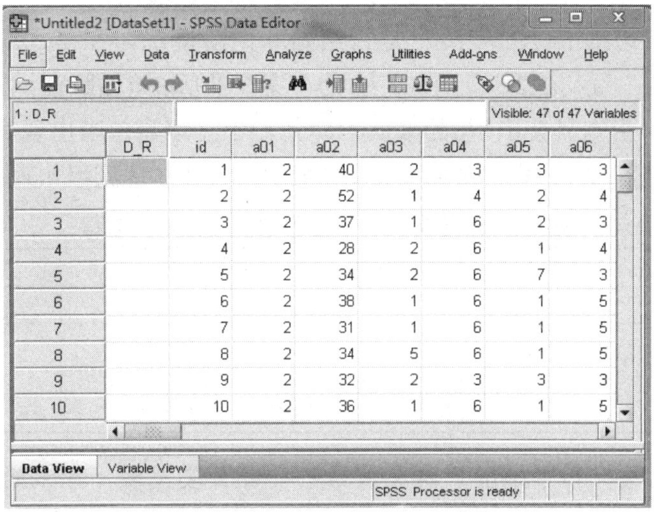

图9-22　SPSS 20.0文件读取界面(2)

2. 数据清理

在SPSS 20.0中，可以利用相应命令对数据进行有效范围清理和逻辑一致性清理。

1) 有效范围清理

由于各变量缺省值都已经完成设置，首先对要检查的变量进行频数分布处理，从频数分布结果中查看该变量是否有缺省值。如果发现缺省值，则进一步对该变量的所有数据进行排序处理(具体方法见本节数据排序部分)，可从排序结果中发现该变量具体的缺省值及其对应的问卷编号，如图9-23所示。此时，我们可以发现，变量A1(性别)的取值为1或2，不在此范围的均为缺省值，图中出现6、4和3的编码，在设置缺省值为0的情况下，这三个数据很可能是录入产生的错误，因此必须对编号为009、307和149号的问卷进行核实并纠正。当然，此步骤是通过降序排序来查看缺省值的，我们也可以通过升序排序来查看是否有0值存在。如果存在0，也要根据其对应的问卷编号去查看原始问卷。如果是问卷漏填，则将其默认为系统缺省值；如果是录入误差，则根据被调查者实际填写状况进行纠正。

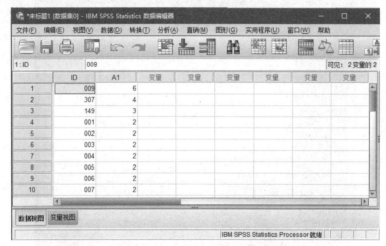

图9-23　SPSS 20.0数据有效范围清理示意图

2) 逻辑一致性清理

例如，我们调查30位市民的年龄、是否结婚和婚龄情况，在是a03(是否结婚)问题上，"是"编码为1，"否"编码为2，此时a03为1的个案在其后a04(婚龄)上才会出现具体的数值，而a03为2的个案在a04上则只会出现0的编码，即他们不会填写，当出现其他非0编码时，则说明出现了逻辑一致性错误，可能是数据录入时产生的，具体清理流程如表9-29所示。

表9-29　SPSS>0.0数据逻辑一致性清理流程

项目		婚龄					
		0	1	2	3	4	5
是否结婚	是	0	2	9	2	2	0
	否	6	0	0	1	0	2
Total		6	2	9	9	2	2

通过对"是否结婚"和"婚龄"两个变量的交互分类发现，在未婚中有一个案婚龄为3年，可以断定出现了逻辑一致性错误，此时可以用"编辑"菜单下面的"查找"命令查找a04变量上为3的记录，然后找出相应记录，到原始问卷中核对并进行必要的纠正。

对于两个定距以上的层次变量，如"年龄"和"婚龄"，在SPSS 20.0中进行逻辑一致性清理也比较方便。通过"转换"菜单下的"计算变量"命令(具体方法见本节数据转换部分)将两个变量相减求得一个新变量，然后找出变量值小于某个具体数值(如我们国家的法定结婚年龄，或者按常规设置，如16岁)的个案，再一一查实。例如，发现某个案中年龄减去婚龄的结果为10，则此时可以判断是不符合逻辑的，要针对这一个案对应的原始问卷去核实。

3. 数据转换

1) 数据的运算与新变量的生成

选择"转换"→"计算变量"，既可对选定的变量进行运算操作，又可通过运算操作让系统生成新变量。在弹出的"计算变量"对话框中(见图9-24)，首先在"目标变量"栏中指定一个变量，既可以新建一个变量，也可以用原有变量，然后单击"类型与标签…"，出现如图9-25所示界面，为变量做标签，然后选择变量类型是数值型变量还是字符串型变量，最后单击"继续"按钮回到图9-24所示界面，在"数字表达式"框中按照系统提供的计算器和"函数组"内各种计算函数进行数学运算。

图9-24　SPSS 20.0变量转换示意图(1)

图9-25　SPSS 20.0变量转换示意图(2)

2) 变量的重新编码

在采集数据时，得到的数据往往是多种多样的。为便于统计分析，有时候我们不得不对原始数据进行重新编码。在SPSS 20.0中存在两种不同的编码方式：重新编码为相同变量和重新编码为不同变量。前者是替换原有变量，后者则在原有变量基础上生成一个新变量。

(1) 替换原有变量。通过编码，重新指定变量值，或者通过设定具体的数值范围将变量值对应到各个不同的档次。方法是：单击"转换"→"编码为相同变量"。在弹出的"重新编码到相同的变量中"对话框中(见图9-26)，先在变量名列中选中某个变量，单击右箭头按钮使之进入右侧的"变量"框，单击"旧值和新值..."，弹出"重新编码成相同变量：旧值和新值"对话框，如图9-27所示。

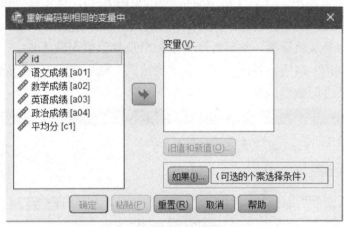

图9-26　SPSS 20.0变量转换示意图(3)

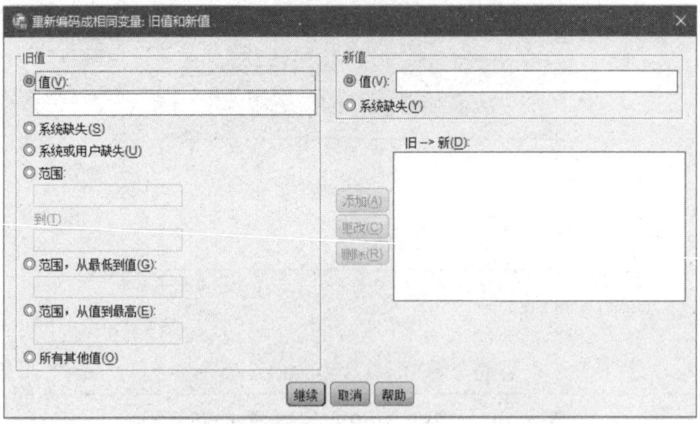

图9-27　SPSS 20.0变量转换示意图(4)

其中，在"旧值"下，可进行如下操作。

"值"：直接在后面的框中输入原始的变量值。每次只能输入一个值，即每次只能建立一个原始变量值与编码的对应关系。

"系统缺失"：通过选择该选项，建立系统缺省值与自定义编码的对应关系。

"系统或用户缺失"：通过选择该选项，建立系统缺省值或用户自定义缺省值与编码的对应关系。

"范围"：建立连续取值的变量与编码的对应关系。分别在上下两个框内输入变量值的下限和上限,以此确定一个变量值的范围,凡是变量值落在该范围内的,均对应同一个编码。

"范围,从最低到值":在其下的输入框中输入变量值的上限,以此确定一个变量值的范围,凡是变量值小于该上限的,均对应同一个编码。

"范围,从值到最高":在其下的输入框中输入变量值的下限,以此确定一个变量值的范围,凡是变量值大于该下限的,均对应同一个编码。

其他所有值:该选项为以上6个选项都不适用时的补充选项。选择该项,则剩下的尚未指定编码的变量可以指定为同一个编码。

在"新值"下,可进行如下操作。

"值":选择该项,则原始变量对应一个具体的新编码,可在后面的框中直接输入自定义的编码。在这里可以输入一个数值,也可以输入一个字符串,但要注意编码的数据类型要与原始的变量类型一致:若原始变量是数值型,则输入的编码也必须是数值型;若原始变量是字符型,则输入的编码也必须是字符型。

"系统缺失":选择该选项则原始变量值(范围)对应的编码是系统缺失值。

用户根据实际情况确定旧值和新值,单击"继续",返回前一级对话框,再单击"确定"完成变量转换。

(2) 编码为新变量。通过编码,在原变量基础上生成一个新变量,其步骤是单击"转换"→"重新编码为其他变量"。在弹出的"重新编码为其他变量"对话框中,先在变量名列中选择某个变量,单击右箭头按钮使之进入"数字变量-输出变量"框,同时在"输出变量"下面的"名称"框中指定新变量代码,在"标签"中做标签,然后单击"更改"即完成变量定义,如图9-28所示。

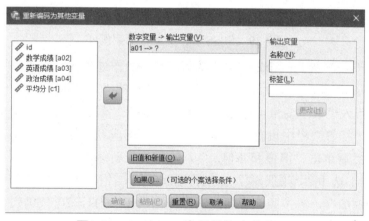

图9-28　SPSS 20.0变量转换示意图(5)

完成上述步骤后,再单击"旧值和新值...",弹出"重新编码到其他变量:旧值和新值"对话框,可以根据实际情况按替换原变量的相关操作确定旧值和新值,区别是如果要将数值型编码成字符型,必须选中"输出变量为字符串"选项,若选中"将数值字符串移动为数值"选项,则可将字符型数值转化为数值型编码。

最后单击"继续",返回上一级对话框,单击"确定"完成变量转换。

3) 实例分析(实例文件"1.sav")

在"1.sav"文件中,包含30名学生的语文、数学、英语和政治四门课程成绩原始数据。

通过数据运算生成一个新变量c1(平均成绩),操作过程如下所述。

单击"转换"→"计算变量…",出现"计算变量"对话框,如图9-29所示,在"目标变量"下框中定义新变量代码为"c1",然后单击"类型与标签…",设置标签为"平均成绩",单击"继续"返回,再依次将a01、a02、a03和a04变量和相关运算符号代入"数字表达式"下框中,单击"确定",此时系统会生成一个新变量c1,表示学生的平均成绩。

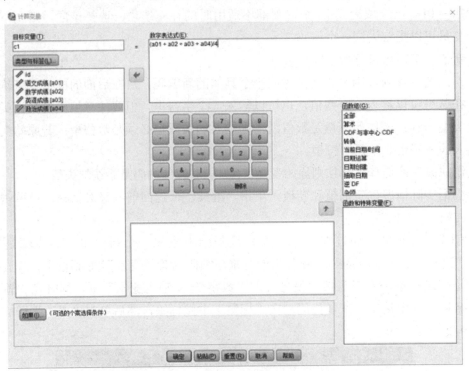

图9-29　SPSS 20.0变量转换实例(1)

进一步将新变量c1转换为一个定序层次的新变量,操作过程如下所述。

单击"转换"→"重新编码为其他变量",在弹出的"重新编码为其他变量"对话框中(见图9-30),将c1代入"数字变量-输出变量"框,然后在"输出变量"下"名称"框中指定新变量,如c1$,在"标签"栏中设置新变量标签为"平均成绩等级",单击"更改"按钮完成转换(见图9-30)。然后单击"旧值和新值…",弹出"重新编码到其他变量:旧值和新值"对话框,在"旧值"下选中"范围"项,分别将0和60填入上下框中,在"新值"的"值"项框中填入1,单击"添加",再按照此步骤分别将60～70转换为2,70～80转换为3,80～90转换为4,90～100转换为5,最终结果见图9-31。单击"继续"返回上一级对话框,单击"确定"完成转换。此时系统会生成一个新变量c1$,此变量有5个编码,即1～5,按照前述SPSS数据录入部分中的赋值和缺省值设置方法,将编码1～5分别标签为"不及格、及格、中等、良好和优秀"5个等级,缺省值设置为0和6～9,最终完成新变量的转换和数据整理过程。

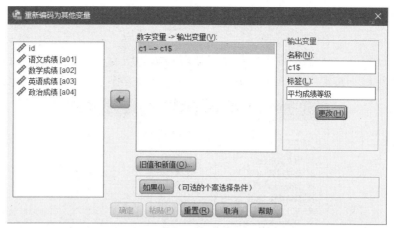

图9-30　SPSS 20.0变量转换实例(2)

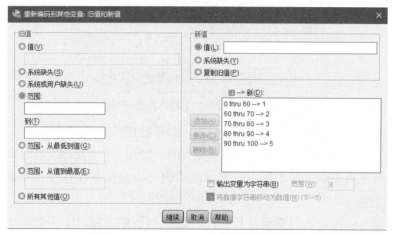

图9-31　SPSS 20.0变量转换实例(3)

4. 其他相关操作

1) 数据文件的调用

选择"文件"—"打开"—"数据",可直接打开已有数据文件,系统将弹出"打开数据"对话框,找到要打开的文件并双击即可。

2) 插入与删除变量

如果要在数据文件中插入新变量,在变量视图下,将光标移动到插入变量位置的后一个变量前的序号上,单击鼠标右键,从弹出菜单中选择"插入变量",即可插入一列新变量,系统自动以默认方式定义新插入的变量名和属性,用户可以按需要修改。如果要删除已有变量,则只需将鼠标移动到该变量前的序号上单击右键,在弹出的菜单中选择"清除"即可,也可以直接敲击Delete键删除。

3) 插入与删除数据

在数据文件中插入新的记录行的方法类似变量插入,先切换到数据视图,将光标移动到插入位置的后一行任何位置,单击鼠标右键,在弹出的菜单中选"插入个案",即可插入一个空行,然后在空行中依照各变量归属输入相应数据即可。如果要删除某行数据,单击数据对应的记录号,单击鼠标右键,从弹出的菜单选择"清除"或单击Delete键,即可删除此行数据。如果想删除某单一数据,则单击相应数据位置直接删除即可。

4) 数据排序

在数据处理过程中,常需要对所有数据根据取值大小进行排序,这就需要调用SPSS的"排序个案"命令。选择"数据"→"排序个案",弹出"排序个案"对话框,如图9-32所示。

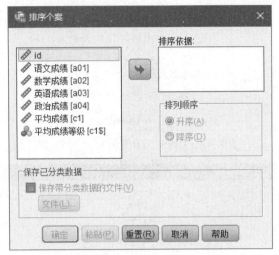

图9-32　SPSS 20.0数据排序示意图(1)

在图9-32中,左侧显示当前变量清单,选中需要排序的一个或多个变量,单击右箭头按钮,使选中变量进入"排序依据"框,在"排序顺序"下选中"升序"或"降序",系统默认升序排列方式,排序后观察值从小到大排列,用户也可以指定降序排序。单击"确定",即可对相应变量进行排序。

用户也可以通过快捷方式对变量进行排序,切换到数据视图,单击要排序的变量名称,此时该变量的所有数据被框黑,单击鼠标右键,在弹出的对话框中(见图9-33)选择相应的排序方式,即可对变量进行排序。

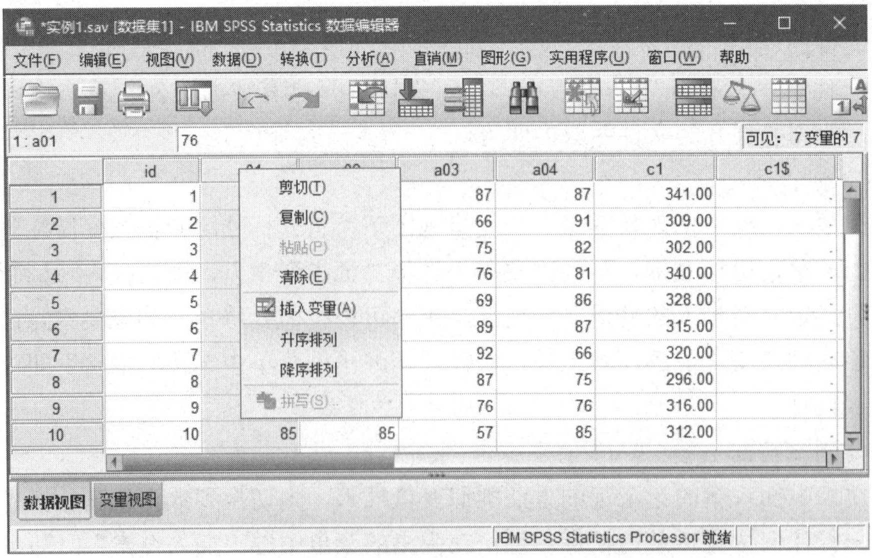

图9-33　SPSS 20.0数据排序示意图(2)

5) 数据加权处理

如果在计算过程中希望对不同变量的数据进行加权处理，就需要用到数据加权处理功能。

首先，单击"数据"→"加权个案..."，打开"加权个案"对话框，见图9-34，然后指定加权方式。其中，"请勿对个案加权"：不做加权处理，为系统默认，也可对做过加权的变量取消加权。"加权个案"：要求加权处理，选择此项后，从左边的源变量框中选择一个变量作为加权变量，选入"频率变量"框中就可以对选中变量进行加权处理。

最后，单击"确定"执行加权操作。

需要说明的是，数据文件一旦做了加权处理，加权产生的影响将一直保留，除非对数据文件再做一次加权处理或取消加权。已加权的数据文件，在主窗口右下侧的状态条中显示"加权范围"字样。数据保存时，有关加权信息一并保存到数据文件中。

图9-34　SPSS 20.0数据加权示意图

9.3.3　单变量描述统计

完成数据准备和整理工作后，我们就可以利用SPSS 20.0进行后续的统计分析。描述性统计是统计分析的第一步，在SPSS 20.0中，其命令模块主要集中在"分析"→"描述统计"中，包括频率(频数)分布表分析("频率"子菜单)、单变量描述统计("描述"子菜单)、探索分析("探索"子菜单)、交叉分析("交叉表"子菜单)和比率分析("比率"子菜单)等7个过程。其中，较为常用的是频数分析、单变量描述分析和交叉分析过程。针对单变量描述统计，我们主要介绍频数分析和单变量描述分析的具体操作方法。

1. 利用"频率"过程进行频数分析

频数分布表分析是描述性统计中的基本方法，通过"分析"→"描述统计"→"频率"过程实现。频数分析过程不仅可以产生详细的频数分布表，还可以生成条件百分比表和常用的统计图等。

1) 操作界面和功能

单击"分析"→"描述统计"→"频率"，出现频率对话框，如图 9-35 所示。

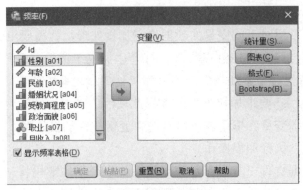

图9-35 频数分析过程界面示例(1)

左侧框内为待选的变量清单，可以同时选取一个或多个变量进入右侧"变量"统计栏。

"显示频率表格"：该复选框表示是否在结果中输出频数表。

"统计量"：统计选项功能按钮，单击显示"频率：统计量"对话框，如图9-36所示。

"百分位值"：计算相应百分位数。"四分位数"用于计算四分位数；"割点"用于数据等分，默认为10等分；"百分位数"可指定输出某个百分位数。

"集中趋势"：定义描述集中趋势统计量，可以计算和输出均值、中位数、众数和总和（"合计"）。

"离散趋势"：定义描述离散趋势统计量，可以计算和输出标准差、方差、极差（"范围"）、最大值、最小值和均值的标准误。

"值为组的中点"：输出数据为分组数频数据时，输出组中值。

"分布"：定义描述分布特征指标，"偏度"表示偏态系数，"峰度"表示峰态系数。

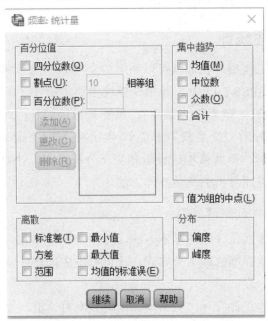

图9-36 频数分析过程界面示例(2)

勾选相应选项后，单击"继续"返回图9-35所示主对话框。"图表"按钮为统计图功能按钮，单击显示"频率：图表"对话框，如图9-37所示。

图9-37　频数分析过程界面示例(3)

"图表类型"：统计图类型选项，系统默认为不输出统计图，也可以勾选输出条形图、饼图或直方图。

"图表值"：统计图单位类型选项，可以选择输出统计图为频率或百分比。

2) 实例分析(实例文件2.sav)

首先，打开实例文件2.sav，单击"分析"→"描述统计"→"频率"，弹出"频率"对话框，如图9-35所示，选中左侧"性别[a01]"进入右侧统计"变量"栏。

其次，单击"统计量"按钮，出现如图9-36所示对话框，因为性别变量属于定类层次，选取"众数"选项(因性别变量属于定类测量层次，因此仅可选取该统计量)；

最后，单击"继续"返回图9-35所示对话框界面，单击"图表"按钮进入图9-37所示对话框，在"图表类型"下选择"条形图"，在"图表值"下选择"频率"，单击"继续"返回图9-35所示对话框界面，单击"确定"输出结果，见图9-38。

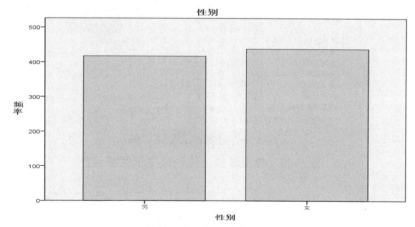

图9-38　频数分析过程输出结果示意图

在输出结果图中,"统计量"表中第一行表示有效个案,此处显示有效个案为855个;第二行表示缺省值出现次数,此处无缺省值;第三行表示众数,此处众数为2(编码2代表女性)。

在"性别"频数分布表中,第二列表示变量相应取值出现的频数,此处男性出现了417次,女性438次;第三列表示总体百分比,如有缺省值存在,也会将缺省值的频数代入计算;第四列表示有效百分比,即不计入缺省值次数的百分比,此处男性和女性的有效百分比分别为48.8%和51.2%;第五列是累积百分比。

性别统计图是以频数分布的条形图方式输出,图左侧单位显示为频率。

需要说明的是,我们在计算百分比时一般使用有效百分比指标,因为它能较好地反映实际情况。例如,邀请10名顾客品尝一道菜品并要求给出评价,只有8名顾客实际品尝并有4人给出好评,有2名顾客没有品尝因此没给评价(相当于缺省值出现2次),由于实际给出评价的只有8人,此时计算实际好评率应该是不计缺省值情况下的50%(有效百分比)才比较合理,如果计算计入缺省值情况下的总体百分比,则结果(40%)就会出现偏差。

2. 利用"描述"过程进行单变量统计描述

"描述"过程是单变量的描述统计过程,其功能与"频率"过程类似,只不过是专门针对定距测量层次以上的变量①进行描述性统计而设计的,默认会生成一系列相关统计量。"描述"过程还有一个特殊功能就是可计算原始数据的标准化值(标准分Z值),并以变量的形式存于数据文件。"描述"过程不会输出变量的频率分布表和统计图。

1) 操作界面和功能

单击"分析"→"描述统计"→"描述",出现"描述性"对话框,如图9-39所示。

"将标准化得分另存为变量"选项:计算指定变量原始数据的标准值,并以新变量的形式存储在数据文件中。

"选项":用于指定描述统计的统计量等选项,单击可出现图9-40所示界面。其中,系统默认勾选"均值",可以复选其他选项输出总和(勾选"合计")、标准差、方差、极差(勾选"范围")、最小值、最大值和均值的标准误,也可以输出峰态系数和偏态系数(分别勾选"峰度"和"偏度")。在"显示顺序"下选择以"变量列表"顺序排序。

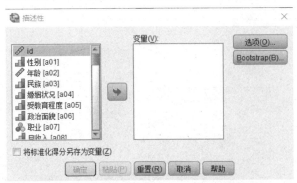

图 9-39　单变量描述统计过程示意图 (1)

---

① 在社会统计中也可以称为数值型变量。

图9-40　单变量描述统计过程示意图(2)

2) 实例分析(实例文件2.sav)

打开实例文件2.sav，单击"分析"→"描述统计"→"描述"，弹出"描述性"对话框，如图9-39所示。选中左侧"年龄[a02]"进入右侧统计"变量"栏，选中"将标准化得分另存为变量"复选框，要求计算年龄变量原始数据的标准值并存储，其他使用系统默认值输出均值、标准差、最大值和最小值，单击"确定"输出结果，如表9-30所示。

表9-30　单变量描述过程输出结果

项目	N	极小值	极大值	均值	标准差
年龄	855	16	91	43.67	15.865
有效的 N (列表状态)	855				

在年龄变量的描述统计表中，第二列表示样本总数，此处为855人；第三列到第六列分别是变量的极小值、极大值、均值和标准差，此处分别为16、91、43.67和15.862。此时，如果返回SPSS主界面，在变量视图中也会发现出现了一个新的变量Za02，它是对a02年龄变量原始数据的标准化数据以变量的形式保存。

通过与"频率"分析过程的对比，我们可以发现，在"描述"过程中，相关的定类和定序层次的统计量指标都被去除，由此也可推知其主要适用于定距层次变量，而不适用于定类和定序层次变量。此外，如果想进一步观察频数分布和相关统计图表，可以结合"频率"过程，但定距以上测量层次的变量原始数据的频数分布表和统计图一般会比较杂乱。

9.3.4　双变量描述统计和推论

1. 利用"交叉表"过程进行双变量交互分析和假设检验

"交叉表"过程主要用于两个变量的交叉分析，并提供两个变量的相关关系和假设检验的计算命令，其输出结果主要以双变量交互分类表的形式展现。

1) 操作界面和功能

单击"分析"→"描述统计"→"交叉表"，进入"交叉表"主对话框，如图9-41所示。

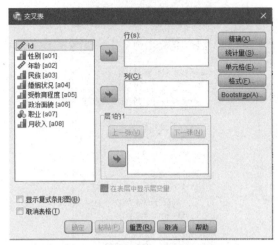

图9-41 "交叉表"过程示意图(1)

"行":行变量栏,用于代入指定的行变量。

"列":列变量栏,用于代入指定的列变量。

"层1的1":分层变量栏,用于代入多个控制变量进行多层次的分层分析,其中"上一张"指前一层变量,"下一张"指后一层变量。

"显示复式条形图":显示聚类条图。

"取消表格":(隐藏)不输出列联表。

"精确":设定是否采用精确率法进行计算,以及具体的计算方法。

"统计量":统计选项,设定具体的统计指标与统计量。

"单元格":表格内容按钮,设定列联表单元格显示内容。

"格式":表格格式按钮,用于决定行变量排列格式。

如图9-41所示,单击"精确",出现"精确检验"子对话框,见图9-42。

图9-42 "交叉表"过程示意图(2)

"仅渐进法":计算近似的概率值。

"Monte Carlo":采用Monte Carlo模拟方法计算概率值,默认抽样次数为10000次,并给出99%的置信区间。

"精确":计算精确概率值,默认每次计算时间限制在5分钟以内。

如图9-41所示,单击"统计量",出现"交叉表:统计量"子对话框,见图9-43。

图9-43 "交叉表"过程示意图(3)

"卡方":设置卡方值及其显著性水平检验。

"相关性":积矩相关系数r,两个变量为定距层次时选择此项。

"名义":定类变量的关联度指标,包括:Pearson列联表系数("相依系数");φ系数和V系数("Phi和Cramer变量"),对于四格表,$V=\varphi$;λ系数("Lamda");"不定性系数"。

"有序":定序变量的关联度指标,包括:G系数("Gamma");dy系数("Somers'd");tau-b系数("Kendall的tau-b"); tau-c系数("Kendall's tau-c")。

"按区间标定":一个定类或定序变量和一个定距变量的关联度指标,其中包括E系数("Eta")。

如图9-41所示,单击"单元格"按钮,出现"交叉表:单元显示"子对话框,见图9-44。

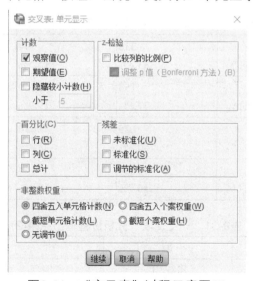

图9-44 "交叉表"过程示意图(4)

"计数":输出频数选项,可以设定是否输出实际次数("观察值")和预期次数("期望值"),其中输出实际的条件次数是系统默认值。

"百分比":输出百分比选项,可以设定百分比计算方式是行百分比("行")还是列百分比("列")或是合计百分比("总计"),一般根据自变量的位置设定。

"残差":输出残差选项,其中包括输出未标准化残差("未标准化")、输出标准化残差("标准化")、输出校正后的标准化残差("调节的标准化")。

2) 实例分析(实例文件2.sav)

首先,打开实例文件2.sav,单击"分析"→"描述统计"→"交叉表",进入"交叉表"分析主对话框,如图9-41所示,将"受教育程度[a05]"作为自变量代入"行",将"月收入[a08]"作为因变量代入"列"。

其次,单击"统计量",出现子对话框,如图9-43所示,此时自变量受教育程度为定序测量层次,因变量月收入为定序测量层次(收入变量属于定比测量层次,但此例中被操作为定序测量层次),依据前述统计分析基础内容所提到的相关测量法适用变量层次知识,在图9-43中勾选"Gamma"或"Somer's d"作为其相关测量法,勾选"卡方"进行显著性检验,单击"继续"按钮,返回图9-41所示界面。

最后,单击"单元格"按钮进入子对话框,如图9-44所示,在"计数"下选择系统默认的实际次数,在"百分比"输出上,由于自变量受教育程度放到"行",因此百分比计算方向与自变量方向一致,即勾选"行",单击"继续"返回图9-41所示界面,单击"确定"输出结果,如表9-31、表9-32和表9-33所示。

表9-31 "交叉表"分析过程输出结果(1)

项目			月收入			合计
			1500 元及以下	1500～3000 元	3000 元以上	
受教育程度	不识字或识字很少	计数	57	4	3	64
		受教育程度中的 %	89.1%	6.2%	4.7%	100.0%
	小学水平	计数	214	26	4	244
		受教育程度中的 %	87.7%	10.7%	1.6%	100.0%
	初中	计数	238	44	2	284
		受教育程度中的 %	83.8%	15.5%	0.7%	100.0%
	高中/中专/技校	计数	156	40	5	201
		受教育程度中的 %	77.6%	19.9%	2.5%	100.0%
	大专及以上	计数	25	30	7	62
		受教育程度中的 %	40.3%	48.4%	11.3%	100.0%
合计		计数	690	144	21	855
		受教育程度中的 %	80.7%	16.8%	2.5%	100.0%

表9-31 "交叉表"分析过程输出结果(2)

项目	值	df	渐进Sig.(双侧)
Pearson卡方	88.213[a]	8	000
似然比	72.646	8	000
线性和线性组合	42.719	1	000
有效案例中的 N	855		

a. 3单元格(20.0%)的期望计数少于5,最小期望计数为1.52

表9-33 "交叉表"分析过程输出结果(3)

项目			值	渐进标准误差[a]	近似值T[b]	近似值Sig
按顺序	Somers的d	对称的	.182	.029	5.935	.000
		受教育程度 因变量	.302	.048	5.935	.000
		月收入 因变量	.130	.022	5.935	.000

a. 不假定零假设。
b. 使用渐进标准误差假定零假设

表9-31是受教育程度变量与月收入变量的交互分类描述统计结果,其中包含条件次数和条件百分比,如果只希望输出条件百分比,则依图9-44所示取消"观察值"选项即可。

表9-32显示受教育程度和月收入变量的显著性检验(卡方检验)和相关分析结果。设H_0:受教育程度与月收入不相关($G=0$);H_1:受教育程度与月收入相关。通过卡方检验可以看出,卡方值(Value)为88.213,自由度(df)为8,卡方值88.213对应的显著性水平(渐进.Sig)为0.000,小于显著度0.05(也可以说小于0.01),因此在显著度为0.05(或0.01)的情况下有足够理由拒绝H_0,转而接受H_1,即可以认为总体中受教育程度与月收入存在显著的相关关系。从表9-33中可以看出,两者的相关系数dy为0.130(选取以月收入为因变量的d值),说明受教育程度与月收入呈正相关,受教育程度越高,月收入越高。

2. 利用"双变量"相关分析过程进行相关分析和假设检验

"交叉表"过程在输出交互分类表的同时,可以计算两个变量的相关关系并进行相应的显著性检验。在SPSS 20.0中,还有一个专门的命令即"双变量"过程,通过双变量相关分析来进行两个变量的相关关系计算和假设检验。与"交叉表"过程相比,该过程不输出交互分类表,但增加了计算变量均值和标准差(定序以上测量层次)、计算离差集和协方差、输出多个变量相关矩阵的功能。

1) 操作界面和功能

单击"分析"→"相关"→"双变量",进入"双变量相关"主对话框,如图9-47所示。

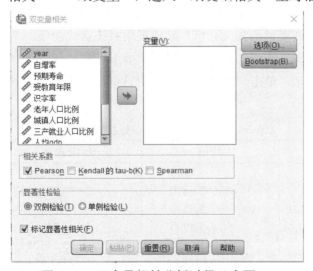

图 9-45 双变量相关分析过程示意图 (1)

在主对话框内,右侧窗口为变量代入窗口,可从左侧变量清单中同时代入多个变量。

"相关系数":相关系数选项,其下包括三种相关系数选项,Pearson即进行直线相关分析,是系统默认项,适用于两个变量均为定距以上层次的情况;Kendall的tau-b即计算肯德尔的tau-b等级相关系数,适用于两个变量为定序层次的情况;Spearman用于计算Spearman等级相关系数,适用于两个变量为定序层次的情况。

"显著性检验":显著性水平检验选项,其下包括两端检验("双侧检验")和一端检验("单侧检验")。

"标记显著性相关":是否在相关系数右上角输出显著性水平标志。各相关系数右上角注明*表示在0.05的显著度下通过检验,注明**表示在0.01的显著度下通过检验。

单击"选项"按钮,弹出如图9-46所示对话框。

图9-46 双变量相关分析过程示意图(2)

"统计量":统计量选项,下面包含求"均值和标准差"及求"叉积偏差和协方差"两个选项。

"缺失值":缺省值处理选项,可以选择排除参与计算的变量有缺省值的个案("按对排除个案")或排除所有代入对话框清单中的变量有缺省值的个案("按列表排除个案")。

2) 实例分析(实例文件3.sav)

首先,单击"分析"→"相关"→"双变量",进入操作界面,如图9-45所示,将"自增率""预期寿命"等变量代入右侧变量框,因这些变量均为定距以上层次,因此默认选择Pearson相关系数进行两两变量的相关分析,其他采用系统默认选项。

其次,单击"统计量"按钮,进入图9-46所示操作界面,分别选择"均值和标准差"选项和"按对排除个案"选项,单击"继续"返回主对话框后,再单击"确定",输出如表9-34和表9-35所示的结果。

表9-34 双变量相关Fenix过程输出结果(1)

项目	均值	标准差	N
自增率	5.6540	.69580	10
预期寿命	72.6670	.53081	10
受教育年限	8.0540	.27653	10
老年人口比例	7.8900	.56263	10
城镇人口比例	43.2900	3.64705	10
人均GDP	16271.20	7844.538	10

表9-35 双变量相关 Fenix 过程输出结果 (2)

项目		自增率	预期寿命	受教育年限	老年人口比例	城镇人口比例	人均GDP
自增率	Peatson 相关性显著性 (双侧) N	1 10	-.985** .000 10	-.937** .000 10	-.943** .000 10	-.959** .000 10	-.969** .000 10
预期寿命	Peatson 相关性显著性 (双侧) N	-.985** .000 10	1 10	-.947** .000 10	.974** .000 10	.985** .000 10	.953** .000 10
受教育年限	Peatson 相关性显著性 (双侧) N	-.937** .000 10	.947 .000 10	1 10	.974** .000 10	.953** .000 10	.951** .000 10
老年人口比例	Peatson 相关性显著性 (双侧) N	-.943** .000 10	.974** .000 10	.974** .000 10	1 10	.990** .000 10	.989** .000 10
城镇人口比例	Peatson 相关性显著性 (双侧) N	-.959** .000 10	.985** .000 10	.953** .000 10	.990** .000 10	1 10	.972** .000 10
人均GDP	Peatson 相关性显著性 (双侧) N	-.905** .000 10	.953** .000 10	.951** .000 10	.989** .000 10	.972** .000 10	1 10

**. 在01水平(双侧)上显著相关

表9-34中显示代入的所有变量的均值、标准差和个案数。表9-35则以矩阵的形式显示了代入变量两两之间的相关关系程度和方向以及显著性检验结果，每个单元格第一行显示相关系数，正数表示两个变量正相关，负数则表示两个变量负相关，其右上角的*和**标志显示通过检验的显著性水平；第二行是每个相关系数对应的相伴概率；第三行是个案数。

3. 利用Linear过程进行一元线性回归分析

SPSS20.0提供了回归命令来进行各种回归分析，其中的线性回归过程适用于两个变量的一元线性回归分析。

1) 操作界面和功能

单击"分析"→"回归"→"线性"，打开Linear主对话框，如图9-47所示。

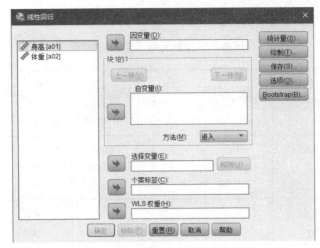

图 9-47　线性回归分析过程示意图 (1)

"因变量"：因变量栏，此处仅可代入一个因变量。

"自变量"：自变量栏，此处可代入一个或多个自变量，对于一元线性回归，也只代入一个自变量。

"块1 的 1"：block栏，用于在多元线性回归中，设置不同自变量相应的代入方法并将其保存在block内，调用时只需单击"上一张"与"下一张"按钮进行选择。

"方法"：方法选项，用于设置回归模型中自变量的筛选方法，在多元回归中适用。

"选择变量"：选择一个变量进入，用"规则"按钮打开对话框设定选择条件，在回归分析时，只对符合该条件的变量进行分析。

单击"统计量"按钮，打开"线性回归：统计量"对话框，如图9-48所示。

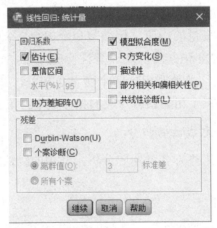

图9-48　线性回归分析过程示意图(2)

"回归系数"：选中"估计"，可输出回归系数的标准误差和标准化回归系数等；选中"置信区间"，可输出每一个非标准化回归系数的95%置信区间；选中"协方差矩阵"，可输出非标准化回归系数的协方差矩阵和各变量的相关系数矩阵。

"模型拟合度"：输出模型拟合优度统计量，如决定系数、校正后的决定系数、估计值的标准误差和方差分析表等。

"共线性诊断"：用于多元回归，输出容差、方差膨胀因子等内容。

其他复选框如系统文字表述,不作介绍。主对话框中其他按钮功能在此不作介绍。

2) 实例分析(实例文件4.sav)

打开实例文件4.sav,其中包含10名男生的身高和体重数据,单击"分析"→"回归"→"线性",打开主对话框,如图9-47所示。

首先,将"身高[a01]"代入自变量框,将"体重[a02]"代入因变量对话框。

其次,单击"统计量"按钮,进入图9-48所示界面,勾选"估计"选项和"模型拟合度"选项(均为系统默认选项),单击"继续"返回主对话框,单击"确定"显示分析结果,如表9-35所示。

输入/移去的变量[a]

模型	输入的变量	移去的变量	方法
1	身高[b]	.	输入

a. 因变量: 体重
b. 已输入所有请求的变量

模型汇总

模型	R	R方	调整R方	标准估计的误差
1	.924[a]	.854	.836	3.052

a. 预测变量: (常量), 身高

Anova[a]

模型		平方和	df	均方	F	Sig.
1	回归	435.303	1	435.303	46.718	.000[b]
	残差	74.541	8	9.318		
	总计	509.844	9			

a. 因变量: 体重
b. 预测变量: (常量), 身高

系数[a]

模型		非标准化系数		标准系数	t	Sig.
		B	标准 误差	试用版		
1	(常量)	-119.679	27.893		-4.291	.003
	身高	1.099	.161	.924	6.835	.000

a. 因变量: 体重

图9-49 Linear过程结果示意图

图9-49中,"输入/移去的变量"显示被引入和剔除的自变量,此次引入身高变量,没有剔除任何变量,采用的自变量筛选方法是强制代入法(Enter)。

"模型汇总"是模型摘要表,显示相关系数(R=0.924)、决定系数(R方=0.854)、校正后的决定系数(调整R方=0.836)和估计的标准误差(标准估计的误差=3.052)。

"Anova"表示方差分析表,F值(46.718)的相伴概率是0.000。通过0.001水平下的显著性检验,可以认为身高与体重有直线关系。

进一步看回归系数表,其中,常数项为-119.679,其对应的标准误差为27.893;t值为-4.291,相伴概率是0.003;回归系数为1.099,其对应的标准误差为0.161;标准化的回归系数为0.924;t检验值为6.835,对应的相伴概率为0.000,可以在0.001的显著性水平下通过检验,线性回归方程成立。

综合上述结果分析，学生身高与体重的一元线性回归表示为

$$Y_{体重} = 1.099 X_{身高} - 119.679$$

9.3.5 统计图表制作

1. 统计图制作

相较于枯燥单调的统计数据，统计图具备简明生动和通俗易懂的特点，可以直观形象地把统计分析结果展现在我们面前。SPSS 20.0提供了强大的制图功能，可以绘制多种统计图形。在SPSS 20.0中的诸多统计命令中都有图表相关选项，也可以通过各个统计过程输出相关的统计图表。除此之外，SPSS 20.0也拥有一个专门的统计图制作模块——"图形"菜单。

1) 条形图的制作

条形图是统计图中较为常用的类型，适用于各个测量层次的变量。制作时，首先，单击"图形"→"图标构建程序"→"条"，弹出条形图制作界面，如图9-50所示。其次，点选右侧各种条形图图形(鼠标静止在图形上会提示被选中的条形图类型)。以单一条形图为例，点选右侧第一行第一列"简单条形图"图形，然后用鼠标将"性别(a01)"变量拖入"是否为X轴区域"，单击"元素属性"按钮，如图9-51所示，可以在统计量中选择条形图的输出统计量，如频数（"计数"）和百分比等，同时也可以选取条形图样式。最后，单击"确定"按钮，出现如图9-52所示结果。

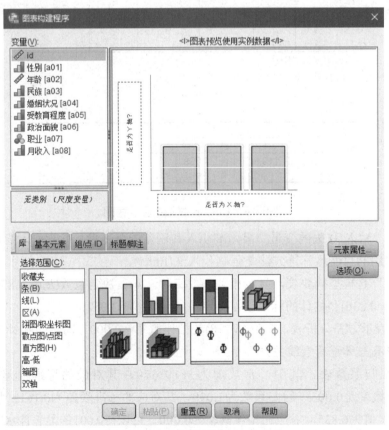

图 9-50　条形图制作界面示意 (1)

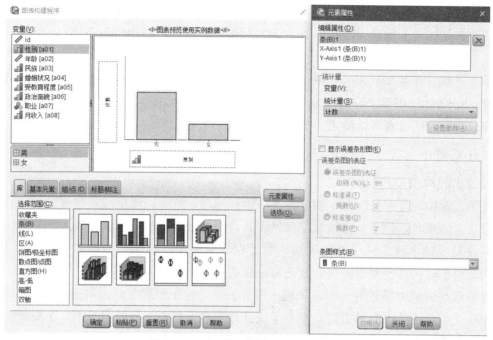

图 9-51 条形图制作界面示意 (2)

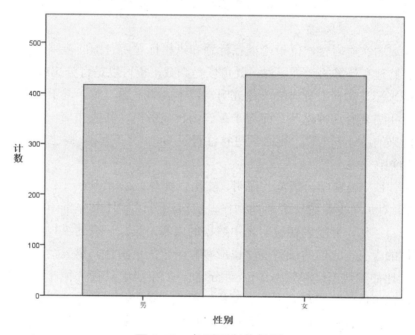

图 9-52 条形图制作结果

研究者也可以根据实际需要调整图的大小、填充颜色、背景色和频数单位等内容。当然，也可以用相似的方法制作两个变量的交互分布条形图 (Clustered) 和堆积图 (Stacked)。

2) 饼形图的制作

饼形图也适用于所有测量层次的变量，其制作方法类似条形图，本书不再详细讲解。

3) 直方图的制作

直方图是以一组无间隔的直条图表现变量取值分布特征的统计图，其在表现形式上类似条形图，但两者在本质上完全不同，直方图仅适用于定距层次以上的变量，它的宽度就是每组的组距，高度表示该组的频数或频率。直方图的制作方法与条形图和饼形图类似，本书不再详细讲解。

除了上述统计图类型，SPSS 20.0还可以制作散点图、高低图、帕累托图、控制图、箱图等。同时，SPSS 20.0提供了以前版本的绘图旧菜单，单击"图形"→"旧对话框"可打开相应制图功能，有兴趣的读者可以参照一些SPSS的学习书籍自己摸索体会各类图形的制作方法。

2. 统计表制作

1) 统计表的构成

统计表通常由表号、总标题、横行标题、纵栏标题、数字、注释或资料来源构成。

表号是表的序号，位于表的顶端左角处，其作用是便于用户指示和查找。

总标题是表的名称，位于表的顶端，紧接在表号后面，其作用是简要说明表中资料的内容，指明资料的时间与空间范围等。表的总标题要尽可能简短明了。

横行标题是表格中横行的名称，又称为横标目，它位于表的左侧。对于频数统计表而言，一般用来指代统计所要说明的主题；而对于交互分类表而言，主要表明其中一个变量的类别。

纵栏标题是表格中纵栏的名称，又称为纵标目，它位于表的最上格。对于频数统计表而言，一般用来指代调查指标或同级指标的名称；对于交互分类表而言，主要表明其中另一个变量的类别。

数字是统计表的实质内容，位于由横行标题和纵栏标题所包围的范围中。它是对调查资料进行统计汇总、整理和计算的结果展现，既可以是频数，也可以是百分比或其他内容。

注释或资料来源是对表中资料的一种说明，位于表的下端。对于基于社会调查第一手资料的统计表来说，不需要有这种说明；而对于那些由转载资料、其他非第一手资料的数据整理而来或直接引用而来的统计表来说，则必须进行注释说明。

2) 统计表的制作方法

统计表的制作原则是科学、规范、简明、实用、美观。

(1) 单变量。对于单变量统计表格的制作，应该注意以下几个方面：第一，表的标题要简短明了，使人一目了然，并能确切说明表中数据的内容。第二，表的纵栏标题与横行标题要准确反映变量取值的含义，它们的排列顺序也应具有一定的逻辑性。第三，表中的数据资料必须注明计量单位，比如频数单位和频率单位(百分比)。如果表中只有一种计量单位或以一种计量单位为主要单位，可以将其写在右上角，而将次要的计量单位用括号注明。第四，对于一般的频数分布表，应列出合计栏，以便获得整体情况的资料。总计或合计栏往往放在表的最下格。第五，各种表格应以横线为主，能不用竖线尽量不用。即使需要用竖线的表格，也应该是开口式的，即表的左右两端不划竖线。

表9-36是单变量统计表格的例子。

表9-36　我国在校大学生性别比

项目	人口数/万人	比重/%
男	652	61.0
女	417	39.0
合计	1 069	100.0

资料来源：中国统计年鉴(2010年). 北京：中国统计出版社，2012.

注：表9-36中数据及资料来源均为举例所用，并非真实数据

(2) 双变量。对于双变量统计表格的制作，除了上述要求，还需要注意以下几方面：第一，每个表的顶端要有表号和标题，用来注明编号和概括表格数据内容，以方便阅读和减少混乱。第二，表格中的线条一定要规范、简洁，最好不用竖线。在不引起混乱和歧义的前提下，线条越少越好。第三，表中的百分比符号有两种简便处理方法：一种是在表顶端的右角，即标题的尽头出，标上"/%"；另一种方式是标注在表中每一纵栏数字的头上(也就是上方变量的每个取值下面)，这样可以尽量缩减空间。第四，在表的下端可以用括号标出每一纵栏所对应的频数，以指示每一栏百分比所具有的数量基础，同时可供读者据此计算每个类别中的个案数目；也可以将总体频数放在表格标题的右边，以供读者据此计算每一百分比数据包含的个案数。第五，表内百分比通常保留一位小数。如果数据为整数，通常要写出小数点后面的0，例如23.0、65.0等；如果数据不止一位小数，则需要四舍五入保留一位小数。这样可以使整个表格中的数据具有一致性，阅读起来十分方便。第六，对交互分类的两个变量的安排，通常是将自变量、被视为自变量的或用来做解释的那个变量放在上层，而将因变量、被视为因变量的或被解释的那个变量放在表的左侧。第七，各种专门的统计值，如λ值、G值、X^2值、自由度df值等，都放在表的最下面一格。第八，交互分类的两个变量的取值应有所限制。取值不宜有过多的数目，如果数目太多则需要适当合并，以缩小表格的规模。

表9-37、表9-38是交互分类表及添加相关统计值后的双变量统计表格的例子。

表9-37　年龄与生育意愿交互分类/%

类型	年龄		
	35岁以下	36～55岁	56岁及以上
不生	5	1	0
生一个	60	5	3
生两个	35	85	77
三个以上	0	9	20
(n)	(100)	(100)	(100)

表9-38　性别与"企业改制是大势所趋"观念的认知/%（N=393）

项目	非常赞成	比较赞成	不太赞成	不赞成	说不清
男	36.2	37.7	2.3	3.8	20.0
女	33.1	43.6	6.8	4.5	12.0
合计	35.1	39.7	3.8	4.1	17.3

$\lambda = 0.008$　　$X^2 = 8.922$　　$df = 4$　　$P > 0.05$

本章小结

1. 定性资料的整理要经历审核、筛选、分类和编码4个步骤。资料审核包括真实性审核和可靠性审核，真实性审核可以采用外观法和内涵法，可靠性审核主要采用经验法、逻辑法、比较法和来源法。目前，将原始资料录入计算机后，可采用主题法和关键字去筛选对研究有用的原始资料。资料分类应遵循目的性、互斥性、穷尽性和统一性原则。资料编码主要采用美国社会学家斯特劳斯定义的3种编码方式，即开放式、轴心式和选择式编码。

2. 定性资料分析是对不能量化的现象进行系统化理性认识的过程，是对资料的分类、描述、综合和归纳，主要采用经验论证、比较分析、因果分析和概念示意图4种方法。经验论证主要靠例举来进行单一论证和并列论证；比较分析主要采用一致性比较和差异性比较；因果分析通常采用求同、求异和共变法；概念示意图是通过连续勾画直观的逻辑联系图来反映资料概念间的内在联系。

3. 受定性资料特征的影响，其整理和分析手段具有典型的多样性、灵活性等特征。在实际研究中，必须把握定性资料的特征，根据研究需要，秉持科学严谨的研究态度，尽量抛除个人的主观倾向，实事求是地采用不同手段对定性资料进行整理和分析。

4. 定量资料的整理过程主要包括问卷审核、编码和数据清理。问卷审核主要是基于保障数据准确性、完整性和真实性的目的，采用实地同步审核和后期集中审核两种方式达成；定量资料的编码一般采用预编码和后编码两种方式，对封闭式的问题多采用预编码，在编码中一般要指定统一的编码手册来规范编码过程；目前，数据清理一般运用SPSS等统计分析软件进行，包括有效范围清理和逻辑一致性清理。

5. 社会研究中的定量资料分析是在资料整理的基础上采用社会统计分析手段达成的。社会统计与社会调查密不可分，它主要侧重于应用，依据变量的测量层次展开。社会统计的内容主要有统计简化、描述性统计和推论统计，具体的方法见表9-39、表9-40和表9-41。

表9-39　各测量层次变量的统计简化方法

变量测量层次	统计简化手段
定类层次	频数(频率)分布
定序层次	频数(频率)分布；累加频数(频率)
定距及以上层次	频数(频率)分布；累加频数(频率)；数据分组

表9-40　单变量描述性统计和推论统计手段

变量测量层次	描述性统计		推论统计
	集中趋势	离散趋势	
定类层次	众数	异众比率	参数的点估计；均值的区间估计；成数的区间估计；均值的假设检验；成数的假设检验
定序层次	中位数	四分位差	
定距及以上层次	均值	标准差	

表9-41　双变量描述性统计和推论统计手段

变量测量层次	相关分析(描述)	假设检验(推论)
定类层-定类	λ；λ_y；tau-y	χ^2
定类-定序		
定序-定序	G，dy	$Z(t)$检验；
定距-定距	r	
定类-定距	E	$F(t)$检验
定序-定距		

6. 与定性资料整理和分析相比，定量资料的客观性也决定了其整理分析的规范性更强，因此一定要注意正确选取相应的统计分析方法。

7. SPSS 20.0可以有效地帮助我们快速进行统计分析，可以利用SPSS和FoxPro软件输入问卷数据，在对数据整理和清理的基础上进行统计应用；SPSS的统计功能集中在Analyze菜单下，Frequencies过程可以进行变量的频数分布分析；Descriptive过程可以进行单变量的描述统计；Crosstabs过程可以进行双变量交叉分析和假设检验，并输出交互分类表；Bivariate Correlation过程可以进行双变量的相关分析和假设检验，并输出相关矩阵；Linear过程可以进行一元线性回归分析，建立回归方程。SPSS的制表功能集中在Graphs菜单下，可以制作条形图、饼形图、直方图等常用统计图形；统计表的制作不能简单地从SPSS输出的统计表结果中复制，必须按照规范的格式进行制作。

复习思考题

1. 定性资料的编码与定量资料的编码存在哪些不同之处？
2. 定量资料的整理包含哪些步骤和方法？
3. 各测量层次的变量的统计简化手段有哪些？
4. 常用的集中趋势和离散趋势测量法有哪些？
5. 为什么说G值具有消减误差比例的意义？
6. 试利用SPSS和FoxPro建立数据库文件。
7. 简单设计一份问卷，尝试制作一份编码手册并对问卷进行编码。
8. 利用本章提供的数据范例文件，尝试进行单变量的描述统计和双变量的描述和推论统计。
9. 利用本章提供的数据范例文件，尝试制作条形图、饼形图和直方图。

扫码自测

第10章 调查研究报告的撰写

调查研究的根本目的是解决问题，调查结束后一定要进行深入细致的思考，进行一番交换、比较、反复的工作，把零散的认识系统化，把粗浅的认识深刻化，直至找到事物的本质规律，找到解决问题的正确办法。

——习近平

撰写调查研究报告是社会调查最后的任务，也是整个调查研究成果的集中体现。经历调查设计、资料收集和整理以及资料分析过程后，研究者要将调查研究的结果客观地展现给读者，因此，调查研究报告的撰写对整个社会调查研究过程而言具有重要的意义。本章我们将详细介绍撰写调查研究报告的相关知识点。

10.1 调查研究报告的特点及类型

调查研究报告是反映社会调查成果的一种书面报告，它以文字、图表等形式将调查研究的过程、方法和结果表现出来。它的作用是向读者直观呈现调查研究的基本概况、相关问题的具体状况、问题的分析过程和结果以及调查研究的主要结论等。

10.1.1 调查研究报告的特点

社会调查研究是通过调查来认识社会现象及其规律的过程，从本质上来说它是一种典型的实证研究，因此，社会调查研究结果的呈现形式——调查研究报告也相应具备了针对性、真实性和时效性三个特点。换个角度分析，这三个特点也是撰写调查研究报告时必须秉持的三个基本原则。

1. 针对性

调查研究报告的首要特点就是具备鲜明的针对性，主要表现在以下三个方面：首先是指向的针对性。调查研究报告主要是在对某个特定社会现象进行社会调查研究的基础上作出的实证探讨，因此在写作指向上要求是调查研究针对的特定社会现象。其次是目的的针对性。调查研究报告撰写的目的直接决定了撰写的内容和侧重点，因此在撰写过程中必须做到有的放矢，根据不同的研究目的灵活处理，明确是进行学术探讨还是期望作出决策参考或是简单描述情况，目的不同，调查研究报告写作及呈现的具体内容是不同的。最后是受众的针对性。在撰写调查研究报告时，还必须考虑其接受对象，对象不同，调查研究报告在撰写内容和措辞等方面都会有所不同。例如，受众是普通公众，而调查研究报告内容全部是复杂的统计公式和专业性的词汇用语，那么报告所达成的效果必然会大打折扣。调查研究报告之所以有各种分类及写作要求，正是因为受其针对性特点的直接影响。

2. 真实性

真实性是调查研究报告存在的基础，社会调查研究的客观性决定了调查研究报告具有真实性的特点。首先，调查研究报告所呈现的社会现象必须是客观真实的。其次，调查研究报告在写法上必须注重用事实说话。不管是定性分析还是定量分析，调查研究报告都必须以叙述事实为主，尽量消除主观影响，保证用大量的事实材料来说明问题。例如，研究者在撰写关于农民工市民化问题的调查研究报告时，首先必须阐述已经客观存在的真实现象，其次要用真实的数据资料来具体呈现，如果无中生有，在调查研究报告中利用虚假的数据刻意夸大并不突出的问题或者有意淡化本已存在的现象，调查研究报告的可靠性和价值就会荡然无存。

3. 时效性

调查研究报告的第三个特点就是时效性，这是调查研究报告价值体现的必然要求。在对某些热点问题进行调查研究后，我们必须突出一个"快"字，即要适时、迅速地以调查研究报告的形式呈现当前的社会热点现象。众所周知，调查研究报告是在社会调查研究基础上对特定社会现象做出客观描述和解释的书面文件，而社会现象和人们的社会行为都会随着时间的变化而产生差异，因此调查研究报告仅可以依据某一特定时间维度内的客观事实作出有益的说明和解释。如果在调查研究完成后，调查研究报告的完成超出了某个时间点，必然会丧失原有的说明解释力。例如，当我国房价上涨飞快问题突出时，相应的调查研究报告对于相关部门认识和解决这一问题可能提供有益的帮助，但随着时间的推进，当不存在人们买不起房这一社会现象时，调查研究报告就丧失了其存在的价值与意义。

调查研究报告的三个特点并不是孤立存在的，其内部存在紧密的逻辑联系。针对性是调查研究报告的目的所在；真实性是调查研究报告存在的基础，也是撰写调查研究报告需遵循的首要原则，是针对性和时效性赖以存在的前提；时效性则是在针对性和真实性的基础上对撰写调查研究报告的补充要求，是调查研究报告的生命力和价值体现。

10.1.2 调查研究报告的类型

根据调查研究报告的性质、内容、用途、读者对象等方面的不同，可将调查研究报告分为各种不同类型。

1. 定性调查研究报告与定量调查研究报告

根据采用的资料分析方式和论证方法的不同，可将调查研究报告分为定性和定量两种类型。

定性调查研究报告主要是在以对文字资料的描述和对资料进行定性分析为主的基础上得出的结论。定性调查研究报告在结构上没有固定的规范和格式，在写作内容上主要是围绕文字资料进行描述和经验分析，在论证层面更侧重理论阐述和逻辑推理，体现的主观色彩较为浓厚。

定量调查研究报告是在对数据资料进行统计分析的基础上，对现象和事物进行客观描述和关系探讨，数量化和表格化是其主要特征。定量调查研究报告在结构上往往具有较强的规范性和相对固定的格式，在写作内容上主要围绕量化资料进行统计描述和推论，在论证层面则以对数据的数理统计分析为依托。

2. 应用性调查研究报告与学术性调查研究报告

根据目的和作用的不同，可将调查研究报告分为应用性调查研究报告和学术性调查研究报告。

应用性调查报告以提供政策决策参考和解决实际社会问题为主要目的，往往面向政府部门和普通群众，主要侧重于阐明社会现实情况、提出问题及其成因并做出相关对策分析。应用性调查研究报告对各级政府决策部门了解社会情况、分析社会问题和制定社会政策有着重要的参考借鉴作用，对社会舆论的形成和引导也具有较大影响。这类报告只强调应用，因此对规范性要求较为宽松，没有相对固定的格式，语言也力求通俗易懂。

学术性调查研究报告以建构或检验理论为目的，主要面向专业研究人员，侧重对社会现象的理论探讨，主要分析诸多要素间的关联性和因果关系并提出具备一定说服力的结论。这类报告的专业性特征要求其在内容上更侧重研究探讨而非应用，因此报告必须具有固定的格式、严谨的结构和客观严密的写作语言，对研究设计、理论基础以及研究的方法过程都要求有必要的说明和阐释。

3. 描述性调查研究报告与解释性调查研究报告

根据研究性质的不同，可以将调查研究报告分为描述性调查研究报告和解释性调查研究报告。描述性调查研究报告侧重于对所研究的现象进行系统、全面和客观的描述，这种描述可以用定性的方法也可以用定量的方法呈现。这类报告力求客观，仅限于通过对调查资料的分析向读者展现现象的基本状况、主要特征，并在此基础上提出一些基本的描述性结论，并不需要引入与调查研究无关的理论分析来进行某些深层次原因和规律的探讨和议论，也无须提出针对相关问题的对策。解释性调查研究报告虽然具有一定的描述内容，但这种描述是为解释现象而做的必要铺垫，这类报告的主要目的在于通过调查资料来解释和说明某种现象产生的原因或不同现象间的相互关系。

由于调查研究报告往往期望说明和解释某个社会现象，因此描述性调查研究报告与解释性调查研究报告实际上也无明确的区别。在大多数情况下，一份具体的调查研究报告既有描述的性质也有解释的性质，研究者在具体撰写报告时也往往难以把描述和解释完全分开。如果一定要区分类型，可以根据不同的报告对描述和解释的侧重程度的不同而进行具体定位。

4. 综合性调查研究报告与专题性调查研究报告

根据调查研究报告的主题范围的不同，可以将其区分为综合性调查研究报告和专题性调查研究报告。综合性调查研究报告多用于反映某些综合现象或某一现象各方面的内容，其主题并非一个独立的现象或者某个现象的一个方面，在报告中力求全面反映方方面面的状况，篇幅一般较大。例如，针对关于灾后社区发展的调查所作的综合性报告，其内容可能不仅包括社区政治、经济和文化发展等方面，还涉及宏观的区域经济、社会和文化环境，以及微观的社区居民、社区意识和社区参与状况等内容。

当一项调查主要涉及某个现象特定层面的情况，或者从一项综合性调查中抽取的某个特定问题时，一般采取专题性调查研究报告的形式。专题性调查研究报告多用于针对某一特定现象或某个专门问题所进行的分析和研究，主题相对单一和集中，力求通过对某个单一的具体现象的分析达成描述和解释的功能。例如，从灾后社区发展调查中专门抽取居民社区参与这一主题撰写的报告，或专门针对灾后社区残疾人社会支持这一主题进行专项调查后撰写的报告，都属于专题性调查研究报告。

10.2 调查研究报告的结构和撰写步骤

目前，社会调查普遍存在于各个行业以及社会各个层面，针对各类问题及现象的调查研究报告对促进经济社会发展起到了一定的作用，因此，人们也逐渐开始关注调查研究报告的撰写。但我们在撰写调查研究报告时，往往会在关注其主题和意义的同时忽略了撰写的严谨性和规范性。基于此，我们有必要了解一下调查研究报告在结构和撰写步骤层面的具体知识。

10.2.1 调查研究报告的一般结构

尽管不同的调查研究报告对内容和写作方法等方面都有不同的要求，但其在结构上是大同小异的。大体上，调查研究报告都是从所探讨的问题开始，到研究所得到的结论和意义结束。各种报告在结构上通常可依据提出问题、分析问题和解决问题的一般思路大致分为如下5个部分。

1. 导言

导言是调查研究报告的绪论部分，主要说明研究的基本概况，可进一步分为4个部分：第一，研究的缘起(阐明研究的背景、研究的动机)；第二，文献述评(对已有相关研究文献进行总结和评论，同时也为研究设计提出借鉴说明)；第三，研究的目的和意义(研究期望解决什么问题，具备哪些现实和理论意义)；第四，研究的思路和方法(研究设计，理论和实证分析框架，研究方式，资料收集方法和资料分析方式等)。

2. 调查结果分析

调查结果分析是调查研究报告的主体部分，具体包括：状况描述(对主题呈现状况的客观描述、对特征的总结)；问题分析(在描述的基础上对主题进行进一步的分析讨论)；原因解释(对现象出现的原因进行分析解释)；主要结论(针对前述部分进行总结探讨)。

3. 对策研究

对策研究即通过对问题的分析提出解决问题的对策，这一部分并非所有类型的调查研究报告所必需，可根据具体情况来定。

4. 小结和讨论

在这一部分中，研究者主要对整个研究过程进行总结，不但可以反思在研究中存在的需要进一步改进的不足，还可以讨论研究带来的启发以及提出需要特别说明补充的事项。

5. 参考文献和附录

在参考文献中应列出调查研究报告中所涉及的书籍和文章目录；在附录中应提供研究过程中所用的问卷、量表、访谈提纲等材料。

10.2.2 调查研究报告的撰写步骤

当我们根据调查的目的、研究的性质和资料的分析方式等因素确定了所撰写的调查研究报告的类型后,就可以按照一定的步骤进行写作。不管哪种类型的调查研究报告,其撰写步骤基本一致,主要包括以下4步。

1. 确立主题

调查研究报告的主题是整个调查研究报告的灵魂,它是撰写调查研究报告时必须围绕的中心问题。明确适当的主题,是调查研究报告撰写过程顺利开展的前提。调查研究的主题直接决定了调查研究报告的主题。一方面,调查研究报告所要反映的中心问题也就是整个调查研究的中心问题,例如,进行一项大学生择业观的社会调查,其调查研究报告的主题就是大学生择业观,报告的内容可以包括大学生择业观的状况、特征、问题及影响因素等。另一方面,即使在某些综合性调查中,一份调查报告很难将调查内容全部包含的情况下,研究者也可以在调查内容范围内,抽取某一方面的主题撰写调查研究报告。例如,进行我国国民精神的综合性调查,我们可以抽取其中某类人群,如青年人的某个国民精神维度、集体主义意识等作为调查研究报告的主题开展报告撰写工作。

受复杂性因素的影响,有些调查无法预期明确的调查结果,调查主题很难事先预定,此时也要根据调查的实际结果和收集到的资料内容酌情确立调查研究报告的主题。例如,我们本来期望调查灾后外部心理干预对受灾群众的心理康复的影响问题,实际发现调查地区并无外部心理干预,灾区群众的心理恢复大多通过自我调节,此时我们可以根据调查结果将调查研究报告的主题确定为灾区居民的自我心理调节。

2. 拟定提纲

主题确立后,就要构思调查研究报告的总体思路框架,并据此进一步拟定写作提纲。就如同盖房子,确立了房子用途(如教学楼)之后,就必须对其框架构成进行设计并据此搭建,而调查研究报告的提纲就如同房子的框架。

写作提纲的主要作用是理清思路并明确调查研究报告内容,为实际写作打下基础。拟定写作提纲的方法是对调查研究报告的主题进行分解,并将分解后的每一部分进一步具体化。例如,关于大学生择业观的调查研究报告,可以将"择业观"主题分解为"择业观现状""择业观特征""择业观存在的问题""择业观的影响因素"等几个部分,然后进一步分解。例如,可将"择业观现状"部分具体分解为"择业途径"和"择业类型"等几个部分进行现状描述,可将"择业观的影响因素"部分分解为"性别与择业观"和"专业与择业观"等内容进行分析。下面就是一个调查研究报告的提纲节选示例。

"一、绪论

(一) 研究背景

(二) 相关文献述评

……

三、灾后重建中的居民社区意识重塑现状及特征

(一) 社区认同感重塑的现状及特征

(二) 社区归属感重塑的现状及特征
(三) 社区参与感重塑的现状及特征
(四) 社区责任感重塑的现状及特征
……"

3. 选择资料

调查资料往往都与调查主题有关，但不一定都与调查研究报告的主题紧密相连，例如在综合性调查后写作专项性调查研究报告。即使调查主题与调查研究报告主题一致，由于通过调查所获取的原始资料纷繁复杂，并非所有的调查资料都能成为撰写调查研究报告时所用的材料。因此，在撰写调查研究报告前，必须对所用的材料进行选择。

撰写调查研究报告所用的资料主要有两种：一种是在调查过程中收集的各种原始资料，另一种是在原始资料基础上通过相应的分析手段得到的主观资料。在选择资料时，首先应以写作提纲的范围和要求为依据，即应按照调查研究报告的提纲来进行，就如确定在房子的框架中哪些地方需要用水泥、哪些地方需要用砖木一样，这样才能保证选取的材料与撰写主题一致；其次要坚持精练、典型和全面的原则，做到在不漏掉重要资料的情况下，尽可能简化选取资料，做到资料的重要性、确凿性和代表性的有效统一。

4. 撰写调查研究报告

当完成确立主题、拟定提纲和选择资料的步骤后，调查研究报告的撰写思路、主体框架和撰写内容都已经基本成型，剩下的工作就是实际撰写了。由于基本的写作思路和写作框架内容都已确定，因此在撰写调查报告时一定要从头到尾一气呵成，这样做一方面是为了节省时间，不至于因反复推敲某些小细节而浪费时间；另一方面也可以保证写作的连贯性，不至于在写作过程中由于反复推敲而不断变更思路和写作内容以致总是无法完成撰写。当然，这也要建立在主题确立和思路框架构建成熟的基础上。当围绕主题展开，依据成熟的思路和框架以及翔实、确凿的资料撰写完成后，可以再反复地从头阅读和推敲，仔细审查语言的流畅性和逻辑性、论证的严谨性以及资料应用的恰当性等，认真完善各个细节，从而使整个调查研究报告更丰富、更完善。

10.3 调查研究报告的一般格式

由于各种类型的调查研究报告在目的、作用及读者对象等诸多方面存在较大差别，因此在撰写上也存在各种差异。但就一般的调查研究报告而言，其结构都可分成标题、导言、主体和结尾4个部分，下面我们来介绍具体的撰写格式。

10.3.1 标题

对于调查研究报告来说，标题是表达作者观点、引起读者注意的关键因素之一。标题简明生动、准确合适往往能够直观表明作者的目的，也容易引起读者的兴趣，而复杂、晦涩的标题则会使读者不明所以，产生混乱甚至是反感的心理。目前，应用得较多的标题形式主要有下列4类。

1. 陈述式标题

陈述式标题即直接在标题中陈述调查的对象及调查的问题，例如"我国老年人养老消费调查""我国城市居民对政府政务公开的满意度调查""成都市市民生活质量调查"等。这种标题形式的优点是简单明了、浅显易懂，可以使读者一看到就能大致了解报告要呈现哪方面的内容；缺点是过于单调、难以引起读者兴趣的缺点。这类标题多用于学术性调查研究报告和应用性调查研究报告中。

2. 结论式标题

结论式标题即用某种结论式的语言做标题，例如"社会支持是影响残疾人康复的重要因素""资金短缺是我国当前社会保障面临的巨大挑战"等。结论式标题的优点是在标题中能够直接表明作者的结论或观点，具有较强的针对性，且十分醒目；缺点是理论色彩较浓，难以引起读者的兴趣。这类标题一般多用于学术性调查研究报告中，用于应用性调查研究报告的情况较少。

3. 问题式标题

问题式标题即以一个问题作为标题，例如"脑体倒置现象缘何产生""中国人的钱流向哪里""面对道德滑坡，我们该何去何从"等。这类标题的优点是以疑问的形式提出，很容易吸引读者的好奇心和注意力，有利于调动读者进一步阅读的欲望；缺点是较不正规，多用于一些报刊和大众读物上的调查研究报告中，有时也用于应用性调查研究报告中，学术性调查研究报告极少采用此类标题。

4. 双标题式标题

双标题式标题即由主标题和副标题共同构成调查研究报告的标题。在这种标题中，主标题和副标题的形式不定，有时均采用陈述式，有时主标题为结论式或问题式、副标题为陈述式。例如"青年农民工的择业观缘何变化——北京市青年农民工择业观调查""特殊消费正在成为一种潮流——基于我国六省市居民的调查""我国老年人养老消费问题的实证研究——以北京市×××名老年人的调查为例"等。这种类型的标题兼具以上三类标题的优点，具有更好的适用性，无论什么类型的调查研究报告都可采用这种形式的标题。

以上4类标题形式基本涵盖目前各种类型的调查研究报告标题，各有其优缺点，要视调查报告的具体类型斟酌选用。但无论标题的写法如何灵活多样，我们都要秉持一个原则，即"文要对题"，切不可以单纯为了追求标题格式而忽略了标题与调查研究报告内容的契合度，更不能为了引起读者的注意而使用超出调查研究报告内容的标题。

10.3.2 导言部分

调查研究报告的第一部分称为导言，它的主要任务是向读者简要地介绍整个调查研究的基本概况，主要包括调查研究的背景、目的和意义、对象和内容、时间和地点以及调查的方法和过程等内容。导言的具体写法有下列三种常见的方式。

1. 直述式

直述式即开门见山地介绍调查的基本情况。例如：

"为了全面了解我区老年人的生活状况，加强我区老年人的社会保障工作，区党校受区委区政府的委托，在全区范围内调查了×××位老年人的家庭与生活情况。下面是这次调查的过程及主要结果……"

"当前异地安置社区居民的社区意识薄弱已经成为灾后社区发展的瓶颈，极大地影响了灾后重建的进程。为了客观了解灾后异地安置居民社区意识的现状，呈现并分析存在的问题，为相关部门的政策决策提供实践参考，本研究采取多段抽样的方法，在四川极重灾区抽取了×××名异地安置的社区居民进行问卷调查……"

2. 悬念式

悬念式即先描述某种社会现象和社会问题，然后对这种社会现象和问题产生的原因以及它的影响等提出一系列疑问，最后介绍调查的基本状况。例如：

"志愿者参与救灾已成为当前我国地震救灾中的一个普遍现象。资料显示，在我国发生的近几次地震灾害中，越来越多的志愿者在第一时间积极投身到灾害救援中，在芦山地震发生后的24小时内，就已经有2 000多名志愿者赶赴灾区开展志愿服务，而在异地提供各种后勤支援的志愿者更是不计其数。目前，志愿者在灾后救援中究竟承担什么样的角色？能够发挥哪些有益功能？这些问题已经成为学界关注的焦点之一。本研究针对这一问题，对参与灾害救援的志愿者及其利益相关者进行了一次抽样调查……"

3. 结论式

结论式即在描述现象、提出问题的同时，直接写出结论。例如：

"据统计，2011年我国640万应届大学毕业生的一次性就业率不足70%，大学生就业难问题逐渐成为在我国经济社会发展过程中亟待解决的一个重要的社会问题，也日渐成为社会各界关注的焦点。虽然学界目前一致认为大学生就业难的根源在我国经济结构等宏观层面，但笔者通过对×××名应届大学毕业生实施问卷调查后发现，在受宏观决定性根源制约的情况下，就业期望过高、好逸恶劳和专业知识不足等个人因素是构成大学生就业难的重要个体影响因素，个体差异对大学生就业的影响也成为一个不争的事实……"

10.3.3 主体部分

1. 主体部分的内容

主体部分是各类调查研究报告的核心和重点，主要包括三个方面的内容：一是情况描述，二是问题分析，三是对策建议。其中，情况描述主要解决"是什么"的问题，即状况如何，包括对研究主题相关基本状况的客观叙述，阐明其性质和特征，当然，这些内容应该是基于对调查资料的分析得出的；问题分析主要解决"为什么"的问题，即为什么会产生这种状况，是在情况描述的基础上对现象各要素间的相互关系所作的分析，起到解释现象的作用；对策研究部分则解决"怎么办"的问题，是在问题分析的基础上提出解决问题的对策建议，在应用性调查报告中尤其是在对政府起决策参考作用的报告中，对策部分是十分重要的。

2. 主体部分的结构

主体部分的结构主要针对状况描述部分，状况描述部分的结构确定了，问题分析和对策建议就可以按照对状况描述的逻辑层次展开。一般而言，主体部分结构主要有三种类型。

(1) 纵向结构。纵向结构即按照时间的先后来组织和安排内容，通过对现象随时间的变化所作出的相应叙述，突出某一现象的发展过程或者反映现象在不同时期的变化与差别。例如一项反映自中华人民共和国成立以来社会流动状况的调查研究报告，就可以按纵向结构来设计主体部分，即可以分为两个甚至多个阶段对社会流动现象进行状况描述，如改革开放前的我国社会流动状况和改革开放后的我国社会流动状况，同时可以加以比较，进一步分析现阶段我国社会流动状况的主要特征及影响因素。这种结构的优点是可以全面展现现象的历史发展过程，使读者能够了解现象发展的全貌，并可以通过比较发现某种变动趋势，更好地把握现象发展规律。

(2) 横向结构。横向结构即主要依照调查的内容及逻辑层次来设计主体的内容结构，以突出某一社会现象在诸多层面的内容，通过对这些不同层面内容的叙述达成对报告主题的说明。例如一项关于生态移民社会适应的调查研究，就可以将主体状况描述具体分为移民生产适应、生活适应、社会关系适应和心理适应等不同维度，进而对这些不同维度的状况进行描述和分析。这种结构的优点在于可以充分展开现象的不同方面，反映现象的全貌，使叙述和议论能够紧紧围绕主题，达到指向鲜明、条理清晰和说理充分的效果。

(3) 纵横交错结构。纵横交错结构即将纵向结构和横向结构两种方式相结合，包括以纵为主、以横为辅或者以横为主、以纵为辅两种方式。通常主题中有鲜明时间维度的调查报告可采用以纵为主、以横为辅的结构，如"自中华人民共和国成立以来我国社会流动变化状况研究"，就可以先进行纵向结构设计，然后在每个时间阶段内将社会流动这一基本概念操作成诸多的维度加以论述和分析；而一些主要反映特定时间点上的现象，但需要用一些发展历史进行补充比较的调查研究报告，则可以采用以横为主、以纵为辅的结构，如"我国居民养老模式的调查研究"，可以先根据养老模式这一核心概念从不同维度对当前该现象的各个方面加以叙述和议论，也可以与改革开放前甚至是传统时期进行比较研究。纵横交错结构既能够展现现象的全貌，也能反映现象的历史发展情况，一般常用于大型的调查研究报告中，以便于反映比较复杂的内容。

10.3.4 结尾部分

调查研究报告结尾部分是整篇报告的结束语，主要是针对调查分析结果的总结性陈述或议论。在这一部分中，我们可以将整个调查分析的结果进行结论性总结，通过精炼又准确的表述，分类或分层次列出调查研究的主要结果，或在此基础上进行对策研究，或进一步通过对结果的议论进行展望，从而达到深化主题的目的。例如：

"调查结果表明，居民社区意识总体并不理想，在对社区意识4个层面进行赋值分析后发现，大多数居民对自身社区的认同感、归属感、参与感和责任感的主观定位都为"一般"，在"高"的比例偏少的同时，仍然有相当比例的居民认为自己的社区意识"低"。具体而言……"(概括为主型)

"本次调查研究发现,社会因素、社区因素和个体因素是导致××问题出现的主要原因,在社会层面,主要表现为……;在社区层面,主要表现为……;而个体层面上的……等也是导致××问题产生的重要原因。……根据调查发现的问题以及前述的原因分析,本研究提出如下几点解决对策:一是……;二是……;三是……"(概括加对策型)

"必须指出,本次调查研究仅从定量的角度客观描述了因灾致残者当前的生存状况、特征及其存在的问题等内容,受调查时间、范围以及抽样规模等因素的影响,研究得出的结论可能会与一些相关研究存在一定的差异,……如何有效结合定量分析和定性分析的手段,对因灾致残者的相关问题进行更为深入细致的探讨,是本次研究需要继续深化的地方……"(深化和展望型)

10.4 学术性调查研究报告的撰写

学术性调查研究报告主要以学术论文的形式呈现,主要用于专业学术刊物和专业学术会议,其读者主要是相关专业领域的研究人员,因此学术性调查研究报告的撰写要求比应用性调查研究报告更为严格,有其相对固定的格式和严格的规范。

10.4.1 标题部分

1. 标题

标题即调查研究报告的标题。学术性调查研究报告的标题格式可以参照上节中的标题格式,要注重针对性,即往往会用陈述式标题,当然,有时也会用其他格式。例如:"我国大学生就业难问题的实证分析""农村居民社区参与的实证研究——基于××区的调查"。

2. 摘要

在以学术论文性质呈现的调查研究报告中,如在学术期刊上发表的调查类论文和学位论文,标题后就应该是摘要部分,一般以"摘要:"或"[摘要]"开头。摘要是整篇调查研究报告的一个缩影,篇幅根据报告的具体类型而定,但要求尽量简明扼要,使读者可以从中简要了解报告研究了什么、得出了什么结论,注意摘要中应避免出现图表、冗长的数学公式。例如:

"摘要:本文首先对大学生心理健康问题的影响因素进行了经验性总结,认为个体因素、家庭因素、学校和社会因素是造成大学生心理健康问题的主要因素,进而以社会学的社会化理论视角分析家庭、学校和社会在大学生社会化过程中的作用,认为导致大学生心理健康问题的主要原因是在社会化过程中,个体、家庭、学校和社会4个因素单独或相互作用而造成的偏差。本文最后从高校和大学生个体角度提出相关对策建议。"

3. 关键词

摘要下方应标注关键词,以"关键词:"开头,调查研究报告的关键词主要是报告中的核心概念,可根据实际情况选取3~5个,多个关键词之间应用分号或空格分隔。例如:"关键词:人口素质;熵权;回归模型"。

10.4.2 导言部分

导言也称引言或绪论，它是调查研究报告的第一部分，通常包括以下两方面的内容。

1. 研究的问题及背景

调查研究报告首先要提出问题，即要对研究的问题及其产生的背景进行描述，以此展开后续的研究步骤。在这一部分中，要开门见山地提出我们研究的问题是什么，并把这一问题放到一个宏观的背景下，以此来反映我们为什么要选择这一问题作研究，即让读者明白研究有什么重要性和必要性。

例如，在一份研究大学生心理健康相关问题的调查研究报告中，导言如下：

"据有关研究表明，自改革开放以来，大学生心理障碍发生率一直呈递增趋势。而大学生作为社会人群中一个特殊的人群，他们具有较高的文化素质，同时又处在人生的一个重要年龄阶段，在生理上基本发育成熟，但心理未完全成熟。

"我国当前转型期间社会境况的快速变化和愈发多元的价值观或多或少地对大学生的思想意识产生了巨大的冲击，进而对其心理健康产生很大的影响，如2004年发生的云南大学生马加爵事件以及随后发生的兰州大学生硫酸泼导师事件。此外，因心理原因造成的大学生自杀、犯罪等越轨事件已屡见不鲜，更使大学生的心理健康问题受到前所未有的社会关注。"

从上例中可以看到，报告中的导言部分直截了当地提出了研究的主题，即"大学生心理健康问题"，同时将其放在我国转型期的背景下，并说明了大学生心理健康问题的典型表现及其社会影响，突显研究这一问题的重要性和必要性。

研究问题的提出是撰写调查研究报告的起始，必须向读者简明扼要地呈现所研究的问题并衬托出问题研究的迫切性，体现其价值意义。这个"头"能否开好，直接关系撰写调查研究报告的全盘工作能否顺利进行。风笑天教授在《社会学研究方法》一书中提出的三项规则可以帮助我们有效地写作导言部分。

第一，尽可能用常用的语言撰写，少用专业术语。

第二，不要把毫无思想准备的读者拉进你的问题或理论之中，要一步一步地把一般性的读者引入对特定问题的正式的或理论化的陈述中来。

第三，用例子说明理论观点，或者用例子来辅助介绍理论性的或技术性的术语。

2. 文献述评

在提出研究的问题及背景后，我们就需要对在这一领域中已发表的研究结果和结论进行总结和评论，这就是文献述评工作。文献述评既可以单独列为一个部分，也可以并入导言作为其中的一个部分。在此部分中，我们要对相关研究文献进行梳理和总结，通过文献回顾，可以使我们了解相关领域已有的研究结果和结论。需要说明的是，研究者一般应在调查研究准备阶段完成对相关文献的查阅和梳理工作，也应对相关研究状况有较为系统的了解和把握。在撰写调查研究报告时，研究者应在前述工作的基础上有针对性地对相关研究成果进行系统的描述和评论。

文献述评的撰写要遵循针对性、精确性和简明性原则。首先，我们不需要对所有研究文献都加以评述，这样做既不现实也没有必要，我们应该从中尽量选取与研究密切相关的那些研究文献进行分析；其次，我们必须选取准确的材料加以客观叙述，并尽量抛除个人的成见对其进行评论，说明其对研究有哪些可借鉴之处，分析其还存在哪些需要深化的地方；最后，在述评方式上，要尽量简化语言，不能简单复述文献相关内容，而是要结合研究的主题总结那些相关的基本情况，如思路、方法和主要结论，并进一步对其作简要的评论。通常有两种方法：一种是先述后评，另一种是边述边评。无论采用哪种方法，最后一般都要进行总结性评论。下面是关于社区意识测量的文献述评节选实例：

"在社区意识测量实践中，学者们一般关注现实环境下的社区意识水平状况及其原因，采用的方法也多为调查研究，并通过描述统计、描述现象以及统计推论结合经验分析解释原因。在此过程中，学者们首先要解决的问题就是如何将无法直接观察的心理现象转换成一组可测量的具体指标。由此，社会心理学家先后发展出两套具有代表性的测量工具——社区意识量表(SCS)和社区意识指数(SCI)。前者是由罗伯特·J.杜利特尔和唐纳德·麦克唐纳发展出的用于探讨社区或邻里组织的沟通行为和态度的测量工具，后者是以前述麦克米伦和查维斯提出的社区意识定义为基础，具体操作的用以测量社区意识水平的4个维度共23个问题。在后续的相关实证研究中，学者们或对社区意识指数量表进行修改、优化，或发展新的测量工具进行调查，然后进行赋值运算，得出具体的社区意识分值，据此考查研究对象的社区意识水平。值得注意的是，可能是由于社区意识内涵的多样性和实际操作的复杂性，基于研究的可行性，目前国内众多研究者在研究社区意识时，往往只针对某一具体内容进行量化操作和实际测量，尤其在社区归属感研究领域中出现了大量的研究成果，但旨在对社区意识进行全面考察的论著甚少。"

10.4.3 方法部分

方法部分是学术性调查研究报告中最关键的部分之一。专业领域的读者不仅会关注报告的研究结论，也会关注实际研究是如何设计和开展的，因为科学的方法以及严谨规范的分析手段和步骤是他们评价研究结论是否准确和研究是否具有价值的重要标准。因此，方法部分的主要任务及内容就是阐述研究所采用的方法和技术手段，主要包括以下三个部分。

1. 研究设计

在这一部分中，主要要介绍研究的思路、理论基础和实证分析框架等研究的总体设计情况。例如，研究主要采用哪一种具体研究方式，研究是基于哪方面的理论架构，主要研究哪些内容，又是如何设计并进行实证调查的，等等。通过对这些情况的介绍，可以让读者充分了解研究的基本方法和过程。例如，关于某校大学生心理健康的调查研究报告，其研究设计内容为：

"本研究的目的在于通过调查了解大学生的心理状况，为我校建立大学生心理档案库作前期准备，并最终为我校深化教育教学改革和提高大学生心理健康水平提供借鉴和参考。……，首先在分析相关文献的基础上对大学生心理状况和形成原因进行经验层面的描述，然后在综合借鉴目前国内外相关研究成果的基础上，对核心概念进行操作化并进一步发展指标，最终设计出问卷对我校大学本科生进行抽样调查，运用社会学(社会化)及社会心理学(社会认知)理论对我校大学生的心理健康状况做出相应的分析并提出若干对策……"

2. 资料收集方法和过程

在资料收集方法这部分中，主要介绍具体采用哪种资料收集方法，如是采用问卷法、访谈法还是观察法等，或者是几种方法联合运用。在资料收集过程这部分中，要介绍在调查研究中抽样方案是如何设计的、抽样过程是怎么操作的、问卷是通过何种方式发放回收的、访谈是采用哪种方式进行的以及问卷回收状况等，具体内容可根据调查的方式和资料收集方法的类型来确定。例如，在一项调查报告中，关于资料收集方法和过程是这样陈述的：

"在调查中主要采用的资料收集方法是自填式问卷法。依据本研究的研究内容、研究目的及调查对象的特点，为了提高效率，节省时间、经费和人力，主要采取自填式问卷调查的方法，当场作答、当场回收，调查员对填答有困难的调查对象进行相应指导。

第一，调查对象。本研究探讨的是灾后社会工作在恢复重建中的功能与作用，考虑到目前社会工作在灾区的实际开展范围情况，调查对象被界定为在四川重灾区和极重灾区生活的居民。

第二，抽样方法及样本数。本调查采取多段抽样的方法抽取样本。首先，在四川39个重灾区和极重灾区范围内按简单随机抽样的方法，实际抽取都江堰、汶川、绵竹、什邡、彭州5个地区；在这5个市(县)再按简单随机抽样的方法实际抽取灌口镇、映秀镇、剑南镇、洛水镇、通济镇5个镇；最后按定额抽样的方法抽取调查对象。调查共发放问卷800份，主要在灾民安置点进行，配额抽样样本的抽取主要考虑职业、性别和年龄因素，其中每个地区的政府/事业单位工作人员至少30人，男女性别比为1∶1，性别误差10%左右，最终回收问卷800份，其中有效问卷785份，问卷的有效回收率约为98.12%。从收回问卷的情况看，调查对象均能认真有效填答，回收的问卷质量较高，废卷认定主要针对漏填和缺答严重或难以保障真实性的问卷。"

3. 资料分析方法

由于调查方式和资料收集方法等的不同，不同的调查研究报告的资料分析方法也不同，因此有必要在方法部分介绍资料分析过程和方法。例如，是以定性分析为主还是以定量分析为主，如以定量分析为主，具体采用了哪些统计分析方法。例如：

"问卷调查的数据处理由经过专门培训的10名研究生承担。首先对问卷进行统一整理、编号并核查有效问卷的有效性；然后用FOX6.0进行录入并查错，历时3天；最后用SPSS软件进行统计分析，主要采用描述统计、双变量(交互分类)描述统计、相关分析以及多元回归分析等手段进行统计分析。个案访谈资料以一个访谈对象的访谈内容为一个个案进行整理，选择和归纳每个个案中最具有典型意义的内容。"

此外，在一些调查研究报告尤其是学术论文中，由于篇幅所限，如问卷不能以附录形式将测量工具展现给读者，则有必要在方法部分对测量工具进行简单的介绍。

需要说明的是，有的学术性调查报告会把方法部分放到导言中，而不是单列为一部分，这也是可行的，因为总体来说，方法部分的内容仍然是作为对研究基本情况的介绍而存在的，因此实际上也可以将其作为调查研究报告的导言部分提出。

10.4.4 结果部分

在学术性调查研究报告中，对调查结果的总结和分析通常归入结果部分。在结果部分，内容结构往往是先描述状况，然后总结特征和问题，进而分析原因。在写作思路上，也应按先总体后个别和先大后小的顺序展开，即先给出总体一般的状况和特征，然后进一步展现更细小的结果；先给出结论，再用证据支撑；先陈述每个方面的结果，再进行小结，而后继续下一个方面的结果的陈述和小结。

值得注意的是,结果的陈述和议论在一般情况下很难明确区分,尤其在解释性调查研究报告中,不仅要对客观结果进行叙述,同时也要针对结果进行必要的讨论以便于解释。因此,在篇幅较短的学术论文或比较简单的调查研究报告中,结果和讨论常常作为一个部分呈现给读者。

10.4.5 讨论部分

在篇幅较长和内容较为复杂的学术性调查研究报告中,讨论部分一般作为一个单独的部分呈现,其分工、内容与结果部分是不同的,结果部分主要用于呈现分析的客观结果和结论概况;而讨论部分则是针对结果部分的再总结,以及对研究的总体过程和状况进行说明和反思,或者进一步提出需要深化的地方。

10.4.6 参考文献

完成结论部分后,基本上完成了学术性调查研究报告的撰写,但为了体现研究的科学性、严谨性和规范性,在学术性研究报告的结尾处,应列出与报告相关的参考文献。这些文献是研究者实际开展研究和撰写调查研究报告时参考、引证或对研究有所启发的文献资料,其具体格式和规范较为统一,在此不作具体说明。

10.5 调查研究报告撰写的注意事项

10.5.1 行文要则

1. 用简单、平实的语言写作

调查报告与新闻报道和文学作品不同,它的写作不像文学作品那样强调和注重文学性、可读性等,而是十分强调报告的客观性、准确性、严密性、简洁性。所以,在行文时,应该尽量用平实的语言写作,以简单明了、科学严谨为标准,清楚表达调查的结果。例如,对调查结果进行分析后发现,有80%左右的调查对象选择"会在成都养老"这一选项,就可以写"调查结果显示,被调查者中有80%左右(有×××人)表示打算在成都养老",而不能写成"有80%左右的人毫不犹豫地选择了在成都养老",由此可以看出,调查报告的撰写实际上要求语言尽量平实、准确和客观,不要任意添加修饰用语。

2. 用客观的语气进行陈述

陈述事实力求客观,避免使用主观或感情色彩较浓的语句。陈述时最好使用第三人称或非人称代词,尽量不用第一人称。例如,用"研究发现……""笔者认为……""调查结果显示……",或者用"这一结果表明……""这些数据说明……"等,而不用"我认为……""我们发现……"等。实际上,调查研究报告比较忌讳的就是经常出现第一人称这样的口头语,如"我认为……"等,给读者的感觉好像就是调查者认为的,而非调查研究发现的。

3. 用汇报的语气进行陈述

行文时，应以一种向读者汇报的语气撰写，而不要表现出力图说服读者同意某种观点或看法的倾向，更不能把自己的观点强加于人。因为读者在阅读报告时，关心的是通过调查得到的客观事实，是调查结果和真相揭示，而不是个人的一些主观看法。例如，在报告结论中可以写"这一结果表明了一些群众的交通安全意识比较欠缺"，而不要写成"我觉得交通安全意识欠缺仍然存在于一些群众身上"，更不能在没有材料佐证或没有经过详细论证的情况下直接得出"我认为一些群众交通安全意识欠缺是由于其自身文化素质低"这种主观臆断的结论。

10.5.2 结论的注意事项

1. 结论要有条理性和逻辑性

在调查研究报告中，我们很可能面对众多的统计分析表格和分析语言，在作结论的时候很多人往往无从下手，此时只要秉持条理性和逻辑性，依据分析内容的层次结构一一作出结论就可以了，也可以进行深入的、合理的和有依据的讨论，切忌无条理地总结分析，更不能打破原有分析的逻辑层次进行总结。例如，我们在统计分析过程中，先是进行单变量描述，再进行双变量描述，最后进行双变量推论统计分析，那么我们在作结论时就应该按照前述分析步骤，依次进行单变量分析结果的结论概况总结、双变量描述分析结果的结论概况总结和推论统计的结论概况总结。又如，我们通过分析某一问题发现，宏观制度和社会因素、中观组织和社区因素以及微观的个体因素是某一现象的制约因素，那么我们在作对策性结论总结时也应该按照这一逻辑层次一一对应提出，而不能先提出一个从个体修养角度出发的对策，又提出一个从法律制度角度出发的对策，再提出一个从社区建设角度出发的对策。

2. 结论要保证客观性

结论要保证客观性，保证是通过调查研究或者是通过后续的研究分析得出的结论。在撰写报告时，一定要根据实际的数据结果作出针对性结论，表述力求精确，切忌用模棱两可的语句，更不能无中生有。如果调查报告中的定量分析始终是描述性的统计分析，则不能得出带有因果或相关性的结论，除非在描述性统计分析后补充了定性的因果分析。

在撰写调查研究报告时，尤其是定量报告时，多数人经常犯的错误是得出的结论和调查结果看似相关，其实毫无根据，这种情况较容易出现在基于描述性统计得到的调查结论中，这一点尤其值得我们重视。例如，"某项研究发现，被调查的100名男性平均每天消耗600克大米，而被调查的100名女性平均每天消耗500克大米"，则结果可以写成"在被调查者中，男性人均每日消耗的大米比女性要高100克左右"或者"研究发现，在被调查者中，男性的平均饭量比女性高"，而不能得出"男性饭量大于女性是因为……"这样的结论。

本章小结

1. 调查研究报告具有针对性、真实性和时效性的特点，可以依据不同的标准划分为不同的类型，如定性和定量调查研究报告、应用性和学术性调查研究报告、描述性和解释性调查研究报告以及综合性和专题性调查研究报告。

2. 不同类型的调查研究报告的规范要求有所不同，但基本结构和撰写步骤大体一致。基本结构包括导言、调查结果分析、对策研究、小结和讨论、参考文献和附录5个部分；撰写步骤通常包括确立主题、拟定提纲、选择资料和撰写调查研究报告4个环节。

3. 在撰写调查研究报告的各个部分时，应遵循一定的格式和规范，尤其是学术性调查研究报告，不仅要有一般调查研究报告各部分结构内容，还必须突出方法部分，同时要有相应的文献述评，在撰写时也应遵循相对固定的格式和规范。

4. 调查研究报告要以简单平实的语言写作，用客观的语气向读者汇报，不要表现出力图说服读者或者想把自己的观点强加给读者的倾向，作出的结论要具备条理性、逻辑性和客观性。

复习思考题

1. 参考一篇或多篇调查研究报告类的期刊文献或学位论文，结合本章知识详细分析其类型、结构和格式。
2. 一般的调查研究报告和学术性调查研究报告在哪些方面存在差异？
3. 简述不同调查研究报告标题格式的优缺点。
4. 调查研究报告的严谨规范性在其行文中如何体现？
5. 调查报告的写作与新闻写作、文学写作有何不同？

扫码自测

参考文献

[1] ABRAHAMSON M. Social Research Methods[M]. New York: Prentice-Hall Inc.，1983.

[2] BABBIE E. The Practice of Social Research[M]. Belmont CA: Wadsworth Publishing Company，1998.

[3] NEWMAN W L. Social Research Methods：qualitative and quantitative approaches[M]. Boston: Allyn and Bacon，1994.

[4] SINGLETON R，STRAITS B C. Approaches to Social Research[M]. New York: Oxford University Press，1998.

[5] MANN P H. Methods of Social Investigation[M]. New York：Basic Blackwell，1985.

[6] GUY R F，EDGLEY C E. Social Research Methods[M]. Boston: Allyn and Dacon，1987.

[7] WALLANCE W L. The Logic of Science in Sociology[M]. Boston: Aldine Atherton，1971.

[8] FOWLER F J Jr. Survey Research Methods[M]. Newbury Park CA: Sage Publications，1993.

[9] DOOLEY D. Social Research Methods[M]. New York: Prentice-Hall，1984.

[10] MOSER C A，KALTON G. Survey Method and Issues in Social Investigation[M]. New York: Richard Clay Ltd.，1971.

[11] COLIN R. Real World Research[M]. New York: Blackwell Publishing，2002.

[12] BAILEY K D. Social Research Methods[M]. New York: The Free Press，1982.

[13] DAVID M，SUTTN C D. Y Social Research : the Basics[M]. London: Sage Publications，2004.

[14] DE VAUS D A. Surveys in Social Research[M]. London: George Allen & Unwin Ltd.，1986.

[15] CHAVA F，DAVID N. Research Methods in the Social Sciences[M]. New York: Worth Publishers，2000.

[16] [美]贝利. 现代社会研究方法[M]. 许真，译. 上海：上海人民出版社，1986.

[17] [美]米尔斯，等. 社会学与社会组织[M]. 何维凌，译. 杭州：浙江人民出版社，1986.

[18] [美]齐斯克. 政治学研究方法举隅[M]. 沈明明，译. 北京：中国社会科学出版社，1985.

[19] [美]科塞，等. 社会学导论[M]. 杨心恒，译. 天津：南开大学出版社，1990.

[20] [美]波普诺. 社会学[M]. 刘云德，译. 沈阳：辽宁人民出版社，1989.

[21] [美]罗伯逊. 社会学[M]. 黄育馥，译. 北京：商务印书馆，1992.

[22] [美]布莱洛克. 社会统计学[M]. 北京：中国社会科学出版社，2010.

[23] [德]韦伯. 社会科学方法论[M]. 朱红文，译. 北京：中国人民大学出版社，1992.

[24] [德]阿特斯兰德. 经验性社会研究方法[M]. 李路路，译. 北京：中央文献出版社，1995.

[25] [法]迪尔凯姆. 社会学方法的准则[M]. 狄玉明，译. 北京：商务印书馆，1995.

[26] [美]林楠. 社会研究方法[M]. 北京：农村读物出版社，1987.

[27] [美]巴比. 社会研究方法[M]. 北京：华夏出版社，2009.

[28] [美]纽曼. 社会研究方法：定性研究与定量研究[M]. 北京：人民邮电出版社，2010.

[29] [美]艾格瑞斯蒂. 社会科学统计方法[M]. 北京：电子工业出版社，2011.

[30] 王洪伟，吴永哲，等. 社会调查方法[M]. 沈阳：辽宁大学出版社，2002.

[31] 李沛良. 社会研究中的统计分析[M]. 武汉：湖北人民出版社，1987.

[32] 边燕杰，李路路，蔡禾. 社会调查方法与技术：中国实践[M]. 北京：社会科学文献出版社，2006.

[33] 张兴杰. 社会调查[M]. 南京：南京大学出版社，2008.

[34] 风笑天. 透视社会的艺术——社会调查中的问卷设计[M]. 天津：天津人民出版社，1990.

[35] 费孝通. 社会调查自白[M]. 上海：上海人民出版社，2009.

[36] 风笑天. 社会调查方法[M]. 北京：中国人民大学出版社，2012.

[37] 袁方. 社会研究方法教程[M]. 北京：北京大学出版社，1997.

[38] 仇立平. 社会研究方法[M]. 重庆：重庆大学出版社，2008.

[39] 郭志刚，等. 社会调查研究的量化方法[M]. 北京：中国人民大学出版社，1989.

[40] 陈向明. 质的研究方法与社会科学研究[M]. 北京：教育科学出版社，2000.

[41] 风笑天. 浅谈当前抽样调查中的若干失误[J]. 天津社会科学，1987(3).

[42] 风笑天. 社会调查方法还是社会研究方法[J]. 社会学研究，1997.

[43] 范伟达，范冰. 社会调查研究方法[M]. 上海：复旦大学出版社，2010.

[44] 苏家坡. 社会调查理论与方法[M]. 长沙：湖南师范大学出版社，1989.

[45] 翁定军. 社会统计[M]. 上海：上海大学出版社，2006.

[46] 风笑天. 这样的调查能不能反映客观事实？——对一次大型社会调查的质疑[J]. 社会，1987(5).

[47] 阿特斯兰德. 经验型社会研究方法[M]. 北京：中央文献出版社，1995.

[48] 爱因斯坦，英费尔德. 物理学的进化[M]. 上海：上海科学技术出版社，1962.

[49] 巴比. 社会研究方法(上)[M]. 北京：华夏出版社，2000.

[50] 巴比. 社会研究方法(下)[M]. 北京：华夏出版社，2000.

[51] 布莱洛克. 社会统计学[M]. 北京：中国社会科学出版社，1988.

[52] 波普若. 社会学[M]. 北京：中国人民大学出版社，2001.

[53] 风笑天. 独生子女：他们的家庭、教育和未来[M]. 北京：社会科学文献出版社，1992.

[54] 迪尔凯姆. 社会学方法的规则[M]. 北京：华夏出版社，1999.

[55] 费孝通. 江村经济[M]. 南京：江苏人民出版社，1986.

[56] 李景汉. 定县社会概况调查[M]. 上海：上海人民出版社，2005.

[57] 风笑天. 现代社会调查方法[M]. 武汉：华中理工大学出版社，1996.

[58] 风笑天. 社会学研究方法[M]. 北京：中国人民大学出版社，2001.

[59] 富永健一. 经济社会学[M]. 天津：天津人民出版社，1984.

[60] 卢纹岱. SPSS统计分析[M]. 北京：电子工业出版社，2000.

[61] 吉登斯. 社会学方法的新规则[M]. 北京：社会科学文献出版社，2003.

[62] 弗里德曼，等. 社会心理学[M]. 哈尔滨：黑龙江人民出版社，1984.

[63] 风笑天. 论社会调查方法面临的挑战[M]. 北京：社会科学文献出版社，2000.

[64] 中国社会科学院社会学研究所. 中国社会学年鉴(1995—1998)[M]. 北京：社会科学文献出版社，2000.

[65] 韩明模. 中国社会学史[M]. 天津：天津人民出版社，1987.

[66] 欧阳康，张明仓. 社会科学研究方法[M]. 北京：高等教育出版社，2001.

[67] 郝大海. 社会调查研究方法[M]. 北京：中国人民大学出版社，2005.

[68] 怀特. 街角社会[M]. 北京：商务印书馆，1994.

[69] 克雷斯维尔. 研究设计与写作指导：定性、定量与混合研究路径[M]. 重庆：重庆大学出版社，2007.

[70] 费尔贝恩. 阅读、写作和推理[M]. 北京：北京大学出版社，2007.

[71] 拉尔森. 社会科学理论与方法[M]. 上海：上海人民出版社，2002.

[72] 李沛良. 社会研究的统计应用[M]. 北京：社会科学文献出版社，2002.

附录A 随机数表

10 09 73 25 33	76 52 01 35 86	34 67 35 48 76	80 95 90 91 17	39 29 27 49 45
37 54 20 48 05	64 89 47 42 96	24 80 52 40 37	20 63 61 04 02	00 82 29 16 65
08 42 26 89 53	19 64 50 93 03	23 20 90 25 60	15 95 33 47 64	35 08 03 36 06
99 01 90 25 29	09 37 67 07 15	38 31 13 11 65	88 67 67 43 97	04 43 62 76 59
12 80 79 99 70	80 15 73 61 47	64 03 23 66 53	98 95 11 68 77	12 17 17 68 33
66 06 57 47 17	34 07 27 68 50	36 69 73 61 70	65 81 33 98 85	11 19 92 91 70
31 06 01 08 05	45 57 18 24 06	35 30 34 26 14	86 79 90 74 39	23 40 30 97 32
85 26 97 76 02	02 05 16 56 92	68 66 57 48 18	73 05 38 52 47	18 62 38 85 79
63 57 33 21 35	05 32 54 70 48	90 55 35 75 48	28 46 32 37 09	83 49 12 56 24
73 79 64 57 53	03 52 96 47 78	35 80 83 42 82	60 93 52 03 44	35 27 38 84 35
98 52 01 77 67	14 90 56 86 07	22 10 94 05 58	60 97 09 34 33	50 50 07 39 98
11 80 50 54 31	39 80 82 77 32	50 72 56 32 48	29 40 52 42 01	52 77 56 78 51
83 45 29 96 34	06 28 89 80 83	13 74 67 00 78	18 47 54 06 10	68 71 17 78 17
88 68 54 02 00	86 50 75 34 01	36 76 66 79 51	90 36 47 64 93	29 60 91 10 62
99 59 46 73 48	37 51 76 49 69	91 82 60 89 28	93 78 56 13 68	23 47 83 41 13
65 48 11 76 74	17 46 85 09 50	58 04 77 69 74	73 03 95 71 86	40 21 81 65 44
80 12 43 56 35	17 72 70 80 15	45 31 32 23 74	21 11 57 82 53	14 38 55 37 63
74 35 09 98 17	77 40 27 72 14	43 23 60 02 10	45 52 16 42 37	96 28 60 26 55
69 91 62 68 03	66 25 22 91 48	36 93 68 72 03	76 62 11 39 90	94 40 05 64 18
09 89 32 05 05	14 22 56 85 14	46 42 75 67 88	96 29 77 88 22	54 38 21 45 98
91 49 91 45 23	68 47 92 76 86	46 16 28 35 54	94 75 08 99 23	37 08 92 00 48
80 33 69 45 93	26 94 03 68 58	70 29 73 41 35	53 14 03 33 40	42 05 08 23 41
44 10 48 19 49	85 15 74 79 54	32 97 92 65 75	57 60 04 08 81	22 22 20 64 13
12 55 07 37 42	11 10 00 20 40	12 86 07 46 97	96 64 48 94 39	28 70 72 58 15
63 60 64 93 29	16 50 53 44 84	40 21 95 25 63	43 65 17 70 82	07 20 73 17 90
61 19 69 04 46	26 45 74 77 74	51 92 43 37 29	65 39 45 95 93	42 58 26 05 27
15 47 44 52 66	95 27 07 99 53	59 36 78 38 48	82 39 61 01 18	33 21 15 94 66
94 55 72 85 73	67 89 75 43 87	54 62 24 44 31	91 19 04 25 92	92 92 74 59 73
42 48 11 62 13	97 34 40 87 21	16 86 84 87 67	03 07 11 20 59	25 70 14 66 70
23 52 37 83 17	73 20 88 98 37	68 93 59 14 16	26 25 22 96 63	05 52 28 25 62

04 49 35 24 94	75 24 63 38 24	45 86 25 10 25	61 96 27 93 35	65 33 71 24 72
00 54 99 76 54	04 05 18 81 59	96 11 96 38 96	54 69 28 23 91	23 28 72 95 29
35 96 31 53 07	26 89 80 93 54	33 35 13 54 62	77 97 45 00 24	90 10 33 93 33
59 80 80 83 91	45 42 72 68 42	83 60 94 97 00	13 02 12 48 92	78 56 52 01 06
46 05 88 52 36	01 39 09 22 86	77 28 14 40 77	93 91 08 36 47	70 61 64 29 41
32 17 90 05 97	87 37 92 52 41	05 56 70 70 07	86 74 31 71 57	85 39 41 18 38
69 23 46 14 06	20 11 74 52 04	15 95 66 00 00	18 74 39 24 23	97 11 89 63 38
19 56 54 14 30	01 75 87 53 79	40 41 92 15 85	66 67 43 68 06	84 96 28 52 07
45 15 51 49 38	19 47 60 72 46	43 66 79 45 43	59 04 79 00 33	20 82 66 95 41
94 86 43 19 94	36 16 81 08 51	34 88 88 15 53	01 54 03 54 56	05 01 45 11 76
98 08 62 48 26	45 24 02 84 04	44 99 90 88 96	39 09 47 34 07	35 44 13 18 80
33 18 51 62 32	41 94 15 09 49	89 43 54 85 81	88 69 54 19 94	37 54 87 30 43
80 95 10 04 06	96 38 27 07 74	20 15 12 33 87	25 01 62 52 98	94 62 46 11 71
79 75 24 91 40	71 96 12 82 96	69 86 10 25 91	74 85 22 05 39	00 38 75 95 79
18 63 33 25 37	98 14 50 65 71	31 01 02 46 74	05 45 56 14 27	77 93 89 19 36
74 02 94 39 02	77 55 73 22 70	97 79 01 71 19	52 52 75 80 21	80 81 45 17 48
54 17 84 56 11	80 99 33 71 43	05 33 51 29 69	56 12 71 92 55	36 04 09 03 24
11 66 44 98 83	52 07 98 48 27	59 38 17 15 39	09 97 33 34 40	88 46 12 33 56
48 32 47 79 28	31 24 96 47 10	02 29 53 68 70	32 30 75 75 46	15 02 00 99 94
69 07 49 41 38	87 63 79 19 76	35 58 40 44 01	10 51 82 16 15	01 84 87 69 38
09 18 82 00 97	32 82 53 95 27	04 22 08 63 04	83 38 98 73 74	64 27 85 80 44
90 04 58 54 97	51 98 15 06 54	94 93 88 19 97	91 87 07 61 50	68 47 66 46 59
73 18 95 02 07	47 67 72 52 69	62 29 06 44 64	27 12 46 70 18	41 36 18 27 60
75 76 87 64 90	20 97 18 17 49	90 42 91 22 72	95 37 50 58 71	93 82 34 31 78
54 01 64 40 56	66 28 13 10 03	00 68 22 73 98	20 71 45 32 95	07 70 61 78 13
08 35 86 99 10	78 54 24 27 85	13 66 15 88 73	04 61 89 75 53	31 22 30 84 20
28 30 60 32 64	81 33 31 05 91	40 51 00 78 93	32 60 46 04 75	94 11 90 18 40
53 84 08 62 33	81 59 41 36 28	51 21 59 02 90	28 46 66 87 95	77 76 22 07 91
91 75 75 37 41	61 61 36 22 69	50 26 39 02 12	55 78 17 65 14	83 48 34 70 55
39 41 59 26 94	00 39 75 83 91	12 60 71 76 46	48 94 97 23 06	94 54 13 74 08
77 51 30 38 20	86 83 42 99 01	68 41 48 27 74	51 90 81 39 80	72 89 35 55 07
19 50 23 71 74	69 97 92 02 88	55 21 02 97 73	74 28 77 52 51	65 34 46 74 15
21 81 85 93 13	93 27 88 17 57	05 68 67 31 56	07 08 28 50 46	31 85 33 84 52
51 47 46 64 99	68 10 72 36 21	94 04 99 13 45	42 83 60 91 91	08 00 74 54 49
99 55 96 83 31	62 53 52 41 70	69 77 71 28 30	74 81 97 81 42	43 86 07 28 34
33 71 34 80 07	93 58 47 28 69	51 92 66 47 21	58 30 32 89 22	93 17 49 39 72
85 27 48 68 93	11 30 32 92 70	28 83 43 41 37	73 51 59 04 00	71 14 84 36 43

84 13 38 96 40	44 03 55 21 66	73 85 27 00 91	61 22 26 05 61	62 32 71 84 23
56 73 21 62 34	17 39 59 61 31	10 12 39 16 22	85 49 65 75 60	81 60 41 88 80
65 13 85 68 06	87 64 88 52 61	34 31 36 58 61	45 87 52 10 69	85 64 44 72 77
38 00 10 21 76	81 71 91 17 11	71 60 29 29 37	74 21 96 40 49	65 58 44 96 98
37 40 29 63 97	01 30 47 75 86	56 27 11 00 86	47 32 46 26 05	40 08 03 74 38
97 12 54 03 48	87 08 33 14 17	21 81 53 92 50	75 23 76 20 47	15 50 12 95 78
21 82 64 11 34	47 14 33 40 72	64 63 88 59 02	49 13 90 64 41	03 85 65 45 52
73 13 54 27 42	95 71 90 90 35	85 79 47 42 96	08 78 98 81 56	64 69 11 92 02
07 63 87 79 29	03 06 11 80 72	96 20 74 41 56	23 82 19 95 38	04 71 36 69 94
60 52 88 34 41	07 95 41 98 14	59 17 52 06 95	05 53 35 21 39	61 21 20 64 55
83 59 63 56 55	06 95 89 29 83	05 12 80 97 19	77 43 35 37 83	92 30 15 04 98
10 85 06 27 46	99 59 91 05 07	13 49 90 63 19	53 07 57 18 39	06 41 01 93 62
39 82 09 89 52	43 62 26 31 47	64 42 18 08 14	43 80 00 93 51	31 02 47 31 67
59 58 00 64 78	75 56 97 88 00	88 83 55 44 86	23 76 80 61 56	04 11 10 84 08
38 50 80 73 41	23 79 34 87 63	90 82 29 70 22	17 71 90 42 07	95 95 44 99 53
30 69 27 06 68	94 68 81 61 27	56 19 68 00 91	82 06 76 34 00	05 46 26 92 00
65 44 39 56 59	18 28 82 74 37	49 63 22 40 41	08 33 76 56 76	96 29 99 08 36
27 26 75 02 64	13 19 27 22 94	07 47 74 46 06	17 98 54 89 11	97 34 13 03 58
91 30 70 69 91	19 07 22 42 10	36 69 95 37 28	28 82 53 57 93	28 97 66 62 52
68 43 49 46 88	84 47 31 3622	62 12 69 84 08	12 84 38 25 90	09 81 59 31 46
48 90 81 58 77	54 74 52 45 91	35 70 00 47 54	83 82 45 26 92	54 13 05 51 60
06 91 34 51 97	42 67 27 86 01	11 88 30 95 28	63 01 19 89 01	14 97 44 03 44
10 45 51 60 19	14 21 03 37 12	91 34 23 78 21	88 32 58 08 51	43 66 77 08 83
12 88 39 73 43	65 02 76 11 84	04 28 50 13 92	17 97 41 50 77	90 71 22 67 69
21 77 83 09 76	38 80 73 69 61	31 64 94 20 96	63 28 10 20 23	08 81 64 74 49
19 52 35 95 15	65 12 25 96 59	86 28 36 82 58	69 57 21 37 98	16 43 59 15 29
67 24 55 26 70	35 58 31 65 63	79 24 68 66 86	76 46 33 42 22	26 65 59 08 02
60 58 44 73 77	07 50 03 79 92	45 13 42 65 29	26 76 08 36 37	41 32 64 43 44
53 85 34 13 77	36 06 69 48 50	58 83 87 38 59	49 36 47 33 31	96 24 04 36 42
24 63 73 87 36	74 38 48 93 42	52 62 30 79 92	12 36 91 86 01	03 74 28 38 73
83 08 01 24 51	38 99 22 28 15	07 75 95 17 77	97 37 72 75 85	51 97 23 78 67
16 44 42 43 34	36 15 19 90 73	27 49 37 09 39	85 13 03 25 52	54 84 65 47 59
60 79 01 81 57	57 17 86 57 62	11 16 17 85 76	45 81 95 29 79	65 13 00 48 60
03 99 11 04 61	93 71 61 68 94	66 08 32 46 53	84 60 95 82 32	88 61 81 91 61
38 55 59 55 54	32 88 65 97 80	08 35 56 08 60	29 73 54 77 62	71 29 92 38 53
17 54 67 37 04	92 05 24 62 15	55 12 12 92 81	59 07 60 79 36	27 95 45 89 09
32 64 35 28 61	95 81 90 68 31	00 91 19 89 36	76 35 59 37 79	80 86 30 05 14
69 57 26 87 77	39 51 03 59 05	14 06 04 06 19	29 54 96 96 16	33 56 46 07 80

```
24 12 26 65 91    27 69 90 64 94    14 84 54 66 72    61 95 87 71 00    90 89 97 57 54
61 19 63 02 31    92 96 26 17 73    41 83 95 53 82    17 26 77 09 43    78 03 87 02 67
30 53 22 17 04    10 27 41 22 02    39 68 52 33 09    10 06 16 88 29    55 98 66 64 85
03 78 89 75 99    75 86 72 07 17    74 41 65 31 66    35 20 83 33 74    87 53 90 88 23
48 22 86 33 79    85 78 34 76 19    53 15 26 74 33    35 66 65 29 72    16 81 86 03 11

60 36 59 46 53    35 07 53 39 49    42 61 42 92 97    01 91 82 83 16    98 95 37 32 31
83 79 94 24 02    56 62 33 44 42    34 99 44 13 74    70 07 11 47 36    09 95 81 80 65
32 96 00 74 05    36 40 98 32 32    99 38 54 16 00    11 13 30 75 86    15 91 70 62 53
19 32 25 38 45    57 62 05 26 06    66 49 76 86 46    78 13 86 65 59    19 64 09 94 13
11 22 09 47 47    07 39 93 74 08    48 50 92 39 29    27 48 24 54 76    85 24 43 51 59

31 75 15 72 60    68 98 00 53 39    15 47 04 83 55    88 65 12 25 96    03 15 21 92 21
88 49 29 93 82    14 45 40 45 04    20 09 49 89 77    74 84 39 34 13    22 10 97 85 08
30 93 44 77 44    07 48 18 38 28    73 78 80 65 33    28 59 72 04 05    94 20 52 03 80
22 88 84 88 93    27 49 99 87 48    60 53 04 51 28    74 02 28 46 17    82 03 71 02 68
78 21 21 69 93    35 90 29 13 86    44 37 21 54 86    65 74 11 40 14    87 48 13 72 20

41 84 98 45 47    46 85 05 23 26    34 67 75 83 00    74 91 06 43 45    19 32 58 15 49
46 35 23 30 49    69 24 89 34 60    45 30 50 75 21    61 31 83 18 55    14 41 37 09 51
11 08 79 62 94    14 01 33 17 92    59 74 76 72 77    76 50 33 45 13    39 66 37 75 44
52 70 10 83 37    56 30 38 73 15    16 52 06 96 76    11 65 49 98 93    02 18 16 81 61
57 27 53 68 98    81 30 44 85 85    68 65 22 73 76    92 85 25 58 66    88 44 80 35 84

20 85 77 31 56    70 28 42 43 26    79 37 59 52 20    01 15 96 32 67    10 62 24 83 91
15 63 38 49 24    90 41 59 36 14    33 52 12 66 65    55 82 34 76 41    86 22 53 17 04
92 69 44 82 97    39 90 40 21 15    59 58 94 90 67    66 92 14 15 75    49 76 70 40 37
77 61 31 90 19    88 15 20 00 80    20 55 49 14 09    96 27 74 82 57    50 81 69 76 16
38 68 83 24 86    45 13 46 35 45    59 40 47 20 59    43 94 75 16 80    43 85 25 96 93

25 16 30 18 89    70 01 41 50 21    41 29 06 73 12    71 85 71 59 57    68 97 11 14 03
65 25 10 76 29    37 23 93 32 95    05 87 00 11 19    92 78 42 63 40    18 47 76 56 22
36 81 54 36 25    18 03 73 75 09    82 44 49 90 05    04 92 17 37 01    14 70 79 39 97
64 39 71 16 92    05 32 78 21 62    20 24 78 17 59    45 19 72 53 32    83 74 52 25 67
04 51 52 56 24    95 09 66 79 46    48 46 08 55 58    15 19 11 87 82    16 93 03 33 61

83 76 16 08 73    43 25 38 41 45    60 83 32 59 83    01 29 14 13 49    20 36 80 71 26
14 38 70 63 45    80 85 40 92 79    43 52 90 63 18    38 38 47 47 61    41 19 63 74 80
51 32 19 22 46    80 08 87 70 74    88 72 25 67 36    66 16 44 94 31    66 91 93 16 78
72 47 20 00 08    80 89 01 80 02    94 81 33 19 00    54 15 58 34 36    35 35 25 41 31
05 46 65 53 00    93 12 81 84 64    74 45 79 05 61    72 84 81 18 34    79 98 26 84 16
```

39 52 87 24 84	82 47 42 55 93	48 54 53 52 47	18 61 91 36 74	18 61 11 92 41
81 61 61 87 11	53 34 24 42 76	75 12 21 17 24	74 62 77 37 07	58 31 91 59 97
07 58 61 61 20	82 64 12 28 20	92 90 41 31 41	32 39 21 97 63	61 19 96 79 40
90 76 70 42 35	13 57 41 72 00	69 90 26 37 42	78 46 42 25 01	18 62 79 08 72
40 18 82 81 93	29 59 38 86 27	94 97 21 15 98	62 09 53 67 87	00 44 15 89 97
34 41 48 21 57	86 88 75 50 87	19 15 20 00 23	12 30 28 07 83	32 62 46 86 91
63 43 97 53 63	44 98 91 68 22	36 02 40 09 67	76 37 84 16 05	65 96 17 34 88
67 04 90 90 70	93 39 94 55 47	94 45 87 42 84	05 04 14 98 07	20 28 83 40 60
79 49 50 41 46	52 16 29 02 86	54 15 83 42 43	46 97 83 54 82	59 36 29 59 38
91 70 43 05 52	04 73 72 10 31	75 05 19 30 29	47 66 56 43 82	99 78 29 24 78

资料来源：The RAND Corporation. A Million Random Digits. Glencoe：Free Press，1955.

转引自：李沛良. 社会研究统计应用[M]. 北京：社会科学文献出版社，2002：381-384.

附录B 正态曲线各部分面积

(Z=标准值)

Z	00	01	02	03	04	05	06	07	08	09
0.0	0000	0040	0080	0120	0159	0199	0239	0279	0319	0359
0.1	0398	0438	0478	0517	0557	0596	0636	0657	0714	0753
0.2	0793	832	0871	0910	0948	0987	1026	1064	1103	1141
0.3	1179	1217	1255	1293	1331	1368	1406	1443	1480	1517
0.4	1554	1554	1628	1664	1700	1736	1772	1808	1844	1879
0.5	1915	1950	1985	2019	2054	2088	2123	2157	2190	2224
0.6	2257	2291	2324	2357	2389	2422	2454	2486	2518	2549
0.7	2580	2612	2642	2673	2704	2734	2764	2794	2823	2852
0.8	2831	2910	2939	2967	2995	3023	3051	3078	3106	3133
0.9	3159	3186	3212	3238	3264	3289	3315	3340	3365	3389
1.0	3413	3438	3461	3485	3508	3531	3554	3577	3599	3621
1.1	3643	3665	3686	3718	3729	3749	3770	3790	3810	3830
1.2	3849	3869	3888	3907	3925	3944	3962	3980	3997	4015
1.3	4032	4049	4066	4083	4099	4115	4131	4147	4162	4177
1.4	4192	4207	4222	4236	4251	4265	4279	4292	4306	4319
1.5	4332	4345	4357	4370	4382	4394	4406	4418	4430	4441
1.6	4452	4463	4474	4485	4495	4505	4515	4525	4535	4545
1.7	4554	4564	4573	4582	4591	4599	4608	4616	4625	4633
1.8	4641	4649	4656	4664	4671	4678	4686	4693	4699	4706
1.9	4713	4719	4726	4732	4738	4744	4750	4758	4762	4767
2.0	4772	4778	4783	4788	4793	4798	4803	4808	4812	4817
2.1	4821	4826	4830	4834	4838	4842	4846	4850	4854	4857
2.2	4861	4865	4868	4871	4875	4878	4881	4884	4887	4890
2.3	4893	4896	4898	4901	4904	4906	4909	4911	4913	4916
2.4	4918	4920	4922	4925	4927	4929	4931	4932	4934	4936
2.5	4938	4940	4941	4943	4945	4946	4948	4949	4951	4952
2.6	4953	4955	4956	4957	4959	4960	4961	4962	4963	4964
2.7	4965	4966	4967	4968	4969	4970	4971	4972	4973	4974
2.8	4974	4975	4976	4977	4977	4978	4979	4980	4980	4981
2.9	4981	4982	4983	4984	4984	4984	4985	4985	4986	4986
3.0	49865	4987	4987	4988	4988	4988	4989	4989	4989	4990
3.1	49903	4991	4991	4991	4992	4992	4992	4992	4993	4993
4.0	49997									

资料来源：H.Arkin & R. R. Colton. Tables for Statisticians，2nd edition. New York：Harper & Row，1963.

转引自：李沛良. 社会研究的统计应用[M]. 北京：社会科学文献出版社，2002：385-386.

附录C Z检验：常用的显著度(p)与否定域($|Z|\geqslant$)

$P\leqslant$	$|Z|\geqslant$	
	一端	二端
0.05	1.65	1.96
0.02	2.06	2.33
0.01	2.33	2.58
0.005	2.58	2.81
0.001	3.09	3.30

资料来源：李沛良.社会研究的统计应用[M].北京：社会科学文献出版社，2002：387.

附录D r值化为Z值

r	.000	.001	.002	.003	.004	.005	.006	.007	.008	.009
000	0000	0010	0020	0030	0040	0050	0060	0070	0080	0090
010	0100	0110	0120	0130	0140	0150	0160	0170	0180	0190
020	0200	0200	0220	0230	0240	0250	0260	0270	0280	0290
030	0300	0310	0320	0330	0340	0350	0360	0370	0380	0390
040	0400	0410	0420	0430	0440	0450	0460	0470	0480	0490
050	0501	0511	0521	0531	0541	0551	0561	0571	0581	0591
060	0611	0611	0621	0631	0641	0651	0661	0671	0681	0691
070	0711	0711	0721	0731	0741	0751	0761	0771	0781	0791
080	0812	0812	0822	0832	0842	0852	0862	0872	0882	0892
090	0912	0912	0922	0933	0943	0953	0963	0973	0983	0993
100	1013	1013	1024	1034	1044	1054	1064	1074	1084	1094
110	1105	1115	1125	1135	1145	1155	1165	1175	1185	1195
120	1206	1216	1226	1236	1246	1257	1267	1277	1287	1297
130	1308	1318	1328	1338	1348	1358	1368	1379	1389	1399
140	1409	1419	1430	1440	1450	1460	1470	1481	1491	1501
150	1511	1522	1532	1542	1552	1563	1573	1583	1593	1604
160	1614	1624	1634	1644	1655	1665	1676	1686	1696	1706
170	1717	1727	1737	1748	1758	1768	1779	1789	1799	1810
180	1820	1830	1841	1851	1861	1872	1882	1892	1903	1913
190	1923	1934	1944	1954	1965	1975	1986	1996	2007	2017
200	2027	2038	2048	2059	2069	2079	2090	2100	2111	2121
210	2132	2142	2153	2163	2174	2187	2194	2205	2215	2226
220	2237	2247	2258	2268	2279	2289	2300	2310	2321	2331
230	2342	2353	2363	2374	2384	2395	2405	2416	2427	2437
240	2448	2458	2469	2480	2490	2501	2511	2522	2533	2543
.250	.2554	.2565	.2575	.2586	.2597	.2608	.2618	.2629	.2640	.2650
260	2661	2672	2682	2693	2704	2715	2726	2736	2747	2758
270	2769	2779	2790	2801	2812	2823	2833	2844	2855	2866
280	2877	2888	2898	2909	2920	2931	2942	2953	2964	2975
290	2986	2997	3008	3019	3029	3040	3051	3062	3073	3084
300	3095	3106	3117	3128	3139	3150	3161	3172	3183	3195
310	3206	3217	3228	3239	3250	3261	3272	3283	3294	3305

(续表)

r	.000	.001	.002	.003	.004	.005	.006	.007	.008	.009
320	3317	3328	3339	3350	3361	3372	3384	3395	3406	3417
330	3428	3439	3451	3462	3473	3484	3496	3507	3518	3530
340	3541	3552	3546	3575	3586	3597	3609	3620	3632	3643
350	3654	3666	3677	3689	3700	3712	3728	3734	3746	3757
360	3769	3780	3792	3803	3815	3826	3838	3850	3861	3873
370	3884	3896	3907	3919	3931	3942	3954	3966	3977	3989
380	4001	4012	4024	4036	4047	4059	4071	4083	4094	4106
390	4118	4130	4142	4153	4165	4177	4189	4201	4213	4225
400	4236	4248	4260	4272	4284	4296	4308	4320	4332	4344
410	4356	4368	4380	4392	4404	4416	4429	4441	4453	4465
420	4477	4489	4501	4513	4526	4538	4550	4562	4574	4587
430	4599	4611	4623	4636	4648	4660	4673	4685	4697	4710
440	4722	4735	4747	4760	4772	4784	4797	4809	4822	4835
450	4847	4860	4872	4885	4897	4910	4923	4935	4948	4961
460	4973	4986	4999	5011	5024	5037	5049	5062	5057	5088
470	5101	5114	5126	5139	5152	5165	5178	5191	5204	5217
480	5230	5243	5256	5279	5282	5295	5308	5321	5334	5347
490	5361	5374	5387	5400	5413	5427	5440	5453	5406	5480
500	5493	5506	5520	5533	5547	5560	5573	5587	5600	5614
510	5627	5641	5654	5668	5681	5695	5709	5722	5736	5750
520	5763	5777	5791	5805	5818	5832	5846	5860	5874	5888
530	5901	5915	5929	5943	5957	5971	5985	5999	6013	6027
540	6042	6056	6070	6084	6098	6112	6127	6141	6155	6170
550	6184	6189	6213	6227	6241	6256	6270	6285	6299	6314
560	6328	6343	6358	6372	6387	6401	6416	6431	6446	6460
570	6475	6490	6505	6520	6535	6550	6565	6579	6594	6610
580	6625	6640	6655	6670	6685	6700	6715	6731	6746	6761
590	6777	6792	6807	6823	6638	6854	6869	6885	6900	6916
600	6931	6947	6963	6978	6994	7010	7026	7042	7057	7073
610	7089	7105	7121	7137	7153	7169	7185	7501	7218	7234
620	7250	7266	7283	7299	7315	7332	7348	7364	7381	7398
630	7414	7431	7447	7464	7481	7497	7514	7531	7548	7565
640	7582	7599	7616	7633	7650	7667	7684	7701	7718	7736
650	7753	7770	7788	7805	7823	7840	7858	7875	7893	7910
660	7928	7946	7964	7981	7999	8017	8035	8053	8071	8098
670	8107	8144	8126	8162	8180	8199	8217	8236	8254	8273
680	8291	8328	8310	8347	8366	8358	8404	8423	8442	8461
690	8480	8418	8499	8537	8556	8576	8595	8614	8634	8653

(续表)

r	.000	.001	.002	.003	.004	.005	.006	.007	.008	.009
700	8673	8639	8712	8732	8752	8772	8792	8812	8832	8852
710	8872	8892	8912	8933	8953	8973	8994	9014	9035	9056
720	9076	9097	9118	9139	9160	9181	9202	9223	9245	9266
730	9287	9309	9330	9352	9373	9395	9417	9439	9461	9483
740	9505	9527	9549	9571	9594	9616	9639	9661	9684	9707
750	9730	9752	9775	9799	9822	9845	9868	9892	9915	9939
760	9962	9986	10010	10034	10058	10082	10106	10130	10154	10179
770	1.0203	1.0228	1.0253	1.0277	1.0302	1.0327	1.0352	1.0378	1.0403	1.0428
780	1.0454	1.0479	1.0505	1.0531	1.0557	1.0583	1.0609	1.0635	1.0661	1.0688
790	1.0714	1.0741	1.0768	1.0795	1.0822	1.0849	1.0876	1.0903	1.0931	1.0958
800	1.0986	1.1014	1.1041	1.1070	1.1098	1.1127	1.1155	1.1184	1.1212	1.1241
810	1.1270	1.1299	1.1329	1.1358	1.1388	1.1417	1.1447	1.1477	1.1507	1.1538
820	1.1568	1.1599	1.1630	1.1660	1.1692	1.1723	1.1754	1.1786	1.1817	1.1849
830	1.1870	1.1913	1.1946	1.1979	1.2011	1.2044	1.2077	1.2111	1.2144	1.2178
.840	1.2212	1.2246	1.2280	1.2315	1.2349	1.2384	1.2419	1.2454	1.2490	1.2526
.850	1.2561	1.2598	1.2634	1.2670	2708	1.2744	1.2782	1.2819	1.2857	1.2895
.860	1.2934	1.2972	1.3011	1.3050	1.3089	1.3129	1.3168	1.3209	1.3249	1.3290
.870	1.3331	1.3372	1.3414	1.3456	1.3498	1.3540	1.3583	1.3626	1.3670	1.3714
.880	1.3758	1.3802	1.3847	1.3892	1.3938	1.3984	1.4030	1.4077	1.4124	1.4171
.890	1.4219	1.4268	1.4316	1.4366	1.4415	1.4465	1.4516	1.4566	1.4618	1.4670
.900	1.4722	1.4775	1.4828	1.4883	1.4937	1.4992	1.5047	1.5103	1.5160	1.5217
.910	1.5275	1.5334	1.5398	1.5453	1.5513	1.5574	1.5636	1.5698	1.5762	1.5825
.920	1.5890	1.5956	1.6022	1.6089	1.6157	1.6226	1.6296	1.6366	1.6438	1.6510
.930	1.6584	1.6659	1.6734	1.6811	1.6888	1.6967	1.7047	1.7129	1.7211	1.7295
.940	1.7380	1.7467	1.7555	1.7645	1.7736	1.7828	1.7923	1.8019	1.8117	1.8216
.950	1.8319	1.8421	1.8527	1.8635	1.8745	1.8857	1.8972	1.9090	1.9210	1.9333
.960	1.9459	1.9588	1.9721	1.9857	1.9996	2.0140	12.0287	2.0439	2.0595	2.0756
.970	2.0923	2.1095	2.1273	2.1457	2.1649	2.1847	2.2054	2.2269	2.2494	2.2729
.980	2.2976	2.3223	2.3507	2.3796	2.4101	2.4426	2.4774	2.5147	2.5550	2.5988
.990	2.6467	2.6996	2.7587	2.8257	2.9031	2.9945	3.1063	3.2504	3.4534	3.8002

r	z
.9999	4.95172
.99999	6.10303

资料来源：A. E. Waugh. Statistical Tables and Problems. New York：McGraw-Hill，1952.

转引自：李沛良. 社会研究的统计应用[M]. 北京：社会科学文献出版社，2002：388-390.

附录E t 分布

.df	P(一端检定)					
	.10	.05	.025	.01	.005	.0005
	P(二端检定)					
	.20	.10	.05	.02	.01	.001
1	3.078	6.314	12.706	31.821	63.657	636.619
2	1.886	2.920	4.303	6.965	6.925	31.598
3	1.638	2.353	3.182	4.541	5.841	12.941
4	1.533	2.132	2.776	3.747	4.604	8.610
5	1.476	2.015	2.571	3.365	4.032	6.859
6	1.440	1.943	2.447	3.143	3.707	5.959
7	1.415	1.895	2.365	2.998	3.499	5.405
8	1.397	1.860	2.306	2.896	3.355	5.041
9	1.383	1.833	2.262	2.821	3.250	4.781
10	1.372	1.812	2.228	2.764	3.169	4.587
11	1.363	1.796	2.201	2.718	3.106	4.437
12	1.356	1.782	2.179	2.681	3.055	4.318
13	1.350	1.771	2.160	2.650	3.012	4.221
14	1.345	1.761	2.145	2.624	2.977	1.140
15	1.341	1.753	2.131	2.602	2.947	4.073
16	1.337	1.746	2.120	2.583	2.921	4.015
17	1.333	1.740	2.110	2.567	2.898	3.965
18	1.330	1.734	2.101	2.552	2.878	3.922
19	1.328	1.729	2.093	2.539	2.861	3.883
20	1.325	1.725	2.086	2.528	2.845	3.850
21	1.323	1.721	2.080	2.518	2.831	3.819
22	1.321	1.717	2.074	2.508	2.819	3.792
23	1.319	1.714	2.069	2.500	2.807	3.767
24	1.318	1.711	2.064	2.492	2.797	3.745
25	1.316	1.708	2.060	2.485	2.787	3.725
26	1.315	1.706	2.056	2.479	2.779	3.707
27	1.314	1.703	2.052	2.473	2.771	3.690
28	1.313	1.701	2.048	2.467	2.763	3.674
29	1.311	1.699	2.045	2.462	2.756	3.659
30	1.310	1.697	2.042	2.457	2.750	3.646

(续表)

.df	P(一端检定)					
	.10	.05	.025	.01	.005	.0005
	P(二端检定)					
	.20	.10	.05	.02	.01	.001
40	1.303	1.684	2.021	2.423	2.704	3.551
60	1.296	1.671	2.000	2.390	2.660	3.460
120	1.289	1.658	1.980	2.358	2.617	3.373
∞	1.282	1.645	1.960	2.326	2.576	3.291

资料来源：R. A. Fisher, F. Yates. Statistical Tables for Biological, Agricultural and Medical Research. Edinburgh: Oliver and Boyd, 1948.

转引自：李沛良. 社会研究的统计应用[M]. 北京：社会科学文献出版社，2002：391-392.

附录F χ^2(Chi-square)分布

df	P=.30	.20	.10	.05	.02	.01	.001
1	1.074	1.642	2.706	3.841	5.412	6.635	10.827
2	2.408	3.219	4.605	5.991	7.824	9.210	13.815
3	3.665	4.462	6.251	7.815	9.837	11.345	16.268
4	4.878	5.989	7.779	9.488	11.668	13.277	18.465
5	6.064	7.289	9.236	11.070	13.388	15.086	20.517
6	7.231	8.558	10.645	12.592	15.033	16.812	22.457
7	8.383	9.803	12.017	14.067	16.622	18.475	24.322
8	9.524	11.030	13.362	15.507	18.168	20.090	26.125
9	10.656	12.242	14.684	16.919	19.679	21.666	27.877
10	11.781	13.442	15.987	18.307	21.161	23.209	29.588
11	12.899	14.631	17.275	19.675	22.618	24.725	31.264
12	14.011	15.812	18.549	21.026	24.054	26.217	32.909
13	15.119	16.985	19.812	22.362	25.472	27.688	34.528
14	16.222	18.151	21.064	23.685	26.873	29.141	36.123
15	17.322	19.311	22.307	24.996	28.259	30.578	37.697
16	18.418	20.465	23.542	26.296	29.633	32.000	39.252
17	19.511	21.615	24.769	27.587	30.995	33.409	40.790
18	20.061	22.760	25.989	28.869	32.346	34.805	42.312
19	21.689	23.900	27.204	30.144	33.687	36.191	43.820
20	22.775	25.038	28.412	31.410	35.020	37.566	45.315
21	23.858	26.171	29.615	32.671	36.343	38.932	46.797
22	24.939	27.301	30.813	33.924	37.659	40.289	48.268
23	26.018	28.429	32.007	35.172	38.968	41.638	49.728
24	27.096	29.553	33.196	36.415	40.270	42.980	51.179
25	28.172	30.675	34.382	37.652	41.566	44.314	52.620
26	29.246	31.795	35.563	38.885	42.856	45.642	54.052
27	30.319	32.912	36.741	40.113	44.140	46.963	55.476
28	31.391	34.027	37.916	41.337	45.419	48.278	56.893
29	32.461	35.139	39.087	42.557	46.693	49.588	58.302
30	33.530	36.250	40.256	43.773	47.962	50.892	59.703

资料来源：R. A. Fisher，F. Yates. Statistical Tables for Biological，Agricultural and Medical Research. Edinburgh: Oliver and Boyd，1948.

附录G F分布

$p = .05$

df_2 \ df_1	1	2	3	4	5	6	8	12	24	∞
1	161.4	199.5	215.7	224.6	230.2	234	238.89	243.9	249.0	254.3
2	18.51	19.00	19.16	19.25	19.30	19.33	19.37	19.41	19.45	19.50
3	10.13	9.55	9.28	9.12	9.01	8.94	8.84	8.74	8.64	8.53
4	7.71	6.94	6.59	6.39	6.26	6.16	6.04	5.91	5.77	5.63
5	6.61	5.79	5.41	5.19	5.05	4.95	4.82	4.68	4.53	4.36
6	5.99	5.14	4.76	4.53	4.39	4.28	4.15	4.00	3.84	3.67
7	5.59	4.74	4.35	4.12	3.97	3.87	3.73	3.57	3.41	3.23
8	5.32	4.46	4.07	3.84	3.69	3.58	3.44	3.28	3.12	2.93
9	5.12	4.26	3.86	3.63	3.48	3.37	3.23	3.07	2.90	2.71
10	4.96	4.10	3.71	3.48	3.33	3.22	3.07	2.91	2.74	2.54
11	4.84	3.98	3.59	3.36	3.20	3.09	2.95	2.79	2.61	2.40
12	4.75	3.89	3.49	3.26	3.11	3.00	2.85	2.69	2.50	2.30
13	4.67	3.81	3.41	3.18	3.03	2.92	2.77	2.60	2.42	2.21
14	4.60	3.74	3.34	3.11	2.96	2.85	2.70	2.53	2.35	2.13
15	4.54	3.68	3.29	3.06	2.90	2.79	2.64	2.48	2.29	2.07
16	4.49	3.63	3.24	3.01	2.85	2.74	2.59	2.42	2.24	2.01
17	4.45	3.59	3.20	2.96	2.81	2.70	2.55	2.38	2.19	1.96
18	4.41	3.55	3.16	2.93	2.77	2.66	2.51	2.34	2.15	1.92
19	4.38	3.52	3.13	2.90	2.74	2.63	2.48	2.31	2.11	1.88
20	4.35	3.49	3.10	2.87	2.71	2.60	2.45	2.28	2.08	1.84
21	4.32	3.47	3.07	2.84	2.68	2.57	2.42	2.25	2.05	1.81
22	4.30	3.44	3.05	2.82	2.66	2.55	2.40	2.23	2.03	1.78
23	4.28	3.42	3.03	2.80	2.64	2.53	2.37	2.20	2.01	1.76
24	4.26	3.40	3.01	2.78	2.62	2.51	2.36	2.18	1.98	1.73
25	4.24	3.39	2.99	2.76	2.60	2.49	2.34	2.16	1.96	1.71
26	4.22	3.37	2.98	2.74	2.59	2.47	2.32	2.15	1.95	1.69
27	4.21	3.35	2.96	2.73	2.57	2.46	2.31	2.13	1.93	1.67
28	4.20	3.34	2.95	2.71	2.56	2.45	2.29	2.12	1.91	1.65
29	4.18	3.33	2.93	2.70	2.55	2.43	2.28	2.10	1.90	1.64
30	4.17	3.32	2.92	2.69	2.53	2.42	2.27	2.09	1.89	1.62

(续表)

df₁ df₂	1	2	3	4	5	6	8	12	24	∞
40	4.08	3.23	2.84	2.61	2.45	2.34	2.18	2.00	1.79	1.51
60	4.00	3.15	2.76	2.53	2.37	2.25	2.10	1.92	1.70	1.39
120	3.92	3.07	2.68	2.45	2.29	2.18	2.02	1.83	1.61	1.25
∞	3.84	2.99	2.60	2.37	2.21	2.09	1.94	1.75	1.52	1.00

$P = .01$

df₁ df₂	1	2	3	4	5	6	8	12	24	∞
1	4052	4999	5403	5652	5764	5859	5981	6106	6234	6366
2	98.49	99.01	99.17	99.25	99.30	99.33	99.36	99.42	99.46	99.50
3	34.12	30.81	29.46	28.71	28.24	2791	2749	27.05	26.60	26.12
4	21.20	18.00	16.69	15.98	15.52	1521	14.80	14.37	13.93	13.41
5	16.26	13.27	12.06	11.39	10.97	10.67	10.27	9.89	9.47	9.02
6	13.74	10.92	9.78	9.15	8.75	8.47	8.10	7.72	7.31	6.88
7	12.25	9.55	8.45	7.85	7.46	7.19	6.84	6.47	6.07	5.65
8	11.26	8.65	7.59	7.01	6.63	6.37	6.03	5.67	5.23	4.86
9	10.56	8.02	6.99	6.42	6.06	5.80	5.47	5.11	4.73	4.31
10	10.04	7.56	6.55	5.99	5.64	5.39	5.06	4.71	4.33	3.91
11	9.65	7.20	6.22	5.67	5.32	5.07	4.74	4.40	4.02	3.60
12	9.33	6.93	5.95	5.41	5.06	4.82	4.50	4.16	3.78	3.36
13	9.07	6.70	5.74	5.20	4.86	4.62	4.30	3.96	3.59	3.16
14	8.86	6.51	5.56	5.03	4.69	4.46	4.14	3.80	3.43	3.00
15	8.68	6.36	5.42	4.89	4.56	4.32	4.00	3.67	3.29	2.87
16	8.53	6.23	5.29	4.77	4.44	4.20	3.89	3.55	3.18	2.75
17	8.40	6.11	5.18	4.67	4.34	4.10	3.79	3.45	3.08	2.65
18	8.28	6.01	5.09	4.58	4.25	4.01	3.71	3.37	3.00	2.57
19	8.18	5.93	5.01	4.50	4.17	3.94	3.63	3.30	2.92	2.49
20	8.10	5.85	4.94	4.43	4.10	3.87	3.56	3.23	2.86	2.42
21	8.02	5.78	4.87	4.37	4.04	3.81	3.51	3.17	2.80	2.36
22	7.94	5.72	4.82	4.31	3.99	3.76	3.45	3.12	2.75	2.31
23	7.88	5.66	4.76	4.26	3.94	3.71	3.41	3.07	2.70	2.26
24	7.82	5.61	4.72	4.22	3.90	3.67	3.36	3.03	2.66	2.21
25	7.77	5.57	4.68	4.18	3.86	3.63	3.32	2.99	2.62	2.17
26	7.72	5.53	4.64	4.14	3.82	3.59	3.29	2.96	2.58	2.13
27	7.68	5.49	4.60	4.11	3.78	3.56	3.26	2.93	2.55	2.10
28	7.64	5.45	4.57	4.07	3.75	3.53	3.23	2.90	2.52	2.06

(续表)

df₁ \ df₂	1	2	3	4	5	6	8	12	24	∞
29	7.60	5.42	4.54	4.04	3.73	3.50	3.20	2.87	2.49	2.03
30	7.56	5.39	4.51	4.02	3.70	3.47	3.17	2.84	2.47	2.01
40	7.31	5.18	4.31	3.83	3.51	3.29	2.99	2.66	2.29	1.80
60	7.08	4.98	4.13	3.65	3.34	3.12	2.82	2.50	2.12	1.60
120	6.85	4.79	3.95	3.48	3.17	2.96	2.66	2.34	1.95	1.38
∞	6.64	4.60	3.78	3.32	3.02	2.80	2.51	2.18	1.79	1.00

$p = .001$

df₁ \ df₂	1	2	3	4	5	6	8	12	24	∞
1	405284	500000	540379	562500	576405	585937	598144	610667	623497	636619
2	998.5	999.0	999.2	999.2	999.3	999.3	999.4	999.4	999.5	999.5
3	167.5	148.5	141.1	137.1	134.6	132.8	130.6	128.3	125.9	123.5
4	74.14	61.25	56.18	53.44	51.71	50.53	49.00	47.41	45.77	44.05
5	47.04	36.61	33.20	31.09	29.75	28.84	27.64	26.42	25.14	23.78
6	35.51	27.00	23.70	21.90	20.81	20.03	19.03	17.99	16.89	15.75
7	29.22	21.69	18.77	17.19	16.21	15.52	14.63	13.71	12.73	11.69
8	25.42	18.49	15.83	14.39	13.49	12.86	12.04	11.19	10.30	9.34
9	22.86	16.39	13.90	12.56	11.71	11.13	10.37	9.57	8.72	7.81
10	21.04	14.91	12.55	11.28	10.48	9.92	9.20	8.45	7.64	6.76
11	19.69	13.81	11.56	10.35	9.58	9.05	8.35	7.63	6.85	6.00
12	18.64	12.97	10.80	9.63	8.89	8.38	7.71	7.00	6.25	5.42
13	17.81	12.31	10.21	9.07	8.35	7.86	7.21	6.52	5.78	4.97
14	17.14	11.78	9.73	8.62	7.92	7.43	6.80	6.13	5.41	4.60
15	16.59	11.34	9.34	8.25	7.57	7.09	6.47	5.81	5.10	4.31
16	16.12	10.97	9.00	7.94	7.27	6.81	6.19	5.55	4.85	4.06
17	15.72	10.66	8.73	7.68	7.02	6.56	5.96	5.32	4.63	3.85
18	15.38	10.39	8.49	7.46	6.81	6.35	5.76	5.13	4.45	3.67
19	15.08	10.16	8.28	7.26	6.61	6.18	5.59	4.97	4.29	3.52
20	14.82	9.95	8.10	7.10	6.46	6.02	5.44	4.82	4.15	3.38
21	14.59	9.77	7.94	6.95	6.32	5.88	5.31	4.70	4.03	3.26
22	14.38	9.61	7.80	6.81	6.19	5.76	5.19	4.58	3.92	3.15
23	14.19	9.47	7.67	6.69	6.08	5.65	5.09	4.48	3.82	3.05
24	14.03	9.34	7.55	6.59	5.98	5.55	4.99	4.39	3.74	2.97
25	13.88	9.22	7.45	6.49	5.88	5.46	4.91	4.31	3.66	2.89

(续表)

df_2 \ df_1	1	2	3	4	5	6	8	12	24	∞
26	13.74	9.12	7.36	6.41	5.80	5.38	4.83	4.24	3.59	2.82
27	13.61	9.02	7.27	6.33	5.73	5.31	4.76	4.17	3.52	2.75
28	13.50	8.93	7.19	6.25	5.66	5.24	4.69	4.11	3.46	2.70
29	13.39	8.85	7.12	6.19	5.59	5.18	4.64	4.05	3.41	2.64
30	13.29	8.77	7.05	6.12	5.53	5.12	4.58	4.00	3.36	2.59
40	12.61	8.25	6.60	5.70	5.13	4.73	4.21	3.64	3.01	2.23
60	11.97	7.76	6.17	5.31	4.76	4.37	3.87	3.31	2.69	1.90
120	11.38	7.31	5.79	4.95	4.42	4.04	3.55	3.02	2.40	1.56
∞	10.83	6.91	5.42	4.62	4.10	3.74	3.27	2.74	2.13	1.00

资料来源：R. A. Fisher，F. Yates. Statistical Tables for Biological, Agricultural and Medical Research. Edinburgh: Oliver & Boyd，1948.

转引自：李沛良. 社会研究的统计应用[M]. 北京：社会科学文献出版社，2002：394-397.

附录H 调查问卷

问卷编号□□□□

震后灾民对社会工作满意度的调查

尊敬的居民：

您好！汶川大地震发生以后，全国各界都给予了积极的支持。全国社会工作者，特别是四川本地的社会工作者积极介入了地震灾区的灾后恢复重建工作。为了使人们更加清楚地意识到社会工作在地震灾后恢复重建中的功能，促进社会工作专业的发展和灾后重建工作的开展，我们受中国民政部委托开展一次调查。

本次接受调查的居民以随机方式抽取，每位被调查者不必署名。对所有问题的回答无对错好坏之分，调查结果只作为分析研究的资料，故请您如实说明自己的情况和看法。您的回答对我们的研究非常重要。

衷心感谢您的支持与合作！

说明：
1. 填写问卷时，请不要与他(她)人商量。
2. 在选择答案的"□"中打"√"，或在"＿＿＿"中填写。
3. 如无特殊说明，每一个问题只选择一个答案。
4. 请认真阅读填答，以免遗漏问题。
5. 竖线右边请勿填写。

西南石油大学人文社会科学学院
2009年2月

调查员签名＿＿＿＿＿＿

1. 您的性别
(1)□男　　　　(2)□女　　　　　　　　　　　　　　　　a01__
2. 您的年龄(2009减出生年份)＿＿＿＿＿＿岁　　　　　　　　　a02__
3. 您的民族
(1)□汉族　　　(2)□少数民族(请填写)＿＿＿＿＿＿　　　　a03__
4. 您的婚姻状况
(1)□未婚　　　(2)□已婚　　　(3)□离异　　　(4)□丧偶　　a04__

5. 您的宗教信仰

(1) □无　　　　　(2) □基督教　　　(3) □天主教　　　(4) □伊斯兰教　　　a05__

(5) □佛教　　　　(6) □道教　　　　(7) □其他宗教(请填写)_____

6. 您的受教育程度

(1) □不识字或识字很少　　(2) □小学　　　　　(3) □初中　　　　　a06__

(4) □高中/中专/技校　　　(5) □大专及以上

7. 您的政治面貌

(1) □中共党员　(2) □民主党派成员　(3) □共青团员　(4) □群众　　a07__

8. 您目前从事的职业

(1) □党政机关公务员　　　　(2) □企业、事业单位工作人员　　　　a08__

(3) □商业、服务业人员　　　(4) □银行、保险、证券行业工作人员

(5) □民营企业主、个体经营者　　(6) □务农者

(7) □务农并打工者　　　　　　　(8) □打工者

(9) □离休、退休人员　　　　　　(10) □失业、待业者

(11) □学生　　　　　　　　　　 (12) □其他(请填写)_____

9. 目前您家庭主要成员人数

(1) □1人　　　(2) □2人　　　(3) □3人　　　(4) □4人

(5) □5人　　　(4) □6人及以上　　　　　　　　　　　　　　　　a09__

10. 目前您家庭月收入

(1) □300元及以下　　(2) □301~600元　　(3) □601~900元　　　a10__

(4) □901~1200元　　 (5) □1201~1500元　 (6) □1501~1800元

(7) □1801~2100元　　(8) □2101~2400元　 (9) □2401~2700元

(10) □2701~3000元　 (11) □3000元以上

11. 您家庭主要成员在地震中死亡的人数

(1) □0人　　　　　　　　　　　　　　　　　　　　　　　　　　a111__

(2) □1人　┐　　　　　　　　　　　　　　　　　　　　　　　　 a1121__

(3) □2人　│　其中包括您的(可多选)　　　　　　　　　　　　　　a1122__

(4) □3人　│　(1) □父亲　　(2) □母亲　　　　　　　　　　　　 a1123__

(5) □4人　│　(3) □配偶　　(4) □兄弟姊妹　　　　　　　　　　 a1124__

(6) □5人及以上┘(5) □孩子　　　　　　　　　　　　　　　　　　a1125__

12. 您家庭主要成员在地震中致残的人数

(1) □0人　　　　　　　　　　　　　　　　　　　　　　　　　　a121__

(2) □1人　┐　　　　　　　　　　　　　　　　　　　　　　　　 a1221__

(3) □2人　│　其中包括您的(可多选)　　　　　　　　　　　　　　a1222__

(4) □3人　│　(1) □父亲　　(2) □母亲　　　　　　　　　　　　 a1223__

(5) □4人　│　(3) □配偶　　(4) □兄弟姊妹　　　　　　　　　　 a1224__

(6) □5人及以上┘(5) □孩子　　　　　　　　　　　　　　　　　　a1225__

13. 总体来说，您对政府下列救灾服务工作的满意度如何？

工作内容	非常满意	比较满意	一般	不太满意	不满意	
应急安置	□	□	□	□	□	a131__
伤员救治与康复	□	□	□	□	□	a132__
遇难者后事处理	□	□	□	□	□	a133__
救灾物资调运与分发	□	□	□	□	□	a134__
灾情调查与汇报	□	□	□	□	□	a135__
慰问灾区居民	□	□	□	□	□	a136__
住房建设	□	□	□	□	□	a137__
灾民就业服务	□	□	□	□	□	a138__
发展地方产业	□	□	□	□	□	a139__

14. 总体来说，您对灾后生活各方面的满意程度如何？

生活方面	非常满意	比较满意	一般	不太满意	不满意	
居住状况	□	□	□	□	□	a141__
工作状况	□	□	□	□	□	a142__
生活水平	□	□	□	□	□	a143__
环境状况	□	□	□	□	□	a144__
人际关系状况	□	□	□	□	□	a145__
健康状况	□	□	□	□	□	a146__

15. 据您所知，社会工作者在灾区已实施的服务工作包括(可多选)

(1) □ 为灾区居民提供心理支持　　　　　　　　　　　　　　　b151__

(2) □ 对地震中受伤的人提供帮助　　　　　　　　　　　　　　b152__

(3) □ 协调各方资源，提高救灾工作效率　　　　　　　　　　　b153__

(4) □ 帮助受灾群众挖掘自身潜力、提高自助能力　　　　　　　b154__

(5) □ 为政府相关政策的制定提供咨询　　　　　　　　　　　　b155__

(6) □ 促进新社区的重建与和谐　　　　　　　　　　　　　　　b156__

(7) □ 对失去亲人的儿童、老人、单亲家庭的人提供帮助　　　　b157__

(8) □ 其他(请填写)_____　　　　　　　　　　　　　　　　　b158__

16. 根据您所了解的情况，您对社会工作者为帮助失去亲人的儿童、老人及单亲家庭的人所开展的各项工作的满意度如何？

工作内容	非常满意	比较满意	一般	不太满意	不满意	
提供食品、钱款等物质救助	□	□	□	□	□	b161__
关注失去亲人的儿童、老人、单亲家庭的人的需求	□	□	□	□	□	b162__
结合社区、邻里、亲戚、政府等多方资源，使受灾群众进行互助或自助	□	□	□	□	□	b163__
走访灾民，了解情况，提供关怀	□	□	□	□	□	b164__
联系相关部门和人员安置、收养孤儿，帮助失亲人员寻找亲人	□	□	□	□	□	b165__

17. 根据您所了解的情况，您对社会工作者为协调各方资源、增进救灾效率所开展的各项工作的满意度如何？

工作内容	非常满意	比较满意	一般	不太满意	不满意	
组织调配志愿者，有序开展志愿服务	☐	☐	☐	☐	☐	b171__
沟通信息，协调救灾物资的发放	☐	☐	☐	☐	☐	b172__
通过会议、报告等形式反映问题，为政府提供资源分配的决策依据	☐	☐	☐	☐	☐	b173__
向群众解释相关政策，促进其对政策的理解	☐	☐	☐	☐	☐	b174__
通过社工，衔接政府和非政府组织的资源	☐	☐	☐	☐	☐	b175__

18. 根据您所了解的情况，您对社会工作者为灾民提供心理支持所开展的各项工作的满意度如何？

工作内容	非常满意	比较满意	一般	不太满意	不满意	
通过聊天、陪伴等方式，减轻受灾群众的心理压力	☐	☐	☐	☐	☐	b181__
通过鼓励、转移注意力等方式，缓解失去亲人者的哀伤	☐	☐	☐	☐	☐	b182__
通过安抚、宣传等方式，稳定受灾群众的情绪	☐	☐	☐	☐	☐	b183__

19. 根据您所了解的情况，您对社会工作者为帮助受灾群众挖掘自身潜力、提高自助能力所开展的各项工作的满意度如何？

工作内容	非常满意	比较满意	一般	不太满意	不满意	
帮助失去亲人的单亲家庭、孤儿、孤老、致残者等工作对象增强应对压力的能力	☐	☐	☐	☐	☐	b191__
帮助受灾群众进行生活规划，办理小额贷款，使其恢复生活的信心	☐	☐	☐	☐	☐	b192__
鼓励受灾群众，使其积极参与灾后重建	☐	☐	☐	☐	☐	b193__
帮助受灾群众寻找优势与特长(例如羌绣)，挖掘潜能	☐	☐	☐	☐	☐	b194__

20. 根据您所了解的情况，您对社会工作者为促进新社区的重建与和谐发展所开展的各项工作的满意度如何？

工作内容	非常满意	比较满意	一般	不太满意	不满意	
在新社区开展感恩教育等活动，促进居民间的联系	☐	☐	☐	☐	☐	b201__
做好宣传工作，及时发现问题，促进新社区公共设施和资源的公平共享	☐	☐	☐	☐	☐	b202__
为新社区受灾居民提供多种形式的娱乐、体育活动	☐	☐	☐	☐	☐	b203__

(续表)

工作内容	非常满意	比较满意	一般	不太满意	不满意	
协调新社区干群矛盾、邻里矛盾	□	□	□	□	□	b204__
通过发现培养社区领袖等方式，促进新社区的和谐	□	□	□	□	□	b205__

21. 根据您所了解的情况，您对社会工作者为帮助地震中受伤的人所开展的各项工作的满意度如何？

工作内容	非常满意	比较满意	一般	不太满意	不满意	
协助医疗工作者对受伤的人提供心理辅导	□	□	□	□	□	b211__
联系志愿者为受伤的人提供帮助	□	□	□	□	□	b212__
帮助伤者联系亲友	□	□	□	□	□	b213__
协助致残者进行康复训练	□	□	□	□	□	b214__

22. 根据您所了解的情况，您对社会工作者为多方提供咨询服务所开展的各项工作的满意度如何？

工作内容	非常满意	比较满意	一般	不太满意	不满意	
参加政府举办的交流会，分享经验，为政府提供咨询服务	□	□	□	□	□	b221__
为社会团体有关部门提供经验和咨询服务	□	□	□	□	□	b222__
为参与灾区救援的其他专业人士提供经验和咨询服务	□	□	□	□	□	b223__

23. 针对社会工作者在汶川地震后的表现及社会工作的功能和作用，请您谈谈自己的看法。

_____

_____

_____

附录I 调查报告

大学生对教学质量的认知分析
——基于西南石油大学的调查

一、调查概况

1. 调查目的及内容设计

教学质量是学校赖以生存和发展的基础，也是现阶段社会、各个高校、学生、教师等社会群体、单位、个人共同关注的热点问题。本研究试图通过对西南石油大学本科生进行调查，采用科学的方法定量分析在大学生心目中，什么样的教学是高质量的、他们对教学质量有怎样的认知，深入实际，广泛听取大学生的意见，进一步明确高校教育改革、管理改革中的问题和思路，探索教学活动中学生的主体作用。同时，本研究也可以为提出和建立一套科学的、具有较强针对性和可操作性的课程质量评估方法提供依据，对于迎接我校即将到来的教学评估具有积极的作用。

从已有的研究来看，诸多学者和相关职能部门对课程质量评估关注的是教学内容、教学方法、教学态度和教学效果4个方面。因此，本研究认为，这4个方面反映了教学的基本规律、基本要素，故将这已被普遍使用并获广泛认可的、通用的4方面评估内容作为一级指标。考虑各一级指标的权重，拟定12项具体评估指标(见附件)，其中教学内容类指标3个，教学方法类指标3个，教学态度类指标1个，教学效果类指标5个。通过调查大学生对这些指标的重要性意识，可以判断其对教学质量的认知和评价的标准。

2. 调查过程及样本概况

本次调查对象涉及的范围为西南石油大学新都校区全日制本科生。调查于2007年6月进行，以参加课题研究的11名社会工作专业学生为调查员，利用课余时间，采取简单随机抽样的方法，对抽取的6个院(石油工程学院、资源与环境学院、建筑工程学院、人文社会科学院、法学院、理学院)的120名大学生进行问卷调查，有效回收率为100%。对收回的问卷资料，首先，由11名学生进行整理和编码，输入数据库；其次，经过查错和修正，确保统计数据的准确、可靠；最后，运用SPSS统计分析软件，对调查所得数据进行了描述性的统计分析。

调查对象的基本构成情况详见表I-1：在被调查的120个人中，男生、女生各占一半；大一、大二、大三、大四的学生各占25%；工科生的人数占比超过62%，文科生的人数占比约为32%，理科和其他专业的学生非常少。

表I-1　样本概况(N=120)

样本特征		频数	百分比/%	样本特征		频数	百分比/%
性别	男	60	50.0	专业类别	文科	38	31.7
	女	60	50.0		理科	5	4.2
年级	大一	30	25.0		工科	75	62.5
	大二	30	25.0		其他	2	1.7
	大三	30	25.0				
	大四	30	25.0				

二、大学生对教学质量的认知状况

从对120名大学生的统计分析(见表I-2)中可看出，学生对教学质量的认知(即对教学质量各指标的重要性评价)具有以下特点。

(1) 从各指标重要程度的频数和百分比统计的情况来看，绝大多数大学生对各项评估指标表示肯定，对全部12项指标均有超过60%的学生认为其重要(包括非常重要和比较重要，下同)；其中对7项指标有达到或超过50%的学生明确表示非常重要，这7项指标为：指标1(70.8%)、指标2(65%)、指标3(51.7%)、指标7(50%)、指标10(55.0%)、指标11(56.7%)、指标12(52.5%)。

在全部12项指标中，有9项指标学生认为不重要(包括不太重要和不重要，下同)，其比率均不超过5%。同时可以看出，学生对于教学方法类的指标(指标4、5、6)的肯定度明显低于其他指标，认为不重要的学生均达到7%以上。

(2) 从各指标重要程度得分的众数统计情况来看，在对各指标重要程度的选择中，除了指标5、6，其他指标的众数均为1，即大多数学生认为教学内容指标、教学态度指标、教学效果指标以及教学方法中的一个指标(4)非常重要；而关于教学方法中另外两个指标(5、6)，多数学生则认为比较重要。

(3) 从各指标重要程度得分的均值统计情况来看，也体现出学生评价的肯定性，各指标的均值由低到高排序依次是：指标1、2、10、11、7、3、12、8、9、6、4、5。除了教学方法类指标的均值处于2~3以外，其余指标的均值都小于2，即学生对各指标的评价大多偏向于非常重要。可见，众数和均值的统计结果仍反映出学生对评估指标的普遍肯定评价。

(4) 从对各项统计结果的比较中可看出，总体上学生对各指标的认可程度，位居前列的是教学内容类指标，特别是教学内容的正确性、科学性、逻辑性、系统性(肯定度的百分比为91.6%，均值为1.39)；其次是教学效果类指标和教学态度类指标；学生对教学方法类指标(指标4~6)的认可度则相对较低。

表I-2　学生对各指标的评价(N=120)

评估指标	重要程度/%					众数	均值
	1. 非常重要	2. 比较重要	3. 一般	4. 不太重要	5. 不重要		
1. 教学内容的正确性、科学性、逻辑性、系统性	70.8	20.8	7.5	0.0	0.8	1	1.39
2. 教学内容的丰富性、新颖性、前沿性、与实际情况的贴切程度	65.0	23.3	8.3	0.8	2.5	1	1.53

(续表)

评估指标	重要程度/%					众数	均值
	1.非常重要	2.比较重要	3.一般	4.不太重要	5.不重要		
3. 内容深度与广度合理、重点突出、难点处理得当	51.7	28.3	15.8	2.5	1.7	1	1.74
4. 提供的教材、参考文献(书目、文章、资料)适合教学	30.8	30.8	30.8	4.2	3.3	1	2.18
5. 教学进程、作业、讨论、辅助手段恰当	23.3	37.5	27.5	6.7	5.0	2	2.33
6. 教师语言及板书准确清晰、易懂,恰当运用专业语言	30.8	35.0	25.0	5.8	3.3	2	2.16
7. 教师治学严谨、态度认真、情绪饱满、有激情和感染力	50.0	36.7	11.7	1.7	0.0	1	1.65
8. 学生注意力集中、与老师沟通主动、课堂气氛活跃	41.7	37.5	15.8	4.2	0.8	1	1.85
9. 学生对知识和技能的理解、掌握程度	43.3	31.7	20.0	2.5	2.5	1	1.89
10. 有助于培养并提高学生的学习兴趣、学习态度、学习积极性、自学能力	55.0	31.7	12.5	0.8	0.0	1	1.59
11. 有助于学生开阔视野、活跃思维,培养和提高学生分析和解决问题的能力	56.7	26.7	15.8	0.0	0.8	1	1.62
12. 有助于学生的品德培养,陶冶情操	52.5	25.0	18.3	3.3	0.8	1	1.75

三、不同特征学生的认知比较

按性别和专业对学生的认知进行比较,有助于全面了解学生对各项指标的评价意见。

1. 不同性别学生的认知比较

分析结果(见表I-3)显示:性别与指标1、3、4、5、6、9均存在不同程度的相关关系,而性别与指标2、7、8、10、11、12由于没有通过卡方检验,所以不相关,具体内容如下所述。

(1) 关于教学内容。第一,对指标1的重要性认知,男生认为重要的人数比率超过93%,比女生高3.4%。可见,男生比女生更认同此指标的重要性。第二,对指标3的重要性认知,女生认为重要的人数比率超过93%,远远高于男生的比率(66.7%)。可见,女生比男生更认同此指标的重要性。

(2) 关于教学方法。第一,对指标4的重要性认知,女生的人数比率超过76%,而男生的比率则不足47%。可见,女生比男生更认同此指标的重要性。第二,对指标5的重要性认知,女生的人数比率占75%,比男生高28.3%。可见,女生比男生更认同此指标的重要性。第三,对指标6的重要性认知,女生的人数比率占80%,远高于男生(51.7%)。可见,女生比男生更认同此指标的重要性。

(3) 关于教学效果。对指标9的重要性认知,女生认为重要的人数比率占95%,比男生高

30%。可见,女生比男生更认同此指标的重要性。

表I-3 男女生对指标的认知分析($N=120$)

评估指标	性别	重要程度/%					λ	P
		非常重要	比较重要	一般	不太重要	不重要		
1	男	61.7	31.7	5.0	0.0	1.7	0.147	<0.05
	女	80.0	10.0	10.0	0.0	0.0		
2	男	56.7	30.0	8.3	1.7	3.3	0.000	>0.05
	女	73.3	16.7	8.3	0.0	1.7		
3	男	40.0	26.7	26.7	3.3	3.3	0.136	<0.05
	女	63.3	30.0	5.0	1.7	0.0		
4	男	25.0	21.7	43.3	5.0	5.0	0.157	<0.05
	女	36.7	40.0	18.3	3.3	1.7		
5	男	6.7	40.0	35.0	8.3	10.0	0.040	<0.05
	女	40.0	35.0	20.0	5.0	0.0		
6	男	21.7	30.0	33.3	10.0	5.0	0.026	<0.05
	女	40.0	40.0	16.7	1.7	1.7		
7	男	43.3	40.0	13.3	3.3	0.0	0.000	>0.05
	女	56.7	33.3	10.0	0.0	0.0		
8	男	35.0	41.7	16.7	5.0	1.7	0.057	>0.05
	女	48.3	33.3	15.0	3.3	0.0		
9	男	28.3	36.7	26.7	3.3	5.0	0.074	<0.05
	女	58.3	26.7	13.3	1.7	0.0		
10	男	45.0	36.7	16.7	1.7	0.0	0.000	>0.05
	女	65.0	26.7	8.3	0.0	0.0		
11	男	50.0	26.7	21.7	0.0	1.7	0.000	>0.05
	女	63.3	26.7	10.0	0.0	0.0		
12	男	46.7	25.0	20.0	6.7	1.7	0.000	>0.05
	女	58.3	25.0	16.7	0.0	0.0		

2. 不同专业学生的认知比较

分析结果(见表I-4)如下所述(理科、其他专业学生在调查中收集的样本太小,在此不分析,即主要进行文科和工科的比较)。

(1) 在教学内容指标方面。对指标1的重要性的认同,工科生的人数比率相对较高,达到92%,而文科生则为89.5%;对指标2的重要性的认同,工科生的人数比率相对较高,达到88%,而文科生则为86.9%;对指标3的重要性的认同,文科生的人数比率相对较高,达到79%,而工科生则为78.7%。

(2) 在教学方法指标方面。对指标4的重要性的认同,工科生的人数比率超过62.5%,比文科生的比率高2.2%,并且由于通过检验,专业和此指标相关,工科生比文科生更认同指标4;对指标5的重要性的认同,文科生的人数比率超过63%,比工科生高7.2%;对指标6的重要性的认同,工科生的人数比率占68%,比文科生高7.5%。

(3) 在教学态度指标方面。对指标7的重要性的认同，文科生的人数比率约占90%，比工科生的比率高4.2%。

(4) 在教学效果指标方面。对指标8的重要性的认同，工科生的人数比率达到82.7%，比文科生高9%；对指标9重要性的认同，工科生的人数比率达到74.7%，比文科生高1.1%；对指标10的重要性的认同，工科生的人数比率达到88%，比文科生高3.8%；对指标11的重要性的认同，工科生的人数比率达到84%，比文科生高2.4%；对指标12的重要性的认同，工科生的人数比率达到80%，比文科生高6.4%。

表I-4　各专业学生对指标的认知分析($N=120$)

评估指标	年级	重要程度/%					λ	P
		非常重要	比较重要	一般	不太重要	不重要		
1. 教学内容的正确性、科学性、逻辑性、系统性	文科	76.3	13.2	7.9	0.0	2.6	0.029	>0.05
	理科	40.0	60.0	0.0	0.0	0.0		
	工科	69.3	22.7	8.0	0.0	0.0		
	其他	100.0	0.0	0.0	0.0	0.0		
2. 教学内容的丰富性、新颖性、前沿性、与实际情况的贴切程度	文科	71.1	15.8	7.9	2.6	2.6	0.071	>0.05
	理科	20.0	80.0	0.0	0.0	0.0		
	工科	64.0	24.0	9.3	0.0	2.7		
	其他	100.0	0.0	0.0	0.0	0.0		
3. 教学内容深度与广度的合理、重点突出、难点处理得当	文科	55.3	23.7	18.4	0.0	2.6%	0.017	>0.05
	理科	40.0	60.0	0.0	0.0	0.0		
	工科	50.7	28.0	16.0	4.0	1.3		
	其他	50.0	50.0	0.0	0.0	0.0		
4. 提供的教材、参考文献(书目、文章、资料)适合教学	文科	26.3	34.2	28.9	2.6	7.9	0.048	<0.05
	理科	60.0	20.0	20.0	0.0	0.0		
	工科	32.0	30.7	32.0	5.3	0.0		
	其他	0.0	0.0	50.0	0.0	50.0		
5. 教学进程、作业、讨论、辅助手段恰当	文科	21.1	42.1	28.9	5.3	2.6	0.067	>0.05
	理科	100.0	0.0	0.0	0.0	0.0		
	工科	18.7	37.3	29.3	8.0	6.7		
	其他	50.0	50.0	0.0	0.0	0.0		
6. 教师语言及板书准确清晰、易懂，恰当运用专业语言	文科	23.7	36.8	31.6	2.6	5.3	0.013	>0.05
	理科	20.0	40.0	40.0	0.0	0.0		
	工科	34.7	33.3	21.3	8.0	2.7		
	其他	50.0	50.0	0.0	0.0	0.0		
7. 教师治学严谨、态度认真、情绪饱满、有激情和感染力	文科	47.4	42.1	10.5	0.0	0.0	0.050	>0.05
	理科	20.0	80.0	0.0	0.0	0.0		
	工科	53.3	32.0	12.0	2.7	0.0		
	其他	50.0	0.0	50.0	0.0	0.0		
8. 学生注意力集中、与老师沟通主动、课堂气氛活跃	文科	39.5	34.2	21.1	5.3	0.0	0.014	>0.05
	理科	60.0	20.0	20.0	0.0	0.0		
	工科	42.7	40.0	13.3	2.7	1.3		
	其他	0.0	50.0	0.0	50.0	0.0		

(续表)

评估指标	年级	重要程度/%					λ	P
		非常重要	比较重要	一般	不太重要	不重要		
9. 学生对知识和技能的理解、掌握程度	文科	44.7	28.9	23.7	0.0	2.6	0.000	>0.05
	理科	80.0	0.0	20.0	0.0	0.0		
	工科	40.0	34.7	18.7	4.0	2.7		
	其他	50.0	50.0	0.0	0.0	0.0		
10. 有助于培养并提高学生的学习兴趣、学习态度、学习积极性、自学能力	文科	44.7	39.5	15.8	0.0	0.0	0.000	>0.05
	理科	40.0	40.0	20.0	0.0	0.0		
	工科	61.3	26.7	10.7	1.3	0.0		
	其他	50.0	50.0	0.0	0.0	0.0		
11. 有助于学生开阔视野、活跃思维，培养并提高学生分析和解决问题的能力	文科	55.3	26.3	18.4	0.0	0.0	0.000	>0.05
	理科	40.0	40.0	20.0	0.0	0.0		
	工科	58.7	25.3	14.7	0.0	1.3		
	其他	50.0	50.0	0.0	0.0	0.0		
12. 有助于学生的品德培养，陶冶情操	文科	36.8	36.8	21.1	2.6	2.6	0.000	>0.05
	理科	40.0	40.0	20.0	0.0	0.0		
	工科	61.3	18.7	16.0	4.0	0.0		
	其他	50.0	0.0	50.0	0.0	0.0		

四、结论与思考

(1) 对衡量教学质量各指标的总体认知评价。本次调查所涉及的12个指标都具有较高的信度和效度，大学生对这些指标评价的众数大约为1或2，均值都小于3，说明大多数大学生对这12个指标都认为非常重要或比较重要。同时也说明，教学内容、教学方法、教学态度和教学效果这4个方面的12项指标，在实际运用中也能得到学生的普遍认同，具有现实可操作性。

(2) 对衡量教学质量各指标的内容认知评价。在各指标中，相比较而言，学生认可度最高的是教学内容指标(1、2、3)，均值排序分别占第1、2、6位；其次是教学态度指标(7)，均值排序占第5位；再次是教学效果指标(8、9、10、11、12)，均值排序分别占第8、9、3、4、7位；最后是教学方法指标(4、5、6)，均值排序分别占第11、12、10位。

(3) 具有不同特征的学生认知的差异性特点。首先，不同性别的学生对教学内容、教学方法和教学态度的认知体现出一定程度的差异。在教学内容方面，男生更认同教学内容的科学性和逻辑性，而女生更为认同教学重点、难点安排的合理性；在教学方法方面，女生对于教学方法的认同度明显高于男生；在教学效果方面，女生对知识的掌握情况要求更高。其次，不同专业学生对教学内容、教学方法、教学态度、教学效果的认知有一些差异(在教学内容、教学方法、教学效果方面，工科生的认同度高于文科生；在教学态度方面，文科生的认同度高于工科生)，但是由于没有通过检验，这种差异不具有普遍性。

(4) 本调查的局限性。首先，调查对象人数偏少，故尚不能完全断定被调查大学生的评价意见具有普遍性。其次，在调查问卷中未设计开放性问题，故有可能遗漏了一些较重要的信息。因此，本调查应定位为探索性调查，旨在初步了解我校大学生对教学质量认知的现状和特征，若需要更科学、更全面地了解我校大学生对教学质量的认知及其相关影响因素，还需要进一步深入的研究。

后　记

社会调查研究方法是社会科学研究的基础方法之一，"社会调查研究"是公共管理、社会学等专业的重要基础课程。作为一本入门性质的教材，在编写过程中，我们着重注意了以下两点。

一是体系规范。从目前的情况来看，国内已经出版了不少社会调查研究方法的相关教材，国外则更多。虽然每一本教材在章节和内容的安排上有所区别，但大多数教材的基本内涵还是比较一致的。本教材参考了国内外多部口碑较好的教材，对基本框架进行取舍和安排，并加入一些有关社会调查研究发展新趋势的内容，尽可能规范地介绍社会调查研究方法这门学科的基本内容。

二是叙述简明。考虑到本教材的读者大多是初学者，我们在介绍知识点时力求面面俱到，在语言风格和表达方式上力求通俗易懂，不使用复杂、晦涩的词句。

我们希望通过上述两个方面的努力，使本教材具有全面性、简明性和实践性，能够受到广大学生和教师的欢迎。

本教材由谭祖雪提出编写大纲，由西南石油大学法学院教师集体撰写，各章撰写人员分别是：谭祖雪负责第1章、第7章、第10章；周炎炎负责第4章、第5章、第6章、第9章；杨世箐负责第2章、第8章；李廷负责第3章。此外，谭祖雪负责全书的统稿工作，杨世箐、李廷负责校对工作并协助组织协调工作，研究生热烈色拉、郑玉洁参与了校稿工作。

编者在编写本书时过程中，结合自身从事调查研究方法教学和科研实践的一些感悟，同时参考借鉴了风笑天教授、郝大海教授和水延凯教授等专家学者对社会调查研究的启发性观点和独到见解，在此也对上述专家学者及其他同行表示诚挚的谢意！编者竭尽全力、反复推敲，但书中难免会存在一些缺陷，恳请广大读者及时指正，以便将来不断修订完善。

此外，本书的顺利出版，得到了清华大学出版社、西南石油大学法学院的大力支持，在此表示诚挚的谢意！

2020年2月于西南石油大学